JOGO DE PODER

Valerie Plame Wilson

JOGO DE PODER

Como uma espiã do alto escalão da CIA
foi traída pelo seu próprio governo

Tradução
Celina Cavalcante Falck-Cook

Todas as declarações de fatos, opiniões ou análises feitas por Valerie Plame Wilson são da autora, e não refletem as posições oficiais nem da CIA nem de nenhum órgão do governo norte-americano. Nada no teor deste livro deve ser interpretado como afirmação ou implicação de autenticação, por parte do governo, de informações ou endosso da opinião da autora pela agência. O material da Sra. Wilson foi revisado pela CIA para evitar que fossem reveladas informações confidenciais.

O material constante das páginas 96-98 (original) é propriedade intelectual do Instituto de Estudos Internacionais de Monterey, Califórnia. Todos os direitos reservados.

CERTOS NOMES E CARACTERÍSTICAS IDENTIFICADORAS FORAM MODIFICADOS NESTE LIVRO.

Copyright © 2007, Valerie Plame Wilson
Publicado originalmente por Simon & Schuster Paperbacks, uma divisão da Simon & Schuster, Inc.

Todos os direitos reservados. Nenhuma parte deste livro pode ser reproduzida ou usada de qualquer forma ou por qualquer meio, eletrônico ou mecânico, inclusive fotocópias, gravações ou sistema de armazenamento em banco de dados, sem permissão por escrito, exceto nos casos de trechos curtos citados em resenhas críticas ou artigos de revistas.

A Editora Pensamento-Cultrix Ltda. não se responsabiliza por eventuais mudanças ocorridas nos endereços convencionais ou eletrônicos citados neste livro.

Coordenação editorial: Felipe Riedel
Revisão: Angela Castello Branco
Capa e projeto gráfico: Gabriela Guenther
Editoração eletrônica: Estúdio Sambaqui

Dados Internacionais de Catalogação na Publicação (CIP)
(Câmara Brasileira do Livro, SP, Brasil)

Wilson, Valerie Plame
  Fair Game : (Jogo de Poder) / Valerie Plame Wilson ; tradução Celina Cavalcante.
-- São Paulo : Seoman, 2011.

  Título original: Fair Game.
  ISBN 978-85-98903-26-2

  1. Agentes do Serviço de Inteligência - Biografia 2. Esposas de Embaixadores - Estados Unidos - Biografia 3. Estados Unidos. Agência Central de Inteligência - Funcionários e agentes - Biografia 4. Fugas (Divulgação de informações) - Estados Unidos 5. Libby, Lewis - Processos litigios etc. 6. Mulheres - Agentes do Serviço de Inteligência - Estados Unidos - Biografia 7. Responsabilidade administrativa - Estados Unidos 8. Wilson, Valerie Plane I. Título.

11-02096   CDD-327.12730092

Índices para catálogo sistemático:
1. Estados Unidos : Espiãs : Biografia
327.12730092

O primeiro número à esquerda indica a edição, ou reedição, desta obra. A primeira dezena à direita indica o ano em que esta edição, ou reedição, foi publicada.

Edição
1-2-3-4-5-6-7

Ano
11-12-13-14-15-16

Seoman é um selo editorial da Pensamento-Cultrix.
Direitos de tradução para o Brasil adquiridos com exclusividade pela
EDITORA PENSAMENTO-CULTRIX LTDA.
R. Dr. Mário Vicente, 368 – 04270-000 – São Paulo, SP
Fone: (11) 2066-9000 – Fax: (11) 2066-9008
E-mail: pensamento@cultrix.com.br
http://www.pensamento-cultrix.com.br
que se reserva a propriedade literária desta tradução.
Foi feito o depósito legal.

Para Joe

Índice

Nota da editora   9

Introdução   11

1. Como me Tornei Agente da CIA   19
2. Temporada em ▬▬▬   47
3. ▬▬▬▬▬▬▬▬   67
4. Amor e a Ilha dos Bonecos Desajustados   76
5. Maternidade   90
6. Mãe e Espiã em Meio Expediente   104
7. Viagem a Níger   118
8. Choque e Assombro   129
9. Quebra de Sigilo   153
10. O Único Escândalo de Washington que Não Envolveu Sexo   177
11. O Ano Infernal   196
12. Ficar e Lutar   219
13. O Indiciamento   243
14. Minha Vida Depois da Agência   263
15. Alice no País das Maravilhas   287
16. O Julgamento de Libby e a Despedida de Washington   305

Epílogo   328

Posfácio   330

Apêndice   411

Agradecimentos   425

Nota da editora

TODOS OS FUNCIONÁRIOS da Agência Central de Inteligência (CIA) precisam assinar um acordo de confidencialidade no qual se exige que eles submetam tudo que escrevem à CIA para revisão antes da publicação. Valerie Plame Wilson, que trabalhava na divisão de operações secretas da CIA, naturalmente obedeceu a este acordo, e seu original foi revisado pela CIA e devolvido a ela com inúmeras revisões, ou, melhor dizendo, cortes, que a CIA determinou que eram necessários. Muitos destes cortes se relacionavam a material que iria divulgar as datas em que a sra. Wilson tinha trabalhado para a agência, informações que já tinham sido amplamente disseminadas.

Como já explicamos acima, a Simon & Schuster e a sra. Wilson processaram a CIA; nossa editora considerou os cortes exigidos pela agência um excesso que ultrapassava todas as necessidades razoáveis de sigilo devido à segurança nacional e violavam os direitos fundamentais de liberdade de expressão. Um tribunal federal distrital discordou disso, determinando essencialmente que, embora as datas de serviço da sra. Wilson possam ter sido divulgadas ao público, não podem ser relatadas pela própria sra. Wilson. Portanto, a parte deste livro que a sra. Wilson escreveu contém apenas as informações que a CIA considerou passíveis de divulgação e permitiu que ela incluísse.

As tarjas em várias páginas do livro *Jogo de Poder* indicam os trechos que a CIA ordenou que fossem excluídos. Mesmo com esses cortes substanciais, porém, acreditamos que o livro passa toda a força da história da sra. Wilson, embora, infelizmente, sem todos os detalhes.

Para que o leitor não se sinta prejudicado pelos cortes, a Simon & Schuster acrescentou a este volume um posfácio da repórter Laura Rozen. Baseado em entrevistas e fontes públicas, ele acrescenta ao tema um pano de fundo histórico e relata partes da vida e da carreira da sra. Wilson que ela mesma não pôde incluir no livro. Quando se lê esse posfácio em conjunto com o livro *Jogo de Poder*, surge uma vívida imagem de Valerie Plame Wilson. A sra. Wilson não influiu nem participou de nenhuma forma na redação do posfácio, nem o viu antes da publicação deste livro.

A Simon & Schuster também acrescentou ao livro um apêndice onde há documentos relevantes para a narrativa.

Agradecemos ao leitor por sua compreensão e acreditamos que o conteúdo deste importante volume será apreciado.

Introdução

JOE E EU NOS LEVANTAMOS da mesinha do bar do sossegado hotel Four Seasons profundamente abalados. Tínhamos acabado de falar com nosso advogado, David Smallman, sobre este livro, *Jogo de Poder*. Eu e meu marido olhamos de relance um para o outro, calados. Smallman, um advogado inteligente e tenaz, especializado na emenda constitucional que garante liberdade de expressão, um profissional que tinha acompanhado este projeto através de todos os obstáculos significativos e, às vezes, aparentemente insuperáveis, tinha acabado de nos dizer que este livro por pouco não foi proibido de ser publicado. Era dezembro de 2007; eu e Joe tínhamos vindo a Washington, capital do país, para uma festa de lançamento do livro, organizada por bons amigos nossos. Estávamos ansiosos para comemorar, porque publicar este livro representava uma vitória fundamental para nós e minha editora, a Simon & Schuster. Smallman tinha acabado de nos passar informações que ele considerou delicadas demais para dar por correio eletrônico ou pelo telefone. Durante meses, antes da publicação do livro, em 22 de outubro, instintivamente tive a sensação de que havia, no máximo, uma probabilidade de cinquenta por cento de que o original fosse aprovado e considerado pronto para ser publicado. A CIA (e, portanto, a administração Bush) tinha colocado tantos obstáculos quantos podia ao longo do caminho, de modo que eu já estava quase morrendo de preocupação. Smallman tinha preferido esconder seus piores temores de mim, mas agora que o livro havia sido publicado e estava na lista de Mais Vendidos do *New York Times*, ele tinha resolvido nos dar mais detalhes sobre o processo de permissão da publicação do que ele tinha revelado durante os meses anteriores. Suas palavras foram deprimentes e perturbadoras. A festa de lançamento, aliás, foi um tremendo sucesso.

Em março de 2007, minha família e eu nos mudamos para Santa Fé, no Novo México. Embora a mudança de Washington, capital, nos fizesse bem, ainda passamos por muitas tribulações para conseguirmos publicar este livro. Em abril de 2007, conversei durante muito tempo ao telefone com a Comissão de Revisão de Publicações da CIA (PRB), que é a divisão que trata de garantir que nenhuma informação confidencial apareça em publicações, quando redigida por funcionários ou ex-funcionários da agência. Naquela altura, meu original já estava nas mãos da PRB havia quase sete meses, e eles ainda estavam debatendo se eu seria capaz de confirmar, na publicação, por quanto tempo eu havia servido ao meu país como funcionária da CIA. A agência teimava que eu não podia revelar que já era funcionária do governo antes de janeiro de 2002. Depois de três horas de conversa bastante tensa, conseguimos tomar algumas decisões sobre uma parte do material, e a Comissão me afiançou que logo voltaria a entrar em contato para me dizer quando poderíamos revisar o restante do original. Mas nunca entrou.

Durante o mês seguinte, enquanto abria as caixas de papelão da mudança para retirar meus pertences, matriculava os filhos na nova escola e os ajudava a se adaptarem, ainda por cima, tinha de descobrir onde as coisas ficavam em nossa nova cidade. Tive de atender a uma verdadeira enxurrada de telefonemas e responder inúmeras mensagens de correio eletrônico de meus advogados, da CIA e de seus advogados, do meu editor David Rosenthal, e da Simon & Schuster. As ligações sempre aconteciam durante o jantar, à noitinha ou nos finais de semana, e com tanta coisa em jogo, todas exigiam respostas imediatas. Meus filhos nunca me viam sem o telefone apoiado no ombro ou encostado na orelha enquanto fazia alguma outra coisa, e começaram a reclamar disso, aliás, até demais. Finalmente, percebendo que todas as outras opções de chegar a um acordo eram inúteis, minha editora e eu decidimos, com grande relutância, processar a CIA e seu chefe da burocracia, o Diretor de Informações Nacionais, com base na Primeira Emenda da Constituição, que garante aos cidadãos americanos liberdade de expressão. Achávamos que o procedimento da CIA já estava chegando às raias da censura, e não tínhamos escolha a não ser levar o caso ao tribunal. No final de maio de 2007, entramos com o pedido junto à Juíza Barbara Jones da circunscrição sul de Nova York.

Em julho de 2007 a CIA apresentou à juíza um relatório confidencial que nem meus advogados nem eu tivemos permissão para ver. No dia 1º de agosto, a juíza emitiu uma sentença a favor do governo. Eu estava na Califórnia naquela época, para o casamento de uma sobrinha, quando Smallman me ligou dando-me essa notícia. Foi uma decisão devastadora, porque nossa argumentação tinha sido cuidadosamente redigida, e achávamos que estava bastante clara e racional. Eu também sabia que o governo usaria aquela vitória para fazer uma última tentativa de proibir a publicação do meu livro. E quando voltei para casa, depois do casamento, recebi da PRB um envelope pardo bem grosso contendo meu original e incluindo três capítulos finais que eu tinha apresentado em abril sobre o julgamento de Libby, meu testemunho no Congresso e nossa mudança para o Novo México, todos os acontecimentos posteriores, é claro, à minha demissão do cargo da CIA. Enquanto eu abria nervosamente o envelope na lojinha onde mantemos nossa caixa postal, o original caiu de dentro dele. Meus piores temores se confirmaram. Os primeiros dois capítulos tinham sido totalmente censurados. Completamente. Não tinham aprovado sequer uma palavra deles.

O único problema era que, inchada por conta da sua vitória nos tribunais, a PRB tinha resolvido abusar. Eles já tinham revisado os primeiros dois capítulos antes, e embora tivessem eliminado os trechos que diziam respeito ao meu tempo de trabalho no governo, grande parte do conteúdo estava ainda intacto. Meus advogados informaram à PRB que nós estávamos planejando publicar o livro usando as censuras anteriores, e suas censuras aos três capítulos finais. Finalmente, em meados de setembro de 2007, um ano depois que eu tinha submetido meu original à censura da PRB, a CIA autorizou a publicação do livro. O livro passou pela revisão final e foi publicado em tempo recorde.

Embora essa batalha demorada com a CIA sobre a publicação do livro seja apenas uma pequena parte da história que estou contando, ela é importante, pois esclarece até que ponto o governo Bush é capaz de ir para silenciar alguém ou vingar-se de uma crítica. E entre o questionamento feito por Joe dos motivos fornecidos por essa administração para declarar guerra ao Iraque, ou nosso processo civil contra o Vice-Presidente Dick Cheney, Karl Rove, Lewis I. "Scooter" Libby, Dick Armitage e nove outros "Fulanos" (os leitores devem visitar o site www.WilsonSupport.org para obter mais informações sobre este caso), bem como nosso processo contra a CIA com base na violação de nosso direito a livre expressão, o governo tinha inúmeros motivos para estar profundamente irritado com os Wilson. Eles já haviam procurado manchar nossa reputação, e, portanto, deter a publicação de meu livro era só uma tentativa final de nos esmagar. E embora a CIA tivesse negado energicamente que não havia qualquer "interferência externa" na sua decisão sobre a menção das minhas datas de serviço, eu nunca tive a menor dúvida de que havia uma conexão com a Casa Branca, nem de que eles estavam exercendo influência nas decisões tomadas. Em fevereiro de 2008 nós apelamos da sentença dada em favor da PRB, e continuamos a acreditar que nosso processo é o mais bem fundamentado de seu tipo que já foi aberto contra a CIA. Os leitores que quiserem mais informações e detalhes sobre este caso e estiverem dispostos a ler os documentos do processo, devem visitar o site www.fairgameplame.com.

No início de julho de 2007, em meio a todas as conversas nervosas sobre o destino deste livro, o presidente George W. Bush comutou a pena de 30 meses de prisão de Scooter Libby. Libby, porém, precisou pagar uma fiança de US$250.000,00. As ações do presidente não nos surpreenderam como, também, certamente não nos decepcionaram. Joe e eu acreditamos de todo o coração que a tentativa do presidente de anular a sentença do júri no caso do sr. Libby prejudicava e solapava o processo jurídico, além de expor o presidente a acusações de que ele estava colaborando para uma obstrução da justiça de uma forma permanente. Isso foi sublinhado e validado durante o feriado de Ação de Graças, quando trechos do futuro livro de memórias do ex-secretário de imprensa da Casa Branca, Scott McClellan, foram publicados na Internet. McClellan afirmou que o Presidente, o Vice-Presidente e o chefe de estado do presidente, Andrew Card, o obrigaram a mentir sobre o envolvimento de Scooter Libby e Karl Rove no vazamento de minha identidade secreta como agente da CIA.

Em total contraste com as batalhas jurídicas do último ano, nossa mudança para o Novo México tinha nos trazido certa serenidade. Eu já morei em várias cidades e países no mundo inteiro, e nunca me senti tanto em casa e em paz com meu ambiente. Nossa família foi acolhida cordialmente pela comunidade. Em um de nossos primeiros dias na cidade, Joe e eu estávamos passeando pela rua, bem agasalhados por causa do frio, mas gostando do sol abundante. Um Corcel alaranjado, barulhento e caindo aos pedaços, passou por nós, parou de repente a uns três metros de distância, deu marcha a ré bruscamente, e voltou até onde estávamos. Um rapaz abriu a janela e berrou, para ser ouvido, por causa do barulho do motor: "Ei, gente, vocês não são aquele casal, os Wilson?" Nós confirmamos e permanecemos calados, perguntando-nos o que ele diria a seguir. "Legal vocês terem se mudado pra cá! Obrigado! Bem-vindos ao Novo México!" E antes que pudéssemos agradecer, ele partiu rua abaixo outra vez. Joe e eu começamos a rir. E esse tipo de acolhimento continuou; as pessoas nos abordavam nas lojas, na calçada e nos restaurantes, para apertar nossas mãos, agradecendo-nos por nossas denúncias, e por virmos morar no Novo México. Acreditem, isso foi bem melhor do que os fotógrafos anônimos diante de nossa casa em Washington, tirando fotos nossas e dos nossos filhos.

Viajei exaustivamente por todo o país nos meses após a publicação do meu livro, falando com estudantes universitários, grupos cívicos, e outros. A audiência nos apoiava unanimemente e fizeram boas perguntas sobre o caso e suas implicações mais amplas. Entenderam que esta história não passa de uma metáfora dos abusos maiores perpetrados por esta administração contra nossas liberdades civis e nossos direitos constitucionais. Essa história recuou e avançou durante quatro anos e meio, portanto não surpreende que o público tenha dificuldade de acompanhar a narrativa. Descobri que, quando descrevo os fatos em ordem cronológica e dentro de um contexto, os ouvintes ficam revoltados e se sentem chocados diante do dano causado a nossa segurança nacional puramente por motivos políticos. Eu sempre faço questão de dizer que o vazamento de informações sobre minha verdadeira identidade não foi uma questão de ser republicana ou democrata, foi uma violação de nossa segurança nacional.

É particularmente gratificante ter a oportunidade de incentivar os jovens a se tornarem funcionários do governo. Faço questão de dizer que, apesar das minhas experiências e decepções pessoais com a CIA, adorava minha carreira, estava orgulhosa por servir meu país, e os incentivo a pensarem em servir algo maior do que eles mesmos. Nosso país está passando por um processo perigoso, as ameaças que enfrentamos são novas e profundas. Precisamos de muitos jovens inteligentes e patrióticos na comunidade de informações, tantos quantos ela possa atrair. Depois de minha palestra, quase sempre sou cercada por um grupo de estudantes que me perguntam como podem se preparar para entrar para a CIA, se eles devem aprender a falar árabe ou chinês ou estudar no exterior. O serviço público federal não é lucrativo, mas eu não teria trocado nenhum dos dias de minha carreira na CIA pelo cargo de presidente executivo de uma empresa da Fortune 500.

Minha esperança é que a lição aprendida a partir dessa experiência seja a de que cidadãos bem informados e ativos são fundamentais para exigir responsabilidade do governo por seus discursos e ações. Esta administração violou nossa Constituição a um grau nunca antes visto em nossa história, restringiu nossa liberdade civil e usou o medo para solidificar-se no poder. Intimidou o congresso, a imprensa e os cidadãos através de calunias e incessantes campanhas mentirosas, obtendo êxito a níveis supreendentemente altos.

Daqui a vinte anos, quando nossos filhos gêmeos nos perguntarem onde nós estávamos durante a luta pelo futuro de nossa democracia, podemos lhes dizer que estávamos na linha de frente, batalhando, conforme nossa antiga tradição de cidadãos americanos, contra aqueles que pretendem subverter nossa constituição em sua avidez por manter o poder e sua ganância para obter as vantagens que ele traz. E fizemos isso com integridade e honestidade, embora às vezes nem sempre de maneira perfeita.

Santa Fé, Novo México
Março de 2008.

CAPÍTULO 1
Como me Tornei Agente da CIA

Nosso grupo de cinco — três homens e duas mulheres — estava atravessando um terreno em parte coberto de florestas e em parte pantanoso, conhecido na CIA como "Fazenda". Eram 4 horas da madrugada, e tínhamos passado a noite inteira andando. Depois de praticarmos fuga e evasão de uma força hostil ostensiva (nossos instrutores), íamos nos encontrar com nossos outros colegas de classe. Juntos, atacaríamos o inimigo, depois, subiríamos num helicóptero que nos levaria a um local seguro. Este exercício, chamado de assalto final, era o clímax de nosso treinamento paramilitar. Cada um de nós trazia consigo uma mochila de 40 quilos cheia de equipamentos essenciais para a nossa sobrevivência: tenda, comida desidratada congelada, tabletes para purificar água e munição de 5.56mm para nossos fuzis M-16. O clima de final de outono estava gelado, e nossos coturnos de combate estavam se enchendo de água suja. Uma bolha no meu calcanhar irradiava ligeiras pontadas de dor pela minha perna acima. Meu amigo Pete, ex-oficial do exército, sempre pronto para fazer graça e rir, já não falava fazia horas, ao passo que John, nosso beberrão oficial de cerveja, levava, além da mochila, pelo menos 25 quilos extras de peso. Seu rosto redondo estava coberto de lama e suor.

Quando nosso líder fez o gesto para parar, ficamos aliviados, deixamos cair as mochilas e nos agrupamos para descansar um momento contra um morro que nos oferecia certa proteção. Depois voltamos a entrar em forma e avançamos para a zona de aterrissagem. Quando finalmente atingimos uma clareira, ao amanhecer, eu mal consegui distinguir as pás de um enorme helicóptero girando lentamente e os rostos amistosos de nossos outros colegas, Sharon, David e Tex. Ouvi Pete murmurar: "Finalmente!" Todos corremos para a frente, energizados pelo alívio e pela esperança. Comecei a imaginar a ducha quente que tomaria quando aquilo terminasse. Depois, de repente, sinalizadores de magnésio, tão brilhantes quanto fogos de artifício, explodiram acima de nossas cabeças e o som repetitivo de metralhadoras atirando fizeram a adrenalina começar a correr pelas minhas veias.

Joguei-me no chão e fui rastejando até Pete, pensando que ele saberia o que fazer. Apesar de três meses de treinamento intensivo, minha idílica criação de garota suburbana não havia me preparado para ser atacada por inimigos disparando armas de fogo, nem para as sensações físicas alarmantes que acompanhavam esse evento. Arrastando-me alguns metros para uma elevação próxima, Pete apontou para o helicóptero. "Anda, você tem que chegar lá!"

Quando dei por mim, já tínhamos desistido de qualquer tentativa de fingir disciplina militar e já estávamos correndo desabaladamente para o helicóptero. Quando descemos o morro a toda velocidade, aos disparos dos M-16, deparei-me, de repente, com o olhar de um colega que corria ao meu lado. Sua expressão me disse que ele estava gostando daquilo, ou, pelo menos, que ele percebia como aquela situação era absurda. Logo depois, pulei para dentro do helicóptero, pela sua porta aberta, e consegui recuperar o fôlego, enquanto ouvia o ruído ensurdecedor da artilharia e dos motores e rotores da nave. Sacudi os ombros, livrando-me da mochila, e enquanto o aparelho subia até uma altura segura, recordei-me, admirada, de como tinha ido parar na Fazenda.

a adolescente, li o livro de William Stevenson, *Um Homem Chamado Intrépido,* sobre a Agência de Serviços Estratégicos (OSS), durante a II Guerra Mundial. A OSS tinha sido a predecessora da Agência Central de Inteligência (CIA). Eu adorei esse livro e considerei sua trama incrivelmente cativante. Comecei a pensar seriamente sobre o que significaria trabalhar para a CIA. Se eu entrasse na agência, o que me pediriam para fazer? Seria perigoso? Eu acreditava no que a CIA fazia? Minha família sempre tinha valorizado o serviço público e cultivava um patriotismo discreto. No Memorial Day[1] e no Quatro de Julho nós sempre colocávamos uma bandeira em um grande vaso de planta. Meu pai, Samuel Plame, era coronel aposentado da Força Aérea. Quando os japoneses atacaram Pearl Harbor em dezembro de 1941, ele estava estudando na Uni-

---

[1] Dia do Soldado para os americanos, no final do mês de maio. N. T.

versidade de Illinois em Champaign. Ele se lembra de que, no dia seguinte, o campus tinha virado uma cidade fantasma, porque todos os rapazes que tinham condições de se alistar tinham se apresentado para prestar serviço militar. Ele logo partiu também para se alistar no Corpo Aéreo do Exército, predecessor da Força Aérea, em San Diego. Meu pai serviu no Pacífico Sul durante a II Guerra Mundial, e tinha um aparentemente inesgotável suprimento de piadas, histórias e canções bregas daquele tempo passado lá. Meu irmão, Robert Plame, 16 anos mais velho do que eu, alistou-se no Corpo de Fuzileiros Navais em 1966 e, imediatamente, foi enviado para o Vietnã. Um dia, em 1967, quando meus pais e eu voltamos das compras para casa, os vizinhos nos disseram que dois Fuzileiros fardados tinham batido à nossa porta. Descobrimos que Bob tinha desaparecido em ação. Meus pais, muito abalados, presumiram o pior, e durante alguns dias não soubemos se Bob estava vivo ou morto, até que, finalmente, foi localizado em um navio-hospital. Durante uma missão de reconhecimento atrás das linhas inimigas, ele tinha sido ferido gravemente no braço direito. Suportou anos de operações múltiplas e dolorosas para restaurar pelo menos um pouco do sentido do tato no seu braço. Incrivelmente, com apenas um braço e uma das mãos, ele conseguiu aprender a voar, esquiar, escrever e amarrar cadarços de sapato. Está muito bem casado com Christie, uma enfermeira, há quase trinta anos, e se orgulha de ser pai de duas meninas inteligentes e lindas. Eu pensava que, servindo o país na CIA, estaria seguindo a tradição familiar. Mesmo assim, tinha lá minhas dúvidas bastante incômodas. A CIA não tinha tentado matar Fidel Castro com um charuto explosivo?

"Imagine que está se encontrando com um agente em um quarto de hotel estrangeiro e subitamente alguém bate com força à porta. E aí você ouve a pessoa dizer: 'É a polícia, abra a porta!' O que você faz?" Essa pergunta foi feita a mim por uma mulher mais velha, com expressão bondosa, colar de pérolas e uma blusa surpreendentemente amarelo vivo, durante minha entrevista inicial na CIA em Washington. Eu ▆▆▆▆▆▆▆▆▆▆▆ estava hospedada em um hotel modesto, que chegava a ser vagabundo, em Arlington, Virginia, e não fazendo ideia do que esperar daquela entrevista no dia seguinte, em um prédio bege nos subúrbios de Washington. Havia pensado que se basearia nas perguntas clássicas: "Quais seus pontos fortes, quais seus pontos fracos, por que você deseja trabalhar na CIA?" Até aquele momento, aquela pergunta fugia ao tradicional e era mais interessante. Imediatamente pensei, além de espionagem, há apenas um bom motivo para um homem e uma mulher que não tenham nenhum vínculo de outra natureza entre si estarem em um quarto de hotel juntos. "Eu tiraria a blusa, diria ao agente para fazer o mesmo e pularia na cama com ele antes de dizer à polícia para entrar." O sorriso levemente perceptível dela me disse que eu tinha lhe dado a resposta certa. E foi aí que percebi que aquela entrevista ia ser divertida. Já estava me preparando para a minha próxima pergunta. ▇▇▇, mas eu pensei que, se não desse certo, eu poderia encontrar alguma coisa em Capitol Hill ou no Corpo da Paz. Entrementes, encontrei um emprego de estagiária de gerência na ▇▇▇▇▇▇▇▇▇▇▇▇▇▇▇▇, uma loja de departamentos ▇▇▇▇▇▇▇▇▇▇▇ em Washington. Apesar do desconto de 20 por cento para os funcionários, eu detestava trabalhar em vendas, mas esse emprego era uma forma de pagar o aluguel enquanto eu continuava passando pelos testes psicológicos da CIA – que duraram meses –, por uma bateria de entrevistas, e um exame físico bastante minucioso e abrangente. Uma pergunta, dentre pelo menos quatrocentas em um teste psicológico, ficou na minha cabeça: "Você gosta de mulheres altas?" Eu até hoje não sei se acertei a resposta dessa pergunta. Mais tarde, naquele verão, pediram que eu fizesse um teste com detector de mentiras. Foi uma experiência estranha, porém relativamente curta. ▇▇▇▇▇▇▇▇▇▇▇▇▇▇▇▇▇▇▇▇▇▇▇▇▇▇▇▇▇▇▇▇▇▇ Ao mesmo tempo, a agência estava investigando o meu passado. Vários vizinhos contaram aos meus pais que "alguém ▇▇▇▇▇▇▇▇▇▇▇▇▇▇▇▇▇▇▇ tinha vindo entrevistá-los para perguntar se eu, em alguma época da minha vida, havia consumido bebidas alcoólicas, me viciado em drogas ou passado por algum outro problema conhecido. ▓▓▓▓▓▓▓

▓▓▓ Sentei-me nervosamente numa cadeira de uma sala de aula comum em um prédio de escritórios sem graça de um subúrbio congestionado da Virginia. Depois observei meus colegas ▓▓▓ do curso introdutório da CIA. Muitos dos rapazes eram claramente ex-militares, alguns ainda com a cabeça raspada segundo os regulamentos. Menos da metade eram mulheres, mas como percebi depois, apenas uma parcela estava destinada, como eu, a trabalhar na Diretoria de Operações (DO). As restantes iriam trabalhar como analistas na Diretoria de Inteligência (DI) ou como funcionárias administrativas ou de logística, ou algo do gênero, na Diretoria de Administração (DA). Algumas eram engenheiras que iriam acabar trabalhando na Diretoria de Ciência e Tecnologia (DST), o braço científico da agência. Parecia que eu era de longe a ▓▓▓▓▓▓▓▓▓▓▓▓▓▓, suspeita que se confirmou quando uma mulherzinha de baixa estatura, cuja largura era quase igual à sua altura, me levou com três outros colegas (do sexo masculino) para seu escritório, durante um intervalo. Ela era o contato da DO com os funcionários em treinamento (Career Trainees ou CTs). Em outras palavras, ela seria nossa mentora enquanto nós passávamos pelo treinamento inicial. Era difícil imaginar que aquela matrona tivesse sido agente de campo, mas ela certamente sabia bem mais sobre a CIA do que qualquer um de nós.

"███████████████████████████████████
███████████████████████████████████
█████████████" PCS significava "mudança permanente de Estação"², em outras palavras, missão no exterior. Enquanto as abreviaturas continuavam a chover sobre nós, ficou claro que na CIA a cultura era eminentemente paramilitar.

Durante nossos intervalos para o almoço, quando comíamos em nossas mesas ou em cafés próximos, passei a conhecer meus colegas. Não pude deixar de me sentir intimidada porque a maioria deles ou vinha de universidades de prestígio ou, pelo menos, tinha mestrado ou alguns anos de experiência militar. Todos pareciam ser bem mais sofisticados, mais inteligentes e mais viajados do que eu. Sentindo-me inferiorizada, jurei manter a boca fechada e aprender tanto quanto fosse possível. Talvez ninguém notasse que eu vinha de uma universidade estadual. Durante as semanas seguintes, surgiu uma dinâmica interessante. Todos nós havíamos feito o teste psicológico de Myers-Briggs³ durante o processo de entrevista. A maioria dos futuros agentes de operações, inclusive eu, tinha obtido diversos graus de classificação do "ENTJ" (Extrovertido, Intuitivo, Intelectual, Crítico). Os tipos de personalidade ENTJ tendem a ser fortes líderes e sentem necessidade de assumir o comando de uma situação. A descrição Myers-Briggs de um tipo ENTJ diz que "embora os ENTJs tolerem os procedimentos estabelecidos, são capazes de deixar de lado qualquer procedimento quando ele se revela ineficiente para meta à qual aparentemente serve... São incansáveis na dedicação a seu trabalho e podem facilmente deixar de lado outras áreas de sua vida para voltar-se ao trabalho. A mulher do tipo ENTJ pode achar difícil escolher um parceiro que não se deixe anular pela sua forte personalidade e força de vontade". Os tipos ENTJ constituem, aproximadamente, cinco por cento da população. Aparentemente, era esse tipo de pessoas que a CIA estava procurando

---

² "Permanent change of Station" no original. N.T.
³ Conhecido como Teste Indicador de Tipos MBTI. N.T.

para serem seus futuros agentes de operações. Nós nos sentíamos atraídos uns pelos outros, não só porque iríamos fazer o mesmo treinamento e ter o mesmo emprego no final, mas porque tínhamos personalidades semelhantes. Fosse qual fosse o lugar onde os futuros agentes se reuniam nos intervalos para descanso, em geral eram os funcionários mais barulhentos, mais gregários e, segundo eu pensava, mais divertidos. Comecei a fazer amigos na turma da CIA e, apesar das nossas distintas formações, começamos a criar vínculos profundos. Eu estava sempre ansiosa para ir às aulas introdutórias da CIA todos os dias, onde aprendíamos como era a organização da agência, como se obtinham informações, de que forma analisá-las e como funcionava a comunidade mais ampla de inteligência. Uma das palestras mais empolgantes foi a de uma mulher que tinha servido em sua primeira missão no exterior como agente em Moscou. Ela nos contou, em todos os detalhes mais angustiantes, como tinha sido espionada pelo serviço secreto soviético enquanto recolhia e colocava caixas postais secretas, as *dead drops,* pedras artificiais e outros recipientes com aparência inocente contendo bilhetes, dinheiro e instruções para um importante agente duplo soviético. Ela foi expulsa do país (declarada *persona non grata*, ou "PNGed", na linguagem da CIA), mas seu agente, o espião pelo qual ela era responsável, não teve a mesma sorte. Foi executado. Todos nós permanecemos em silêncio, aturdidos, enquanto digeríamos as enormes responsabilidades e as consequências dos erros que cometêssemos.

Finalmente, após quase três meses de "Básico de CIA", como nós afetuosamente chamávamos as aulas, todos fomos encaminhados para nossos "treinadores" para começarmos um estágio. Ser um CT em um estágio na agência era a mesma coisa que prestar juramento a uma irmandade ou fraternidade de uma universidade; a pessoa recebia os trabalhos mais tediosos para fazer e passava horas intermináveis levando telegramas e memorandos para partes distantes do Quartel-General, montando ou esperando um dossiê no vasto espaço subterrâneo conhecido como sala dos arquivos ▓▓▓▓▓▓▓▓▓▓, enquanto eu estava começando a primeira fase do treinamento prático,

as agentes eram ex-secretárias que não mediram esforços para saírem de trás das mesas e irem para o trabalho de campo, ou esposas de agentes que tinham se cansado de serem as únicas a ficarem em casa com os filhos enquanto os maridos estavam fora se divertindo com suas espionagens. Havia algumas raras funcionárias que não se encaixavam nessas categorias, mas essas mulheres mais velhas, duras de roer, que tinham vencido uma discriminação ferrenha, me assustavam. Eu raramente entrei em contato com elas durante meus primeiros estágios, admirava sua ambição e perseverança, mas estava claro que elas haviam pagado por isso com sua felicidade pessoal. A maioria voltava para casa quase de madrugada. Em minha classe de mais ou menos cinquenta pessoas, menos da metade eram mulheres. Desse número, quatro estavam destinadas a serem agentes da área de operações. Seja por ignorância da juventude ou ingenuidade, eu não me via na vanguarda de uma nova CIA; simplesmente queria me dar bem no emprego e não esperava encontrar nenhuma espécie de discriminação por ser mulher.

Recebi, principalmente, tarefas a cumprir na Divisão Europeia da DO durante meu treinamento prático. Eu gostava do meu trabalho, de modo geral, mesmo que fosse tedioso, mas estava contando os dias antes de podermos ir finalmente para a Fazenda, com o objetivo de dar início ao nosso treinamento paramilitar. Finalmente, chegou a hora de eu colocar a bagagem no carro e ir para o sul com os outros jovens CTs. Eu havia recebido mais treinamento durante um período bem maior do que a maioria dos meus colegas originais ███████████████, e, por isso, fui transferida para outra turma. Como foi instruído pela agência, eu havia dito a meus amigos e à minha família que ████████ ████████████ o tempo que eu passaria longe de Washington seria dedicado a algum treinamento vago e indefinido. Ninguém questionou isso, ou, pelo menos, ninguém fez perguntas diretas sobre o assunto. Todos os meus amigos que não eram da agência estavam ocupados começando suas próprias carreiras, e consideravam alguma espécie de treinamento parte do início da vida profissional de todos. Apenas meus pais e meu irmão sabiam onde eu realmente trabalhava. Minha mãe e eu concordamos em não contar ao meu tio – o irmão dela era piloto da Força Aérea e ficaria tão orgulhoso da carreira que eu havia escolhido que não conseguiria deixar de contar a Deus e ao mundo. Enquanto seguíamos no veículo, na estrada para a Fazenda, estava ansiosa para entrar na próxima fase de treinamento, que me aproximaria ainda mais de uma missão no campo como agente secreta.

— Verifiquem seus tamanhos, peguem só um de cada, e continuem andando, não façam a fila parar! Vamos! — berrava o instrutor de farda camuflada enquanto entrávamos em um armazém cavernoso, revestido de chapas de zinco corrugado, em um campo aberto na Fazenda. À luz mortiça do armazém, íamos tirando, de enormes caixas, coturnos de combate, fardas, cintos com rede, bonés, cantis, equipamentos portáteis e outras parafernálias mais. Tudo isso nos ajudaria a sobreviver nos próximos três meses de treinamento paramilitar. Os instrutores, todos os tipos de ex-militares, nos levaram, com os braços abarrotados de roupas e equipamentos, para os abrigos de aço Quonset, no coração de um pinheiral malcuidado. Nós íamos dormir ali. As mulheres ficariam em abrigos nos quais havia beliches dos dois lados e um banheiro espartano numa extremidade. Eu nunca tinha usado uniforme na escola, mas enquanto vestia a farda gostei da ideia de não precisar pensar no que vestir todos os dias, durante os próximos meses, e de não precisar combinar sapatos com cinto.

Nosso treinamento rapidamente se padronizou: acordávamos às cinco da madrugada para o treinamento físico, que consistia em correr ou andar em formação cantando canções indecentes para marcar o ritmo, exatamente como os recrutas já fazem há séculos; depois comíamos um desjejum rápido e passávamos a manhã obedecendo a uma disciplina militar. No almoço ▇▇▇▇▇▇▇▇▇▇▇▇ voltávamos ao passado, com uma refeição tradicional sulista. Quase tudo era empanado e frito, e havia um balcão com saladas considerado novidade. Depois, geralmente vinha uma atividade ao ar livre, após o jantar, com mais frituras, e aí um tempinho livre antes do toque de recolher às nove horas. Naturalmente, as pessoas reclamavam bastante, alguns de bom humor, outros nem tanto, mas os instrutores ▇▇▇▇▇▇▇▇▇▇▇▇▇▇▇▇▇▇▇▇▇▇ eram mais do que capazes de dobrar um bando de suburbanos resmungões e mantê-los na linha. Para muitos dos nossos colegas, as exigências físicas do curso eram demasiadas: correr, pelo menos, cinco quilômetros de manhã, atravessar o bosque com mochilas de 40 quilos e um fuzil M-16. Mais de um participante obeso desistiu no meio de uma marcha ou parou bem antes de completar as repetições das abdominais. Felizmente, eu sempre tinha sido atlética, e embora o curso exigisse bastante de mim, eu conseguia completar todas as tarefas. Comecei a encarar a experiência na Fazenda como uma colônia de férias para adultos.

Cada semana era dedicada a um tópico diferente ▬▬▬▬▬▬▬▬▬▬▬▬▬▬▬▬▬▬▬▬▬▬▬▬▬▬▬▬▬▬▬▬ e os instrutores procuravam fazer nossa turma entrar em forma e instilar em nós alguma disciplina militar. A agência claramente entendia que nós raramente – se é que alguma vez – seríamos obrigados a usar aquelas habilidades, mas o curso paramilitar da Fazenda continuava sendo recomendável para os recrutas da agência porque a gerência percebia que ele forjava um espírito de equipe que duraria por toda a carreira dos novatos. Além do mais, o curso proporcionava à agência mais uma oportunidade de avaliar a força de caráter dos seus novos funcionários, a capacidade deles de trabalharem em equipe, e sua dedicação – todas elas, habilidades fundamentais para o sucesso na agência, não importava o caminho escolhido dentro dela.

Uma de nossas primeiras sessões foi sobre armas de fogo e como manejá-las. Ao contrário de alguns dos meus colegas militares, eu não tinha tido lá muito contato com armas. Eu sabia que o meu pai mantinha sua pistola militar da II Guerra Mundial pendurada atrás da cabeceira da cama, caso um intruso invadisse nossa casa. O aprendizado ▬▬▬▬▬▬▬▬▬▬▬▬▬▬ sobre armas de fogo era algo totalmente novo para mim, e, para meu próprio assombro, descobri que eu até que era muito boa nisso ▬▬▬▬▬▬▬▬▬▬▬▬▬▬▬▬▬▬▬▬▬. Provavelmente com a ajuda da sorte de principiante, eu simplesmente seguia as instruções: prenda a respiração, mire cuidadosamente e puxe o gatilho bem devagar. Eu aparentemente era a melhor da nossa turma ▬▬▬▬▬▬▬▬▬▬▬▬▬, coisa que, tenho certeza, incomodou muito dos meus colegas do sexo masculino. O momento culminante desse curso, para mim, foi quando consegui uma quantidade altíssima de pontos em um teste de tiro, apesar de estar me equilibrando em muletas depois de torcer um dos tornozelos enquanto corria de madrugada, no escuro.

À medida que as semanas se passavam, e íamos adquirindo ▓▓▓▓ ▓▓▓▓▓▓▓▓▓▓▓▓▓▓▓▓▓▓▓▓▓▓▓ habilidades talvez mais apropriadas para um soldado de um comando especial do exército do que para um agente da CIA que andava disfarçado de bar em bar. Começamos a desconfiar, meio vagamente, que algum dia eles iriam nos submeter a um exercício de interrogatório preparado para simular o cativeiro de prisioneiros de guerra. Desde o início nós tínhamos sido ensinados sobre como construir e sustentar nossa identidade de agentes, e sabíamos que passaríamos por algum teste severo, mas não fazíamos a menor ideia de onde ou quando isso aconteceria. Antes do amanhecer, em uma madrugada de segunda-feira, depois que todos os alunos haviam retornado de seu fim de semana, fomos despertados por gritos de batalha, impropérios, lanternas acesas encostadas em nossos rostos e arrastados para fora dos nossos beliches.

Embora soubéssemos que essa parte intimidadora do curso viria, foi incômodo olhar em torno de nós e não ver os rostos familiares de nossos instrutores. Os homens que nos acordaram eram autoridades desconhecidas e fardadas, a maioria com balaclavas pretas. Enquanto eu corria para me vestir, fiquei dizendo o tempo todo que aquilo era um exercício. Mas as ameaças brutais que nos fizeram e os empurrões grosseiros que nos davam enquanto nós saíamos do abrigo Quonset para nos embrenharmos na floresta, foram realistas o bastante para injetar adrenalina no nosso sangue. Durante horas, no escuro, fomos obrigados a rastejar e fazer flexões e abdominais, e se alguém fraquejasse, nem que fosse de leve, os homens lhe davam pontapés, praguejando impiedosamente. Depois de uma marcha demorada e cansativa pela mata, com uma das mãos no ombro do estudante que estava andando à nossa frente, fomos jogados em um caminhão do exército que nos aguardava. Passamos algum tempo percorrendo estradas de terra esburacadas e acabamos parando em frente a um prédio pequeno, de tijolos de concreto, pintado de branco e cercado de pinheiros. O divertimento pra valer estava para começar.

██████████████████ naquela altura eu não fazia ideia do que havia acontecido com o ██████████████████
██
██
██
██
████████████. A combinação de fatores ███████
███████████████ realmente nos dava nos nervos. A nossa mente racional ficava dizendo que aquilo era só um exercício, que já sabíamos o que seria feito, mas outra voz lá bem no fundo se perguntava que diabo estaria acontecendo. Era certamente uma simulação bastante realista.

Houve um momento, horas depois, em que me levaram para meu primeiro interrogatório. Fiz um esforço tremendo para pensar com clareza e não dar mancada. █████████████████████
██
██
██
██
██
█████████████████ Quando me sentei, ousei ███████ olhar em torno de mim, para ver onde estava. Para meu alívio, um colega que tinha se tornado meu amigo também escolheu aquele exato momento para quebrar as regras. O breve sorriso e o revirar dos olhos dele para mim, e vice-versa, renovaram minha confiança de que eu iria resistir a tudo aquilo. ███████████████
██
██
██

▬▬▬▬▬▬▬ Desmaiei, por causa do baixo teor de açúcar no sangue, e caí para trás. Quando acordei, morri de vergonha, pois estava sendo sustentada pelo idoso diretor da Fazenda, alguém que eu só havia visto de longe, e no momento em que ele falou com nossa turma no primeiro dia. O lado positivo foi que, pelo menos, eu tive certeza de que era apenas um exercício. Porém, meu alívio durou pouco. ▬▬▬▬▬▬▬

▬▬▬▬▬▬▬ Eu gostei do silêncio e da escuridão da minha nova casa de madeira. Comecei a pensar em quem eu devia pôr na lista de cartões de Natal daquele ano e a tentar me lembrar do endereço das pessoas. Finalmente, ▬▬▬▬▬▬▬ fomos todos "libertados" por nossos instrutores conhecidos, e depois de uma viagem sacolejante na traseira de um caminhão militar, chegamos a nossos abrigos. Estávamos sujos, desorientados e esfomeados. Enquanto eu tomava um banho de chuveiro quente, deleitando-me por estar tendo o privilégio de poder me lavar, o exercício de captura brutal desapareceu rapidamente, transformando-se em uma lembrança surreal. Eu tinha passado em outro teste da agência, não tinha dedurado meus colegas e, depois de um fim de semana inteiro de sono, eu estaria pronta para o próximo desafio.

"Um, dois três, *vai*!", gritou um instrutor no meu ouvido, o vento uivando ao nosso redor, enquanto eu estava sentada, com as pernas penduradas para fora da porta aberta de um avião. Eu não me lembrava de ter sentido tanto pavor assim antes, mas o instrutor nos garantiu, quando verificou nossos paraquedas e ajustou nossas linhas de sustentação, que se nós entrássemos no avião, o único jeito de descer era saltando de paraquedas. Não havia como voltar atrás, portanto eu me joguei, ajudada por um empurrão bem forte do instrutor, o "Red", e fui caindo rumo à terra a uma velocidade de duzentos quilômetros por hora. Como os instrutores haviam previsto, meu cérebro parou de funcionar durante o primeiro salto, e é por isso que o treinamento no solo é indispensável. Todos os saltos da plataforma de um metro e meio de altura e, depois, da torre, da qual caíamos sobre um caminhão contendo colchões atados a um cabo comprido, treinam os músculos para assumirem o controle automaticamente quando o cérebro se paralisa. Quando o paraquedas se abriu acima de mim e desci pairando devagar até o chão, estendi os braços, agarrei os controles e tentei dirigir a queda para longe das linhas de alta tensão que vi se aproximando de mim a uma velocidade alarmante. Caí na zona demarcada com giz branco. Os instrutores de salto haviam nos ensinado a cair de pé e imediatamente absorver o impacto do solo com o lado do corpo e rolar. Com 60 quilos, eu era tão leve que poderia apenas ter ficado de pé quando bati no chão, mas fiz os movimentos de me deixar cair e rolar para não ser criticada sem dó nem piedade pelos instrutores. Meu alívio por estar no chão dentro daquele círculo traçado com giz foi inexplicável, dando origem a um imenso acesso de convencimento e orgulho. "Consegui!" Só mais quatro saltos e eu teria meu muito cobiçado distintivo de paraquedismo com formato de "asas". Aquilo era empolgante, e eu tinha certeza de que estava me divertindo muito mais no trabalho do que todos os meus conhecidos.

Quando terminou o curso paramilitar, recebemos a opção de fazer a escola de paraquedismo, contanto que passássemos nos exames físicos e atendêssemos aos requisitos. Eu soube, no momento em que ouvi falar dessa oportunidade, que isso era algo que eu tentaria fazer. Depois de quase dez semanas de condicionamento físico ███████████████████████████ sentíamos que seríamos capazes até de comer unhas no café da manhã. Mesmo assim, ninguém escolheu a escola de paraquedismo, e alguns que tentaram, falharam. Uma mulher, Karen, que eu tinha passado a encarar com muito cuidado, devido a sua natureza ambiciosa, claramente queria saltar de paraquedas. Ela não era bem uma inimiga, mas aquele seu ar de superioridade me acirrava o espírito competitivo, e eu passei no teste com louvor, simplesmente porque não queria ser superada por ela. Depois de alguns dias de treinamento, nos disseram que faríamos cinco saltos durante três dias para ganharmos nossas asas. Nem pensei em contar aos meus pais sobre esta mais recente "oportunidade de emprego", pois minha mãe passaria a semana inteira sem pregar o olho.

No dia do primeiro salto, o amanhecer foi cinzento e frio, com leves rajadas de vento. Nosso grupo de seis pessoas passou pelos procedimentos de segurança e subimos, dois de cada vez, na pequena aeronave com nosso instrutor de salto, o "Red", que nunca ia a lugar algum sem a boca cheia de tabaco de mascar. Fiquei desanimada ao constatar que a minha ultracompetitiva colega, Karen, estava no avião comigo. Enquanto a via saltar primeiro, uma vez mais com uma mãozinha do "Red", pensei: "Se ela pode fazer isso, eu também posso", e também saltei.

Depois que todos saltaram, transformando-se de um pontinho no céu em um monte de nylon no solo, nos cumprimentamos batendo as mãos entre nós, nos sentindo confiantes e muito "irados". Então o "Red" saiu do hangar com aquele seu bamboleio inconfundível. Ele tinha ouvido dizer que uma tempestade estava para chegar em breve à área e queria saber se nós estávamos dispostos a completar todos os nossos cinco saltos naquela tarde. Nós todos nos entreolhamos. Não havia dúvida. Recolhemos os paraquedas sem dizer nenhuma palavra e corremos para o hangar, para nos prepararmos para nossos próximos saltos. Não íamos sair da Fazenda sem aquelas asinhas de prata pregadas em nossas fardas.

Bati de leve na porta às sete e meia da manhã e a abri ligeiramente. Ouvi alguém dizer "entre", e eu entrei no escritório para uma reunião com meu orientador do curso de operações. ███████ ███████████████████████████████████████ O Dick estava sentado atrás da sua mesa, fumando um cigarro. Uma pesada cortina de fumaça já enchia o pequeno recinto. Aquele cabelo grisalho, cortado ao estilo militar, a camisa de mangas curtas xadrez e os óculos grossos completavam o quadro. Ao lado do cinzeiro estava sua costumeira lata de Coca-Cola. Desjejum de Campeões. "E aí, como vai?", disse ele, em voz áspera, quando sua mão tremeu a ca-

minho da boca para dar outra tragada. Dick não era um mau orientador, mas também não era muito competente. ▮▮▮▮▮▮
▮▮▮▮▮▮▮▮▮▮▮▮▮▮▮▮▮▮▮▮▮▮▮▮▮▮▮▮▮▮▮▮
▮▮▮▮▮▮▮▮▮▮▮▮▮▮▮▮▮▮▮▮▮▮▮▮▮▮▮▮▮▮▮▮
▮▮▮▮▮▮▮▮▮▮▮▮▮▮▮▮

▮▮▮▮▮▮. Anos morando no exterior, lidando com espiões, as exigências de levar uma vida dupla. Essa realidade inevitavelmente prejudicava a saúde dos funcionários, seus casamentos e suas famílias. A solução da agência, muitas vezes, era mandar seus funcionários com problemas para a quietude da Fazenda; isso talvez ajudasse a restaurar o equilíbrio do funcionário, mas o resultado era que muitos funcionários já desiludidos ensinavam aos novatos idealistas que passar a vida trabalhando para a CIA não era moleza. A alta gerência periodicamente jurava mandar apenas seus mais brilhantes agentes para a Fazenda, e recompensá-los com uma promoção por suas viagens pelo país para que os funcionários recém-chegados pudessem aprender com os melhores. Mas a realidade era que, durante a maior parte do tempo, os melhores e mais competentes agentes queriam estar no campo, recrutando espiões.

Mesmo assim, Dick tinha uma experiência significativa no campo, e eu lhe perguntei como coordenar um exercício que eu teria de fazer em breve. Ele exalou fumaça sobre o meu ombro e, com aqueles seus óculos de fundo de garrafa, leu meu último relatório, escrito na noite anterior ▮▮▮▮▮▮▮▮▮▮▮▮▮▮▮▮▮▮▮▮▮▮▮▮▮▮▮▮▮▮
▮▮▮▮▮▮▮▮▮▮▮▮▮▮▮▮▮▮▮▮▮▮▮▮▮▮▮▮▮▮▮▮
▮▮▮▮▮▮▮▮▮▮▮▮▮▮▮▮▮▮▮▮▮▮▮▮▮▮▮▮▮▮▮▮
▮▮▮▮▮▮▮▮▮▮▮▮▮▮▮▮▮▮▮▮▮▮▮▮▮▮▮▮▮▮▮▮
▮▮▮▮▮▮▮▮▮▮▮▮▮▮▮▮▮▮▮▮▮▮▮▮▮▮▮▮▮▮▮▮
▮▮▮▮▮▮▮▮▮▮▮▮▮▮▮▮▮▮▮▮▮▮▮▮▮▮▮▮▮▮▮▮

███████████████████████████████████████
███████████████████████████████████████
███████████████████████████████████████
███████████████████████████████████████
███████████████████████████████████████
███████████████████████████████████████
███████████████████████████████████████
█████████████████ Embora fosse fácil rir do mundo de faz de conta ███████████████████ passar no curso era uma coisa muito séria se a pessoa quisesse um dia trabalhar como agente secreto. Os prazos cada vez mais curtos, privação de sono, surpresas constantes e mudança de cenários – os instrutores aumentavam muito a pressão no quadro de estudantes. Eu me sentia como se estivesse vivendo sob um microscópio – todas as minhas interações estavam sendo escrutinadas de perto, desde as pequenas correções em nossos relatórios, até os acompanhamentos realizados pelos instrutores após os exercícios operacionais; tínhamos a sensação de que éramos observados pelos instrutores até mesmo quando tomávamos cerveja com eles à noite. Nós sabíamos que estávamos sendo avaliados. Será que éramos mesmo "as pessoas certas"?

O exercício inicial do curso de operações, algumas semanas antes, havia sido surpreendentemente fácil. ███████████████
███████████████████████████████████████
███████████████████████████████████████
███████████████████████████████████████
█████████████████ Nossa missão era encontrar o alvo, puxar papo com ele, e conseguir marcar outro encontro. Enquanto eu olhava a sala apinhada ████████████████████████, vi que eu provavelmente tinha alguma experiência de vida relevante que poderia usar naquele exercício. Como membro da irmandade Pi Beta Phi, na Universidade Estadual da Pensilvânia, eu tinha passado pelas semanas de "iniciação" malucas, e depois de ser aceita na irmandade fui a muitas festas onde se misturar com a multidão

e trocar milhões de gracejos era fundamental para o sucesso social. Agora, sorrindo para mim mesma, imaginando que aquilo era apenas uma festa de irmandade universitária, comecei a falar com um e outro naquela multidão tentando encontrar meu alvo, o "Gary". Apresentar-me, trocar algumas palavras, obter dados essenciais e depois seguir em frente se revelou fácil para mim. Enquanto conversava com os outros no bar, percebi uma coisa fundamental: a vasta maioria dos presentes só queria falar de si. Para responder a uma pergunta pessoal de alguém, principalmente se você não quiser falar muito, basta responder apenas o suficiente para ser educado, depois fazer uma pergunta sobre o interlocutor. Foi uma lição que me seria muito útil nos anos seguintes, ▮▮▮▮▮▮▮▮▮▮ e a necessidade de desviar a atenção de mim mesma para o meu alvo se tornou crítica.

Parei um pouco de procurar o Gary e fui direto ao balcão do bar, onde devolvi meu copo de vinho e pedi água gasosa com limão para parecer gim com tônica. Outra lição que aprendi logo de cara: não beber mais do que um drinque durante o trabalho, porque isso prejudica a memória. Virando-me, vi um instrutor com cabelos pretos e costeletas grisalhas de pé, sozinho, e resolvi tentar a sorte com ele. Na mosca! Era o Gary. ▮▮▮▮▮▮▮▮▮▮ "Mas que interessante!", respondi, começando a jogar charme instantaneamente. E num instante concordamos em nos encontrar dentro de alguns dias para almoçar, para o Gary me contar mais coisas. ▮▮▮▮▮▮▮▮▮▮

Missão cumprida, pensei, ao sair da festa cedo.

Durante as semanas seguintes, encontrei-me regularmente com o Gary e fiquei sabendo muito mais do que pretendia saber ▮▮▮▮▮ ▮▮▮▮▮▮▮▮. O mais importante para o objetivo do exercício: eu estava aprendendo como era o Gary, quais eram suas motivações, seus preconceitos e suas aspirações, tanto pessoais quanto profissionais. Ele era muito charmoso, e tinha obviamente aperfeiçoado o papel de Gary. Depois de muito praticar, ele sabia dar detalhes extremamente bem, alguns significativos, outros inúteis, para ver quantas coisas eu pescaria. Depois de cada encontro, eu voltava para

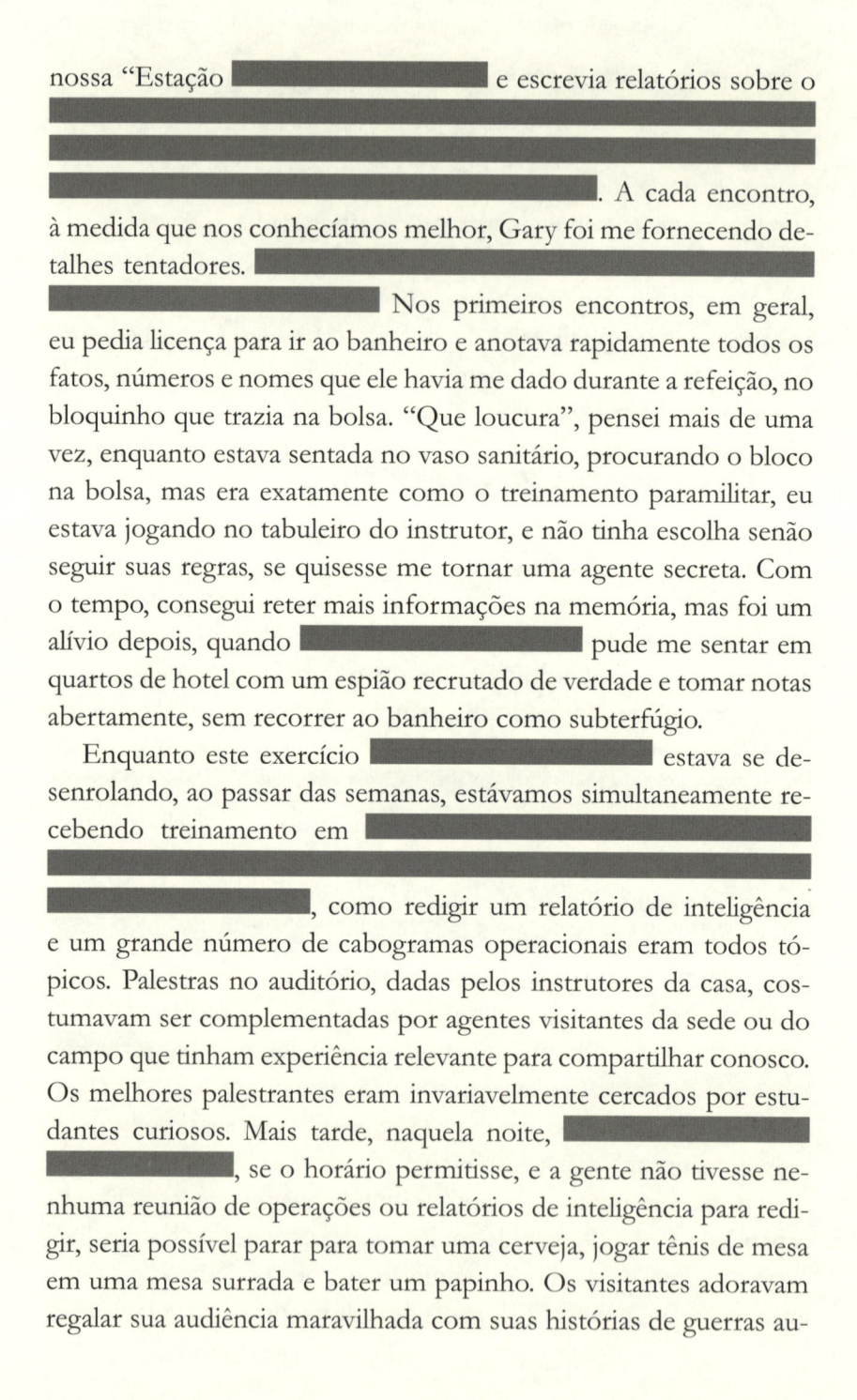

nossa "Estação ███████████████ e escrevia relatórios sobre o
██
██
█████████████████████████████████. A cada encontro,
à medida que nos conhecíamos melhor, Gary foi me fornecendo detalhes tentadores. ████████████████████████
████████████████ Nos primeiros encontros, em geral, eu pedia licença para ir ao banheiro e anotava rapidamente todos os fatos, números e nomes que ele havia me dado durante a refeição, no bloquinho que trazia na bolsa. "Que loucura", pensei mais de uma vez, enquanto estava sentada no vaso sanitário, procurando o bloco na bolsa, mas era exatamente como o treinamento paramilitar, eu estava jogando no tabuleiro do instrutor, e não tinha escolha senão seguir suas regras, se quisesse me tornar uma agente secreta. Com o tempo, consegui reter mais informações na memória, mas foi um alívio depois, quando ████████████████ pude me sentar em quartos de hotel com um espião recrutado de verdade e tomar notas abertamente, sem recorrer ao banheiro como subterfúgio.

Enquanto este exercício ████████████████ estava se desenrolando, ao passar das semanas, estávamos simultaneamente recebendo treinamento em ████████████████████████
██
██████████████████████, como redigir um relatório de inteligência e um grande número de cabogramas operacionais eram todos tópicos. Palestras no auditório, dadas pelos instrutores da casa, costumavam ser complementadas por agentes visitantes da sede ou do campo que tinham experiência relevante para compartilhar conosco. Os melhores palestrantes eram invariavelmente cercados por estudantes curiosos. Mais tarde, naquela noite, ████████████████
████████████████, se o horário permitisse, e a gente não tivesse nenhuma reunião de operações ou relatórios de inteligência para redigir, seria possível parar para tomar uma cerveja, jogar tênis de mesa em uma mesa surrada e bater um papinho. Os visitantes adoravam regalar sua audiência maravilhada com suas histórias de guerras au-

tênticas ▮▮▮▮▮▮▮▮▮▮▮▮▮▮▮▮▮▮▮▮
▮▮▮▮▮▮▮▮▮▮▮▮▮▮▮▮▮▮▮▮ Eles estavam inculcando em nós a cultura da agência, e através daquelas histórias nós aprendíamos o que talvez fôssemos enfrentar e o que poderia ou não funcionar depois que estivéssemos no campo.

Embora a pressão de desempenhar bem nosso papel fosse intensa e a sensação de estar sendo constantemente observados e julgados chegasse a ser opressiva, não restava dúvida de que era divertido aprender a ser espião ▮▮

▮▮▮▮▮▮▮▮▮▮▮▮ Meu amigo David e eu pensamos, durante algum tempo, em usar nossos truques recém-aprendidos para fotografarmos clandestinamente dois estudantes que todos sabiam que estavam tendo um caso amoroso tórrido, muito embora a moça estivesse comprometida com outro estudante da mesma turma. Max, um sujeito educado, porém detestável, aparentemente não fazia a menor ideia de que sua namorada estava "trepando" apaixonadamente com seu "amigo" Tim. Eu e o David achávamos que algumas fotos oportunas iriam ajudar a pôr as coisas em seus devidos lugares, mas, no final, resolvemos deixar que Max descobrisse a verdade sozinho.

Alguns momentos foram engraçados. ▮▮▮▮▮▮▮▮▮▮▮▮

O câmera riu tanto que a foto saiu desfocada.

Metodologia e teoria na sala de aula eram seguidas de bastante experiência prática

Tudo era muito minucioso e demorado, passávamos horas nos nossos carros, com mapas, relógios de pulso e pilhas de bobagens que íamos comprando

. Entrei em pânico quando percebi que meu plano meticuloso ▓▓▓▓ ▓▓▓▓ tinha um defeito fatal; uma ▓▓▓▓ parada que eu havia incluído e era vital ▓▓▓▓▓▓▓▓▓▓▓▓▓▓ estava fechada. Não havia outra boa opção por perto. O estabelecimento mais próximo que estava aberto era um bar *topless* simplesmente decadente, e eu, sendo uma moça suburbana bem criada, não sabia como iria explicar uma visita àquele lugar. Eu não tive escolha senão seguir e estacionar em frente à fachada escura e fingindo choque e decepção ao ver o lugar fechado. Enquanto me inclinava na vidraça e punha as mãos acima dos olhos como se estivesse verificando se havia alguém se movendo dentro da loja, percebi ▓▓▓▓▓▓▓▓▓▓▓▓ ▓▓▓▓▓▓▓▓▓▓▓▓▓▓▓▓▓▓▓▓▓▓▓▓▓▓▓▓▓▓▓▓▓▓ que eu estava fazendo papel de palhaça. Minha autoavaliação do meu procedimento naquele exercício em especial foi "insatisfatório".

Na medida em que as semanas se transformavam em meses, todos passamos por incontáveis avaliações de nossa forma de redigir, de nossas capacidades de planejamento, de nossas ▓▓▓▓▓▓▓▓ habilidades e nossa capacidade de raciocinar logicamente e enfrentar um estresse cada vez maior, que, apesar de simulado artificialmente, era ainda bastante real. Vários estudantes desistiram e voltaram à sede para encontrar outro cargo na agência ou saíram do órgão. Os avaliadores solicitaram a outros que saíssem porque exibiram falhas fatais na sua capacidade de julgamento ou no seu comportamento, tal como: cometer o mesmo erro duas vezes, não demonstrar respeito adequado pelo quadro de instrutores, trapacear de alguma forma ou, simplesmente, não possuir aquela qualidade especial que faz de alguém um agente secreto. Essas notícias, naturalmente, espalhavam-se entre os estudantes como incêndio florestal, e embora eu as considerasse alarmantes, elas só me faziam me esforçar mais ainda, porque a perspectiva de trabalhar na agência, no exterior, e talvez até ter minhas próprias histórias de guerra para contar um dia era simplesmente tentadora demais. Eu não queria que me pedissem para sair. Uma noite, ▓▓▓▓▓▓▓▓▓▓▓▓▓▓▓▓▓▓▓▓▓ ▓▓▓▓▓▓▓▓ peguei minha bolsa, anotações e saí do meu carro. O ar de junho estava tão úmido que minha blusa de seda estava colada na pele e meus pés doíam por causa do salto alto (tínhamos de trabalhar bem vestidos ▮▮▮▮▮▮▮▮▮▮▮▮▮▮▮▮▮ quando era apropriado ▮▮▮▮▮▮▮▮▮▮▮▮▮) Eu ainda iria trabalhar pelo menos umas três horas para conseguir redigir todos os meus relatórios, e devia entregá-los aos instrutores às sete da manhã seguinte. Parei um instante para olhar o céu estrelado e ri da minha situação, achando-a simplesmente absurda, mas naquele momento, mesmo exausta de tanto trabalhar, pensando no que ainda teria de fazer, não tive dúvida de que passaria no curso.

Durante as semanas finais do curso ▮▮▮▮▮▮▮▮▮▮, os estudantes foram divididos em pequenas equipes ▮▮▮▮▮▮▮▮▮▮▮▮▮ ▮▮▮▮▮▮▮▮▮▮▮. Cada membro de cada equipe precisava trabalhar de perto com outros para ajudar a resolver problemas operacionais e certificar-se de que os autores das políticas americanas recebessem as informações confiáveis da forma que necessitavam. Felizmente, minha equipe era forte, eu era amiga de todos os integrantes, menos do Gerry, um cara de óculos, com aparência de idiota, que todos considerávamos o elo fraco da equipe. Ele nunca parecia deduzir nada direito, e achávamos um verdadeiro mistério ele nunca ter levado um pé na bunda. Simplesmente revirávamos os olhos quando ele fazia alguma sugestão incrivelmente burra e tentávamos contornar suas bobagens da melhor forma possível. Enquanto o ritmo operacional apertava ainda mais durante as semanas do exercício final, nossa turma, "A Estação", se tornou uma colmeia de tão ativa a toda e qualquer hora do dia ou da noite. Às duas da madrugada era possível entrar na sala e, sem dúvida nenhuma, encontrar alguém da equipe terminando um relatório ▮▮▮▮▮▮▮▮▮▮▮▮. Tempestades de verão violentas interrompiam o fornecimento de energia várias vezes, desativando nosso ▮▮▮▮▮▮▮, portanto, durante algumas noites, nossa sala parecia painel revirado de mosteiro medieval, onde nós todos nos debruçávamos sobre nossos blocos pautados amarelos, redigindo nossos relatórios à mão, à luz de velas tremeluzentes colocadas no meio da mesa. Fazíamos piada, dizendo que aquelas condições adversas estavam nos preparando para futuras missões na África ou em algumas partes da Ásia.

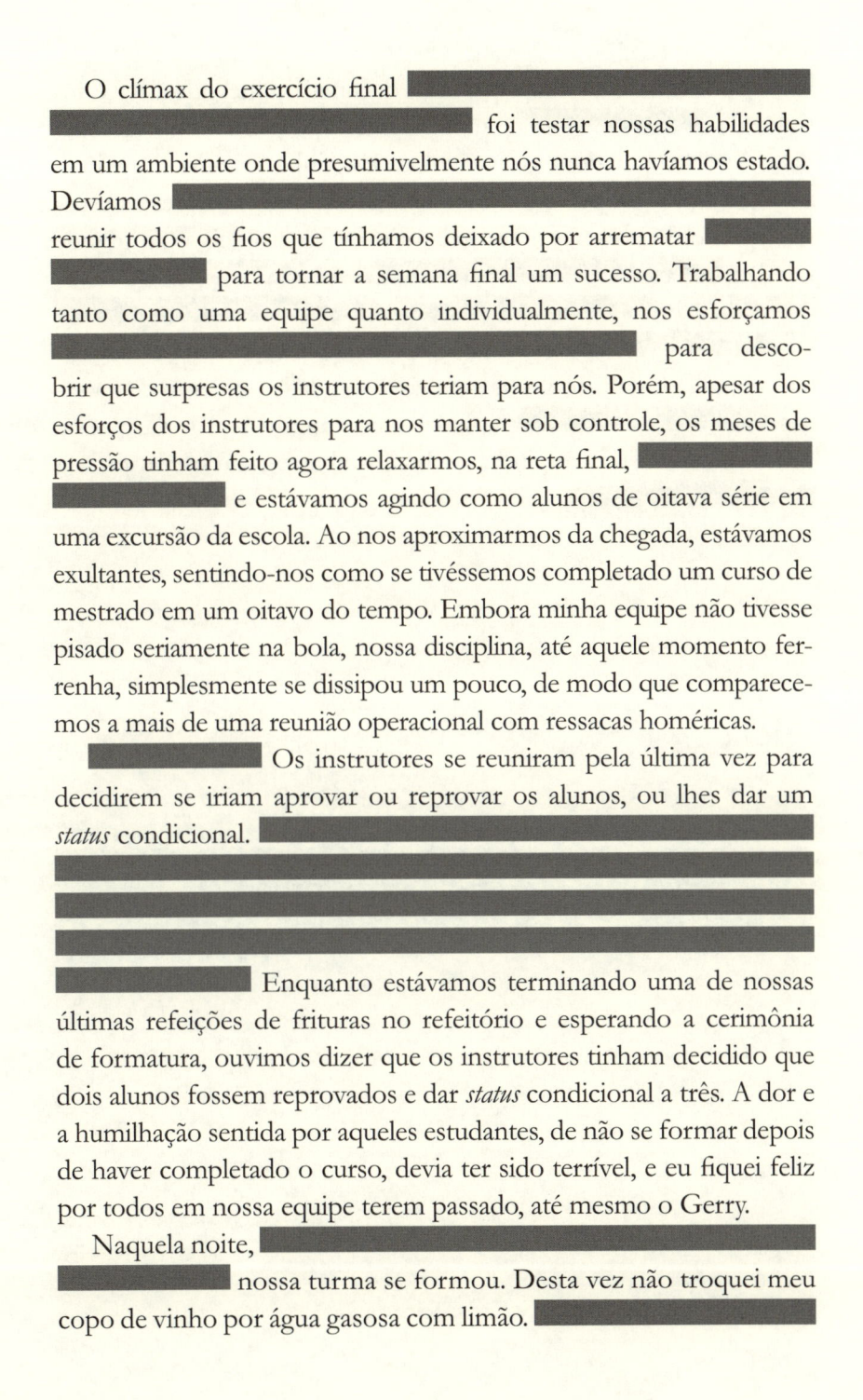

O clímax do exercício final ▮▮▮▮▮▮▮▮▮▮▮▮▮▮▮▮▮▮▮▮▮▮ foi testar nossas habilidades em um ambiente onde presumivelmente nós nunca havíamos estado. Devíamos ▮▮▮▮▮▮▮▮▮▮▮▮▮▮▮▮▮▮▮▮▮▮ reunir todos os fios que tínhamos deixado por arrematar ▮▮▮▮▮▮▮▮▮▮▮▮ para tornar a semana final um sucesso. Trabalhando tanto como uma equipe quanto individualmente, nos esforçamos ▮▮▮▮▮▮▮▮▮▮▮▮▮▮▮▮▮▮▮▮▮▮▮▮▮ para descobrir que surpresas os instrutores teriam para nós. Porém, apesar dos esforços dos instrutores para nos manter sob controle, os meses de pressão tinham feito agora relaxarmos, na reta final, ▮▮▮▮▮▮▮▮▮▮▮▮▮▮▮▮ e estávamos agindo como alunos de oitava série em uma excursão da escola. Ao nos aproximarmos da chegada, estávamos exultantes, sentindo-nos como se tivéssemos completado um curso de mestrado em um oitavo do tempo. Embora minha equipe não tivesse pisado seriamente na bola, nossa disciplina, até aquele momento ferrenha, simplesmente se dissipou um pouco, de modo que comparecemos a mais de uma reunião operacional com ressacas homéricas.

▮▮▮▮▮▮▮▮▮▮ Os instrutores se reuniram pela última vez para decidirem se iriam aprovar ou reprovar os alunos, ou lhes dar um *status* condicional. ▮▮

▮▮▮▮▮▮▮▮▮▮ Enquanto estávamos terminando uma de nossas últimas refeições de frituras no refeitório e esperando a cerimônia de formatura, ouvimos dizer que os instrutores tinham decidido que dois alunos fossem reprovados e dar *status* condicional a três. A dor e a humilhação sentida por aqueles estudantes, de não se formar depois de haver completado o curso, devia ter sido terrível, e eu fiquei feliz por todos em nossa equipe terem passado, até mesmo o Gerry.

Naquela noite, ▮▮▮▮▮▮▮▮▮▮▮▮▮▮▮▮▮▮▮▮▮▮ nossa turma se formou. Desta vez não troquei meu copo de vinho por água gasosa com limão. ▮▮▮▮▮▮▮▮▮▮

███████████, eu tinha passado de uma mulher idealista e intimidada ███████ a uma mulher que tinha sido desafiada e havia superado os obstáculos. Eu tinha saltado de aviões, ███████████ percorrido vários quilômetros em florestas escuras, aprendido a escrever um relatório de inteligência com grande rapidez ███ ███████████████ e estava simultaneamente exausta e inebriada. Até ali, porém, todas as minhas habilidades tinham sido usadas ███████████████; aplicá-las no mundo real seria o teste definitivo, mas eu o receberia de braços abertos. Eu estava pronta ███████████████.

CAPÍTULO 2
A Temporada em ▇▇▇▇▇▇

Acomodei-me em uma cadeirinha de madeira num café ao ar livre em uma parte apinhada e movimentada de ▇▇▇▇▇▇▇▇▇▇▇▇ e me ocupei tirando da bolsa um guia de turismo de ▇▇▇▇▇ e um mapa. Era a melhor hora, o começo da noite, depois que o calor da fornalha que tinha sido aquele dia de verão havia se amainado, o jasmim recém-aberto começava a perfumar o ar, e o pôr do sol ainda raiava o céu de cor-de-rosa e laranja. Pedi um café gelado no meu titubeante ▇▇▇▇▇▇▇▇, um expresso com leite batido, formando uma bebida com espuma na superfície ▇▇▇▇▇▇▇▇▇ ▇▇▇▇▇▇▇▇▇▇▇▇▇ e me recostei na cadeira, ostensivamente para examinar o mapa. Acendi um cigarro, mais um gesto que combinava com a multidão, porque a maioria dos ▇▇▇▇▇ fuma como uma chaminé, e tentei parecer tranquila. Na verdade estava extremamente alerta, esperando meu alvo, um ▇▇▇▇▇ que a CIA achava que podia estar associado a ▇▇▇▇▇▇▇▇▇, um grupo terrorista altamente perigoso ▇▇▇▇▇▇▇▇▇▇▇▇▇▇▇▇. Nós tínhamos uma vaga descrição dele feita por outra fonte e sabíamos que ele costumava frequentar este café à noitinha. Minha missão era ▇▇▇▇▇▇▇▇▇▇▇▇ o alvo ▇▇▇▇▇▇▇▇ ▇▇▇▇▇▇▇▇ Sendo uma mulher ▇▇▇▇▇▇ loura de olhos azuis, eu parecia inofensiva, o mais que podia, e não da CIA, e a ideia era justamente essa. ▇▇▇▇▇▇▇▇▇▇▇▇▇▇▇▇▇▇▇▇▇▇▇▇ ▇▇▇▇▇▇▇▇▇▇▇▇▇▇▇▇▇▇▇▇▇▇▇▇▇▇ Às vezes, quando os agentes são muito "novatos", ou seja, ainda não se expuseram demais cumprindo várias missões de espionagem no exterior, estão em posição de fazer trabalhos mais delicados.

Quando eu já estava quase terminando de tomar o café, e acabando meu terceiro cigarro, já meio desanimada, ████████ ████████████ um homem que correspondia com a descrição feita a mim se sentou sozinho a algumas mesas. Eu o ouvi pedindo ████████████████ um pratinho de aperitivos. Ele talvez tivesse uns 40 anos; seus cabelos pretos eram raiados de cinza e estavam presos, formando um rabo de cavalo. Suas roupas, bastante comuns, não chamavam a atenção. Tentei disfarçar o tremor das minhas mãos ao pagar a conta e peguei minhas coisas devagar, de cima da mesinha redonda e instável. Enquanto fazia isso, planejei passar perto do alvo, calculando quantos ângulos eu poderia obter dele antes de sair na rua movimentada fora dos limites do café. ████████ ██████████████████ impelida em direção à torrente de turistas que aproveitavam os últimos momentos de um fim de tarde de verão. Fui seguindo uma trajetória longa e complicada até meu carro estacionado. Ao longo do caminho, parei em muitas das lojas para turistas, profusamente iluminadas, e comprei plaquetas e um amuleto ████████. Quando cheguei em casa naquela noite, mais tarde, suspirei de alívio, por minha primeira missão como agente secreta ter transcorrido sem nenhum incidente.

Fazia menos de um mês que eu estava em ████████████, cumprindo minha primeira missão. Vivia constantemente me surpreendendo diante da imensa responsabilidade, pelas vidas de agentes e por quantias significativas de dinheiro, que a CIA dava a seus agentes ████████████. A gerência da agência depositava um bocado de confiança nos cursos da Fazenda, em treinamento paramilitar e operacional como forma de se livrar dos incompetentes ou despreparados. Fiquei nas nuvens por ter sido escolhida para a missão em ████████████ e passei dias planejando cada detalhe da operação com meus colegas. Hollywood nos dá a falsa impressão de que os agentes da CIA tomam decisões e agem individualmente, e que os agentes rebeldes parecem ser a norma. Embora no mundo da CIA real haja momentos de individualismo absoluto, as operações bem-sucedidas sempre são o resultado de um trabalho de equipe. ███████████████████████████████████ Eu estava encantada por ser membro oficial de nossa equipe.

Quando me formei no Curso de Operações ███████████, eu tinha sido escolhida por ████████████████████ para o Diretório de Operações (DO). Barganhando intensamente, as várias divisões geográficas do DO davam seus lances nos alunos considerados os melhores e mais brilhantes na Fazenda. Aliás, cada divisão rotineiramente mandava vários de seus funcionários tarimbados falarem com cada turma proclamando as vantagens de sua divisão em um espetáculo cuidadosamente coreografado de propaganda. ██

██

Os agentes geralmente passavam a maior parte de suas carreiras em uma região do mundo e, portanto, entrar em algum lugar onde se quisesse morar e servir era importante. Os alunos passavam horas pensando em suas opções e tentavam barganhar com o sistema, mas não adiantava. Naquele clima de compra de passe de jogador de futebol, poucos conseguiam o que realmente queriam. Eu tive sorte. Quando pequena, tinha viajado por toda a Europa com minha família e me sentia confortável e feliz sempre que estava lá. Minha primeira viagem com 9 anos de idade tinha sido para a Itália, onde alugamos uma mansão com outra família em uma cidadezinha ao norte de Roma chamada Porto Santo Stefano. Minhas lembranças mais fortes daquela visita foram a de provar sorvete *gelato* pela primeira vez e ficar impressionada com a grandiosidade da Basílica de São Pedro em Roma. Eu não tinha ainda estudado a Roma antiga na escola, mas qual a criança cuja imaginação não se deixaria inflamar pela ideia de usar o Coliseu para encenar batalhas navais ou assistir a gladiadores combatendo leões? Daquele verão em diante, passei a ser absolutamente fissurada por turismo. Felizmente, como oficial da Força Aérea aposentado, meu pai e seus dependentes tinham direito a voar em espaço disponível em aeronaves militares que atravessavam o Atlântico. Meus pais e eu íamos até a Base da Força Aérea em Nova Jérsei com armas e bagagens, sem saber exatamente em que lugar da Europa nós iríamos aterrissar, porque o programa era determinado pelas necessidades militares, naturalmente. Foi assim que viajamos para a Itália, Alemanha, Irlanda, Suíça e França. Uma vez, não conseguimos espaço disponível, portanto tomamos a versão de linhas aéreas econômicas do início da década de 70, a Laker Airways, que não dava aos passageiros nenhum conforto, para irmos a Londres. Ali ficamos na casa magnífica de Doris Duke, perto do Marble Arch, que tinha sido entregue aos militares americanos para eles construírem alojamentos de oficiais depois da II Guerra Mundial. Eu andava por aquele edifício imenso imaginando o opulento salão de baile cheio de gente. Então, embora brevemente tivesse pensado em ir para a Divisão Soviética e Oriental (SE), fiquei aliviada quando a Divisão Europeia (EUR) me escolheu e prontamente me destacou para ir a ▇▇▇▇▇▇▇▇▇▇. A única coisa que eu ainda tinha de fazer para deslanchar na minha nova carreira era aprender a falar ▇▇▇▇▇▇▇▇▇▇.

▇▇▇▇▇▇▇▇▇▇. Como vai? Estou bem. Eu não tenho talento para aprender línguas, e sempre sinto dificuldade em fazer isso, ficando meio entediada ao tentar. Parecia que eu precisava ouvir uma palavra cinquenta vezes para aprendê-la. Todo dia, ao ir de metrô do meu pequeno apartamento até a sala de aula, no subúrbio da Virgínia, eu revisava palavras do vocabulário, escrito em inúmeras fichas brancas, que formavam pilhas enormes. Era um processo doloroso, ainda mais exacerbado pelo nosso professor, ▇▇▇▇▇▇▇▇▇▇, o qual havia sido combatente da resistência em ▇▇▇▇▇▇ na II Guerra Mundial, e, com toda a razão, sentia orgulho dos serviços prestados e da sua descendência ▇▇▇▇▇▇. Embora fosse bem-humorado, ele não era muito bom professor, e estava convencido de que a melhor forma de aprender sua nobre língua era decorar obscuros provérbios ▇▇▇▇▇▇. Ele dizia rapidamente um dito popular ▇▇▇▇▇▇. Olhando zangado para mim e meus dois colegas, por sermos uns burros, ele finalmente se dignava a nos dar a tradução. "Isso significa: o pelo do bode pede um pente fino." Mas, finalmente, a agência me considerou proficiente o suficiente para pedir refeições num restaurante ███████ e me enviou para minha primeira missão ███████████. Eu me sentia como um cavalo de corrida no boxe de largada.

███████████████████████ era um lugar indescritivelmente vibrante e caótico. ███████ ███████
███████████████████████████████████████
███████████████████████████████████████
███████████████████████████████████████
███████████████████████████████████████
███████████████████████████████████████
███████████████████████████████████████
███████████████████████████████████████
███████████████████████████████████████
███████████████████████████████████████
███████████████████████████████████████
███████████████████████████████████████
███████████████████████████████████████
███████████████████████████████████████
███████████████████████████████████████
███████████████████████████████████████
███████████████████████████████████████
███████████████████████████████████████
███████████████████████████████████████
███████████████████████████████████████
███████████████████████████████████████
███████████████████████████████████████
███████████████████████████████████████
███████████████████████████████████████
███████████████████████████████████████
███████████████████████████████████████
███████████████████████████████████████
███████████████████████.

Meu chefe em ███████, o Dave, era considerado um ídolo, um verdadeiro caubói do DO. Apesar da fortuna da sua família (que diziam, à boca pequena, ter sido gerada por patentes ███████), sua educação bastante requintada de nativo da Nova Inglaterra e uma formação em universidades da Ivy League, ele bebia, fumava charutos e praguejava como um marinheiro. Suas aventuras operacionais na África eram lendárias, e ele agora estava desacelerando sua carreira com uma missão em ███████, o local onde ele tinha cumprido sua primeira missão, anos antes. Quando eu cheguei a ███████, disseram-me que eu tinha de comparecer a uma reunião com o Dave, e fui conduzida ao seu amplo e arejado escritório, com as paredes revestidas por lambris de madeira. Dave estava sentado desleixadamente em sua poltrona de couro, com os pés na escrivaninha imensa, mastigando um charuto apagado. Eu tinha sido apresentada a ele antes em ███████, estava meio nervosa, esperando exceder às expectativas daquele funcionário tão célebre. Ele tirou o charuto da boca durante tempo suficiente para dizer: "Dê uma voltinha", girando o dedo indicador voltado para baixo. Eu me senti confusa, não entendi o que ele estava querendo dizer. Ele queria que eu fizesse o quê? Obedientemente, eu dei uma volta, como se fosse uma modelo, e esperei para ver o que ele diria em seguida. "Ótimo, ótimo. Você vai se dar bem aqui." Os olhos de Dave estavam brilhando, e eu não sabia bem se devia levá-lo a sério ou não. Depois de mais algumas palavras acolhedoras, voltei para minha mesa, tentando entender o que havia acontecido. Dave mostrou ser um chefe muito bom, que incentivava os melhores e inspirava profunda lealdade em sua equipe. Talvez ele tivesse deixado de ler o memorando onde explicavam como devia cumprimentar uma funcionária ███████, mas decidi não me deixar incomodar por aquilo. Outras funcionárias não tinham tanta facilidade assim para lidar com os gracejos dele, e ficavam ofendidas com os seus comentários, mas eu não tinha tempo a perder com isso. Ele não era o primeiro, nem seria o último dinossauro machista da CIA, e nesse meio-tempo havia muito trabalho a fazer, e uma reputação a construir.

Quando um funcionário novato ▓▓▓▓▓▓▓▓▓▓▓▓▓
▓▓▓▓▓▓▓▓▓▓▓▓▓▓▓▓▓▓▓▓▓▓▓▓▓▓▓▓▓▓▓▓▓▓▓▓▓▓▓
▓▓▓▓▓▓▓▓▓▓▓▓▓▓▓▓▓▓▓▓▓▓▓▓▓▓▓▓▓▓▓▓▓▓▓▓▓▓▓
▓▓▓▓▓▓▓▓▓▓▓▓▓▓▓▓▓▓▓▓▓▓▓▓▓ está sozinho. Exatamente como advogados parceiros devem trazer um pouco de trabalho para o escritório todo início de ano, os agentes de campo da CIA também. Consequentemente, havia muita "pescaria", ou seja, procura de alvos de interesse debaixo de tudo quanto era pedra e em todos os coquetéis de ▓▓▓▓▓▓▓▓. Trabalhar em uma função social de forma efetiva e eficaz, para encontrar possíveis informantes para recrutar, tornou-se uma habilidade indispensável.

Sem dúvida, o funcionário que melhor sabia se misturar na multidão para encontrar informantes era o nosso Chefe substituto, ▓▓▓▓▓▓▓ o Jim, um moreno alto, de boa aparência e recrutador lendário. Enquanto eu ainda estava aprendendo o trabalho ▓▓▓▓▓▓▓, fui a uma festa que parecia até o bar do filme *Guerra nas Estrelas*. Cada pessoa a quem eu me apresentava era mais estranha do que a anterior. Apesar de eu ter altura mediana, era mais alta do que a maioria dos homens ▓▓▓▓ de certa idade ▓▓▓▓
▓▓▓▓▓▓▓▓▓▓▓▓▓▓▓▓▓▓▓▓▓▓▓▓▓▓▓▓▓▓▓▓▓▓▓▓▓▓▓
▓▓▓▓▓▓▓▓▓▓▓▓▓▓▓▓▓▓▓▓▓▓▓▓▓▓. Mas não foi só a altura o que me incomodou; parecia haver uma proporção anormalmente alta de convidados vestidos de maneira esquisita e se comportando de um jeito estranho naquela multidão. Mesmo assim, fiz o melhor que pude para me enturmar e passar meus cartões de visita, recebendo vários em retribuição. No dia seguinte, no escritório, um colega e eu comparamos anotações sobre as pessoas com as quais havíamos conversado e se deveríamos entrar em contato com algumas delas, para obtermos mais informações. Jim passou por perto das nossas mesas neste instante, e perguntou, como quem não queria nada, quem havíamos conhecido na noite anterior. Nós lhe

passamos nossas pilhas de cartões, orgulhosamente, e ele as analisou, eliminando cada cartão com um comentário: "já recrutado; não serve; não inspira confiança; já recrutado; talvez". Meu colega e eu nos entreolhamos e rimos. Jim tinha ido à festa à qual nós havíamos comparecido e passado pente-fino nos convidados. Ele tinha passado à nossa frente, levantando uma nuvem de poeira tal que agora só nos restava ficar tossindo. E assim aprendemos que, para termos alguma chance de encontrar alguém interessante, deveríamos chegar antes do Jim aos lugares.

Quando eu terminava de cumprir meus deveres ▮▮▮▮ em geral ia até ▮▮▮▮ um lugar cheio de quartos que parecia ser uma toca de coelhos ▮▮▮▮. Era apenas aí que eu podia escrever meus relatórios de qualquer reunião operacional ocorrida na noite anterior ou preparar-me para futuras reuniões. No verão em que cheguei ▮▮▮▮
havia um bom número de funcionários novatos na região ▮▮▮▮
▮▮▮▮. Agora, analisando as coisas como ocorriam na época, éramos como cachorrinhos: ansiosos para agradar, entusiasma-

dos com tudo, mas ainda precisando ser ensinados. Às vezes nos comportávamos de modo extremamente arrogante, certos de que iríamos conseguir recrutar informantes facilmente ou balançando a cabeça como se soubéssemos mesmo quando nosso superior estava falando de operação complexa ▉▉▉▉▉▉▉▉ se tornou nosso campo de treinamento onde púnhamos em prática as lições que havíamos aprendido na Fazenda. Com tanta coisa acontecendo, quando eu cheguei, a sensação de competição entre os funcionários novatos estava acirrada, assim como nosso senso comum de atingirmos nossos objetivos. Observávamos os sucessos e fracassos uns dos outros como falcões, comparando nossas realizações com as dos outros. Trabalhávamos juntos, descansávamos juntos, e desenvolvemos uma fachada durona que vinha a calhar quando falávamos com os personagens estranhos, no escritório e fora dele, que compunham nosso universo.

Um colega que não se encaixava muito bem nesse molde era o Mark. Um mestiço de asiático e americano, bem apessoado, Mark era um pouco mais velho do que nós, os novatos, mas ainda estava aprendendo o trabalho. Tinha trabalhado no ramo de finanças antes de entrar na agência e completar o treinamento. Mark era tão ambicioso quanto o restante dos novatos, prolongava o expediente procurando os candidatos mais promissores ao recrutamento, e estava claro que ele estaria disposto a fazer praticamente qualquer coisa para convencer um alvo a ser informante. Certa vez, nos contou que tinha varrido o apartamento de alguém que ele desejava recrutar, a seu pedido, enquanto a pessoa ia apanhar os papéis que queria dar a Mark. Achei isso estranho, mas ele conseguiu o que queria: informações sobre as quais ia poder basear um relatório de inteligência. Porém, ele era maluco no trabalho a tal ponto que ninguém poderia realmente imaginar. Um ano depois de ter chegado, Mark tinha recrutado uma boa fonte e enviado ao Quartel-General dezenas de relatórios ▉▉▉▉▉▉▉▉▉▉▉▉. Depois de Mark ter recrutado mais alguns espiões, passou a ser considerado um homem de excelente futuro pela gerência. Dentro de meses, porém, a gerência começou a ter sérias dúvidas sobre a veracidade de seus casos. Depois de Mark ter encerrado sua temporada, ouvi rumores de que uma revisão de seus relatórios havia demonstrado que ele tinha inventado diversas coisas, e depois disso desconfio que ele foi devidamente escoltado para fora da sede da CIA.

Entrementes, eu estava tentando me firmar como agente de operações e passava a maioria das noites fora, aprendendo como funcionava meu novo ambiente ███████████████. Era um expediente torturante: um dia cheio de trabalho ███████, seguido de algumas horas no escritório para poder então realizar nosso "verdadeiro" serviço, lendo os cabogramas que chegavam, escrevendo relatórios para enviar à sede e fazendo planejamento operacional, entre outras coisas. As noites eram dedicadas a reuniões ou eventos sociais ███████████████████████████████████. Muitas vezes, eu só chegava em casa à meia-noite e meia, mais ou menos, e precisava estar no escritório às 8:30 da manhã seguinte. ██ ██ ███████████████████████████. Os agentes novatos sofriam de sono atrasado crônico, mas eram os ossos do ofício.

Enquanto eu trabalhava ███████████████ percebi, assustada, que talvez já tivesse um astro ████████ em potencial nas mãos ██████████████████████. Nicholas era um excelente escritor █████████, altamente inteligente, provavelmente inteligente demais para seu próprio bem ███████████████ ██ ██ ██ ██████████████████████. Depois de me encontrar com Nicholas várias vezes, ████████████████████████████ ████████████████████ tive chance de avaliar o que havia de errado e tentar imaginar uma forma de resolver o problema. Primeiramente, como ele era muito convencido – porque, desde a infância, os homens ▮▮▮▮ são levados a acreditar, por suas mães, que eles são indizivelmente preciosos – Nicholas precisava que eu o bajulasse um pouco ▮▮▮▮. Isso seria fácil. Em segundo lugar, como a maioria dos seres humanos, ele queria um ombro amigo. Então eu o ouvia me contar sobre seus problemas e frustrações pessoais – tudo, desde debates sobre para que escola enviar seu filho até seus sonhos sobre uma casa para passar as férias, e a exasperação com sua esposa e com sua amante. Ocasionalmente, eu balançava a cabeça ou respondia com os murmúrios apropriados. Por fim, ele precisava desesperadamente de um desafio, e isso talvez fosse o mais importante. Se ele sentia que não estava sendo pressionado, deixava de se importar com as coisas. ▮▮▮▮▮▮▮▮▮▮▮▮▮▮▮▮▮▮▮▮▮▮ Entediava-se. Então comecei a usar todos os recursos ao meu alcance para fazer os encontros com ele ▮▮▮▮ valerem a pena. Tratei de me informar ▮▮▮▮▮▮▮▮▮▮ para fazer perguntas mais precisas, mais pertinentes ▮▮▮▮. Durante vários meses, o cuidado intenso e a atenção concedida a Nicholas funcionaram ▮▮▮▮▮▮▮▮▮▮▮▮▮▮▮▮▮▮▮▮▮▮▮▮▮▮▮▮▮▮▮▮.

Depois de trabalhar com Nicholas ▮▮▮▮▮▮ enquanto eu estava anotando coisas, furiosamente, vi a mão dele na minha coxa. "O que pretende fazer?", indaguei, meio desdenhosa. Aquela batalha eu não precisava travar naquele instante. Nicholas sempre tinha se comportado como um galanteador incorrigível, e tínhamos nos tornado bons amigos, mas daquela vez ele tinha ido longe demais. Ele tirou o cachimbo que sempre tinha preso entre os dentes e me fitou com aqueles seus olhos castanhos enormes, de garoto adolescente apaixonado. "Você é lindíssima", disse ele, aproximando-se para me beijar. Depois disso, aconteceu uma cena de comédia: dei um pulo, e o Nicholas literalmente saiu atrás de mim pela sala, enquanto eu me desviava dos móveis e colocava obstáculos entre nós. Depois do que me pareceu uma eternidade, enquanto eu gritava "Você é maluco, pare com isso!", nós paramos para recuperar o fôlego e nos entreolhamos, furiosos, com a mesa de jantar entre nós.

"Nicholas, isso não pode estar acontecendo. Não tem nada a ver. Só vai se meter em encrenca e aí nunca mais vamos trabalhar juntos." Ele deu uma risadinha e voltou a sentar-se no sofá, dócil como um cachorrinho, declarando que aquilo nunca mais se repetiria. Talvez ele sentisse que seus antecedentes culturais ███████ exigiam que ele tentasse passar uma cantada em uma mulher mais jovem, ou estivesse apenas curioso, querendo saber o que aconteceria. Talvez para ele fosse apenas um joguinho pessoal. Nunca saberei. Só me lembro de ter me sentido ao mesmo tempo furiosa e tola, e de ter imaginado como poderia ter enfrentado a situação de uma forma melhor ou diferente. Quando voltei ao escritório, no fim daquela tarde, não contei a ninguém o que havia ocorrido, ██

████████████ e algumas semanas depois, eu me despedi do Nicholas, lamentando não poder mais falar com ele e desejando-lhe tudo de bom.

██

████████████. Era como trabalhar num departamento de vendas; para cada cem ligações feitas, apenas dez pessoas compravam uma enciclopédia. Trabalhei com um ███████████ altamente inteligente, com muitas conexões ████████████ que gozava da confiança de alguns dos mais elitizados personagens ███████ da política nacional, durante alguns meses. Eu tinha desenvolvido o meu contato primeiramente através de reuniões no seu escritório, depois com longos almoços, debatendo as relações ████████████ com os Estados Unidos. Eu tinha trabalhado com afinco para lhe mostrar que eu era ████████████████████

a pessoa com quem ele devia falar se quisesse fazer com que suas opiniões fossem ouvidas pelas pessoas importantes em Washington. ▬▬▬▬▬▬▬▬▬▬▬▬▬▬▬▬▬▬▬▬ combati um nervosismo extremo enquanto ia à minha reunião ▬▬▬▬▬▬▬▬▬▬.

Estávamos em uma taverna movimentada ▬▬▬▬▬▬▬▬▬▬▬▬▬▬▬▬▬▬▬▬▬▬▬▬▬. À medida que o estabelecimento ia se esvaziando, após a hora do almoço, e o garçom retirava os nossos últimos ▬▬▬▬▬▬▬▬▬▬▬▬▬▬▬▬▬▬▬▬▬▬▬▬ nem se esforçava por esconder que se achava o máximo, frequentemente expondo suas ideias depois de dar várias tragadas em um Marlboro, com uma pose arrogante; porém, sua experiência e sua inteligência compensavam aquela fanfarronice. Tomei um golinho de vinho ▬▬▬▬▬▬▬▬▬▬▬▬▬▬▬ que, não sei por que, complementa perfeitamente a culinária ▬▬▬▬▬▬▬▬▬, e depois dei um suspiro profundo. "Sabe, ▬▬▬▬▬▬▬, suas opiniões são brilhantes, sempre na mosca. Poderiam ajudar Washington a entender as mudanças na política." ▬▬▬▬▬▬▬▬▬▬▬▬▬▬▬▬▬▬▬▬
▬▬▬▬▬▬▬▬▬▬▬▬▬▬▬▬▬▬▬▬▬▬▬▬▬▬▬▬▬▬▬▬
▬▬▬▬▬▬▬▬▬▬▬▬▬▬▬▬▬▬▬▬▬▬▬▬▬▬▬▬▬▬▬▬
▬▬▬▬▬▬▬▬▬▬▬▬▬▬▬▬▬▬▬▬
▬▬▬▬▬▬▬▬▬▬▬▬▬▬▬▬▬▬▬▬▬. Apesar das vantagens que eu ofereci, o rosto dele permaneceu impassível. Pude sentir o ▬▬▬▬▬▬▬▬▬▬▬▬▬▬ começando a me virar o estômago e me imaginei voltando ao escritório de mãos vazias, meus colegas sendo solidários, porém talvez ficando secretamente um pouco satisfeitos. Quando eu finalmente fiz uma pausa para respirar, ele se aproximou de mim, tão perto que senti a barba por fazer dele roçando na minha face e vi os poros do seu nariz. Depois do que me pareceu ser um silêncio interminável, ele exalou fumaça pelas narinas, sorriu e murmurou naquele seu sotaque ▬▬▬▬▬▬▬ forte: "Por que demorou tanto?" ▬▬▬▬▬▬▬▬▬▬▬▬▬▬▬▬▬▬▬▬▬
▬▬▬▬▬▬▬▬▬▬▬. Senti um pouco da pressão que eu mesma

tinha me imposto aliviar-se ligeiramente; eu tinha provado a mim mesma que, afinal de contas, podia fazer aquele serviço bizarro, mas emocionante. Porém, comecei a avaliar comigo mesma o que meu emprego exigia de mim. ██████████████████████████
██
████████████████████████████

Comecei a perceber o que meu trabalho realmente significava, a sua ética e como afetava a vida de meus agentes e de suas famílias. Depois de observar muitos cenários operacionais e ver os efeitos das atividades da CIA se desenrolando ao vivo e em cores, ████████████ durante muitos meses, cheguei a conclusões que até hoje não mudaram. Em alguns casos, como nos dos terroristas, os funcionários do Bloco Oriental (durante a Guerra Fria), ou ██████████████████ , indivíduos associados à proliferação de armas de destruição em massa, não havia dúvidas de que convencê-los a fornecer aos Estados Unidos informações privilegiadas era da mais alta importância para nossa segurança nacional. Outros agentes, ██████████████ ██████████████ não contribuíam de forma tão sensacional para as necessidades de elaboração de políticas americanas, mas desempenhavam um papel fundamental na conservação de relacionamentos bilaterais. ████████████████████████████ a boa gente do departamento de Estado só pode construir e manter um diálogo produtivo entre outros países e os Estados Unidos até certo ponto. Às vezes as coisas se desenrolam tão rápido que múltiplos canais, inclusive sensíveis, de fontes clandestinas, são necessários para se conter uma crise. Na época, eu acreditava, como acredito hoje, que um serviço de informações competente é essencial para a segurança de nosso país, e às vezes é a forma mais eficaz de fornecer, aos elaboradores das políticas americanas, as informações necessárias para se tomarem as decisões corretas e manterem nosso país uma nação forte. ████████████████ Eu me sentia profundamente comprometida com os informantes ████████████████ pelos quais era responsável. Eu me certificava de que minhas técnicas de espionagem fossem tão sólidas quanto possível e sempre procurava me relacionar com os informantes com integridade, respeito e compaixão. A CIA gosta de declarar que não poderia fazer o que faz se apenas recrutasse escoteiros, e os funcionários costumam falar de seus espiões com um desdém revoltante. Mas embora eu tenha encontrado alguns espiões bastante ruins, dos quais era impossível gostar, sob qualquer aspecto, eu os tratava com respeito; era o mínimo que podia fazer, dada sua decisão de ajudar o meu país.

▬▬▬▬▬▬▬▬ John, ▬▬▬▬▬▬ só sentia nojo da CIA e considerava ▬▬▬▬▬▬▬▬ corrupto e desprezível ▬▬▬▬▬▬▬▬

a opinião de John era muito comum, embora não unânime, entre seus colegas, que viam no comportamento de mocinho de faroeste da CIA algo que prejudicava a imagem dos Estados Unidos, e dificultava imensamente o serviço ▬▬▬▬▬▬▬ deles. Esse rancor era ainda mais intensificado pela sensação de que os agentes da CIA tendiam a receber ▬▬▬▬▬▬ mais "mordomias". Esses sentimentos eram retribuídos intensamente pela CIA, que via os funcionários do Departamento de Estado como choramingões, incompetentes e ineficazes, que trabalhavam estritamente durante o horário bancário. Embora ambos os lados tivessem razão, até certo ponto, seria bem mais produtivo se os novatos, tanto na agência quanto no Estado, fossem mais bem instruídos sobre as contribuições de cada órgão. Agradeci ao John por suas informações e prometi passá-las adiante. ▬▬▬▬▬▬▬▬

Enquanto eu acumulava essas experiências culturais, estava ficando cada vez mais espantada ao ver meus colegas parecerem determi-

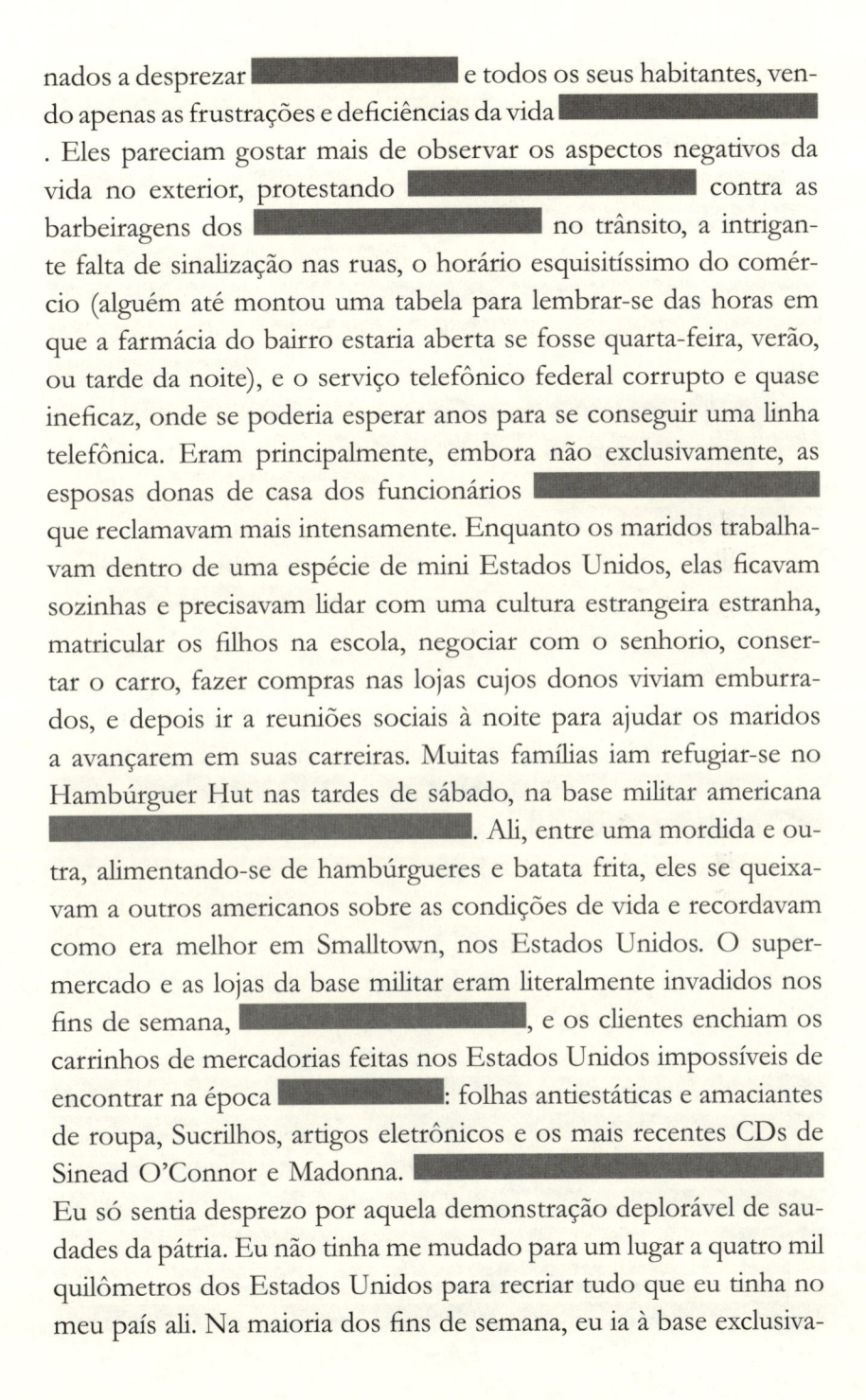

nados a desprezar ▮▮▮▮▮▮▮▮ e todos os seus habitantes, vendo apenas as frustrações e deficiências da vida ▮▮▮▮▮▮▮▮. Eles pareciam gostar mais de observar os aspectos negativos da vida no exterior, protestando ▮▮▮▮▮▮▮▮ contra as barbeiragens dos ▮▮▮▮▮▮▮▮ no trânsito, a intrigante falta de sinalização nas ruas, o horário esquisitíssimo do comércio (alguém até montou uma tabela para lembrar-se das horas em que a farmácia do bairro estaria aberta se fosse quarta-feira, verão, ou tarde da noite), e o serviço telefônico federal corrupto e quase ineficaz, onde se poderia esperar anos para se conseguir uma linha telefônica. Eram principalmente, embora não exclusivamente, as esposas donas de casa dos funcionários ▮▮▮▮▮▮▮▮ que reclamavam mais intensamente. Enquanto os maridos trabalhavam dentro de uma espécie de mini Estados Unidos, elas ficavam sozinhas e precisavam lidar com uma cultura estrangeira estranha, matricular os filhos na escola, negociar com o senhorio, consertar o carro, fazer compras nas lojas cujos donos viviam emburrados, e depois ir a reuniões sociais à noite para ajudar os maridos a avançarem em suas carreiras. Muitas famílias iam refugiar-se no Hambúrguer Hut nas tardes de sábado, na base militar americana ▮▮▮▮▮▮▮▮. Ali, entre uma mordida e outra, alimentando-se de hambúrgueres e batata frita, eles se queixavam a outros americanos sobre as condições de vida e recordavam como era melhor em Smalltown, nos Estados Unidos. O supermercado e as lojas da base militar eram literalmente invadidos nos fins de semana, ▮▮▮▮▮▮▮▮, e os clientes enchiam os carrinhos de mercadorias feitas nos Estados Unidos impossíveis de encontrar na época ▮▮▮▮▮▮▮▮: folhas antiestáticas e amaciantes de roupa, Sucrilhos, artigos eletrônicos e os mais recentes CDs de Sinead O'Connor e Madonna. ▮▮▮▮▮▮▮▮
Eu só sentia desprezo por aquela demonstração deplorável de saudades da pátria. Eu não tinha me mudado para um lugar a quatro mil quilômetros dos Estados Unidos para recriar tudo que eu tinha no meu país ali. Na maioria dos fins de semana, eu ia à base exclusiva-

mente para encher o tanque do carro com gasolina barata, e depois partia para conhecer a magnificência e a variedade da zona rural do meu novo país.

███████████████████████████████████, percebi que estava levando a sério o conselho do meu chefe. ████████████████

Muitas das minhas excursões de fim de semana ██████████ ███████████████████████████████ tinham uma intenção secreta. Eu levava comigo ████████████ mulheres ████████████ naquelas viagens, e assim aprendia mais sobre seus desejos e motivações em um fim de semana do que em diversos jantares na cidade. Convidar um homem ████████████ seria arriscado, pelo motivo óbvio de que eu não queria que ele pensasse que eu estava querendo um envolvimento romântico. Nesses casos, eu incluía um pequeno grupo de amigos para bloquear qualquer dedução de que havia mais do que simples amizade platônica entre nós. ████████████ Com esse meu egoísmo, consegui viajar por um dos países mais interessantes da Europa enquanto fazia meu trabalho, o que era bom, porque uma das mordomias que eu tinha era essa. Ninguém entrava na CIA para enriquecer. Minha habilidade obtida com muito suor para falar a língua melhorou, incentivada pelos moradores de aldeias e cidades, que ficavam literalmente radiantes ao ver uma loura de olhos azuis tentando falar a língua deles.

▬▬▬▬▬ minha temporada em ▬▬▬ foi chegando ao fim. Profissionalmente, tinha sido um sucesso. Descobri que adorava meu trabalho e estava me aperfeiçoando nele ▬▬▬▬▬▬▬▬▬▬ Pessoalmente, eu tinha passado a adorar ▬▬▬▬ e tinha feito boas amizades ▬▬▬▬▬▬▬, além de viajar através da região tanto quanto meu dinheiro permitia e até o ponto em que pudesse justificar minhas viagens. Comecei a pensar no que faria a seguir, quando chegou o telegrama da sede. Ele dizia: "Aguardamos ansiosos o seu retorno. Por favor, apresente-se no ▬▬▬▬ [essencialmente, o Chefe de atribuição de missões de uma divisão] para discutir seu próximo serviço quando voltar da sua licença anual". Fiquei apreensiva. Não era um bom sinal. Em geral um agente passava diretamente a fazer nova temporada se a primeira tivesse apresentado bons resultados, ▬▬▬▬ ▬▬▬ e a agência não estava contratando agentes suficientes para ocupar os empregos considerados tediosos, porém críticos de apoio na sede. Novos agentes em sua primeira temporada no exterior foram novamente chamados a voltar a Washington depois de completarem suas missões. Isso produziu muitas reclamações entre os funcionários; todos tínhamos entrado na agência achando que íamos passar a maior parte de nossas carreiras no exterior, porque não só esse trabalho era mais difícil e emocionante, como também a forma mais rápida de ser promovido. A última coisa que eu queria fazer era voltar para a sede, mas tinha poucas alternativas. Eu não tinha encontrado quem me apadrinhasse, como alguns dos meus colegas do sexo masculino. Havia poucas agentes do sexo feminino em cargos de autoridade, para agir como mentoras, e os possíveis mentores pareciam adotar naturalmente os jovens funcionários da agência que consideravam iguais a eles mesmos em uma fase anterior e mais ambiciosa.

Enquanto eu fazia as malas, um milhão de planos me passavam pela cabeça. ███████████████████████████████
██
██
██
██

Eu tinha passado um tempo agradável com meus colegas da Estação, mas percebi que, por mais que valorizasse sua companhia, ela não era um pré-requisito para meu sucesso, nem para minha satisfação profissional. Para minha surpresa, eu tinha percebido que tinha queda para empresária, e queria testar isso mais a fundo. Enquanto enrolava alguns objetos frágeis em jornal, comecei a bolar um plano ████████████████████████
████████████████.

CAPÍTULO 3

Quando retornei à sede da CIA, em Langley, na Virginia ███████████, voltei a me familiarizar com o vasto edifício e seus corredores brancos, intermináveis, sem decoração. Ele agora ostentava uma imensa ampliação moderna, ligada ao Quartel-General antigo por dois corredores ensolarados e um vestíbulo elevado, com uma enorme bandeira americana arrematando uma das suas extremidades. Além desse novo e ligeiramente glamoroso prédio, a sede exibia orgulhosamente uma lanchonete vistosa, toda remodelada, uma tinturaria, uma pequena academia de ginástica e uma loja de presentes ampliada onde se podia comprar quase tudo, desde copinhos de tequila até bonés de beisebol, com o distintivo da agência, coisa que os visitantes adoravam. ██

Embora minha primeira análise feita pelo detector de mentiras não tivesse sido dolorosa, é uma experiência da qual ninguém realmente gosta. Dessa vez, porém, enfrentei o temido exame armada do conselho de um colega. É só fingir que é uma confissão a um padre. Ou seja, contar ao examinador absolutamente tudo, todos os excruciantes detalhes que podem ser relevantes para a pergunta feita. No mínimo se consegue deixar o detector tão entediado que ele nem vai registrar nada. Eu usei essa tática, falando de cada incidente possível durante tanto tempo que isso poderia até prejudicar meus resultados, e funcionou perfeitamente. Entrei e saí daquela salinha de exames claustrofóbica em três horas, o que foi um recorde.

Como diz o lema oficioso do Exército: "Faça tudo correndo, depois sente-se e espere", depois de cumprir todas as minhas obrigações como um raio, ▓▓▓▓▓▓▓▓▓▓▓▓▓▓▓▓▓▓

▓▓▓▓▓▓▓▓▓▓▓▓▓▓▓▓▓▓▓▓▓▓▓▓▓▓▓▓▓▓ Fiquei encantada, porque descobri que relacionamentos com o objetivo de encontrar informantes eram fáceis de começar e manter. Bem cedo, durante a temporada, convidaram-me para um casamento na Europa Oriental. Na recepção barulhenta, onde o imenso vestido da noiva ficou preso no chão com tantas moedas de ouro, fiz amizade com um oficial militar de alto escalão que trabalhava no serviço secreto do país. No dia seguinte, outro convidado do casamento e eu fomos convidados para tomar desjejum na modesta casa dele com sua família. Durante um café da manhã tradicional, com mel, iogurte, azeitonas e um pão delicioso e substancioso, ouvi o suficiente para me convencer de que o funcionário tinha informações e acesso interessantes para mim. E comecei a agir. ▓▓▓▓▓▓▓▓▓▓▓▓▓▓▓▓▓▓ Comecei a viajar pela Europa inteira em várias missões operacionais e a comparecer a confe-

rências para poder criar uma fachada. Eu me sentia como se tivesse voltado para a escola, aprendendo o mais que podia, tão rápido quanto fosse possível, sobre minha indústria e capital de risco. Ao mesmo tempo, eu adorava a liberdade que tinha de tomar minhas próprias iniciativas, e constantemente mandava cabogramas para a sede pedindo "traços" (ou seja, informações dos arquivos do Quartel-General, se disponíveis), sobre indivíduos de possível interesse operacional. Mas em breve uma coisa logo começou a me incomodar: havia uma visível ausência de orientação e de interesse nas respostas da sede. Fiquei cada vez mais alarmada, achando que a sede não estava gostando do meu desempenho. Será que eu estava tentando obter os informantes corretos? Será que estava sendo agressiva o suficiente? Ou não estava aplicando minhas técnicas de investigação corretamente? Eu estava preparada para um atraso nas respostas devido às minhas novas circunstâncias, mas fiquei intrigada. A agência tinha investido um tempo incrível e dinheiro no meu treinamento, e agora eu estava me sentindo subutilizada. Jurei não bancar a diva mimada, constantemente incomodando o Quartel-General com exigências e pesquisas, ▬▬▬▬▬▬▬▬▬▬▬▬, que não entendia que isso era visto com impaciência e rancor pelo trabalho extra que ocasionava ▬▬▬▬▬▬▬▬▬▬. Qual seria o problema? ▬▬▬▬▬▬▬▬▬▬▬▬▬▬▬▬▬▬▬▬▬▬▬▬▬▬▬▬
▬▬▬▬▬▬▬▬▬▬ Nós estávamos batendo à porta, mas a sede não atendia. ▬▬▬▬▬▬▬▬▬▬▬▬▬▬ circulavam boatos sobre o mal-estar e a falta de objetivos reinantes na liderança da agência. Os comentários à meia-voz sobre a agência ser "adversa a riscos" estavam se fazendo ouvir cada vez mais alto. ▬▬▬▬▬▬▬▬▬▬▬▬▬▬▬▬▬▬▬▬▬▬▬▬▬▬▬▬▬▬▬▬
▬▬▬▬▬▬▬▬▬▬▬▬▬▬▬▬▬▬▬▬▬▬▬▬▬▬▬▬▬▬▬▬

Um ▬▬▬▬▬▬▬▬▬▬ amigo meu com muitos anos de experiência na África comentou, tristemente, que a agência tinha capacidade para ser usada como uma ferramenta cirúrgica de precisão minuciosamente fabricada, mas em vez disso era tão sutil e delicada quanto uma clava.

Enquanto eu estava tentando fazer algumas operações decolarem ▓▓▓▓▓▓▓▓▓▓▓▓▓▓ procurei uma funcionária experiente para me ajudar. Eu não estava procurando um relacionamento formal de mentora e aprendiz, mas só um modelo que pudesse me mostrar como conservar minha feminilidade, talvez ter uma família, e também ser uma agente secreta de destaque em uma empresa onde os homens predominavam. Para minha decepção, descobri que eram poucas as mulheres que tinham conseguido "ter tudo" e, ao mesmo tempo, chegar ao ápice da hierarquia do quadro de operações. Eu me perguntava como ou até se era possível fazer isso. ▓▓▓▓▓▓▓▓▓▓▓▓▓▓▓▓▓▓▓ a agência tinha pedido um estudo de "Teto de Vidro" secreto em 1991, para investigar queixas de que as agentes não eram promovidas tão rapidamente nem recebiam missões tão difíceis quanto os seus colegas do sexo masculino. De acordo com o estudo, em 1991, 40% da força de trabalho era composta por mulheres, mas apenas 9% dos cargos do Serviço Sênior de Inteligência (SIS) eram ocupados por mulheres, ou seja, aqueles acima do nível GS-15. No DO, um bastião tradicionalmente masculino, as estatísticas eram ainda piores: as mulheres compunham 17% do diretório, porém apenas 1% estava nas fileiras do SIS. As agentes do sexo feminino não gostavam dessa desigualdade óbvia, mas não havia muita coisa que pudéssemos fazer para melhorar a situação, a não ser continuarmos tentando ser promovidas e mudar o sistema de dentro para fora. Os dinossauros ainda estavam comandando o espetáculo no DO, e a maioria simplesmente pensava que as mulheres não tinham capacidade para fazer o serviço. Como Melissa Boyle Mahle comenta em seu livro *Denial and Deception: An Insider's View of the CIA from Iran-Contra to 9/11*,[1] "havia uma convicção muito forte de que as mulheres não eram capazes de recrutar espiões, a exigência fundamental do diretório... As mulheres eram indicadas para serviços destinados a fracassar por falta de gerenciamento e

---

[1] Livro ainda não traduzido; a tradução do título seria "Negação e Engodo: A CIA vista por dentro desde o Caso Irã-Contras até 11 de Setembro." N.T.

apoio dos colegas, e falta de tarefas operacionais no campo. Muitas mulheres tentavam, mas depois de um ou dois serviços no campo, achavam que a carreira era uma perda de tempo e iam para outro posto, dentro da CIA, ou saíam do órgão." ▬▬▬▬▬▬▬ Em 1992 uma agente resolveu abrir um processo trabalhista contra a CIA. Tipicamente resistente a qualquer tipo de mudança no *status quo*, a CIA respondeu defendendo seu ponto de vista e frustrando as organizadoras do processo. Além disso, Boyle Mahle explica: "havia uma crença generalizada de que os que reclamassem da falta de igualdade no tratamento de mulheres e homens e de assédio iriam se prejudicar e parariam de avançar em suas carreiras". Depois de ter sido criada por pais que nunca pensaram que meu sexo poderia ser obstáculo para nada que eu resolvesse fazer, bem como ter sido influenciada pela emenda do Título IX do Código Civil dos Estados Unidos, de 1972, que exigia que os esportes femininos nas escolas deveriam receber tanta verba quanto os masculinos, o fato de o *status* das mulheres ser inferior no trabalho foi uma revelação para mim. ▬▬ expressou ceticismo quanto a qualquer tipo de mudança. Embora eu não tivesse enfrentado nenhuma discriminação ostensiva por causa do meu sexo a esse ponto ▬▬▬▬▬▬▬, eu sentia que, em geral, a maioria das agentes nem mesmo sabia que era a sua vez de rebater quando alguém arremessava a bola, ou seja, as decisões sobre que casos e operações boas iriam ser dados a qual agente nos postos do campo ou na sede. Muitas vezes, creio eu, as agentes simplesmente nem sequer eram incluídas na lista de possíveis candidatos. Havia uma tendência natural para que os gerentes da CIA se vissem refletidos nos jovens agentes ambiciosos do posto, e de se lembrarem de quando estavam começando suas carreiras e estavam ávidos para agir. Em geral, só se lembravam das mulheres quando já era tarde demais.

CAPÍTULO 4
Amor e a Ilha dos Bonecos Desajustados

Do LADO DE FORA, a poeira subia do planalto e o ar estava extremamente gelado. Nós oito estávamos sentados em torno de uma mesa antiga do governo, em uma salinha sombria, os casacos pendurados nos nossos ombros. Um modelo grande de uma baleeira do século XIX encontrava-se exposto, inexplicavelmente, sobre um aparador de madeira. Nossas cadeiras eram encalombadas, desconfortáveis, e as luminárias fluorescentes nos tornavam todos pálidos e cansados. Mesmo assim, eu estava empolgada por estar nas instalações altamente secretas do Laboratório Nacional de Los Alamos com nossos mais geniais especialistas em energia nuclear. Depois de sua fundação em 1943, com o objetivo de produzir a primeira bomba nuclear do mundo, o laboratório foi encarregado de garantir a segurança e a confiabilidade do arsenal nuclear americano. Alguns agentes mais graduados da agência e eu tínhamos ido até lá, encarregados pela agência de descobrir se alguma das pesquisas mais recentes e anticonvencionais dos cientistas de Los Alamos poderia ser usada para frustrar tentativas de aquisição de armas nucleares. Embora eu não compreendesse boa parte do debate técnico, pois era formada em artes liberais, eu sabia como funcionavam as operações, e por isso havia sido incluída no grupo.

Quando um dos cientistas dispôs diagramas das suas mais recentes pesquisas sobre a mesa, ouvimos ressoar um ruído constante de metal duro batendo contra metal. Todos pararam de falar, quando aquele ruído se fez seguir de uma explosão baixa e abafada. Nós nos entreolhamos, nervosos, até a porta se abrir ligeiramente e um rosto parecido com o de um elfo aparecer, com uma expressão encabulada. "Desculpem. Agora está tudo sob controle." Todos os presentes soltaram um suspiro de alívio. Alguns momentos depois, saímos e fomos para a área de onde havia vindo o som da explosão. Quando a porta de correr tornou a se fechar, vi um imenso galpão escuro, onde havia altas pilhas de geringonças, ferramentas e fita de vedação de tubulações. Aquilo me fez lembrar o laboratório do "Q", o inventor que bolava as engenhocas usadas pelo James Bond, e podia munir o agente britânico com coisas como um carro esporte que também servia de submarino. "Gostariam de dar uma olhada por aqui?", perguntou um dos cientistas do lugar. Estávamos para ver alguns dos equipamentos secretos que o grupo de Los Alamos havia desenvolvido durante meses. Finalmente, pensei, estou fazendo o que queria fazer quando entrei na CIA.

O DO tinha ▓▓▓▓▓▓▓▓ montado um grupo de ▓▓▓▓▓ chamado Divisão de Contraproliferação (CPD), dedicado a obter informações e frustrar os esforços de aquisição de armamentos nucleares por parte dos países fora da lei e de pessoas físicas. Um agente graduado, muito inteligente e operacionalmente agressivo, com quem eu tinha trabalhado durante pouco tempo ▓▓▓▓▓▓▓▓, estava nesta nova divisão. Ele me pediu para voltar a Washington e trabalhar com ele em um programa secreto que visava controlar proliferadores nucleares que planejavam ações agressivas. Coincidentemente, ▓▓▓▓▓▓▓▓▓▓▓▓▓▓▓ eu tinha lido um artigo em uma revista sobre as atividades de um grupo sem fins lucrativos, o Centro de Estudos de Não-Proliferação, cuja sede é em Monterey, Califórnia, e considerava o trabalho deles importante e interessante. Os perfis dos astros do centro os faziam parecer um pouco com agentes secretos, e eles viajavam por todo o mundo tentando salvar o planeta da aniquilação nuclear. Eu tinha pensado em mandar um currículo para o centro só para ver o que poderia acontecer. Embora eu não tivesse treinamento em estudos nucleares, tinha esperança de que outras habilidades que eu possuía fossem úteis para eles. Também pensei em ficar na Europa, um continente que eu adorava, e encontrar trabalho como jornalista onde eu pudesse usar o treinamento que eu já tinha. O cabograma que recebi, me pedindo para participar do CPD, mudou todos os meus planos da noite para o dia. Além de terrorismo, pensei que a questão mais vital para a segurança nacional norte-americana era a ameaça da proliferação nuclear. Ali estava uma oportunidade de continuar na CIA, em uma carreira que eu adorava, mas que, no momento, estava me decepcionando. A ideia de trabalhar em operações ligadas à contraproliferação reacendeu meu interesse no trabalho da agência.

É chocante quando se percebe que, antes de 1996, não havia sequer um órgão do governo americano dedicado à crescente ameaça de proliferação. O ataque com gás sarin de 1995, no metrô de Tóquio, destacou essa lacuna na estrutura da nossa segurança nacional. Em reação a isso, a CIA criou a CPD, sob o comando do Vice-Diretor de Operações Jim Pavitt, que agora estava aposentado. Pavitt, um agente de carreira da CIA, foi uma escolha aprovada na agência. Em geral bem vestido, com um terno azul e uma pochete petulante, com uma personalidade que era, até certo ponto, um tanto maníaca, ele rapidamente montou uma divisão cuja missão era reunir informações em países como a Coreia do Norte, a Líbia, o Irã e a Síria, sob suspeita de estarem planejando se tornarem potências nucleares. Antes da concepção da CPD, a questão da contraproliferação estava confinada a dois ou, no máximo, três agentes em cada divisão geográfica. Ou seja, a Divisão Europeia, ou EUR, concentrava-se na contraproliferação em uma região; a Divisão do Oriente Próximo (NE) concentrava-se em outra, e daí por diante. Não havia uma estrutura superior que abarcasse todas as divisões, nem comunicação entre elas, que dirá uma estratégia abrangente de contraproliferação. Eu via a criação da CPD como uma oportunidade de restabelecer a importância da CIA.

Para dar início às operações da CPD, Pavitt escolheu uma dúzia de agentes, inegavelmente brilhantes e experientes, mas muitos excêntricos, que não se ajustavam bem em suas divisões tradicionais, cujas bases eram em fronteiras geográficas, não tópicas. Em consequência disso, a CPD rapidamente criou fama de "ilha dos bonecos desajustados", por causa da natureza diversificada e às vezes excêntrica de seus primeiros recrutas. As divisões mais antigas encaravam a CPD com profunda desconfiança e suspeita. Como a proliferação era uma questão transnacional, não tínhamos "territórios" como as divisões do Oriente Médio ou da Europa, portanto todas as operações na região de outra divisão precisavam de seu consentimento e colaboração. Naturalmente, isso causou acirradas batalhas burocráticas territoriais. Nenhuma estação de campo, em nenhum lugar do mundo, dava bola para a nova divisão, e muitas vezes nem sequer se davam o trabalho de responder aos cabogramas que a CPD enviava da sede. No mundo pós-11 de setembro, com aquela mudança imensa do paradigma segundo o qual nós elaborávamos as prioridades da nossa segurança nacional, a nossa CPD começou a receber grande quantidade de verbas, e a divisão, de repente, passou a ser vista com bons olhos. Depois que ficou claro para os poderosos chefes de estação que a única forma de eles receberem dinheiro para suas operações era gerar e apoiar operações de contraproliferação, eles passaram a comportar-se de forma bem mais acessível e amistosa com a CPD.

. Um dia, eu entrei no elevador e uma mulher com aparência de avó, perfeitamente vestida com um terninho Chanel e um penteado feito num salão, estava com um carrinho de bebê bastante luxuoso. Esticando o pescoço, na esperança de ver uma criancinha dormindo feliz, o que vi foram dois cachorrinhos pug, cor de creme, perfeitamente vestidos de casaquinhos e coleiras xadrez da Burberry. Seus olhos castanho-escuros fitaram-me impassivelmente

Joe e eu imediatamente nos deixamos absorver pelas nossas responsabilidades;
eu estava outra vez feliz, imersa nas minhas missões, viajando tanto que às vezes precisava verificar o cabeçalho do bloquinho do hotel para me lembrar de onde eu estava.

Ao contrário da série de DCIs ineficazes que vieram depois do William Casey, George Tenet parecia mesmo cobiçar o cargo. Os outros depois de Casey não faziam a menor questão de disfarçar sua opinião de que DCI era apenas um degrau para algo melhor. O antecessor de Tenet, John Deutsch, tinha sido um desastre para a agência. Segundo as fofocas, quando ele se dignava andar pelos corredores da sede, levava consigo uma equipe de segurança, como se os habitantes daquele asilo fossem pular de dentro das suas celas e cair de porrada em cima dele. Portanto, a tendência do Tenet de aparecer no escritório das pessoas sem avisar, com um charuto apagado na mão, e perguntar: "E aí, tudo em cima?", foi uma mudança bem-vinda. Em muitas ocasiões podíamos vê-lo empurrando a bandeja pela fila da lanchonete com o resto dos outros funcionários na hora do almoço, e só com isso ele já inspirava um imenso respeito e admiração nos profissionais. O que era ainda mais importante é que ele dizia que a CIA devia correr riscos outra vez, falava em responsabilidade pessoal e em reconstruir um DO desmoralizado que tinha sido depauperado pelos cortes na verba em meados da década de 90. Ele supervisionou a reforma do recrutamento da agência para trazer mais agentes diversificados e acelerar o processo para eles não esperarem anos para receberem sua licença de acesso a assuntos confidenciais e uma oferta de emprego e de atuação. Eu, juntamente com a maioria dos funcionários da agência, passei a respeitar sua liderança e a sua concentração nas operações.

Enquanto eu me adaptava ao meu novo trabalho, notei uma óbvia mudança no poder do campo para com a sede. Comunicações imensamente mais rápidas oferecendo conexões mais seguras e, às vezes, em tempo real permitiam que a sede emitisse mais instruções enquanto uma missão estava se processando, em vez de apenas confiar na estação de campo para dizer-lhes o que tinha acontecido depois que já tinha acontecido. Em segundo lugar, a mudança da ênfase para questões transnacionais de contraterrorismo e contraproliferação significava que, às vezes, apenas a sede via o quadro geral, e a estação de campo só tinha uma visão parcial do que se passava. Os chefes de estações protegiam zelosamente suas prerrogativas e seu território, mas, por necessidade, precisaram cooperar mais com outros agentes de outras estações e da sede. Quando o centro de contraterrorismo (CTC) foi fundado, em meados de 1980, exemplificou uma mudança fundamental na maneira de abordar as operações. Pela primeira vez, os agentes e os analistas sentaram-se lado a lado comparando anotações e contribuindo para uma visão mais geral; a ideia era a integração desses elementos para produzir informações mais rapidamente, obtidas de fontes confiáveis. Antes da criação do gigantesco escritório aberto que, depois, se tornou o CTC, a sede era literalmente um prédio dividido em duas metades. Um lado era dedicado às operações de espionagem em campo, e o outro à análise das informações, e as pessoas tinham plena consciência de estarem saindo do lado do corredor de operações e entrando no lado analítico, em geral mais silencioso e tranquilo. Colocar os analistas a par das fontes e operações realizadas para obter informações era considerado algo que exercia um efeito prejudicial na qualidade da inteligência produzida por eles, de modo que os estritos protocolos existentes eram rigorosamente obedecidos por ambos os lados.

Depois que o CTC rompeu com este modelo, a CPD assumiu o conceito de integração e avançou consideravelmente, atraindo agentes e peritos de toda a comunidade da inteligência para trabalhar nos complexos problemas de contraproliferação em equipe. Além disso, a CPD fez de tudo para criar e nutrir um quadro de agentes totalmente novo chamado os "selecionadores de informantes" (*targeteers*). Estes profissionais eram híbridos, passavam pelo treinamento para se tornarem agentes, mas tendiam a pensar de modo mais analítico. Sua responsabilidade era apenas o que o nome de seu cargo sugeria: escolher potenciais espiões de maneira coerente e definida e passar a lista aos agentes de campo. Selecionando cuidadosamente os informantes em bases de dados de fonte aberta e, também, usando relatórios operacionais confidenciais, eles realmente tinham capacidade para encontrar uma agulha no palheiro. Em um mundo cada vez mais complexo, e com tantas informações disponíveis na Internet, a assistência dos selecionadores de informantes para evitar que uma operação saísse dos trilhos se revelou fundamental.

Descobri que eu prosperava em meio ao zelo patriótico e um senso de missão renovado. Durante essa época, ███████████████████ ███████████████████████████████ Esse esforço foi enorme e exigiu uma equipe de agentes às vezes bizarros, chamados a desempenharem um papel específico, na esperança de atraírem nossos informantes para mais perto do nosso objetivo. ███████████████████████

███
███
███
███
███
███
███
███
███
███
███
███
███
███
███
███
███
███
███

Aliás, era exatamente esse tipo de súbitos desvios e retrocessos que me fascinavam em operações ██████████. Ser capaz de raciocinar com os pés no chão e reconhecer que a lei de Murphy se manifestava em toda parte era uma coisa essencial para o sucesso. Era sempre bom estar preparada, com um plano alternativo para lidar com os imprevistos, assim como aderir estritamente às práticas de segurança. O grupinho que trabalhou neste projeto passou centenas de homens-hora fazendo planos e viajando para lugares os mais exóticos para deixar a alta gerência a par das informações críticas sobre o que estávamos fazendo. Em parte, precisávamos constantemente cuidar dos nossos informantes, estando presentes ao seu lado, para o que desse e viesse, ▓▓▓▓▓▓▓▓ de modo que eles pudessem continuar a contribuir para a operação. Tudo, desde as negociações sobre pagamento, até as discrepâncias de formulários para recolhimento de impostos, inclusive esposas desconfiadas e filhos rebeldes, além de doenças graves, se transformava em responsabilidade nossa. A responsabilidade pelos informantes era um pouco parecida com a de mãe, de modo que se podia facilmente virar alvo da ira e frustração proveniente de outras coisas na vida do informante. Por causa da natureza inerentemente secreta do relacionamento entre o informante e o agente da CIA, provavelmente desapareciam as inibições sociais quanto a assuntos delicados. E talvez porque eu fosse mulher, ouvia detalhes íntimos até demais das vidas dos meus informantes. Resolver os problemas deles, ou pelo menos ajudá-los a se sentirem melhor é essencial para que a operação como um todo seja bem-sucedida. Então, embora não aprendamos isso no treinamento, aprendemos bem depressa que ser agente de campo é mais ou menos como ser confessor, psicólogo, conselheiro financeiro, tudo ao mesmo tempo. Isso certamente ajuda a tornar o trabalho mais interessante.

Às vezes, o agente encarregado de um caso só precisa ser amigo do informante. Romney, agente que desempenhou um papel fundamental em um aspecto de nossa operação, era meio deslocado em sua comunidade puritana. Tinha se divorciado da esposa com a qual havia sido casado durante décadas, o que deixou seus cinco filhos contrariados. Ele ainda era vigoroso, embora já tivesse mais de 70 anos, e estava pensando em procurar uma noiva na Europa através de alguma agência de namoro e casamentos, para aplacar sua solidão. Depois de vários dias de reuniões intensas para obter informações sobre sua última viagem ao exterior e planejar os próximos passos, ele nos convidou para ir à casa onde ele havia passado sua infância, a várias horas de distância. Meu supervisor, o Bill e eu declinamos esse convite para acompanhá-lo em seu pequeno avião particular; não estávamos assim tão ávidos por aventura, mas chegamos de carro a sua propriedade às margens de um lago em uma zona rural quase desolada, sem nenhum sinal de progresso. Seu pai tinha construído aquela casa na virada do século XX, e quando Romney girou a maçaneta da porta para entrarmos, a casa era quase um museu perfeitamente preservado, contendo inúmeras relíquias da década de 30. A casa tinha sido restaurada, ou pelo menos mantida nas mesmas condições em que estava quando Romney era criança. Desde a lareira a lenha, até a prateleira onde se viam livros infantis antigos de aproximadamente 1925, até o calendário de junho de 1932 pendurado num prego na parede, tudo era assombroso. Parei diante do rádio de madeira, estilo "tombstone", em torno do qual tenho certeza de que a família do Romney escutava os "bate-papos ao pé da lareira" do presidente Roosevelt, durante a Depressão. Romney entusiasticamente apontou as características da casinha, de modo que eu não sabia dizer se ele sabia que tudo aquilo era coisa de museu ou se achava tudo normal. Observar o entusiasmo e a animação dele enquanto nos mostrava tudo na casa e no terreno amplo, eu resolvi, sem dizer nada a ninguém, apelidá-lo de "o Escoteiro Mais Velho do Mundo". Depois daquela estranha visita, ficou mais fácil trabalhar com Romney, embora anos depois, quando eu já não trabalhava mais nesse projeto, eu tenha ouvido dizer que Romney descuidou-se e não deu a menor importância a algumas das severas advertências de Bill quanto a seus negócios, imediatamente transformando-se em alvo de investigação por parte do FBI.

███

██████████████ espaço na sede sempre vivia a prêmio. O chefe e seu vice, juntamente com alguns outros da divisão de alta gerência, ficavam com os escritórios obrigatórios de esquina no novo prédio da sede, com janelas de verdade. O resto da divisão tinha de pedir de joelhos qualquer cantinho vago que ficasse disponível. A maioria de nós foi, cada um para um, cubículo nos vastos subsolos semelhantes a catacumbas, com divisórias na altura dos ombros entre os cubículos. A grande mordomia de ser gerente significava que a pessoa tinha direito a um escritório com porta, portanto pelo menos era possível marcar as consultas médicas com privacidade. Como não havia janelas, os funcionários da CPD verificavam o tempo pelo computador para ver se precisavam levar consigo um guarda-chuva ao saírem do trabalho, ao cair da noite. Apesar das condições de trabalho serem ruins naquela sala apinhada, e das contínuas queixas sobre o ar reciclado e carregado de bactérias (o resfriado de um funcionário significava que, no dia seguinte, dois outros estariam resfriados), o moral da CPD era alto, enquanto a divisão crescia a uma velocidade incrível e começava a se transformar em um órgão operacional respeitado dentro da CIA.

Com uma missão assim ambiciosa e um forte apoio da gerência, os funcionários de operações da CPD rapidamente desenvolveram várias operações bastante argutas a ponto de se infiltrarem em redes de compras e causar confusão. Devido ao nosso espírito de equipe bastante acentuado, havia uma competição bem-humorada para ver quem conseguiria bolar as operações mais criativas e eficazes. Eu dividia meu cubículo, apelidado de "cantinho do esquilo secreto" (com tudo, até as raras e muito cobiçadas janelas), com um grupo pequeno de pessoas dedicadas a seguirem a pista da rede de proliferação nuclear de A. Q. Khan e desbaratá-la. Khan era um proliferador paquistanês que trabalhava no estilo "eu sozinho". Fazia décadas que ele havia ficado rico vendendo componentes nucleares avançados para a Líbia e para a Coreia do Norte, entre outros. As operações que visavam combater esse alvo ardiloso e cauteloso ▓▓▓▓▓▓▓▓ culminaram em outubro de 2003, com o dramático confisco de componentes, como centrífugas movidas a gás para enriquecimento de urânio, que seguiam para instalações nucleares secretas da Líbia. O anúncio público de Muammar Kadaffi dizendo que a Líbia tinha abandonado seu programa nuclear em dezembro de 2003 foi um dos mais brilhantes êxitos da CPD até hoje, e o resultado de anos de trabalho incessante de profissionais dedicados da CIA. Foi uma excelente amostra de como a agência funcionava melhor quando tinha uma missão clara, apoio da gerência e a mistura certa de peritos e elaboradores de políticas dispostos a assumirem riscos.

Enquanto eu trabalhava com nossa pequena equipe em nossas operações delicadas, eu viajava frequentemente, às vezes avisada apenas algumas horas antes da viagem. ▓▓▓

▓▓▓▓▓▓▓▓▓▓▓▓▓ Viajava nos Estados Unidos e no exterior usando uma variedade de nomes falsos, confiando que minhas habilidades de agente secreta e minha fachada impecável iriam me proteger dos mais sérios perigos. ▓▓

Eu me baseei nas minhas experiências comerciais e na minha situação pessoal para criar uma fachada verossímil e à prova de falhas para morar em Washington e viajar pelo mundo inteiro. Quando eu estava em Washington, em vez de estar na estrada, dirigia todos os dias para a sede, sempre por caminhos diferentes, e prestando intensa atenção ao que se passava em torno de mim. Não tinha medo de que os russos ou outros serviços secretos pudessem descobrir minha verdadeira identidade e me seguir até a sede uma manhã, mas é difícil se livrar dos velhos hábitos. Além disso, simplesmente fazia sentido continuar vigilante ▓▓. As lições aprendidas na Fazenda (de que a maioria das pessoas começa a falar de si mesma se a gente fizer as perguntas certas) continuavam válidas.

▓▓

CAPÍTULO 5
Maternidade

A EQUIPE DO HOSPITAL HAVIA CLARAMENTE cometido um erro lamentável, um equívoco terrível; não era possível que não houvesse um protocolo, um regulamento proibindo-os de me dar alta com meus dois recém-nascidos, tão pequenos que seu choro parecia mais um miado, e que mal pesavam dois quilos e meio e menos de dois quilos, respectivamente. Eu agora era responsável por dois bebês que pesavam menos do que um saco de farinha. Os gêmeos tinham nascido cinco semanas antes do tempo, e isso porque o parto tinha sido de gêmeos, era normal, e, dados os cuidados neonatais avançados, tudo havia decorrido com toda a tranquilidade. Porém, minha ansiedade subiu a níveis insuportáveis quando contemplei aqueles bebês incrivelmente pequenos apenas três dias depois de eles terem nascido. Seu "reflexo de sugar" ainda não estava plenamente desenvolvido, o que significava que eles teriam dificuldade de se alimentar, porém a equipe de enfermagem pouco ligou para minhas perguntas e preocupações. Só encheram um saquinho plástico com toquinhas de tricô minúsculas, algumas fraldas e muitos impressos e folhetos sobre a importância de pôr o bebê para dormir de costas, e nos levaram até o nosso carro, equipado com cadeirinhas de bebê novas em folha. Quando Joe levou todos nós para casa dez minutos depois, eu já estava totalmente apavorada. Nunca tinha sentido tanto medo e insegurança na minha vida, pensando na tarefa monumental que seria cuidar daqueles bebês enrolados nos cueiros e criá-los. Eu estava literalmente trêmula ao desafivelar o cinto de segurança da cadeirinha dos meus filhos e levá-los para casa; não fazia ideia de que o desafio que eu ia enfrentar durante o ano seguinte ia fazer meu ▬▬▬▬▬▬▬▬▬▬▬▬▬▬▬▬ parecer brincadeira de criança.

Como a maioria dos casais, antes de nos casarmos, Joe e eu debatemos rapidamente se íamos querer ter filhos. A primeira vez que falamos nisso estávamos em Paris, andando à margem do Sena, tarde da noite. O cometa Hale-Bopp estava diretamente acima de nós, passando o mais perto da Terra possível nessa época, e com a longa cauda prateada e aquela luminosidade intensa dele, o astro era um verdadeiro espetáculo no céu. Eu sabia que Joe tinha dois filhos adolescentes, Jody (ou Joseph C. Wilson V) e Sabrina, de um casamento anterior. Preparei-me, caso ele dissesse que não queria ter mais filhos e que estava perfeitamente satisfeito com os maravilhosos jovens que já tinha. Eu, por outro lado, queria pelo menos um filho. Não tinha instintos maternais abundantes, e praticamente nunca tinha lidado com bebês, nem crianças pequenas, mas só sabia que era uma experiência de vida que eu queria ter, se fosse possível. Como disse um amigo meu depois de ter seu filho, "os bebês te vacinam contra um egocentrismo venenoso". Para meu alívio, Joe rapidamente concordou em termos um filho juntos, e nesse momento eu senti como se todos os meus sonhos tivessem se realizado. No dia seguinte, só de brincadeira, fui até o consultório de uma astróloga francesa, chamada Rosine, que tinha sido muito bem recomendada por um amigo mútuo. Eu nunca tinha consultado uma astróloga antes, nem uma quiromante, e sentia um saudável ceticismo quanto à capacidade de prever o futuro que ela alardeava. Enquanto Rosine estudava o diagrama colorido que ela havia preparado para a minha visita, ela apontou para um pequeno símbolo e anunciou que eu ia ter gêmeos. "Não pode ser, não sou eu, pode ser meu namorado porque ele tem gêmeos." "De jeito nenhum", disse Rosine. "Os gêmeos dele estão aqui", disse ela, apontando para outro símbolo exótico no diagrama circular. "Esses são os seus." Eu dei de ombros e quando a sessão terminou, paguei a consulta e saí do apartamento elegante dela na

Margem Direita do Sena. ▬▬▬▬▬▬▬▬▬▬
Liguei para o Joe do consultório do obstetra. "Querido, o doutor disse que está ouvindo dois corações. Vamos ter gêmeos." Joe soltou um grito de felicidade.

Aproveitei ao máximo as últimas semanas de uma gravidez normal e feliz, com pouco para fazer a não ser ler para me distrair ou assistir a filmes antigos à noite em companhia do Joe. Eu tinha trabalhado sem parar ▬▬▬▬▬▬▬▬ desde que tinha me formado na faculdade, aos 21 anos, e estava apreciando aquela folga que havia tirado do meu emprego sempre tão absorvente. Mas por volta de dezembro de 1999, quando meu médico me mandou ficar de cama, obedeci sem reclamar. Tinha engordado tanto que só de subir um lance de escadas já perdia o fôlego. Finalmente, bem cedo, na manhã do dia 11 de janeiro de 2000, Joe me levou para o hospital e, uma hora depois de dar entrada, fui levada às pressas para a sala de parto com o que me pareceu uma equipe de milhares de pessoas, prontas a prestar assistência se necessário. Com uma facilidade incrível, e relativamente pouca dor, Trevor Rolph Wilson nasceu, às 10:28h da manhã, e Samantha Diana Finnell Wilson o seguiu, às 10:58h. Joe mal havia retornado depois de estacionar o carro. Apesar de serem pequenos, os gêmeos eram perfeitos, e os médicos deram "10" a ambos na escala Apgar, usada para avaliar a saúde dos recém-nascidos. Trevor tinha um pouco de fluido nos pulmões, e foi levado para a UTI neonatal para ficar em observação. Samantha, embora menor do que ele, foi colocada no seu bercinho de plástico transparente, junto com pelo menos uma dúzia de outros recém-nascidos, na enfermaria. Levaram-me de maca para o quarto, e eu imediatamente pedi o almoço.

Encantados, Joe e eu ligamos para nossos pais e amigos para lhes dar a boa notícia. Logo Joe precisou sair para uma reunião no trabalho e eu sabia que meus pais só iriam chegar dali a algumas horas, de modo que planejei tirar uma soneca. Depois de empurrar a bandeja de comida sem sal do hospital e me acomodar para repousar, pensei nas histórias que minhas amigas contavam: de terem passado por um trabalho de parto doloroso de 24 horas, terem feito cesáreas de emergência, de complicações no momento do nascimento e outras histórias de horror que as grávidas contam umas às outras. E fiquei presunçosa. Eu tinha passado facilmente por um dos momentos mais significativos da vida de uma mulher com a maior facilidade, e estava louca para ver meus bebês, que as enfermeiras trariam para uma visita no fim da tarde. Mas devia ter imaginado que aquela euforia ia durar pouco.

Tarde da noite, despertei de um sono irrequieto tremendo tanto que meus dentes batiam. Pensei que talvez estivesse começando a ter infecção e chamei a enfermeira. A enfermeira Rached, que veio até minha porta, claramente não estava a fim de emprestar um ombro amigo a uma mãe novata. "São apenas seus hormônios que estão se reajustando", disse ela, girando nos calcanhares e saindo. Eles me deram alta no dia seguinte, mas os bebês ficaram. Trevor ainda estava na UTI neonatal, e com quase dois quilos e meio, parecia um gigante cor-de-rosa comparado aos verdadeiros prematuros, que pesavam menos de um quilo. Era de partir o coração ver aqueles minúsculos e vulneráveis bebezinhos sozinhos nos seus bercinhos de plástico, todos ligados a bolsas e monitores, por tubos plásticos endovenosos e fios. Segundo os médicos da maternidade, Trevor e Samantha iam receber alta na quinta, apenas dois dias depois de terem nascido. Mas como Joe e eu sentíamos que eles ainda não estavam prontos para vir para casa, supliquei à equipe que ficasse com eles apenas mais um dia. Disseram-me então que o seguro não pagava o dia extra, as despesas teriam de ser pagas do nosso bolso. Concordei na mesma hora. Pensei com inveja na década de 60, quando minha mãe e todas as outras mulheres dos Estados Unidos ficavam no hospital durante uma semana após o parto, com ou sem complicações. Depois de anos provando que eu era tão durona quanto um homem, eu de repente estava ansiando por ser mimada e pelo reconhecimento de que a maternidade é uma coisa bastante diferente.

Desde o instante em que trouxemos os bebês para casa, comecei a me sentir nervosa, irritadiça e cada vez mais obsessiva. Aprender a amamentar não ajudou em nada a aliviar a tensão. Como qualquer mãe pode comprovar, amamentar um filho no peito é a coisa mais natural do mundo, mas aprender a fazer isso corretamente é difícil e frustrante. Apesar da pilha de livros ao lado da minha cama e da pilha de folhetos coloridos do hospital, transbordantes de conselhos e figuras de posições para amamentação, foi difícil. Porém eu, como as mães novatas em toda parte dos Estados Unidos, sentia uma pressão imensa para amamentar, especialmente dados os argumentos, desde os pediatras até a onipresente Liga para o Aleitamento Materno, sobre as significativas vantagens nutricionais, cognitivas e emocionais de se fazer isso. A gente sente como se, dando mamadeira aos nossos filhos, provavelmente vamos também deixá-los chupar tinta à base de chumbo descascada da parede ou colocar a cadeirinha no carro virada ao contrário. Simplesmente não se pode fazer isso se a gente quiser ser considerada uma mãe cuidadosa. No meu caso, nossa curva de aprendizado foi ainda mais exacerbada pelo reflexo de sucção subdesenvolvido dos meus filhos e o fato de que seus minúsculos estômagos não eram capazes de reter 30 a 60 centímetros cúbicos de leite de uma só vez. Eu vivia amamentando meus filhos noite e dia; quando recolocava um deles no berço, pegava o outro. Embora minha mãe e meu pai estivessem conosco e fossem incrivelmente prestativos e carinhosos, Joe e eu resolvemos contratar uma enfermeira durante a primeira ou a segunda semana, até todos nós nos sentirmos mais confortáveis cuidando dos bebês e cumprindo o horário das mamadas. Elsa era uma ruiva dinamarquesa imponente, e com seu ar competente e seus modos práticos, inspirava confiança em mim. Ela ordenou que nós mantivéssemos um registro de todas as mamadas e trocas de fralda para os bebês não ficarem desidratados sem que percebêssemos, e sugeriu que monitorássemos o progresso deles para ter certeza de que estavam crescendo e engordando. Naturalmente, concordei, e registrei tudo num caderno que mantinha na mesinha de cabeceira durante semanas, anotando cada centímetro cúbico consumido, cada fralda trocada, e todas as anomalias.

Depois de mais ou menos duas semanas, nosso pediatra recomendou que suplementássemos meu leite com leite em pó para ter certeza de que os gêmeos receberiam nutrição adequada. Como eles não sabiam ainda sugar muito bem, disseram-nos para não usar mamadeiras, mas que, em vez disso, colocássemos uma seringa dental grande, que essencialmente esguichava o leite diluído na boca deles. Parecia até que estávamos alimentando um passarinho. Alternando entre o peito e a seringa, com eles tomando apenas cerca de 30 centímetros cúbicos de cada vez, e anotando todos os detalhes em um caderno, fomos nos cansando cada vez mais. Eu vivia exausta Todos os livros sobre como cuidar de bebês já publicados recomendam que a mãe durma quando o bebê dorme. Se ao menos eu pudesse fazer isso! Eu, não sabia quando, tinha passado do limite, e agora já não conseguia dormir mais, nem mesmo quando desesperadamente precisava ou queria descansar. Naquele meu novo estado de hiperconsciência, desisti das babás eletrônicas que eu havia ganhado no chá de bebê. Não precisava ouvir cada suspiro e choro amplificado dos bebês no quarto deles que ficava logo ao lado do nosso, porque nunca dormia. Ouvia tudo perfeitamente bem; estava tão tensa que juro que conseguia até ouvir as unhas deles crescerem. Era uma verdadeira agonia.

À medida que os dias se transformavam em semanas, eu ficava cada vez mais nervosa, preocupada e incapaz de lidar com os menores problemas, por menos complicados que fossem. Estava cada vez mais obcecada por qualquer problema de saúde ou de desenvolvimento dos gêmeos. Qualquer coisa que dissesse respeito à sua segurança me fazia quase entrar em pânico. Eu estava em estado de "alerta total", durante todo o tempo, e não conseguia desligar-me nem me descontrair. Quando os bebês tinham cerca de um mês, contratamos uma babá maravilhosa, Monique. Monique é haitiana, e tem um abraço caloroso e amigo. Um dia, pouco depois da Monique chegar (nós a havíamos ensinado a alimentar os bebês com a seringa dental), ela me encontrou soluçando descontroladamente no meu quarto; eu tinha de repente sentido um medo horrível de que os tremores ocasionais da Samantha fossem o sinal de uma doença neurológica muito mais grave. Sendo profundamente religiosa, Monique me abraçou e prometeu que Deus ia fazer tudo melhorar. Samantha tremia por causa do seu sistema nervoso prematuro, que ainda não havia se desenvolvido completamente, mas na época eu simplesmente não conseguia raciocinar com calma. Tinha autocrítica suficiente para perceber que não estava feliz com meus bebês. As fotos de uma mãe adorando seu filhinho com uma satisfação imensa e pura me pareciam totalmente absurdas. Eu fazia tudo que devia fazer, mas a cada dia eu detectava um pouco mais de distância entre mim e a realidade. Eu me sentia vazia por dentro, e morria de medo de que alguém descobrisse que eu era uma mãe horrível. Jurei não deixar ninguém saber que eu estava me despedaçando pouco a pouco, só que não sabia por quanto tempo eu ia conseguir fingir. Às vezes minha obsessão vinha à tona, como na ocasião em que entrei no armário embutido para ter certeza de que todos os cabides tinham exatamente a mesma distância entre si. Depois de acabar de fazer isso, passei a me preocupar com outra coisa. Será que devia separar os cabides de madeira dos almofadados? Colocá-los todos juntos? Jogá-los fora e ficar só com os de plástico cor-de-rosa? Essas perguntas me deixavam totalmente intrigada, bem como a falta de coerência entre os cabides de saias, mas não havia tempo para comprar novos. Justamente quando eu estava refletindo essas coisas, ouvi um choro vindo do quarto das crianças e precisei sair correndo. Eu sabia que esse meu comportamento não era saudável, mas não conseguia evitá-lo.

Contrastando completamente com minhas ansiedades cada vez maiores, Joe demonstrava suprema autoconfiança e completa felicidade com os gêmeos. Ele tinha experiência com bebês, e demonstrava isso quando pegava ambos nos braços e os envolvia habilmente em mantinhas para colocá-los no berço. Eu sentia inveja daquela sua alegria evidente e daquela sua calma com as crianças, mesmo quando eles abriam o berreiro.

Quando os primeiros gêmeos dele tinham nascido, complicações médicas imensas e quase fatais tinham acometido a mãe deles. E, por isso, os bebês tinham passado grande parte de seus primeiros meses com os avós na Califórnia, quando Joe voltou a Washington para trabalhar. Cinco anos depois, quando Joe e sua primeira esposa se separaram, ele entendeu que seus filhos ficariam longe dele durante anos, apenas com visitas anuais durante o verão e por algumas semanas, entre a Califórnia e a África. Isso o fez sofrer muito. Não era nada surpreendente Joe se sentir feliz por ter outra oportunidade de ser um bom pai e ver os filhos crescerem sem estarem a mais de nove mil quilômetros de distância, em outro continente.

Enquanto eu me ensimesmava cada vez mais, sem contar a ninguém que estava sentindo um pânico cada vez maior, tive mais experiências incompreensíveis. Um dia, quando os bebês tinham algumas semanas de idade, saí para pegar a correspondência. Uma atividade perfeitamente normal, nada de extraordinário. Mas no caminho da caixa de correio, meu coração começou a bater como se eu tivesse acabado de terminar uma maratona, e uma sensação de pavor tão grande me dominou que pensei que ia precisar cair de quatro no chão. Fiquei paralisada na calçada, sem saber que diabo estava acontecendo comigo. Finalmente me virei para a casa, sem as cartas, com um medo mortal. Descobri depois que eu tive o que comumente se chama acesso de pânico. Eu não podia mais confiar em mim mesma, parecia que meu corpo e minha mente estavam ambos me traindo. Mais ou menos na mesma época, comecei também a ouvir choros dos bebês quando eles não estavam chorando. Até mesmo quando eu estava "descansando", deitada na cama, enquanto os bebês tiravam uma soneca, eu os ouvia chorar. Eu corria para o quarto deles, mas os encontrava dormindo muito mais tranquilamente do que eu dormia havia semanas.

Eu sabia que não era normal, mas não podia mais recorrer a minha capacidade de resistir a condições ruins, de resolver problemas e me adaptar a novas situações, capacidades que tinham sido sempre muito úteis ▓▓▓▓▓▓▓▓▓▓▓▓▓▓. Finalmente, comecei a pesquisar nos meus livros sobre criação de filhos, para ver se descobria o que estava acontecendo comigo. Alguns dos livros mencionavam algo que chamavam de "tristeza materna", uma doença que algumas mães tinham durante as primeiras semanas depois do parto. Os sintomas eram choro, "sentimentos de fossa", e humor variável. Os livros diziam que isso durava algum tempo, depois passava. Eu já tinha passado dessa fase há muito tempo, e nunca tinha chorado, só sentia medo. As pilhas de folhetos do hospital foram também inúteis, com muitas informações sobre o bem-estar dos bebês, mas nada sobre o da mãe. O que estaria acontecendo?

Mais ou menos dois meses depois, a alegria e a paciência do Joe se esgotaram, substituídas por frustração e raiva da minha ausência de reação e da minha personalidade totalmente diferente. "Qual é o seu problema, afinal? Você teve dois bebês lindos, a Monique está ajudando você ▮▮▮▮▮▮▮▮▮▮▮▮▮▮▮▮▮▮▮▮▮▮ O que mais você quer?" Eu não tinha o que responder, porque eu mesma não sabia o que estava acontecendo. No dia anterior, eu tinha ido a uma consulta com meu obstetra, para um *check-up* normal de pós-parto. À medida que o obstetra foi fazendo as perguntas, fui respondendo o melhor que podia. Ele nem sequer tirou os olhos do papel ao perguntar: "Como está se sentindo?" Eu quis berrar que estava tudo horrível, mas fiquei muda. O que estava realmente acontecendo parecia terrível demais, tenebroso demais, humilhante demais para eu contar a qualquer um. Resmunguei "Bem", e saí do consultório arrastando os pés, voltando para casa. Depois do desabafo do Joe, percebi que precisava de ajuda. Alguns dias depois, voltei ao consultório do obstetra por causa de uma infecção sem importância e finalmente consegui dizer: "Eu não venho me sentindo muito bem". Dessa vez fui atendida por uma médica, que, erguendo os olhos da prancheta, inclinou a cabeça para um lado e me olhou com firmeza. Saindo do consultório, voltou com uma papeleta com um número e um telefone. "Ligue para a Sharmine", disse ela. "Ela é minha paciente, e talvez possa ajudá-la." Meio cega pelo desespero, eu não pensei nem mesmo em fazer outras perguntas: senti-me grata por ter alguém com quem conversar. Assim que cheguei em casa, liguei para a Sharmine e durante uma hora fiquei sentada no chão do armário embutido (com os cabides em perfeita ordem) falando com uma completa estranha sobre meu pânico, minhas ansiedades e o desespero absoluto que sentia, achando que nunca mais ia me sentir bem, nem me entusiasmar por nada na vida. Sharmine foi compassiva, objetiva, e, o melhor de tudo, parecia saber como eu me sentia. "Parece que você está sofrendo de depressão pós-parto, e precisa de ajuda profissional." Era literalmente a primeira vez que eu tinha ouvido o termo "depressão pós-parto", e ele me deixou abalada até a medula. Nem as aulas de gravidez e parto no hospital, ou inúmeros livros sobre bebês, nem a parteira, nem minhas inúmeras amigas afetuosas, ninguém, pelo menos de que eu me lembrasse, nunca tinha mencionado a possibilidade de que eu tivesse depressão pós-parto.

Infelizmente, o pesadelo não parou aí. No dia seguinte, liguei para o meu plano de saúde e reclamei, dizendo que precisava de um psiquiatra que tivesse experiência para lidar com depressão pós-parto. Pela resposta do atendente, parecia até que eu estava querendo um médico com três braços. Eles não tinham ninguém que tratasse disso, mas me deram vários nomes de psiquiatras locais que aceitavam o nosso plano. Quando liguei para eles, todos só iam poder me encaixar dali a, pelo menos, seis semanas. De tanto sofrimento, parecia até que eles estavam me dizendo que ia ter de esperar seis anos. Cada vez mais desesperada, fui chegando ao fim da lista e comecei a reclamar, dizendo que "realmente não estava me sentindo nada bem", uma coisa que para mim era um esforço tremendo admitir. Um dos psiquiatras perguntou se eu tinha pensado em machucar meus filhos. Quando eu respondi que não, pelo jeito fui eliminada da lista de prioridades e me disseram que só iam poder me atender dali a cinco semanas. Quando liguei para a Sharmine para lhe dizer que eu não tinha conseguido marcar uma consulta antes disso, ela interveio e conseguiu uma consulta para mim com o seu psiquiatra, naturalmente fora da rede. Mesmo assim fiquei aliviada por poder conseguir ajuda logo, porque, a cada dia que passava, eu sentia que estava ficando mais alienada.

Os únicos psiquiatras que eu tinha consultado na vida tinham sido durante o processo de entrevista para entrar na CIA, e eu não fazia ideia do que ia encarar. A psiquiatra era uma negra linda, de terninho elegante. Quando ela se sentou na poltrona de couro macia, no seu consultório perfeitamente decorado, fiquei de olhos pregados na orquídea sobre o parapeito da janela. Ela queria conversar comigo. Eu queria uma pílula mágica para que tudo melhorasse. Eu me senti incomodada; será que devia dizer que eu era ▬▬▬▬▬▬▬▬▬▬▬▬▬▬▬ e estava de licença-maternidade, e que por alguma aberração da natureza estava ficando louca? Claro que não. Alguns segredos simplesmente são preciosos demais para se revelar. Porém, eu lhe forneci uma descrição completa do que tinha sentido durante os últimos meses, e saí do consultório com uma receita de medicamentos antidepressivos e ansiolíticos. Senti-me como se aquela folhinha de papel fosse ouro, minha passagem para escapar daquela minha aterrorizante paisagem mental.

O segredo dos antidepressivos é que eles, em geral, levam de três a quatro semanas para fazer efeito. Eu queria alívio imediato e a confiança de que eu poderia sair daquele poço profundo e negro em que eu estava vivendo, mas dia após dia eu tomava aquela pilulazinha cor-de-rosa e nada parecia acontecer. O ansiolítico que eu tomava à noite me dava pesadelos infernais e me fazia sentir como um zumbi durante o dia. Não demorei muito para jogar os comprimidos fora. Falei com o Joe sobre a depressão pós-parto e sobre o que estava fazendo em termos de tratamento. A princípio ele pareceu relutante em aceitar ou entender o que eu estava dizendo; apesar da minha personalidade "achatada" eu tinha conseguido esconder dele os episódios mais aterrorizantes. Finalmente, tive uma inspiração. Disse a ele que se tivesse quebrado uma perna, ele obviamente não ia querer que eu ficasse mancando pela cozinha para preparar o jantar. Aquele negócio de depressão pós-parto era tão grave quanto um problema físico, e embora não pudéssemos vê-la, ela precisava ser tratada. Joe imediatamente resolveu ajudar-me, tratando de me lembrar de tomar a pilulazinha cor-de-rosa todo dia, e contratando uma enfermeira para vir uma vez por semana ajudar com os bebês para eu poder dormir a noite inteira. Ele também queria sua esposa de volta.

Devagar, imperceptivelmente, com o passar das semanas, comecei a melhorar. Havia dias bons e dias tão tenebrosos quanto os piores dias, mas a tendência era, definitivamente, a melhora. Eu nunca acordava num dia sentindo-me totalmente curada, mas à medida que as semanas iam se transformando em meses, a ansiedade, a obsessão e o comportamento estranho iam começando a desaparecer devagar. Aos cinco meses, os bebês começaram a dormir a noite inteira, um acontecimento maravilhoso para qualquer pai ou mãe. Minha cabeça estava começando a desanuviar-se. Cada dia e noite ainda pareciam ter muito mais do que vinte e quatro horas, mas eu estava me curando. À medida que os gêmeos iam se desenvolvendo, comecei a me divertir com eles como devia ter me divertido desde o começo. Cada marco na sua evolução, como aprender a sentar-se, comer comida sólida, estender a mão para pegar objetos, apoiar-se nos móveis para se deslocar pela sala, era motivo de encanto. Quando eles tinham mais ou menos nove meses, senti-me forte o suficiente para jogar fora todas as pílulas.

Na primeira festa de aniversário de Trevor e Samantha, no dia 11 de janeiro de 2001, coloquei os bolinhos em miniatura deles diante de cada um e os ajudei a soprar a única vela espetada em cada um. Parecia que era a primeira vez em um ano que eu tinha conseguido respirar. Eu tinha sobrevivido à experiência mais assustadora da minha vida, e meus bebês estavam crescendo. O clichê é verdade: o que não mata fortalece. Ilesa, do outro lado do túnel, ▮▮▮▮▮▮▮▮▮▮▮▮▮▮▮▮▮. Percebi que estava adorando ser mãe e ficar em casa, cuidando dos filhos, mas sabia que não queria fazer isso para sempre. Antes de voltar a trabalhar, porém, estava decidida a ver se podia ajudar outras mulheres que estavam sofrendo de DPP, ou depressão pós-parto. Se eu, uma ▮▮▮▮▮▮▮▮▮▮ altamente educada, que havia demonstrado habilidades significativas para lidar com meu emprego, além de ter uma família carinhosa com recursos financeiros, sofri de DPP, devia haver muitas outras mães por aí que estavam passando pelo mesmo pesadelo ao qual passei e sem a mesma infraestrutura que eu tinha para me apoiar.

Comecei a pesquisar sobre DPP e descobri que quase 15 a 20 por cento das mulheres que dão à luz sofrem dessa doença facilmente diagnosticável e tratável. Embora essa percentagem seja provavelmente subestimada por causa da relutância das mães em pedir assistência mental, ainda assim a doença ataca 400 mil mulheres por ano, apenas nos Estados Unidos. Se os sintomas de DPP não forem tratados de forma adequada, eles podem evoluir para depressão crônica, e as consequências negativas para a mãe, para os filhos e para a família são profundas. À medida que eu ia falando com mais mulheres e mais especialistas no campo, descobri que a ausência de um diagnóstico precoce costuma ser o motivo. O pediatra, que é quem mais fala com a mãe durante os primeiros meses, está mais preocupado com a saúde dos filhos. O obstetra, ou ginecologista, costuma ter uma sala de espera lotada e não é especializado em distúrbios mentais. Ironicamente, há uma forma fácil e rápida de diagnosticar se a mãe tem DPP. Desenvolvida em 1987, chama-se Escala de Depressão Pós-Parto de Edimburgo, e faz perguntas sobre o bem-estar mental da mãe. Foi validada e inúmeros estudos para pesquisas confirmaram que ela é um recurso confiável para se detectar depressão pós-parto. Se cada mulher que acabou de ser mãe recebesse esse teste para fazer no *check-up* habitual de seis semanas após o parto, como parte de um protocolo padronizado, acho que a incidência de DPP debilitante seria significativamente reduzida.

Para canalizar minhas energias restauradas para algo que valesse a pena ▮▮▮▮▮▮▮▮▮▮▮▮▮▮▮▮▮▮▮▮▮▮▮▮▮▮▮▮▮▮▮▮▮▮▮▮, entrei em uma fundação local sem fins lucrativos dedicada a informar as mães que haviam tido filhos recentemente sobre a DPP e a reduzir sua incidência. Várias vezes por mês, eu me ofereci como voluntária num grupo de apoio para mães montado para ajudar mulheres a superarem suas DPPs. Acho que, por natureza, as mulheres são excelentes para resolver problemas. Era muito gratificante quando uma mãe que tinha entrado no grupo completamente arrasada saía uma outra pessoa, semanas ou meses depois. Algumas voltavam ao grupo para trabalhar como voluntárias. Eu nunca tinha feito nada assim antes, e descobri que havia grande satisfação em conversar com outras mulheres e ajudá-las a passar pelo que eu sabia que parecia um obstáculo imenso. Embora eu não desejasse DPP à minha pior inimiga, cresci sob vários aspectos que não poderia ter imaginado há um ano, e tinha gostado de desenvolver aquele lado da minha personalidade, bastante diferente do trabalho de tentar manter as armas de destruição de massa longe das mãos dos terroristas ou das nações fora da lei. Aquela experiência angustiante, durante a qual todas as dificuldades da minha vida antes da maternidade se perderam, me proporcionou, no final das contas, um senso mais acentuado de compaixão e um impulso de ajudar os outros de forma que eu nunca tinha sentido antes. ▮▮▮▮▮▮▮▮▮▮▮▮▮▮▮▮
Eu agora era outra mulher ▮▮▮▮▮▮▮▮▮▮▮▮▮▮▮▮▮▮▮▮▮▮.

CAPÍTULO 6
Mãe e Espiã em Meio Expediente

████████████████████████████ esperando uma missão. A verdade era que eu tinha sentimentos um tanto ambivalentes sobre ██ ██ ██ ████████████████████████████████████ no aspecto trabalho, não fazia ideia do que ia enfrentar. Será que seria capaz de pegar embalo de novo na minha carreira como agente de operações depois de minha licença-maternidade tão longa? Será que iria poder trabalhar como ████████████ em expediente menos que integral? ██████████████████████████ Olhei em torno de mim, para todo o escritório amplo e arejado, e esperei. O novo chefe, Richard, um homem cortês, muito bem vestido até demais, tinha mobiliado a sala com uma elegância característica. Um belo tapete persa, profusamente adornado, cobria o chão, várias lembranças e presentes de espiões e de outros serviços de inteligência ao redor do mundo estavam expostos sobre sua escrivaninha de mogno e as estantes de bom gosto. Troquei algumas palavras com Richard, um bate-papo muito educado, e um de seus mais graduados tenentes, um administrador experiente e capaz, que sabia todos os segredos da organização e até como funcionava o orçamento. Finalmente, Richard me perguntou onde eu preferiria trabalhar ████████████████.

Senti-me ao mesmo tempo surpresa e lisonjeada por poder escolher, pois na cultura pseudomilitar da CIA a maioria das missões era ditada de cima para baixo. Felizmente, no meu caso, a resposta a essa pergunta era ██.
██
██

Eu mal podia esperar para recomeçar... a agir na área de operações.

Depois da minha decisão, saí da sala dele e desci direto para as catacumbas da minha sede. Minha escrivaninha ficava em um vasto subterrâneo sem janelas, onde mais de cem mesas eram separadas por divisórias frágeis forradas de tecido. Havia papéis e pastas por todo lado, empilhadas sobre mesas, no chão e nos corredores entre as longas fileiras de divisórias. Corria a piada de que a maior ameaça para alguns escritórios eram as traças de papel. Uma espiada na salinha do Chefe de contrainteligência da divisão, um dos poucos no perímetro do salão com uma cobiçada porta, me deixou particularmente alarmada. Montanhas de papel em toda parte, no chão, na mesa, na poltrona e nas estantes. Uma xícara de café equilibrava-se precariamente sobre um montinho de arquivos na mesa. Estava um caos. O funcionário, com aquela sua barba branca cheia que parecia um pouco com Papai Noel, alegou que era capaz de encontrar qualquer documento que quisesse, mas dadas suas importantes responsabilidades, para garantir que as operações da CPD fossem mantidas a salvo de ameaças externas, eu não compartilhava de sua confiança de que seus métodos de arquivamento fossem eficazes. Olhando para trás, por cima das divisórias, vi vários balões decorando uma área aberta apertada onde alguém devia ter dado uma festinha, mas que não haviam sido retirados. Ainda se viam penduradas no teto bandeiras do Irã, Iraque, Coreia do Norte e outras nações fora da lei. Essa era minha nova casa.

Encontrei meu supervisor, um intelectual de cabelos louros e óculos de armação de metal que tinha servido em postos do Oriente

Médio, e me apresentei a ele. Ele me cumprimentou efusivamente e depois me levou para conhecer meus novos colegas nos seus cubículos. Enquanto eu batia papo com eles, comecei a perceber com certa decepção que apenas eu e dois outros éramos agentes no duro, ou seja, certificados e treinados na Fazenda. Quase nenhum dos outros tinha se sentado com um informante no campo nem escrito um relatório de inteligência bruto. No entanto, aquele grupo reduzido e inexperiente tinha a incumbência de acompanhar ▓▓▓▓▓ pesquisas e compras para armamentos de destruição em massa (ADMs) e desenvolver operações do zero que poderiam abrir uma janela desesperadamente necessária para observação dos programas suspeitos de visarem à produção de ADMs ▓▓▓▓▓. O esvaziamento do quadro de funcionários em meados da década de 90 agora estava mostrando seus efeitos insidiosos. A tarefa que tínhamos pela frente era monumental, mas o grupo era pequeno, destreinado e anêmico.

Eu me sentei à minha mesa, ajeitei o monitor, o telefone verde, usado para conversas "seguras", e o telefone preto, usado para chamadas "abertas", e preguei um calendário na parede. Tentei fingir que estava ocupada e era eficiente, mas não tinha acesso a computador. Um dos problemas administrativos mais persistentes na agência é que, independentemente do nível da pessoa, os técnicos de informática sempre levavam uma semana ou mais para conseguirem um computador seguro, sem o qual se ficava de pés e mãos atados. Depois de mais ou menos quinze minutos de leitura silenciosa, percebi que ninguém estava me pedindo para lhe dar atenção. Não precisava consolar nenhuma criancinha infeliz enquanto tentava distrair a outra. Eu não precisava ler à velocidade da luz para terminar o parágrafo antes que tivesse de sair correndo para ver se o barulho estranho que eu tinha escutado não era alguma coisa grave. Ninguém ia me incomodar, de modo nenhum. Eu podia até tomar uma segunda xícara de café, se quisesse.

Em uma pilha com velhas pastas grandes e empoeiradas peguei uma de cor laranja sobre a escrivaninha. Ela estava recheada de folhas de papel de seda amassadas, do tipo usado para fazer cópias car-

bono na década de 70. Algumas outras só tinham algumas folhas de papel dentro; outras tinham de dois a três volumes. Eram arquivos de ▆▆▆▆▆▆▆ que poderiam talvez nos ajudar a entender o que estava se passando nos programas de armamentos do Saddam Hussein no Iraque. Enquanto eu folheava o pouco que tínhamos, me senti desanimada. Era óbvio que eu ▆▆▆▆▆▆▆▆▆ precisaria agir mais rápido, de forma mais criativa e mais agressiva, para expandir nossa base de informantes e fornecer informação confiável aos elaboradores de políticas americanos. ▆▆▆▆▆▆▆▆▆▆▆▆▆▆
▆▆
▆▆
▆▆
▆▆▆▆▆▆▆▆▆▆▆▆▆▆▆▆.

Felizmente, para mim, inventar formas engenhosas de me aproximar de possíveis contatos era exatamente o tipo de trabalho operacional que eu adorava. Depois que identificávamos o potencial contato, o problema seguinte era sempre falar com ele. Ele frequentava um clube? Quem eram seus parentes? Ele sempre levava o cachorro para passear em uma determinada rua à noite? Apenas depois de estabelecermos contato com a pessoa, podíamos começar a descobrir o fraco do informante e armar o cenário perfeito para o objetivo final, que era o recrutamento. ▆▆▆▆▆▆▆▆ Antes, ▆▆▆▆▆▆▆▆▆ minha estação tinha se frustrado cada vez mais devido a nossa incapacidade de acessar um político poderoso, porém profundamente corrupto, que acreditávamos estar ligado a terroristas. Depois de algumas pesquisas, descobrimos que ele tinha um caso com a sua secretária, uma moça tímida, e tinha rompido com ela contra a sua vontade. Achávamos que se pudéssemos falar com a moça e convencê-la a trabalhar para nós, ela talvez nos fornecesse informações valiosas, ou talvez até acesso direto ao escritório do homem. Descobri, depois de investigar um pouco, que ela fazia aulas de aeróbica três vezes por semana em uma academia local. Quando vi, já estava suando ao lado dela, conquistando sua confiança. E isso acabou levando ao seu recrutamento. Era isso que tornava operações um departamento interessante.

Meti a cara no trabalho, e durante os meses seguintes, minha divisão fez o possível para convencer as estações da CIA no mundo inteiro a darem mais atenção aos ▇▇▇▇▇▇▇ nas suas telas de radar. Haveria negociantes nos seus respectivos países que lidassem com itens de alta tecnologia que pudessem ser usados em programas de desenvolvimento de armamentos ▇▇▇▇▇▇▇? Será que eles tinham algum ▇▇▇▇▇▇▇ trabalhando em áreas de potencial aplicabilidade em ADMs? Talvez houvesse algum parente próximo ou algum alto funcionário ▇▇▇▇▇▇▇ que morasse no exterior? Nossa divisão estava começando praticamente do nada, e valia a pena olhar em todos os cantos na esperança de gerar algumas operações produtivas e informação que pudesse ser usada. ▇▇▇▇▇▇▇ as reações das estações da CIA sobre o alvo ▇▇▇ foram na sua maioria fracas ou, pior ainda, nem tomaram conhecimento. Havia outros alvos mais interessantes, e nossa pequena CPD ▇▇▇ precisou fazer força para ser ouvida, devido ao ruído de outros interesses que competiam pelo tempo e pelos recursos.

Estávamos também tentando energizar vários serviços de conexões amistosas para unir forças contra o alvo ▇▇▇▇▇▇▇. As conexões – que, no jargão da agência, era o apelido dos serviços de inteligência estrangeiros – estavam na moda. Tradicionalmente, a CIA procurava estabelecer conexões como um mal necessário, principalmente obedecendo a padrões do tempo da Guerra Fria. As pessoas trabalhavam meio receosas com conexões, fornecendo-lhes treinamento especializado que elas queriam ou de que precisavam, incluindo algum agrado tecnológico ▇▇ por todo o cuidado diário e alimentação que os relacionamentos com as conexões exigiam. As operações unilaterais eram ainda preferidas e mais dignas de confiança, mas o aumento das Divisões de contraterrorismo e contraproliferação mudou esta forma de trabalhar, já profundamente enraizada. O alcance de ambas as divisões era transnacional, ultrapassando fronteiras, regiões e Divisões da CIA. Além disso, o CTC e a CPD estavam atrás de alvos mutuamente compatíveis como seus interlocutores estrangeiros. Em consequência disso, ultimamente, as atividades de estabelecimento de conexões da agência vêm se expandido consideravelmente e agora são consideradas um multiplicador de forças contra o inimigo. ▬▬▬▬▬▬▬▬▬▬▬▬▬▬▬▬▬▬▬▬▬▬▬▬▬▬▬▬▬▬▬▬▬

Depois de muito escavar e suplicar, conseguimos encontrar uma possível pedra preciosa, uma jovem ▬▬▬▬▬▬▬ de uma família de classe média ▬▬▬▬▬▬▬▬▬ que fazia trabalho altamente técnico de ▬▬▬▬▬▬ em um país europeu. Era perita em uma área de profundo interesse para a CPD, e descobrimos que seu ▬▬▬▬▬ consultor ▬▬▬▬▬▬▬▬▬▬▬ também era um cientista altamente respeitado em uma posição excelente e era suspeito de trabalhar no programa secreto de armamentos de ▬▬▬▬▬▬▬▬, o que a tornava ainda mais valiosa. Depois de instruir a conexão sobre nossa descoberta ▬▬▬▬▬▬▬▬▬▬▬▬▬▬▬▬, desenvolvemos uma operação que levaria ao recrutamento da mulher. Minha função era marcar uma reunião entre o seu ▬▬▬▬▬▬ de forma que ela jamais suspeitasse que estivesse sendo observada pela CIA. Depois de uma infinidade de cabogramas ▬▬▬▬▬▬▬▬▬▬▬▬▬▬, resolvemos que ele iria fazer o papel de homem ▬▬▬▬▬▬▬, que tinha lido um trabalho dela publicado em um periódico acadêmico obscuro. ▬▬▬▬▬▬ conhecia o campo de estudo esotérico da potencial informante e podia genuinamente debater o assunto com ela. Provavelmente, sentindo-se meio solitária em um país estrangeiro, a nossa potencial espiã caiu de quatro por aquela lisonja ▬▬▬▬▬, e talvez também pela capacidade que ele tinha de debater aquela sua área de estudos enigmática com um certo grau de sofisticação e competência. Durante uma série de jantares ▬▬▬▬▬▬▬▬▬▬▬▬▬▬▬

▇▇▇▇▇▇▇▇▇▇▇▇▇▇▇▇▇▇▇▇▇▇▇▇▇▇▇▇▇▇▇▇
▇▇▇▇▇▇▇▇▇▇▇▇▇▇▇▇▇▇▇▇▇▇▇▇▇▇▇▇▇▇▇▇
▇▇▇▇▇▇▇▇▇▇▇▇▇▇▇▇▇▇▇▇▇▇▇▇▇▇▇▇▇▇▇▇

▇▇▇▇▇▇, explicou ele, tudo precisaria ser mantido estritamente confidencial, e ela concordou. A ideia era que suas "missões" iriam se tornando cada vez mais delicadas e nós poderíamos começar a sondar o que ela sabia sobre aquilo no qual o seu consultor ▇▇▇▇▇▇▇▇▇▇▇▇▇▇▇▇ estava trabalhando. Uma operação quase nunca se desenrola sem que surjam problemas a resolver. É só uma questão de tamanho. E uma das maiores dores de cabeça que tivemos acabou sendo o visto dela. Perderia a validade dentro de alguns meses, e não podia ser renovado automaticamente. Aliás, em circunstâncias normais, ela precisaria ter retornado prontamente a ▇▇▇▇▇▇▇▇▇▇. E se ela voltasse ao seu país, nossas operações iam esfriar. Consequentemente, passei muitas horas suplicando a minha ▇▇▇▇▇▇▇▇▇▇▇▇▇▇▇▇ que "desse um jeito" de resolver o problema do visto para que nossa promissora operação continuasse, sem ser comprometida, e não terminasse prematuramente. Depois de semanas de enrolação e promessas de cuidar do problema, a conexão finalmente interveio.

De interesse particular ▇▇▇▇▇▇▇▇▇▇ eram as redes de compras do Iraque no mundo inteiro. Embora os iraquianos tivessem um quadro científico muito bem instruído, seu país não tinha a capacidade de produzir nacionalmente os materiais básicos necessários para se produzirem armas nucleares, químicas ou biológicas. E, por isso, os funcionários do governo iraquiano ou seus procuradores constantemente faziam compras na Europa ou na Ásia, adquirindo desde cubas revestidas de vidro para preparar lotes de armamentos biológicos até acelerômetros especializados. Os equipamentos fabricados nos Estados Unidos eram geralmente considerados de melhor qualidade, mas também eram mais difíceis de se obter devido às sanções muito restritivas. Naturalmente, os iraquianos sabiam que estavam sendo observados de perto pelos órgãos de inteligência e, por isso, constantemente mudavam os nomes dos fornecedores ou dos empregados das empresas fornecedoras suspeitas. Estavam jogando o jogo das conchas a um nível altíssimo, e muitos agentes da CIA estavam dedicados a acompanhar quem era quem. Por mais útil que fosse a informação que tínhamos reunido, ███████ ███████, muitos dos nossos suspeitos conseguiam sempre estar um passo à nossa frente. Além da dificuldade e da frustração que sentíamos por isso, ainda por cima descobrimos que as transações da maioria das importadoras eram 95 por cento legítimas. Os outros cinco por cento é que consistiam em produtos ilegais. Nós rastreamos milhares de transações no mundo inteiro, cada qual passando por vários países e cada destinatário mudando o "usuário final" para disfarçar seu destino final, um laboratório em Bagdá. O outro adágio em matéria de rastreamento de presas, fosse a de terroristas ou compradores envolvidos em produção de ADMs, era: "siga a trilha do dinheiro". Mas os iraquianos tinham inventado métodos financeiros bastante engenhosos para ocultar a verdadeira fonte ou o destino das quantias, e eram frustrantemente eficazes. Às vezes, quando estávamos na pista de uma transação ligada a uma compra de componentes para ADMs e prontos para intervir, a pista, antes quente, desaparecia em pleno ar. Felizmente nossa divisão tinha vários agentes jovens, dedicados e talentosos, que, todos os dias, passavam o pente-fino em centenas de páginas com informações confidenciais, montando tabelas complexas de localizações, vendedores e compradores. Nossas operações eram invariavelmente melhores por causa da dedicação desses agentes.

Ao escrever estas páginas, em 2007, quatro anos depois da invasão do Iraque, e dos indícios de manipulações de informação e das mancadas da comunidade da inteligência antes da guerra, é fácil se render a uma ideia revisionista de que todos os indícios da existência de programas de produção de ADMs contra o Iraque tinham sido inventados. Embora seja verdade que ideólogos poderosos incentivaram uma guerra para provar suas próprias teorias geopolíticas, e falhas de julgamento críticas foram cometidas em toda a comunidade de inteligência na primavera e no verão de 2002, o Iraque, governado pelo seu cruel ditador, Saddam Hussein, era claramente uma nação fora da lei que desrespeitava tratados internacionais e normas para impor sua superioridade regional de forma inescrupulosa. A comunidade de inteligência americana não foi a única participante que considerou as provocações do Iraque alarmantes. O Centro de Estudos de Não-Proliferação (www.cns.miis.edu), uma organização de pesquisas não governamental e não partidária, dedicada ao treinamento da próxima geração de peritos em não-proliferação, também estava preocupado. Eis algumas pesquisas dele revelando o estado dos programas de fabricação de ADMs no Iraque em 2001:

Armamentos Nucleares

• Com suficiente urânio ou plutônio comprado no mercado negro, o Iraque provavelmente poderia fabricar uma arma nuclear.

• Se não fosse detectada ou impedida, essa indústria poderia produzir material físsil para armamentos dentro de vários anos.

• Está envolvido em compras clandestinas de equipamentos nucleares especiais que podem ser usados na fabricação de armas.

• Possui uma ampla e experiente equipe de cientistas e técnicos nucleares.

• Possui projetos de armas nucleares, e pode ser que possua componentes e *software* usados em armas nucleares.

• Violou repetidamente suas obrigações do NPT, que o Iraque ratificou em 29 de outubro de 1969.

• Violou repetidamente suas obrigações conforme a resolução 687 do Conselho de Segurança das Nações Unidas (CSNU), que exige a destruição das instalações de montagem de armamentos nucleares do Iraque.

• Até ser impedido pelos ataques aéreos da Coalizão e pelas iniciativas de desarmamento da CSNU, o Iraque possuía um programa de desenvolvimento de armamentos nucleares extenso, que começou em 1972, envolvendo 10.000 pessoas, e tinha um orçamento multianual totalizando aproximadamente 10 bilhões de dólares.

• Em 1990, o Iraque também lançou um programa intensivo de desvio de combustível para reatores invocando as salvaguardas da AIEA (Agência Internacional de Energia Atômica) para produzir armas nucleares.

• Estudou duas opções de lançamento de ogivas nucleares, uma usando o míssil balístico Al-Hussein inalterado, com alcance de 300 km, ou produzindo uma variante do Al-Hussein, com um alcance de 650 km.

• Em 1987, o Iraque supostamente realizou um teste de campo de uma bomba radiológica.

Guerra Biológica

• Pode ser que possua um estoque de munições para armas biológicas (AB) incluindo mais de 150 bombas aéreas R-400, e 25 ou mais ogivas para mísseis balísticos químico-biológicos especiais.

• Pode ser que possua borrifadores de armas biológicas para aviões Mirage F-1

• Pode ser que possua uma unidade fabril móvel com capacidade para produzir agentes biológicos "desidratados" (ou seja, com longa duração e optimizados para disseminação).

• Não explicou 17 toneladas de cultivo de armas biológicas.

• Pode ser que possua vírus da varíola; testou o vírus da varíola de camelo antes da Guerra do Golfo.

• Mantém capacitação técnica e equipamentos para retomar a produção dos esporos de *bacillus anthracis* (antraz), toxina botulínica, aflatoxina e *Clostridium perfringens* (gangrena gasosa).

• Preparou munições de armamentos biológicos para lançamento em mísseis e por aviões na Guerra do Golfo de 1990-1991; entre outros, ogivas de mísseis balísticos Al-Hussein e bombas aéreas R-400 contendo *Bacillus Anthracis*.

• Realizou pesquisas sobre disseminação de armas biológicas usando veículos aéreos não tripulados.

• Violou repetidamente suas obrigações conforme a Resolução 687 da CSNU, que ordenou a destruição das instalações de preparação de armas biológicas do Iraque.

Armas Químicas
• Talvez possua suprimento de munições de armas químicas (AQ), incluindo 25 ou mais ogivas de mísseis balísticos especiais químicos/biológicos Al-Hussein, 2.000 bombas aéreas, 15.000 a 25.000 foguetes e 15.000 granadas.
• Cremos que possui produtos químicos precursores suficientes para produzir centenas de toneladas de gás mostarda, VX e outros agentes que afetam o sistema nervoso.
• Reconstruiu antigas instalações de uso duplo para produção de armas químicas destruídas pelos bombardeios americanos.
• Retém conhecimento técnico suficiente para retomar programas de armas químicas dentro de meses.
• Repetidamente usou armas químicas contra os curdos iraquianos em 1988 e contra o Irã entre 198 e 1988, durante a guerra Irã-Iraque.
• Possuía um extenso arsenal de armas químicas, inclusive 38.537 munições, 690 toneladas de agentes de guerra químico e mais de 3.000 toneladas de produtos químicos precursores para armamentos químicos que foram destruídos pela comissão especial da ONU.
• Violou repetidamente suas obrigações com relação à resolução 687 da CSNU, que ordena a destruição das instalações de produção de armas químicas do Iraque.

Míssil Balístico
• Talvez possua vários mísseis Al-Hussein (Scud-B modificados) com alcance de 650 km e 500 kg de carga útil.
• Pode ser que possua componentes para produzir dezenas de mísseis Scud-B e Al-Hussein, bem como lançadores de mísseis Scud nacionais.
• Mantém uma rede de compras clandestinas para importar componentes para mísseis.
• Reconstruiu as instalações de produção de mísseis destruídas em 1998 por bombardeios americanos.
• Pode ser que possua várias centenas de toneladas de propelentes para mísseis Scud.

• Se não detectado e impedido, pode retomar produção de mísseis Al-Hussein; pode desenvolver mísseis com alcance de 3.000 km, dentro de cinco anos, e desenvolver mísseis balísticos Intercontinentais (MBIC), dentro de 15 anos.

• Lançou 331 mísseis Scud-B contra o Irã durante a guerra Irã-Iraque, e 189 mísseis Al-Hussein contra cidades iranianas durante a "Guerra das Cidades" em 1988.

• Está desenvolvendo o Ababil-100, com um alcance de 150 km e uma carga útil de 300 kg; testando o Al-Samoud, com um alcance de 140 km e carga útil de 300 kg, e produzindo o Ababil-50, com um alcance de 50 km e carga útil de 95 kg.

Dada a imprevisibilidade e a desumanidade de Saddam Hussein, até mesmo para com inocentes iraquianos, essas listas cruéis pareciam encerrar um prognóstico bastante sombrio.

Muito antes da guerra contra o Iraque se tornar uma questão altamente politizada e gerar tremenda dissensão nos Estados Unidos, aqueles entre nós que acompanhavam as questões de proliferação como meio de vida perceberam que o Iraque era perigoso e estranho. Muitos dos parceiros de conexão da CIA em todo o mundo estavam detectando indícios de que o Iraque estava querendo comprar equipamentos e componentes que poderiam ser usados em seus programas supostamente ligados a ADMs. Era um imenso quebra-cabeça com apenas algumas peças que encaixavam corretamente. O pior era que nenhum de nós sabia o que se formaria quando terminássemos de montá-lo. Um obstáculo constantemente frustrante na nossa tentativa de obter um quadro detalhado da verdadeira capacitação do Iraque foi a abundância de compras de componentes de "duplo uso" pelo Iraque. Eram determinadas peças de equipamento de alta tecnologia, produtos de várias disciplinas de produção, que podiam ser usadas para montar armas de destruição em massa ou para fins legítimos. Era necessária uma licença de exportação para remeter as mercadorias, mas por causa da natureza ambígua dos bens, o Iraque, assim como outros países fora da lei, podia subverter o processo para que ele revertesse em seu próprio benefício. O problema de rastreamento e registro piorou ainda mais quando certa peça duvidosa foi enviada para vários países antes de chegar a seu destino final. Cada parada significava mais um período de desembaraço interminável e nova diluição dos controles de exportação. Mas os iraquianos eram persistentes e sabiam como jogar bem o jogo do controle das exportações internacionais. E isso deixava os seus rastreadores da CIA furiosos.

Na divisão da CPD que cuidava das questões iraquianas, o trabalho ▓▓▓▓▓▓▓▓▓▓▓▓▓▓▓▓▓▓▓▓ era descobrir como montar as operações que iriam trazer informações confiáveis sobre os programas de armas de destruição em massa do Iraque. Era responsabilidade dos analistas de DI, que se situavam na WINPAC (Inteligência de Armas, Não-Proliferação e Controle de Armamentos), um grupo imenso de cerca de 700 pessoas, cuja tarefa era peneirar as informações brutas obtidas no campo e encaixar as peças do quebra-cabeça. Dada a sofisticação das campanhas de negação e engodo iraquianas, não era uma tarefa fácil. Mas éramos espiões profissionais, e certamente íamos fazer de tudo para descobrir.

Depois que entrei na rotina de novo, passei a enfrentar os desafios que toda mãe que trabalha fora enfrenta, tentando encontrar o equilíbrio entre as incessantes exigências de casa e do trabalho. Por um lado, reconheci e entendi que precisava estar disponível para trabalhar em qualquer ponto do mundo, sendo avisada com apenas algumas horas de antecedência, para resolver algum problema de relacionamento com uma conexão ou ouvir o relatório de um ▓▓ promissor. Por outro lado, também queria ter tempo para ficar com os meus gêmeos. Não tinha tido filhos só para dar a outra pessoa a tarefa de criá-los. Essa dinâmica era carregada de estresse, é claro, mas às vezes eu só precisava rir da posição ridícula em que me encontrava. Quando eu precisava lidar com questões operacionais urgentes, não tinha escolha senão trazer as crianças para o meu escritório num sábado. Tomar decisões sobre quanto oferecer a um potencial informante enquanto passava lápis crayons para a minha filha, que estava sentada debaixo da minha escrivaninha, era realmente estranho, mas não deixava de ter seu lado cômico. Descobri que se desse a Samantha umas canetas hidrográficas e papel e a Trevor alguns petiscos especiais, podia trabalhar sossegada durante 30 minutos, rascunhando cabogramas a serem enviados para o campo. ▇▇▇▇▇▇▇▇▇▇ no exterior, a maior parte das minhas colegas concordava que todas precisávamos de uma "esposa", ou alguém que tomasse conta do lado essencial administrativo da vida, enquanto nos concentrávamos no emprego. Agora eu era a esposa, mas ainda estava trabalhando fora. Antes de partir em missão para o Oriente Médio para me encontrar com uma conexão amistosa, eu embrulhava alguns presentinhos bobos para as crianças abrirem depois que eu viajasse. Deixava bilhetes com minha mãe, que ficava conosco para ajudar com as crianças quando eu viajasse. Na esperança de que meus filhos entendessem que mamãe voltaria logo para casa, eu mudava de comportamento assim que entrava no táxi rumo ao aeroporto, revisando mentalmente os argumentos que defenderia no meu encontro com os meus colegas estrangeiros. Era uma vida incomum, pelos padrões dos outros, talvez, mas éramos felizes, e estávamos satisfeitos.

Durante aquele verão, depois que os gêmeos iam para a cama e Joe e eu tínhamos alguns minutos para conversar, antes de dormirmos também, debatíamos nossos planos para o futuro. Estávamos querendo viajar para o exterior assim que as crianças estivessem para entrar no jardim de infância. Eu voltaria a trabalhar em tempo integral, talvez em algum bom cargo de gerência ▇▇▇▇▇▇▇▇▇▇. Joe, que tinha se aposentado de um cargo no Departamento de Estado em 1998, depois de 23 anos de serviços prestados, tinha dado início a uma carreira como consultor internacional, que estava rendendo bons frutos. Ele achava que poderia facilmente transferir a sua empresa para o exterior. O futuro parecia sorrir para nós.

CAPÍTULO 7
Viagem a Níger

███████████████████████████ Eu reuni seis agentes do serviço secreto do Oriente Médio em uma sala de conferências bem equipada na parte mais antiga do edifício da sede. Os agentes tinham vindo a Washington debater questões operacionais de interesse mútuo e melhorar a cooperação já bastante profunda entre nossos dois serviços. Depois de apresentar a pessoa que ia falar primeiro e revisar a agenda uma última vez, prometi voltar depois, ainda naquela manhã, para começar a sessão deles com o pessoal da CPD. Tranquilos e satisfeitos, a única preocupação deles era se podiam fumar. Meu dia estava tão tomado por reuniões que saí correndo da sala. ████████████████████████

██
██
██
██
██
██
██
██
██
██
██
██

██████████ nossa modesta Divisão ██████████ tinha adquirido um nome de maior peso e imponência ██████████. Esta mudança na nomenclatura, por si só, não era incomum; as forças-tarefa surgem como cogumelos na CIA, e em geral esse nome só significa que a gerência quer colocar maior ênfase em uma certa questão. Infelizmente, as forças-tarefa nunca parecem se desfazer quando a crise ou a questão se resolve; elas continuam, sendo alimentadas passivamente durante anos, vítimas da inércia burocrática. Nossa divisão ficou bastante satisfeita por ser transformada em força-tarefa, porque precisávamos de toda a ajuda que fosse possível obter para descobrir o que estava se passando dentro dos programas de produção de ADMs ██████████. Além disso, ouvimos dizer que iríamos nos mudar para o outro lado do corredor, para uma sala mais espaçosa e recém-reformada, o que agradou a todos

que estavam cansados de trabalhar no local atual, bastante apertado. ███████████████████████, porém, o ritmo acelerou-se bastante; e todos nós estávamos ansiosos por proteger o nosso grande país e servir à nossa pátria. ███████████████████████
██
██
██
██
██████████████████

████████████████████ nosso grupinho expandiu-se de forma rápida e radical, incluindo a onda de peritos nos campos nuclear, biológico, químico e de mísseis que estavam inundando a CIA, transferidos de outras partes da comunidade de inteligência. Eu adorava ter por perto esses agentes especializados, e passei cada vez mais a confiar no seu conhecimento técnico e sua capacidade de traduzir termos e questões complicadas em uma língua que eu, uma simples agente, conseguia efetivamente entender. Comecei a sentir que estávamos começando a apreciar ainda mais o aumento da equipe porque a carga de trabalho passou a expandir-se consideravelmente. Pistas de todo o mundo inundavam a sala todos os dias. Algumas obviamente tinham sido inventadas por gente que estava tentando vender à CIA qualquer besteira só para ganhar algum dinheiro. Outras pistas não eram tão evidentes e exigiam uma investigação mais profunda. Algumas poucas, preciosas, pareciam valiosas desde o início. Avançar na nossa busca de melhorar nossa inteligência sobre as ADMs ████████. O truque era avaliar aquele mundo de informações, priorizá-las e descobrir onde aplicar nossos recursos limitados para resolver um problema crescente.

Um tanto típico do que ██████ poderia absorver em um dia normal ████████████████ era um ████████████████ que simplesmente nos abordou sem aviso, dizendo que tinha estado em uma instalação ████████ ████████ secreta que podia ter sido usada como laboratório de fabricação de armas biológicas.

███████████████ ele foi capaz de descrever a cena com todos os detalhes grotescos: prisioneiros amarrados a camas, recebendo uma injeção misteriosa, corpos entrando em convulsões, sangue saindo pelas orelhas e pelas narinas. Essa história, é claro, chamou a atenção de todos, mas a veracidade dessas fontes e de seus relatórios precisava ser confirmada. As nuances e ligeiras diferenças que a comunidade de informações detectava entre descrições eram fundamentais. Com o passar dos anos, as descrições de fontes em relatórios da inteligência tinham se tornado tão vagas que era extremamente difícil, para um usuário do relatório, entender qual o nível de confiança depositado em uma fonte. As descrições feitas pelas fontes eram, depois, atualizadas, e se tornava mais fácil avaliar sua veracidade, mas relatórios de inteligência compridos e completos demais não eram os produtos perfeitos, de primeira categoria, que aparentavam ser. No caso do nosso informante surgido do nada e do possível laboratório de testes de armas biológicas, que ele descreveu com detalhes desalentadores, enviamos um excelente oficial da reserva do Exército para submetê-lo a um interrogatório bastante rigoroso. Armado de páginas com mapas obtidos de fotos tiradas por satélite, e perito em armas biológicas, o oficial passou dias com ███████████████, tentando identificar o local onde ficava o tal laboratório em um mapa da grande Bagdá. No fim, aquela pista, inicialmente promissora, como tantas outras, acabou não dando em nada. Porém, para confirmar que a pista era fria, a CIA despendeu centenas de homens e gastou milhares de dólares. Naquela época, ████████ ainda não tinha analisado totalmente a obra maquiavélica de Ahmed Chalabi, um iraquiano que saiu do seu país em 1956. Desprezado pela CIA, por ser considerado um mentiroso e tratado como uma celebridade pelo Pentágono por sua capacidade de prever que o Iraque se tornaria uma democracia (sendo ele o presidente), Chalabi provavelmente mandou dezenas de pistas que acabaram sendo falsas para a rede da CIA. Diante do que estava em jogo, não tivemos remédio senão investigar todas.

Em breve, pediram-me para assumir o cargo de Chefe de Operações ▮▮▮▮▮▮ ▮▮▮▮▮▮▮▮▮▮▮▮▮▮. O fato de a gerência da CPD ter escolhido uma mãe que trabalhava meio expediente para desempenhar um papel de liderança tão crítico me surpreendeu e me deixou emocionada. Afinal, talvez os dinossauros estivessem mesmo morrendo. Eu nunca tinha recebido tanta responsabilidade em termos de gerência, de modo que passei a dedicar-me a ajudar minha equipe a desempenhar suas tarefas tão bem quanto possível. Muitas manhãs, eu já estava respondendo a perguntas enquanto ainda estava tirando o casaco, e uma fila começava a se formar diante da minha porta. Minhas responsabilidades eram muitas. Eu coordenava nossas abordagens de cientistas ▮▮▮▮▮▮▮▮ em todo o mundo, programava exames com detectores de mentiras para testar a autenticidade de algumas alegações malucas que chegavam a nós, e continuamente me reunia com nossos agentes de recrutamento e relatórios, bem como com nossos peritos residentes. Também incluía os analistas da WINPAC nas operações, quando necessário, e tentava encorajar meus agentes a abordarem seu trabalho com imaginação e criatividade. Pessoalmente, eu detestava microgerência, e tentava ao máximo dar aos meus subordinados o comando de suas funções, fazê-los sentir que podiam confiar no meu apoio durante o seu trabalho.

Em um dia fatídico de fevereiro de 2002, uma agente jovem e muito competente entrou apressada na minha sala. Normalmente um tanto reservada e calma, ███████ parecia anormalmente nervosa e alarmada. Ela me contou, rapidamente, que alguém do escritório do vice-presidente havia ligado para a sua linha verde segura. Pelo jeito, esse alguém havia informado que estavam intrigados com um relatório de inteligência que o governo italiano ███████████ tinha passado para o governo americano ████████. No relatório, constava que, em 1999, o Iraque tinha procurado comprar óxido de urânio, o chamado *yellowcake*, ou seja, a matéria-prima usada para o processo de enriquecimento de urânio, do país subdesenvolvido do Oeste Africano, Níger. O vice-presidente disse a ██████████, "ficou interessado naquela informação e queria mais detalhes". Se o relatório fosse mesmo legítimo, eu sabia que seria uma prova bem clara de que o Iraque estava tentando reiniciar seu programa nuclear. Fiquei momentaneamente confusa, sem saber por que alguém telefonaria do escritório do vice-presidente para falar com um agente comum da CIA, tentando discutir ou encontrar uma resposta para um relatório de inteligência. Eu nunca tinha visto isso acontecer. Havia protocolos e procedimentos rigorosos a seguir para passar informações como essas aos elaboradores de políticas ou para responder a suas perguntas. Escritórios inteiros dentro da agência foram montados para se dedicarem exatamente a isso. Uma ligação para uma mera agente administrativa talvez fornecesse uma resposta rápida ao elaborador de políticas, no calor do momento, mas também era uma receita certa para criar um problema. Passar informação "bruta", que não estivesse adequadamente conferida, colocada em contexto, ou apropriadamente revisada por profissionais da inteligência, em geral, podia levar, no mínimo, a uma interpretação errônea.

Porém, deixei rapidamente essa minha surpresa de lado e passei a resolver o problema que tínhamos diante de nós. O presidente e o vice-presidente são os mais importantes clientes da agência, sem sombra de dúvida. Portanto, quando alguém da assessoria do Vice-Presidente liga fazendo perguntas, o DNA da CIA comanda que reajamos rápido e tão detalhadamente quanto possível, para providindenciar as respostas. Naquela altura, eu não sabia do número de visitas que o vice-presidente tinha feito a nossa sede para se reunir com analistas, procurando qualquer indício disponível que apoiasse as alegações que estavam começando a ser feitas pela administração de que o Iraque estava desenvolvendo ADMs. Segundo o *Washington Post*, o Vice-Presidente Dick Cheney e seu assessor graduado, I. Lewis "Scooter" Libby, haviam feito "múltiplas" visitas à CIA antes da guerra para falar com analistas da agência que trabalhavam em casos ligados à produção de ADMs pelo Iraque, e tinham feito perguntas a eles sobre possíveis ligações entre o Iraque e a rede terrorista Al Qaeda. Quando essas visitas começaram a ser divulgadas, em junho de 2003, exatamente quando a insurgência iraquiana estava ainda engatinhando, os agentes reconheceram que aquelas visitas, até ali secretas, do vice-presidente tinham gerado "um ambiente no qual alguns analistas se sentiram pressionados a fazer suas análises e confirmarem os objetivos da política do governo Bush". Os agentes mais graduados acrescentaram que "mesmo que não seja novidade, as visitas de um vice-presidente à sede da CIA são incomuns".

Porém, em fevereiro de 2002, eu ainda estava na santa ignorância de tudo, sem saber de nenhuma visita especial, nem da pressão do governo sobre a CIA, com relação ao Iraque. Eu só queria obter algumas respostas. Avaliando as opções disponíveis, a primeira e mais óbvia escolha seria entrar em contato com nossa filial em ▬▬▬▬▬▬▬▬▬▬▬▬▬▬▬, em Níger, e lhes pedir para investigarem essas alegações usando fontes locais disponíveis no território. Infelizmente, os rigorosos cortes orçamentários de meados da década de 1990 tinham sido particularmente devastadores para a Divisão Africana, de modo que muitos de nossos escritórios naquele continente tinham sido fechados, inclusive o de Niamey, em Níger. ▬▬▬▬▬▬ ▬▬▬▬▬▬▬▬▬▬▬▬▬▬▬▬▬▬▬▬▬▬ A quem eu poderia recorrer, e quem poderia fazer isso para nós? Um relator de nível médio, que tinha participado do debate no corredor, entusiasticamente sugeriu: "Que tal pedirmos ao Joe para ir?" Ele conhecia o currículo do Joe e seu papel na primeira Guerra do

Golfo, sua experiência extensa na África e ainda que, em 1999, a CIA tinha enviado Joe à África para fazer uma investigação delicada, também sobre urânio. Naturalmente, nenhum de nós imaginava a verdadeira tempestade de fogo que uma sugestão assim sincera poderia precipitar. Naquele instante, a única coisa que me passou pela cabeça foi que, se Joe passasse muito tempo fora do país, eu ia ter de colocar duas criancinhas agitadas para dormir toda noite. Joe e eu tínhamos frequentemente dito que seria melhor que nenhum de nós cuidasse das duas crianças sozinho. Portanto, eu não gostei muito da ideia, mas precisávamos dar alguma resposta ao vice-presidente que não fosse um débil e obviamente inaceitável "Infelizmente não sabemos de nada". O relator e eu saímos e fomos até a sala do Chefe ▮▮▮▮▮▮▮▮▮▮ debater os planos de ação disponíveis. Bob, nosso chefe, escutou-nos com toda a atenção e depois sugeriu que nos reuníssemos com Joe e com os agentes e funcionários pertinentes da CIA e do governo. Terminou dizendo: "Quando falar com Joe esta noite, poderia por favor lhe perguntar se ele estaria disposto a vir comigo até a sede na semana que vem para planejar o que faremos? Ah, e além disso, mande uma mensagem pelo Lotus para o Scott [nosso Chefe de Divisão em exercício] e diga-lhe em que estamos pensando". Voltei correndo para minha mesa e acrescentei que "meu marido tem boas relações tanto com o PM [primeiro ministro] quanto com o ex-Ministro das Minas (sem mencionar milhões de contatos franceses), e ambos poderiam prestar esclarecimentos sobre esse tipo de atividade". Embora o Chefe de Divisão em exercício tivesse trabalhado na CPD, em outra posição graduada, quando Joe tinha ido à África em 1999, eu estava recordando a ele, sutilmente, que Joe possuía credenciais para justificar o fato de meu chefe querer que ele viesse à sede, antes de mais nada. Meses depois, aquelas palavras iriam ser extraídas da minha mensagem de correio eletrônico e citadas como prova de que eu tinha recomendado Joe para fazer aquela viagem. Mas, na época, simplesmente cliquei no botão de "enviar" e passei a cuidar de outras tarefas que exigiam minha atenção.

Naquela noite, entre lavar os pratos, pegar os brinquedos espalhados pelo chão e levar nossos filhos para tomar banho, eu disse ao Joe que minha divisão tinha recebido um relatório de um serviço de inteligência estrangeiro, mas não mencionei qual era. ▓▓▓▓▓▓▓▓▓▓▓▓▓▓▓▓▓▓▓▓▓▓▓▓▓▓ Disse que estávamos trabalhando para obter algumas respostas para o vice-presidente o mais rápido possível, e passei-lhe o pedido do meu chefe para que ele viesse à sede para debater o assunto com mais detalhes. "Claro", disse o Joe, sem hesitar. Portanto, na semana seguinte, eu trouxe o Joe até minha sala apertada e o apresentei a alguns de meus colegas, acompanhando-o até a reunião marcada com especialistas em Iraque/Níger da CPD, o DI e o Governo. Entramos na sala de conferências sem janelas, e eu apresentei Joe a, mais ou menos, dez participantes. Estava secretamente orgulhosa por Joe ter sido indicado capaz de ajudar no trabalho da agência. Depois de cerca de um minuto, voltei para minha mesa para acudir ao que me parecia ser uma centena ou mais de outras crises operacionais. Quando terminou a reunião, Joe meteu a cabeça pela fresta da porta da minha sala para dizer que o grupo havia lhe pedido para pensar em ir a Níger para investigar o teor do relatório. "Claro, tudo bem. Quando é que você vai viajar?" Pelo visto, eu teria de enfrentar os dois gêmeos sozinha, afinal de contas.

Três semanas depois, no início de março, Joe partiu, tomando um voo noturno de Washington para Niamey, Níger, via Paris. Joe estava participando daquela missão *pro bono*. A agência somente pagaria suas despesas de viagem, de alguns milhares de dólares apenas. Joe, porém, estava indo com o maior prazer. Achava que se o vice-presidente queria sinceramente saber se alguma coisa estava acontecendo, essa pergunta merecia uma resposta honesta, e ele iria tentar encontrar uma resposta para ela. Fiquei em casa, trabalhando em questões operacionais ▓▓▓▓▓▓▓▓ no meu escritório da CIA, tomando conta dos meus filhos, e tentando voltar do trabalho em uma hora razoável. Quando Joe voltou para casa, nove dias depois, os gêmeos e eu corremos para o táxi para recebê-lo. Cansado e enrijecido da viagem, ele levou as malas para o corredor, deu um abraço de urso nos filhos e lhes deu uns presentinhos e tecidos coloridos que tinha comprado, para agradá-los, na feira livre de Niamey. Fiquei felicíssima de vê-lo de volta são e salvo. Mas a campainha da porta soou pouco depois, e, ao abri-la, vimos dois agentes da CIA muito bem vestidos, um dos quais era o relator que tinha sugerido que Joe fosse enviado a Níger. Obviamente os dois estavam ansiosos para saber o que Joe tinha descoberto, para poderem imediatamente escrever um relatório de inteligência sobre a viagem. Há um procedimento padrão para distribuir relatórios de inteligência para todos os órgãos governamentais que possuam componentes de informações sigilosas, tais como a Divisão de Inteligência e Pesquisa do Departamento de Estado (INR), a Agência de Segurança Nacional (NSA), o Pentágono e os comandos militares no exterior. Todos nós tínhamos todos os motivos para crer que o relatório completo deles iria mesmo ser enviado ao escritório do vice-presidente como parte do protocolo estabelecido. Eu convidei os agentes a entrarem, peguei os casacos deles para pendurá-los no armário e telefonei para um restaurante chinês para encomendar o jantar deles. Deixei os três conversando na sala de estar. Eles interromperam a reunião quando chegou o entregador do restaurante, e nós quatro nos sentamos à mesa da sala de jantar para falar sobre assuntos gerais, rindo enquanto comíamos pato-de-pequim e carne apimentada com brócolis. Eu desejaria ter guardado os biscoitos da sorte daquela noite. Enquanto eu tirava a mesa, os agentes revisavam suas anotações com Joe. Antes de saírem apressados porta afora, agradeceram a ele pelo trabalho que tinha feito e pela reunião. Naturalmente, não suspeitávamos nem sequer de longe que a viagem do Joe iria suscitar um escândalo de proporções monstruosas. Ambos sentíamos que estávamos cumprindo o nosso dever, e servindo à nossa pátria. Para nós, aquilo era apenas o que devia ser feito.

CAPÍTULO 8
Choque e Assombro

UM DIA OU DOIS DEPOIS que Joe voltou de Níger ▮▮▮▮▮▮▮, o relator, apenas como cortesia, me mostrou uma cópia do relatório definitivo de inteligência sobre a suposta transação envolvendo óxido de urânio entre Níger e Iraque. Tinha duas páginas e era bastante objetivo, naquele estilo tipicamente neutro desse tipo de relatório. A maior parte do relatório tratava dos rígidos controles, particulares e governamentais, exercidos em Níger sobre consórcios de mineração para garantir que não sumisse nenhuma parte do carregamento de *yellowcake* entre as minas e o mercado. Eu li o documento, não fiz nenhuma modificação nele, agradeci ao relator por mostrá-lo a mim e o devolvi a ele. Foi devidamente repassado, segundo presumimos, inclusive no gabinete do Vice-Presidente. Não causou nenhum comentário, nenhuma comoção. Eu não sabia na época, mas os analistas que estavam acompanhando de perto a questão teriam visto relatórios entregues pelo Embaixador dos Estados Unidos em Níger a Barbro Owens-Kirkpatrick, um funcionário de carreira do serviço de relações exteriores, e a um general quatro estrelas chamado Carlton Fulford, apenas algumas semanas antes da visita de Joe. Ambos concluíram que era falsa a alegação de que teria havido venda de óxido de urânio ao Iraque. O relatório de Joe apenas corroborou e reforçou algo que já era do conhecimento de todos. ▮▮▮▮▮▮▮
▮▮▮▮▮▮▮▮▮▮▮▮▮▮▮▮▮▮▮▮▮▮▮▮▮▮▮▮ Do ponto de vista pessoal,

Joe e eu tínhamos voltado às nossas rotinas. Eu ia trabalhar todos os dias na sede da CIA e Joe ia para seu escritório no centro de Washington. Durante alguns meses, pelo menos, tudo pareceu transcorrer normalmente.

No final do verão de 2002, percorri rapidamente diversos países do Oriente Médio, para colher informação sobre o suposto arsenal secreto de armas de destruição em massa do Iraque. Lembro-me nitidamente de ter pensado em como o clima geral me recordava a obra clássica de Barbara Tuchman sobre o início da I Guerra Mundial, *Os Canhões de Agosto*. Cada jogada das Grandes Potências acarretava a perda de centenas de milhares de vidas e uma destruição inenarrável.

As viagens ao exterior são caras, até mesmo pagando as tarifas especiais para funcionários do governo, mas algumas coisas simplesmente só podem ser feitas cara a cara. Uma visita de 30 minutos em pessoa pode render o equivalente a um mês de cabogramas quando se trata de resolver um problema persistente e trabalhar em nossas abordagens conflitantes de um impasse operacional. O contato pessoal, apesar das despesas, é bem mais eficiente e produtivo do que os cabogramas formais, que podem levar um tempo infinito para coordenar através das várias divisões da sede. Todos os escritórios que podem alegar jurisdição sobre uma questão querem acrescentar ou subtrair algo da mensagem, seja isso necessário ou não, é comum que as diretrizes fornecidas em cabogramas da sede não resolvam mais nada quando chegam às mãos dos agentes de campo. Às vezes, falamos com um agente no exterior através de telefones seguros via satélite, mas o som da voz de quem fala sempre chega aos ouvidos do receptor distorcido, o que, juntamente com um eco de mais ou menos cinco segundos, torna um genuíno debate quase impossível.

Uma de minhas companheiras de viagem também tinha recentemente se tornado mãe pela primeira vez, e trabalhava em meio expediente, como eu. Mas da mesma forma que eu, o expediente dela era bem mais longo, o que era causado por uma combinação de culpa e preocupação com sua imagem perante os colegas. Enquanto aguardávamos para entrar no avião e dar início ao nosso longo voo para o exterior (secretamente aproveitando alguns momentos de paz para folhear revistas de moda), nós conversávamos, admiradas diante da mudança ocorrida na agência, antes uma organização rígida e paternalista. ▓▓▓▓▓▓▓▓ Logo depois de ter sido fundada, em 1947, a CIA era um bastião da "escola da velha guarda", mas havia se tornado uma organização mais moderna e flexível ao perceber que precisava competir com outras empresas americanas para obter funcionários talentosos e dedicados.

Nossa primeira escala foi num país há muito tempo aliado dos Estados Unidos. ▓▓▓▓▓▓▓▓▓▓▓▓▓▓▓▓▓▓▓▓▓▓▓▓▓▓▓▓ Quando fomos conduzidas para uma sala de conferências, olhei de relance para o teto e vi o que parecia ser uma imensa coifa de alumínio, como aquelas de exaustor acima de um fogão, ou que se veem nas cozinhas de restaurantes. Foi uma coisa meio desconcertante. Quando nos sentamos e passamos do bate-papo aos assuntos sérios que precisávamos debater, alguém ligou o exaustor. Um zunido baixo encheu a sala. Este foi o sinal para que quase todos os nossos afáveis anfitriões ▓▓▓▓▓▓ acendessem seus cigarros, o que fizeram em uníssono. A fumaça subiu para dentro da coifa de ventilação, mantendo o ar na sala relativamente respirável. Pelo visto, nossos interlocutores raciocinavam melhor quando estavam fumando, porque a reunião foi considerada um sucesso tanto por nós como por eles. ▓▓▓▓▓▓▓▓▓▓▓▓▓▓▓▓▓▓▓▓▓▓▓▓

Em seguida, viajamos para um outro aliado antigo do Oriente Médio para conversações tanto com o serviço estrangeiro como com o nosso ▓▓▓▓▓▓ pessoal ▓▓▓▓▓▓▓▓. Entristeci-me ao constatar que a embaixada, à qual eu viera anos antes a negócios, agora era praticamente uma fortaleza. O amplo conjunto arquitetônico que representava a presença americana naquela cidade antiquíssima estava agora cercado de arame farpado, barreiras de concreto, vidro à prova de balas e patrulhas de fuzileiros navais. Tudo isso, uma consequência inevitável de ameaças terroristas e da drástica mudança do clima mundial com relação aos americanos. Era uma reação prudente e razoável manter os funcionários americanos seguros, mas eu lamentava como isso os distanciava, tanto física quanto emocionalmente, de seus anfitriões estrangeiros.

Apesar de termos nos esforçado ao máximo para selecionar nossa alimentação com cuidado e não usar água que não fosse engarrafada, no dia de nossa partida tivemos de enfrentar graves problemas gástricos. Quando estávamos saindo do hotel, notei que um de meus colegas, David, parecia estar meio esverdeado, e quase no momento seguinte, percebi por quê. Enquanto esperava na recepção do hotel para assinar o recibo do cartão de crédito, senti que estava suando frio e, de repente, fiquei tão tonta que senti vontade de apoiar a testa no balcão. Só meu orgulho e o conhecimento de que precisávamos tomar nosso próximo voo evitaram que me permitisse cair no chão, toda encolhida. Quase todas as viagens ao exterior podem provocar problemas digestivos, mas enquanto para o turista comum isso é apenas uma inconveniência, é uma catástrofe quando acontece no meio de uma viagem de negócios. Avançamos corajosamente, mesmo que todos nós, sem exceção, estivéssemos nos sentindo meio enjoados, cada um de um jeito diferente. Nosso sofrimento foi ainda pior por causa da longa espera no aeroporto apinhado e abafado e devido ao atraso de uma hora no voo, durante o qual ficamos esperando na pista de decolagem, num calor de quarenta graus. Quando finalmente chegamos a nosso próximo destino, depois de termos tomado um táxi que voou baixo do aeroporto ao hotel, cada um foi para seu quarto, se jogou na cama, ligou a televisão na CNN Internacional e ficou torcendo para o mal-estar passar.

Após quarenta e oito horas, viajamos para outro país. Em agosto, as temperaturas em geral chegavam a quase 48 graus Celsius. A estas temperaturas, o fato de o calor ser "seco" ou não é indiferente; fazia um calor dos diabos, ponto final. Na primeira manhã, senti-me bem o suficiente para pensar em dar um mergulho rápido no mar cintilante logo atrás do hotel antes de começar a trabalhar. Notei o pequeno marcador na mesa de cabeceira, apontando na direção de Meca, caso eu decidisse fazer minhas preces matinais. Em vez disso, vesti depressa o meu maiô, pus um roupão longo por cima dele e saí pela porta de correr, pisando na areia da praia. A água estava morna e deliciosa, mas tinha uma textura estranha. E aí, notei as refinarias de petróleo a vários quilômetros de distância. Eu as distingui vagamente, à luz da manhã que havia acabado de raiar. Não foi o mergulho mais refrescante da minha vida.

Quando chegamos a ▉▉▉▉▉▉▉▉▉▉ para nossas reuniões, o ▉▉▉▉▉ chefe da estação nos recebeu calorosamente, e depois de nos reunirmos com sua equipe, ele se ofereceu para nos levar para uma excursão ao interior, perto dali. O contraste entre civilização e o deserto era impressionante. Saindo da cidade moderna, repleta de arranha-céus e butiques de alta costura, entramos abruptamente no deserto, sem nada no horizonte durante quilômetros. ▉▉▉▉▉▉▉▉▉▉ O chefe de estação era um guia interessante, indicando vários pontos de referência em meio à areia rodopiante ▉▉▉▉▉▉▉▉▉▉▉▉▉▉▉▉▉▉▉. Depois de várias horas, paramos em um conjunto de edifícios isolados que, de repente, se materializaram em meio às dunas. Ele nos prometeu o mais delicioso sanduíche local que comeríamos na nossa viagem. Saímos cambaleantes do jipe, cujo termômetro, no para-brisa, havia atingido os cinquenta graus, e caminhamos, entrando na palhoça ainda mais quente, onde os habitantes do lugar, com suor escorrendo pelo rosto, nos trouxeram nosso almoço. Comemos os sanduíches de cebola com uma carne desconhecida em um pão árabe, que eram mesmo muito gostosos, enquanto continuávamos nossa viagem. ▉▉▉▉▉▉▉▉▉▉

▉▉▉▉▉▉▉▉▉▉▉▉▉▉▉▉▉▉▉▉▉▉▉▉▉▉▉▉▉▉▉▉
▉▉▉▉▉▉▉▉▉▉▉▉▉▉▉▉▉▉▉▉▉▉▉▉▉▉▉▉▉▉▉▉
▉▉▉▉▉▉▉▉▉▉▉▉▉▉▉▉▉▉▉▉▉▉▉▉▉▉▉▉▉▉▉▉
▉▉▉▉▉▉▉▉▉▉▉▉▉▉▉▉▉▉▉▉▉▉▉▉▉▉▉▉▉▉▉▉
▉▉▉▉▉▉▉▉▉▉▉▉▉▉▉▉▉▉▉▉▉▉▉▉▉▉▉▉▉▉▉▉
▉▉▉▉▉▉▉▉▉▉▉▉▉▉▉▉▉▉▉▉ Ia haver guerra. Não sabíamos na época, mas estava praticamente confirmado. A sensação de urgência que eu tinha de encontrar e fornecer informação

secreta de boa qualidade sobre as armas de destruição em massa do Iraque aumentou ainda mais.

██
██
████████████████████████ Nossa escala final foi uma cidade do Oriente Médio que pode ser comparada a Las Vegas, porém muito mais movimentada. Depois de terminarmos as conversações operacionais com nossa equipe, tivemos meio dia livre antes de nosso voo no dia seguinte. Como era sábado, não nos sentimos culpados de seguir o conselho de um dos nossos funcionários no local e visitar a sede de um balneário próximo. ████████████████████
██
████████████████████████ Quando saímos do táxi com ar-condicionado, a onda de umidade imediatamente nos embaçou os óculos escuros. Era mesmo como entrar numa sauna. Quando nossa visão clareou, vimos um hotel de luxo enorme em uma pequena ilha artificial, a mais ou menos 400 metros do quebra-mar. Era como uma miragem no deserto. Assistimos, assombrados, enquanto Rolls-Royces de cor creme deslocavam-se lentamente pela estradinha de acesso, indo e vindo do arranha-céu de paredes de vidro. O hotel, que tinha apenas suítes, cobrava diárias a partir de 800 dólares. Devido aos altos preços, resolvemos ficar em um balneário com preço mais razoável e simplesmente descansar um pouco durante o resto do dia. O clube, moderno, com mobiliário e decoração lindíssimos, embora um pouco extravagantes, oferecia um refúgio contra as rígidas regras islâmicas praticadas logo ao passar pela porta da rua: o consumo de álcool era permitido e mulheres de todas as nacionalidades usavam apenas biquínis cortininha, deitadas ao redor da piscina enorme e esmeralda e do bar flutuante. O contraste entre as mulheres que víamos nas ruas da cidade de ████████████████, que usavam burca, que cobre o corpo dos ombros aos pés, ou as que usavam *hejab*, uma echarpe para cobrir os cabelos, das que estavam na piscina, de biquínis de crochê, não podia ser mais acentuado. E eles

dizem que os americanos são esquizofrênicos e hipócritas no que diz respeito à sexualidade.

Na manhã seguinte, permaneci na loja de presentes do aeroporto antes de pegar meu voo de volta ao meu país. Folheei uma revista *Vogue*. Ela e todas as outras revistas femininas da prateleira tinham sido censuradas para remover as imagens ofensivas, e todos os umbigos, seios ou extensão de pele que pudessem ser considerados indecentes tinham sido cuidadosamente cobertos com tarjas pelos censores nacionais. Devolvi o exemplar desfigurado da *Vogue* à prateleira e pensei nos países do norte da Europa onde ninguém nem mesmo olha duas vezes para os *outdoors* de mulheres nuas vendendo sabonete. ▬▬ As nuvens negras da guerra continuaram a acumular-se durante aquele outono, precipitadas por uma série de declarações e ações oficiais. Em um discurso no início de outubro de 2002, o presidente George Bush, com uma coragem típica, afirmou: "O regime tem cientistas e instalações para construir armas nucleares e está adquirindo materiais necessários para isso." Vários dias depois, ele garantiu que Saddam Hussein "está cada vez mais perto de ser capaz de construir uma arma nuclear". No dia 7 de outubro, logo antes de o Congresso votar na resolução que declararia guerra ao Iraque, o presidente Bush fez novo discurso, no qual declarou: "Conhecendo estas realidades, os Estados Unidos não podem ignorar a ameaça contra nós. Diante desse claro indício de perigo, não podemos esperar pela prova final, a fumaça saindo do cano do revólver, que poderia vir como uma nuvem em formato de cogumelo." Outros funcionários do alto escalão repetiram essa frase de efeito nos meses seguintes. No dia 11 de outubro, a Casa Branca declarou uma vitória estrondosa quando o Senado e a Câmara votaram a favor de autorizar o presidente a atacar o Iraque se Saddam Hussein se recusasse a obedecer as resoluções da ONU e não desistisse de construir armas de destruição em massa.

Em novembro, o Pentágono deu uma ordem de "retenção de contingente" para as Reservas Nacionais. Isso significava que o pessoal que poderia sair das forças armadas depois do seu período de serviço voluntário iria precisar ficar até o final das suas missões no exterior e durante mais noventa dias depois que voltasse para os Estados Unidos. Comecei a receber ligações de funcionários do Pentágono pedindo ▇▇▇▇▇▇ a minha divisão para constituir uma coordenação que trabalhasse de perto com a deles em assuntos que tratassem da infraestrutura iraquiana, que provavelmente seria destruída nas horas iniciais de um ataque. ▇▇▇▇▇▇▇▇▇▇▇▇▇▇▇▇▇▇▇▇▇▇▇▇▇▇▇▇▇▇ Embora eles nunca tivessem dito isso com todas as letras, ficou claro que o plano de batalha inicial incluía destruir todas as unidades de comunicação para isolar o Iraque do resto do mundo. Parecia impossível, mas o ritmo de trabalho na minha divisão intensificou-se ainda mais. No dia 8 de novembro de 2002, o Conselho de Segurança da ONU adotou unanimemente a Resolução 1441, que exigia que o Iraque desse aos inspetores das Nações Unidas o direito incondicional de procurar em qualquer lugar no país as armas proibidas. Além disso, exigiu-se que o Iraque apresentasse uma declaração "precisa, integral e completa" de suas armas nucleares, químicas, biológicas e balísticas, e de todos os materiais usados nas indústrias civis, dentro de trinta dias. Em uma entrevista à CBS Radio News, o então secretário da defesa Donald Rumsfeld declarou: "O Iraque não vai começar a Terceira Guerra Mundial", e rejeitou preocupações de que uma guerra se transformasse em uma situação difícil. "A ideia de que a guerra vai ser interminável é absurda, diante do que ocorreu em 1990... Cinco dias ou cinco semanas, ou cinco meses, mas certamente não vai durar mais do que isso." No dia 14, o secretário Rumsfeld acrescentou que o Iraque podia fornecer armas de destruição em massa para a Al Qaeda em apenas "uma semana ou um mês", resultando nas mortes de até cem mil pessoas. E prosseguiu: "Agora, imaginem o que pode acontecer daqui a um ano, dois anos se o Saddam Hussein pegar suas armas de destruição em massa e transferir ou usá-las ele mesmo ou passá-las às mãos da Al-Qaeda, e se a Al-Qaeda resolver atacar os Estados Unidos, ou as forças americanas no exterior, com armas de destruição em massa, não estamos falando de 300 ou 3.000 seres humanos mortos, mas de uma quantidade superior a de 30.000 ou 100.000... seres humanos." O Congresso, exatamente como o público em geral, estava sendo bombardeado com cenários tétricos do que ocorreria se a ameaça considerada iminente do Iraque não fosse detida. Em uma carta removida dos arquivos confidenciais ao Senado, com data de 2002 (que foi publicada no *New York Times* oito meses depois que a guerra começou), Tenet apresentou os vínculos entre a Al Qaeda e o Iraque:

• Nosso entendimento sobre as relações entre Iraque e a Al Qaeda está em evolução e baseia-se em fontes de confiabilidade variada. Uma parte das informações que recebemos vem de prisioneiros políticos, inclusive alguns de alto escalão.
• Temos relatórios confirmados de contatos de alto nível entre Iraque e Al Qaeda, que começaram, no mínimo, há uma década.
• Informações comprovadas indicam que o Iraque e a Al Qaeda têm entre si um pacto de asilo e não-agressão recíproca.
• Desde a Operação Liberdade Duradoura, temos indícios fortes da presença de membros da Al Qaeda no Iraque, inclusive alguns que antes estavam em Bagdá.
• Temos relatórios confirmados de que os líderes da Al Qaeda procuraram contatos no Iraque que podiam ajudá-los a adquirir capacitação para construção de armas de destruição em massa. O relatório também declarou que o Iraque já treinou os membros

da Al Qaeda em como usar venenos e gases e em como construir bombas convencionais.

• O apoio cada vez maior do Iraque a palestinos extremistas, aliado a indicações crescentes de relacionamento com a Al Qaeda, sugere que os vínculos de Bagdá com os terroristas vai evoluir ainda mais, até mesmo na ausência de ação militar americana.

Durante este período frenético, as disputas de política interagências sobre os indícios da existência de armas de destruição em massa começaram a chegar a nossas divisões. Sempre tinha existido um leve ruído de fundo entre os analistas da WINPAC e entre a WINPAC e o resto da comunidade de inteligência. Nas operações, em geral não prestávamos muita atenção a esses debates, porque nossas energias estavam muito concentradas em encontrar e usar fontes seguras para produzir informações brutas, antes de qualquer outra coisa. Esperava-se isso como parte de uma troca saudável de opiniões divergentes. Sabíamos que a maior parte dos analistas, relativamente jovens, eram competentes e honestos e que pediriam demissão na hora se fossem acusados de preconceito ou de emitir julgamentos com base em qualquer coisa que não fossem os fatos disponíveis.

Mas um certo cabo de guerra em particular ficou tão acirrado que todos notaram. Uma batalha campal irrompeu entre o Ministério da Energia, a divisão de inteligência do Departamento de Estado e a CIA sobre o objetivo de certos tubos de alumínio que o Iraque tinha começado a encomendar em meados de 2001. O Departamento de Energia alegava que os tubos estavam sendo usados como invólucros para foguetes, baseados em um projeto militar italiano para um foguete chamado Medusa 81. Esta também era a opinião do Departamento de Estado. Mas um analista da agência, ex-funcionário do Laboratório Nacional de Oak Ridge, apegou-se a sua crença de que os tubos se destinavam a rotores de centrífuga. As centrífugas são cilindros de metal fabricados com precisão que se usam em separação de isótopos para enriquecimento de urânio. Em ███████, no meu setor, tendemos a ver isso meramente como um debate entre peritos. Nosso trabalho era encontrar os tubos e descobrir os fabricantes, os fornecedores, percorrer o labirinto dos agentes de compras internacionais e determinar o destino final dos tubos; outros teriam de deduzir qual era seu objetivo. Mais de um ano depois, em agosto de 2003, a manchete do *Washington Post* anunciou: "AMEAÇA IMAGINADA EXCEDE PROVAS", e o artigo de primeira página, escrito por Barton Gellman e Walter Pincus, fornecia uma das melhores e mais completas análises da controvérsia dos tubos de alumínio. Embora eu só soubesse do ponto de vista da agência sobre esse debate, a dinâmica descrita no artigo era precisa. A crença da administração de que o Iraque tinha adquirido os tubos para recomeçar um possível programa de centrífugas nucleares foi o principal argumento para defender a posição pró-guerra. O crime e a falha colossal da comunidade de informação, e da CIA em particular, foi relegar esses desentendimentos profundos a notas de rodapé em letrinhas minúsculas na Estimativa da Inteligência Nacional (NIE). O Congresso ordenou que a agência preparasse uma NIE em caráter de emergência em outubro de 2002 (exatamente antes da votação para autorizar o uso da força contra o Iraque), e a CIA a preparou em poucas semanas, algo que jamais havia acontecido antes. Ainda mais lamentável era a falta de precisão de um documento conhecido como o "Resumo do Presidente", que destilava todo o teor da NIE em uma só página. O resumo avisava o presidente Bush e seus assessores da alta administração que "existiam sérias dúvidas sobre o objetivo para o qual os tubos teriam sido comprados". Estava ali, preto no branco, para o presidente e seus assessores mais próximos lerem, mas esse fato inconveniente não estava muito de acordo com seus planos de guerra. Em março de 2006, o *National Journal* anunciou que "em meados de setembro, duas semanas antes de Bush receber o Resumo do Presidente, em outubro de 2002, Tenet lhe informou que tanto o Departamento de Estado quanto o de Energia tinham dúvidas de que os tubos fossem para armas nucleares". Um alerta do Diretor da CIA ao Presidente, seguido de uma nota de rodapé na NIE, simplesmente são inconvenientes quando se está tentando encontrar um motivo para declarar algo tão sério quanto uma guerra. A CIA tinha deixado de demonstrar de maneira convincente para o governo que havia um debate sério e contínuo sobre essa questão. Através de uma torrente de erros de julgamento pessoal profundamente preocupante e uma sensação de que a guerra seria inevitável, o público americano foi incentivado a crer que os tubos de alumínio eram uma prova irrefutável de que Saddam tinha reconstituído seu programa nuclear.

* * *

No outono de 2002, Joe estava ficando cada vez mais apreensivo quanto ao objetivo da guerra, a forma de execução proposta para ela e as possíveis consequências imprevistas. Ficou particularmente irritado com neoconservadores como o membro da Diretoria Nacional de Política de Defesa, Ken Adelman, que tinha previsto que aquela guerra ia ser "moleza" e que a invasão daria início a um florescimento da democracia em todo o Oriente Médio. Joe também estava ouvindo afirmações de seus ex-colegas do Departamento de Estado de que não se estava dando atenção ao planejamento pós-guerra. Joe acompanhou esse debate de perto, leu muito a respeito, debateu todos os novos acontecimentos com outras pessoas que tinham conhecimento sobre a região, e, no final de 2002, sua ideia de como abordar o problema do Iraque tinha começado a se cristalizar. É importante observar que, quando ele foi a Níger, em março de 2002, não tinha opinião formada a respeito da política americana sobre o Iraque. Ele foi a Níger apenas porque a CIA pediu-lhe para ir, e porque queria ser um bom cidadão. Não tinha segundas intenções, apesar do que muitos outros direitistas disseram depois.

Em outubro, Joe escreveu um artigo intitulado "Como Saddam Pensa", para o *San Jose Mercury News*. Neste artigo ele defendia "uma campanha agressiva, sancionada pelas Nações Unidas, para desarmar o Iraque, sustentada por um processo de inspeção militarizado, que combinaria o melhor das abordagens americana e da ONU, uma política de desarmamento robusta com a legitimidade internacional que os Estados Unidos buscam". Ele apareceu no *Paula Zahn Show* da CNN, no *Nightline* da ABC, e no *NOW with Bill Moyers* da PBS, para explicar suas ideias com mais detalhes. Ele foi uma das vozes solitárias nos Estados Unidos, acautelando sobre uma guerra contra o Iraque, que poderia não ser tão fácil assim, nem trazer resultados positivos de uma hora para outra como o governo estava prometendo ao povo. Como embaixador em exercício dos Estados Unidos no Iraque antes da primeira Guerra do Golfo, o último diplomata americano a se encontrar com Saddam Hussein, e por ter muitos anos de serviço diplomático na África e no Oriente Médio, Joe tinha uma perspectiva exclusiva sobre o assunto. Ele não era exatamente contra a guerra em si; era, como vivia repetindo, "contra guerras idiotas". Ele achava que era fundamental que o país realizasse um debate cuidadoso sobre o envio de tropas para combate, principalmente se nós resolvêssemos declarar guerra. A iniciativa mais importante que um país pode tomar é ordenar que seus jovens se prestem a ser mortos e morrer em seu nome – e ter certeza de que havia bons motivos que realmente ameaçassem a segurança nacional para tomar tal iniciativa era a melhor forma de honrar aqueles que prestavam serviço militar. Em sua opinião, o Iraque não representava uma ameaça tão clara e iminente assim, e mesmo que representasse, a administração Bush precisava ter uma estratégia de saída satisfatória. Sem uma dessas duas coisas, Joe achava que a invasão, conquista e ocupação do Iraque não seria uma opção política válida. Eu admirava o Joe por sua posição prudente e bem pensada sobre a guerra que estava para começar, mas nós tínhamos pouco tempo em casa para conversar a fundo sobre esse assunto. Nossos telefonemas rápidos e nossos bilhetes em "Post-its" amarelos, um para o outro, em geral tratavam de quem ia pegar as crianças em uma festa de aniversário ou o que precisávamos comprar no supermercado, como acontece com todos os casais ocupados com filhos. Porém, eu comecei a sentir uma desaprovação tácita de alguns de meus colegas, que encaravam o Joe como talvez um idealista ou, no mínimo, desinformado e ingênuo, diante da ameaça que o Iraque representava.

No dia 28 de janeiro de 2003, o presidente fez seu discurso sobre o Estado da União. Joe assistiu a ele nos estúdios de uma emissora canadense que queria que ele fizesse comentários em francês depois; eu assisti em casa. O Estado da União é talvez o mais importante discurso que o presidente faz anualmente, ainda mais quando uma possível guerra é iminente. Eu me lembro de ter me contido quando o presidente promoveu sua iniciativa maliciosamente denominada "Céus Claros" e defendeu o que considerei uma redução de impostos absurda em uma época de déficits cada vez maiores. Só quase no final do discurso é que ele começou a analisar seus motivos para declarar guerra ao Iraque. De repente, ele já estava dizendo que "o governo britânico descobriu que Saddam Hussein recentemente adquiriu quantidades significativas de urânio na África". O quê? Será que eu tinha ouvido bem? O relatório do Joe sobre sua viagem a Níger, quase um ano antes, distribuído em toda a comunidade de inteligência, inclusive, presumivelmente, o gabinete do vice-presidente, não tinha provado que isso não era verdade? Quando Joe voltou para casa, tarde da noite, conversamos rapidamente sobre o que pensávamos que aquela alegação do presidente significava. Ela nos pareceu muito estranha. No dia seguinte, Joe ligou para um ex-colega dele do Departamento de Estado para ver o que podia descobrir. Esse colega disse ao Joe que o presidente devia ter se referido a um país diferente de Níger. Joe considerou essa uma explicação plausível. Afinal, três outros países da África (Gabão, onde Joe também tinha sido embaixador, África do Sul e Namíbia) também extraíam urânio em quantidades comerciais. Vários anos depois, o assessor do Ministério das Relações Exteriores para assuntos africanos disse a Joe: "Você não acha que se tivéssemos visto o discurso sobre o Estado da União, antes de ele ter sido feito, teríamos permitido que essa frase continuasse nele, acha?".

Alguém gritou: "É ele!" Eu rapidamente acionei a proteção de tela do meu computador e me levantei da mesa para assistir ao discurso do Secretário de Estado[1], Colin Powell, às Nações Unidas. Era 5 de fevereiro de 2003, exatamente três semanas depois do discurso sobre o Estado da União feito por Bush. Houve muita especulação entre meus colegas sobre quais os indícios que Powell iria usar para justificar a decisão de declarar guerra. Apesar da busca intensa a respeito da capacitação nuclear e armas de destruição em massa do Iraque, nós todos sabíamos que grande parte das provas era circunstancial e fragmentada e que nossa frustração coletiva estava ficando cada vez maior. Eu tinha ouvido dizer que o próprio secretário tinha passado noites inteiras na sede da CIA nas semanas anteriores revisando o discurso e suas fontes com altos funcionários da CIA e do Departamento de Estado. Presumi que a apresentação de Powell seria, de certa forma, uma espécie de espetáculo de Kabuki, no qual a reputação ilibada do Secretário de Estado persuadiria o mundo de que a decisão do governo, que já havia sido tomada, era correta. Mesmo assim, eu sentia enorme respeito pelo Secretário. Eu tinha ouvido ele falar no auditório em formato de bolha da agência e havia ficado bastante impressionada pela sua eloquência e seu carisma natural.

Vários de nós, reunidos no espaço aberto do escritório, assistimos pelo monitor de tevê suspenso no teto. George Tenet estava visivelmente sentado logo à direita de Powell, com cara de cansado mas com uma gravata azul-celeste muito vistosa. Ele ergueu um frasco contendo pó branco, chamando-o de antraz e comentando sobre os horrores que até mesmo uma minúscula quantidade daquele pó poderia causar; tocou fitas de áudio onde oficiais militares iraquianos discutiam como evitar uma futura inspeção da ONU, como prova da política de evasão e engodo do Iraque; e mostrou imagens em preto e branco de satélite, bastante granuladas, de supostas instalações de fabricação de armamentos, caminhões de descontami-

---

[1] Apesar de frequentemente traduzido como "Secretário de Estado", o cargo de Secretary of State corresponde, no Brasil, a Ministro das Relações Exteriores. N. T.

nação e casamatas. Ele apresentou o que parecia ser uma indiciação bastante convincente e irrefutável contra Saddam Hussein.

Foi uma apresentação bastante dramática, mas eu sabia que partes fundamentais dela continham erros. Enquanto eu escutava, os trechos que me deixaram mais chocada foram aqueles em que Powell acusava o Iraque de ter laboratórios móveis de armas biológicas. O secretário tinha claramente tirado aquela descrição dos laboratórios de uma fonte que era um dissidente muito suspeito, um ex-oficial militar iraquiano cujo codinome era CURVEBALL (ou "Bola de Efeito"). CURVEBALL, um alcoólatra, estava morando na Alemanha na época. Os relatórios dele nunca foram verificados, e o serviço secreto alemão ▇▇▇▇▇ não permitia que nenhum funcionário da CIA se encontrasse com ele, apesar de inúmeros pedidos da nossa parte. Embora uma nota oficial de "queima" (ou seja, notificação à comunidade de inteligência de que uma fonte estava inventando informações ou era falível por algum outro motivo) só tenha circulado em junho de 2004, todos sabiam muito bem que CURVEBALL não era uma fonte confiável e que havia sérios problemas em seus relatórios. Meus colegas e eu descobrimos depois que não éramos os únicos que tínhamos ficado pasmos diante do discurso de Powell. No artigo do *Los Angeles Times* de 20 de novembro de 2005, um funcionário ▇▇▇▇▇ alemão falou publicamente sobre CURVEBALL pela primeira vez. "Ficamos chocados", disse ele. "*Mein Gott!* Nós sempre dissemos a eles [à CIA] que não havia provas." Os alemães também disseram que as informações dadas por CURVEBALL costumavam ser muito vagas, de segunda mão e impossíveis de se confirmar. E todos vinham trabalhando com ele durante os seis anos anteriores. Mas o Secretário Powell, diante de milhões de pessoas, numa rede de tevê, mesmo assim, vai e alerta que os caminhões do Iraque podiam criar micróbios bélicos suficientes para matar "milhares e milhares de pessoas em apenas um mês". Tyler Drumheller, o então chefe da Divisão Europeia da CIA, responsável pelo caso CURVEBALL, também ficou pasmo. Ele se aposentou em 2005 e em 2006 escreveu o livro *On the Brink: An Insider's Account of How the White House Compromised American Intelligence* [2]. Drumheller diz que telefonou para Tenet, tarde da noite, antes do discurso de Powell, e o avisou (pela enésima vez) para não acreditar em CURVEBALL, dizendo "que há problemas com os relatórios alemães". A divisão europeia da CIA tinha removido cuidadosamente as partes mais gritantemente inventadas e não comprovadas das alegações do CURVEBALL. A resposta de Tenet, visivelmente desinteressado, foi: "Sim, sim, sim, não se preocupe com isso, nós estamos mortos de cansaço. Eu tenho que desligar." Como Drumheller afirma, apenas um pequeno trecho do discurso foi dedicado a CURVEBALL, mas "foi fundamental, porque ele não só afirmava que houve intenção, mas também uma capacidade real". E ele continua: Alguém, em algum lugar, lembrou do relatório do CURVEBALL e resolveu reciclá-lo. Os analistas da WINPAC começaram a trabalhar nele com a gerência da CIA em agosto de 2002, logo antes da Estimativa da Inteligência Nacional. Agora, aparentemente, ficamos sabendo que o relatório do CURVEBALL combinava direitinho com informações obtidas de Ahmed Chalabi, do Congresso Nacional do Iraque (INC), que, na época, ainda recebia um estipêndio de 350 mil dólares do Departamento de Defesa.

A apresentação de Powell provavelmente foi o fator isolado mais importante para convencer o povo americano a concordar com a guerra contra o Iraque. Foi apenas em setembro de 2005, em entrevista à ABC News, que Powell expressou profundo arrependimento por ter feito aquele discurso, descrevendo-o como uma "mancha" no seu currículo. Ele acrescentou que "nunca tinha visto provas que sugerissem" uma ligação entre os ataques terroristas de 11 de setembro de 2001 aos Estados Unidos e o regime de Saddam. "Eu é que apresentei supostas provas disso em nome dos Estados Unidos ao mundo, e [isso] nunca mais vai ser esquecido. Doeu. Dói até agora falar nesse assunto."

---

[2] Iminência de Guerra: um Relato sobre Como a Casa Branca Humilhou a Inteligência Americana. Ainda não traduzido. N. T.

Quando o programa terminou e todos voltamos às nossas escrivaninhas, eu estava profundamente transtornada, minha cabeça girava. Eu estava passando pelo que agora só posso definir como dissonância cognitiva: "um fenômeno psicológico que se refere ao desconforto sentido diante de uma discrepância entre o que a pessoa já conhece ou aquilo em que ela acredita e novas informações ou interpretações." Eu vinha acompanhando com todo o cuidado as ações do Iraque referentes a uma suposta aquisição de armas de destruição em massa há algum tempo ▬▬▬▬▬▬▬▬▬▬, e os fatos simplesmente não combinavam com o que Powell tinha acabado de apresentar. Não é que os indícios que ele tinha mencionado não tivessem base factual, mas nossa inteligência via-se diante de tantas dúvidas e advertências que aquelas conclusões do secretário de estado pareciam, no mínimo, otimistas demais, e quase levianas. Parecia que ele tinha usado apenas as informações mais sensacionalistas e mais intrigantes como prova, sem apresentar nenhuma das advertências nem dúvidas sobre algumas informações. ▬▬▬▬▬▬▬▬▬▬▬▬▬▬▬▬▬▬▬▬▬ Como profissional de inteligência, eu sabia muito bem que nunca há provas suficientes, a informação nunca é boa o bastante, e podem existir dúvidas cruéis quando se toma decisões baseadas no pouco que se sabe ao certo. Essa é simplesmente a natureza do mundo sigiloso da inteligência. O que tínhamos lutado tanto para obter era frágil demais, não tinha a robustez necessária para dar motivo para começar uma guerra. ▬▬▬▬▬▬▬▬▬▬▬▬▬▬▬▬▬▬▬▬▬▬▬▬▬▬▬▬▬▬▬▬

Voltando a minha escrivaninha, tentei me concentrar e me dedicar ao trabalho que precisava adiantar. Mas não conseguia tirar o discurso do Powell da cabeça. ▬▬▬▬▬▬▬▬▬▬▬▬. Eu disse a mim mesma que havia muitos indivíduos mais bem pagos do que eu, e que tinham mais acesso a informações sigilosas do que eu tinha, e portanto um conhecimento mais profundo, mais bem informado sobre o genuíno estado dos programas de armas nucleares do Iraque e sua intenção de usá-las. Talvez alguém tivesse conseguido recrutar uma fonte do círculo social mais íntimo do Saddam que estava fornecendo provas alarmantes de seus planos. Essa ideia de que meu governo, ao qual eu havia servido lealmente durante anos, talvez estivesse exagerando as provas só para começar uma guerra era impossível de compreender. Nada estava fazendo sentido.

Quero deixar uma coisa bem clara: não sou nenhuma idealista deslumbrada. Sei que às vezes a guerra é uma opção final necessária quando todas as outras tentativas de diplomacia e outros recursos de política exterior falham. Meu pai lutou na II Guerra Mundial no Pacífico Sul e meu irmão foi ferido no Vietnã e tem sequelas até hoje. Estou orgulhosa do serviço prestado por eles nas forças armadas, e creio que nosso país precisa demonstrar a força de nosso poderio militar, projetando nossa capacitação para o mundo. Mas até o momento em que escutei o discurso do Powell, percebi que tinha me concentrado nos microaspectos da preparação para a guerra; minhas tarefas estavam preparando as operações para produzir a inteligência necessária e certificar que as fontes e agentes no mundo inteiro trabalhassem febrilmente nesta questão e continuassem seguros e produtivos. Eu nunca tinha dedicado o tempo necessário para recuar e olhar o quadro mais amplo que estava se desenvolvendo e as imensas forças em jogo que estavam formando a opinião pública. Não me lembro de ter ouvido ninguém falar em ser "contra" ou "a favor" da guerra. Simplesmente não se falava nisso, e não teria sido apropriado. Porém, a agência estava bastante parecida com o resto do país, que se sentia cada vez mais polarizado desde a eleição contraditória de 2000. Quando entrei na agência, ninguém mencionava partidos políticos. Porém, com o passar do tempo, a política voltou a se insinuar no ambiente e reinava no lugar uma tendência para procurar saber se os colegas apoiavam ou não a política do Bush. Eu também sentia que certos colegas demonstravam visível empolgação diante da ideia de travar guerra; se esse sentimento continha uma ilusão de glória certa e sonhos imperialistas, não sei dizer. Todos estavam trabalhando a pleno vapor, percebendo que o tempo estava ficando mais curto. Quando a guerra ficou inevitável, comecei a me preocupar incessantemente com a proteção dos soldados americanos. Pensava – como acreditava que a maioria dos meus colegas concordava – que o Iraque tinha armas de destruição em massa escondidas em vários pontos do país, que nós não tínhamos conseguido encontrar. Portanto, minha preocupação primordial passou a ser de que a CIA estava em falta com os militares porque não tínhamos conseguido gerar um quadro claro do que nossos soldados iriam enfrentar ao invadirem o país.

A invasão há muito esperada do Iraque, gerando "choque e assombro", começou no dia 20 de março de 2003. Como a maioria dos outros funcionários da CIA, assisti ao bombardeio dos edifícios do governo e à destruição da infraestrutura do Iraque na janelinha da CNN no canto da tela do meu computador. Na minha divisão, parecia que tínhamos terminado o nosso trabalho e que a realidade havia engolfado nossa razão de ser. Eu sentia que tínhamos fracassado retumbantemente; era um desastre aquilo que estava se desenrolando perante nossos olhos. Eu achava que havia uma boa possibilidade de nossos soldados enfrentarem algum tipo de ofensiva do Iraque com armas de destruição em massa. Saddam tinha demonstrado várias vezes sua truculência quando sentia que seu regime estava sendo ameaçado, e nas fotos do meu computador o país estava sendo dizimado pelo poder de fogo esmagador das forças armadas americanas. Naqueles primeiros dias da invasão, eu me sentia como se estivesse prendendo o fôlego, esperando para ouvir a notícia de que Saddam tinha lançado uma arma nuclear que não tínhamos encontrado, ou usado produtos químicos mortais no campo de batalha contra os soldados americanos. Enquanto víamos a guerra se desenrolar, Joe e eu nos sentíamos desalentados.

Ao retornar à nossa sede, eu voltei a me dedicar a tentar encontrar informações e gerar inteligência sobre armas de destruição em massa no Iraque.

CAPÍTULO 9
Quebra de Sigilo

Durante os primeiros seis meses de 2003, os congressistas continuaram preocupados, sem saber como a alegação sobre Níger tinha sido incluída no discurso sobre o Estado da União. Joe falou com senadores, com deputados e com os membros do Comitê de Inteligência do Senado, e deixou claro, a ex-colegas do Departamento de Estado[1] e ex-funcionários de alto escalão com acesso à Casa Branca, que a administração precisava "confessar a verdade" sobre a alegação referente ao óxido de urânio. Jornalistas intrépidos, Nicholas Kristof e Walter Pincus, entre eles, estavam persistindo na investigação dessa história, mas a administração continuava negando-se a falar sobre o assunto, de modo que muito pouco se publicou a respeito. Enquanto Joe estava indeciso, sem saber que iniciativa tomar, Tom Foley, ex-presidente da Câmara e um dos mentores de Joe ao longo dos anos, aconselhou que ele tivesse paciência. Citou o ex-presidente Lyndon Johnson, dizendo: "Se você ficar sentado, sem se mexer, com a arma na mão, todos os seus inimigos vão acabar passando na sua frente." Durante um certo tempo parecia que as perguntas de Joe e outras pessoas não receberiam resposta, e tudo ia cair no esquecimento.

---

[1] Equivale ao Ministério das Relações Exteriores em outros países. N. T.

Em março de 2003, o Diretor Geral da agência Internacional de Energia Atômica (AIEA), o Dr. Mohamed ElBaradei, disse ao Conselho de Segurança da ONU que a alegação referente a Níger baseou-se em documentos forjados. No princípio de maio, em um retiro para senadores democratas, Joe participou de um painel de discussão com um colunista do *New York Times*, Nicholas Kristof, e aproveitou para contar aos senadores a história de sua viagem. Depois disso, Kristof perguntou a Joe se ele, Kristof, podia escrever uma matéria sobre o assunto. Joe concordou, com a condição de que seu nome não fosse mencionado, e eles resolveram dizer que as declarações eram da autoria de um "ex-embaixador aposentado", aliás bastante reveladora. O motivo de Joe para isso não era esconder-se do governo, mas evitar chamar atenção para si. Pensando bem, no mínimo, ele subestimou a capacidade do governo e seus aliados de virarem o canhão para o outro lado, fazendo o público concentrar-se em nós, em vez de nas mentiras do discurso do presidente.

Então, no início de junho, um jornalista ligou para Joe para avisá-lo de que ele provavelmente seria identificado pelo nome num futuro noticiário sobre a controvérsia. Era uma mudança e tanto, visto que os jornalistas até ali vinham usando nas suas matérias o vago apelido de "ex-embaixador dos Estados Unidos" para designar Joe. Logo depois disso, no dia 8 de junho, a então consultora de segurança nacional Condoleezza Rice foi ao programa *Meet the Press*. Ela negou que a Casa Branca soubesse da falta de precisão na alegação sobre Níger, dizendo: "... talvez alguém da CIA soubesse de alguma coisa, mas ninguém dos meus círculos." Aquela era uma declaração simplesmente falsa. E para Joe, isso foi a gota d'água. Ele já estava farto das mentiras do governo.

Decidimos sair de férias com a família, no fim de junho, passando uma temporada na Hilton Head Island com meus pais e meu irmão e cunhada. Todos fomos de carro de Washington, capital, até a Carolina do Sul, sendo que meu irmão Bob e Joe seguiam bem à frente de nossa caravana, no carro esporte do Joe, com a capota abaixada. Durante toda a viagem de 12 horas, Bob foi para Joe uma audiência cativa, conversando com ele sobre aquela preocupante negação e desonestidade nos mais altos níveis do governo. Pensando alto e usando seu cunhado veterano do Vietnã como parede de ressonância, Joe revisou suas opiniões, mas não chegou a nenhuma conclusão sobre o que tinha de fazer, se é que tinha mesmo de tomar alguma atitude. Alguns dias depois, enquanto estava sentado na praia tentando descontrair-se mas, na verdade, meditativo, Joe ouviu tocar o seu onipresente celular. Descobrimos, então, que o jornal *Independent*, de Londres, tinha publicado uma matéria com o título "Diplomata Americano Aposentado Acusa os Ministros Britânicos de Serem Mentirosos". O título parecia sensacionalista, mas nada tinha a ver com o teor do artigo. Porém, estava claro que as coisas estavam começando a se descontrolar. Naquela altura, Joe achou que o melhor seria escrever ele mesmo um artigo, explicando os fatos tais quais ele os entendia.

Assim que voltamos das férias, Joe sentou-se e escreveu algo que andava compondo mentalmente já havia algum tempo. No dia 6 de julho, o *New York Times* publicou o artigo de Joe, "O que eu não encontrei na África", 1.500 palavras que refutavam as alegações da administração de que o Iraque tinha comprado óxido de urânio em Níger. Joe me mostrou o que tinha escrito antes de enviar o artigo ao jornal, e eu considerei o texto preciso e objetivo, e fui de opinião de que ele devia ser publicado. Joe não tinha assinado um contrato de não-divulgação com a agência quando ele foi a Níger, e sentia que o público precisava saber dos fatos, e não ser enganado com aquele silêncio persistente do governo. Nem Joe nem eu pensamos na minha identidade de agente, nem que o meu trabalho na CIA ficaria comprometido se ele mandasse aquele artigo para o jornal publicar. Eu já vinha trabalhando na CIA sem ameaças à minha identidade de agente ▇▇▇▇▇▇▇▇, e Joe tinha todos os motivos para escrever de boa-fé aquele artigo, que não tinha nada a ver com a minha carreira. Minutos depois de o "Op-Ed" sair publicado no site do *Times* na Internet, tarde da noite de sábado, um produtor do popular programa de entrevistas *Meet the Press* convidou Joe para ir ao programa no dia seguinte para falar do seu artigo. Enquanto eu ajeitava a gravata do Joe e penteava o seu cabelo, para que ficasse apresentável, antes daquela sua importantíssima entrevista na televisão, eu estava demonstrando mais nervosismo do que ele. Ele agiu como se fizesse aquilo todos os dias. No seu segmento de quinze minutos no programa, Joe respondeu às perguntas de Andrea Mitchell, que estava substituindo Tim Russert, de maneira clara e tranquila. Achei que ele tinha se saído maravilhosamente bem e me admirei da calma dele sob aquela pressão toda. No dia seguinte, ficamos temporariamente encantados quando um jornalista altamente respeitado do *Washington Post* nos contou que um porta-voz da Casa Branca tinha reconhecido que "aquelas dezesseis palavras não estavam ao nível de serem incluídas em um discurso presidencial". Joe sentiu como se sua missão tivesse sido cumprida; ele tinha conseguido provar o que queria. Recusou-se a dar mais entrevistas e foi para o campo de golfe, onde não se permitiam celulares.

Dois dias depois da publicação do "Op-Ed", porém, ficou claro que Joe tinha cutucado uma casa de marimbondos. Um empresário conhecido do Joe viu o colunista Robert Novak na rua, no centro de Washington. Reconheceu Novak de suas frequentes aparições na tevê e perguntou se ele se importaria de conversar enquanto percorriam uns quarteirões, pois estavam indo na mesma direção. O conhecido falou na controvérsia do urânio, porque estava em todos os noticiários. Eles bateram um papo sobre o assunto, e depois o conhecido do Joe perguntou ao Novak qual era sua opinião sobre Joe, sem dizer que o conhecia. Novak virou-se para aquele homem que, para ele, era um completo estranho e disse: "Esse Wilson é um babaca. A CIA o enviou a Níger. A mulher dele, a Valerie, trabalha na CIA." Eles se separaram a cerca de um quarteirão dali,. O conhecido foi direto para o escritório do Joe e lhe contou aquela estranha conversa. Joe imediatamente ligou para o presidente da CNN, Eason Jordan – que, na época, era um dos empregadores de Novak – para reclamar. Alguns dias e vários telefonemas sem resposta depois, Novak e Joe finalmente conversaram. Novak pediu desculpas por ter chamado Joe de babaca e depois, com o maior descaramento, pediu a Joe que confirmasse o que ele já tinha ouvido de uma fonte da agência: que eu trabalhava para a CIA. Joe lhe disse que não podia responder perguntas sobre sua esposa e, depois, me ligou, dando-me essa notícia assustadora. Fiquei nervosa, ao descobrir que um jornalista sabia quem eu era, e conhecia meu verdadeiro empregador, e rapidamente informei isso aos meus supervisores no CPD, que me garantiram que "iriam cuidar do assunto".

No fim de semana seguinte, levei meus filhos para Chicago, para visitar sua madrinha e minha querida amiga de muitos anos, Janet. Entre o espetáculo de golfinhos no Shedd Aquarium, a roda-gigante no Píer da Marinha e um passeio de barco no cintilante Lago Michigan, Joe e eu conversamos constantemente pelo celular, tentando imaginar o que iríamos enfrentar em seguida. Eu tinha um pressentimento muito ruim, e contei alguns de meus temores a minha mãe, que também tinha vindo a Chicago com meu pai. O que Novak ia fazer com o meu nome? A quem mais teria contado aquilo? Aliás, como ele tinha descoberto o meu nome? Como é que os gerentes e diretores da agência iam reagir ao fato de um jornalista agora saber onde eu trabalhava? Como exatamente isso iria afetar minha carreira? Enquanto minha mãe me ajudava a dar banho em um dos gêmeos na banheira do hotel, ela escutava meus comentários com todo o cuidado. Então, com aquele otimismo inocente e franco que apenas as mães parecem demonstrar, quando sentem que é necessário, ela disse: "E o que pode acontecer, me diga, francamente? Joe simplesmente contou a verdade sobre o que sabia." Sim, mas mesmo assim, alguma coisa parecia estar errada.

Ironicamente, naquele mesmo fim de semana, a Casa Branca tinha decidido que a CIA ia assumir toda a culpa pelas "dezesseis palavras" no discurso sobre o Estado da União. De acordo com o *Washington Post,* em 12 de julho, o presidente "defendeu o uso da alegação no seu discurso dizendo que o discurso de 28 de janeiro foi aprovado pelos serviços de inteligência". Pouco depois, Tenet disse que aquelas informações "não atingiam o nível de certeza requerido para serem incluídas em discursos presidenciais, e a CIA devia ter feito questão de remover aquela afirmação". O senador Pat Roberts, então presidente do Comitê Seleto do Senado sobre Inteligência, sem perda de tempo reforçou essa indiciação, não poupando palavras para isso. "Até agora, estou muito decepcionado diante do que parece ter sido uma incompetência da CIA desde o início", disse Roberts, em uma declaração à imprensa. Ele acrescentou que era tarefa do Tenet relatar diretamente ao presidente suas preocupações com o material usado no seu discurso, uma vez que ele era o assessor para assuntos de inteligência de Bush, e essa incumbência não devia ser confiada a subordinados. "O que agora me preocupa mais, porém, é que parece haver uma campanha de vazamentos da CIA para a imprensa, numa tentativa de desacreditar o presidente", disse Roberts. Com tanta coisa acontecendo nos bastidores, naquela segunda-feira seguinte, todos os meus pressentimentos de Chicago iriam se revelar absolutamente corretos.

No nosso quarto, os primeiros sinais de luz matinal começavam a se manifestar, no dia 14 de julho, quando Joe entrou, marchando, deixou o jornal sobre a cama, e disse, em voz tensa:

– Eu sabia, o filho da puta abriu o bico.

Deixando uma caneca fumegante de café sobre a minha mesinha de cabeceira, ele saiu do quarto. O que ele tinha dito? Fiz força para despertar. Sentei-me na cama, acendi o abajur e abri o *Washington Post* na página do Op-Ed"; não sabia o que ia ver, mas sabia que não devia ser nada bom. Robert Novak dizia, na sua coluna, que "Wilson nunca trabalhou para a CIA, mas a esposa dele, Valerie Plame, era agente da CIA, da força-tarefa de armas de destruição em massa". As palavras estavam estampadas naquela página, preto no branco, mas eu não consegui assimilá-las. Senti-me como se tivesse recebido um soco no estômago, com toda a força. Embora soubéssemos, há vários dias, que ele tinha o meu nome e sabia onde eu trabalhava, nunca acreditamos, sequer por um momento, que ele ia publicá-lo ou que a agência permitiria isso. Foi uma experiência surreal.

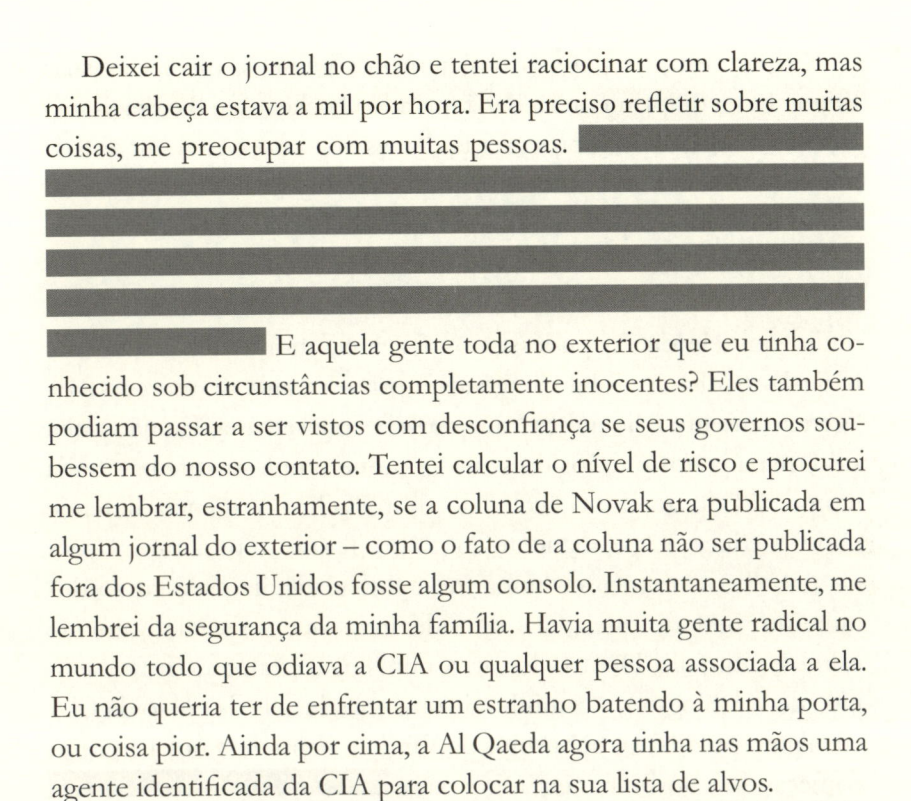

Deixei cair o jornal no chão e tentei raciocinar com clareza, mas minha cabeça estava a mil por hora. Era preciso refletir sobre muitas coisas, me preocupar com muitas pessoas. ▃▃▃▃▃▃▃▃
▃▃▃▃▃▃▃▃▃▃▃▃▃▃▃▃▃▃▃▃▃▃▃▃▃▃▃▃▃▃▃▃
▃▃▃▃▃▃▃▃▃▃▃▃▃▃▃▃▃▃▃▃▃▃▃▃▃▃▃▃▃▃▃▃
▃▃▃▃▃▃▃▃▃▃▃▃▃▃▃▃▃▃▃▃▃▃▃▃▃▃▃▃▃▃▃▃
▃▃▃▃▃▃▃ E aquela gente toda no exterior que eu tinha conhecido sob circunstâncias completamente inocentes? Eles também podiam passar a ser vistos com desconfiança se seus governos soubessem do nosso contato. Tentei calcular o nível de risco e procurei me lembrar, estranhamente, se a coluna de Novak era publicada em algum jornal do exterior – como o fato de a coluna não ser publicada fora dos Estados Unidos fosse algum consolo. Instantaneamente, me lembrei da segurança da minha família. Havia muita gente radical no mundo todo que odiava a CIA ou qualquer pessoa associada a ela. Eu não queria ter de enfrentar um estranho batendo à minha porta, ou coisa pior. Ainda por cima, a Al Qaeda agora tinha nas mãos uma agente identificada da CIA para colocar na sua lista de alvos.

Pensei nos meus gêmeos de 3 anos e um instinto protetor maternal feroz surgiu dentro de mim. Vesti o roupão e fui olhar meus filhos, nos seus bercinhos, cada qual agarrado a seu bicho de pelúcia predileto, dormindo profundamente. Ao descer as escadas, indo para a cozinha, vendo tudo meio embaçado, ponderei sobre o destino de minha carreira ▃▃▃▃▃▃▃ na CIA como agente de operações secretas. As perguntas que me passaram pela cabeça em Chicago voltaram com força total, inundando-me fragorosamente. Como exatamente Novak tinha conseguido o meu nome? Por que ele pensava que era interessante publicar meu nome no jornal? A viagem de Joe a Níger obviamente não tinha sido para obter nenhuma recompensa. E por que Novak tinha usado meu nome de solteira, *Plame*, quando eu já vinha usando o nome de casada, *Wilson*, desde o meu casamento em 1998? Eu mal conseguia respirar.

Eu me vesti, preparei o desjejum dos gêmeos, mediei as suas briguinhas, cumprimentei a babá quando ela chegou e lhe dei as instruções do dia; depois, procurei as chaves do carro, tentei sair às 8 da manhã, me sentindo como um zumbi. Não me lembro de ter falado muito com Joe naquela manhã. O que havia para debater naquele momento, aliás? A uma certa altura, liguei para o Chefe em exercício do CPD, já no seu escritório, e falei brevemente com ele. Não havia muito que ele ou eu pudéssemos fazer no momento. Justamente naquela manhã eu tinha na agenda a primeira aula de um curso de "gerenciamento e liderança" que duraria uma semana. Eu não tinha sido treinada nos últimos dois anos, porque simplesmente não tinha tempo devido ao ritmo acelerado de trabalho. A agência defende muito a educação permanente como pré-requisito para promoções no trabalho, portanto eu tinha me matriculado naquele curso durante um período que todos consideramos que seria relativamente calmo e tranquilo. Dentro do carro, num engarrafamento infernal típico de Washington, a caminho de uma sala de aula de curso da CIA em algum prédio nos subúrbios da Virgínia, senti uma nova emoção começando a borbulhar em mim: raiva. ▄▄▄▄▄▄▄▄▄▄▄▄▄▄▄▄▄▄▄▄▄▄▄▄▄▄▄ Eu havia servido lealmente ao meu país. ▄▄▄▄▄▄▄▄▄▄▄▄▄▄▄▄▄▄▄ Eu tinha obedecido a todas as regras. Eu tinha tentado sempre agir profissionalmente de forma competente. Será que tudo isso ia ser jogado pela janela assim, de um momento para outro? E se isso acontecesse, por quê? E os meus amigos, minha família, que não sabiam que eu era, na realidade, uma agente da CIA? Será que me odiariam por eu ter mentido para eles ▄▄▄▄▄▄▄▄▄▄▄▄▄▄▄▄▄▄▄▄▄?

Sentada na sala de aula com quarenta e tantos agentes de toda a agência e ouvindo o instrutor falar sem parar sobre valores fundamentais da CIA, sua missão e seu desejo de melhorar o quadro de gerentes, fiz minha melhor cara de "interessada e atenta", mas meu pensamento estava longe. Repassei os últimos meses para tentar somar dois e dois e descobrir como e por que minha identidade estava sendo revelada. Enquanto eu estava na sala de aula, no nosso bairro, meu vizinho viu Joe no *deck* dos fundos, onde ele estava fumando um cigarro e tentando entender o que tinha acabado de acontecer. O vizinho ergueu o jornal e gritou: "Ei, é verdade mesmo o que estão dizendo aqui sobre a sua mulher?" Eu acho que foi um desses raros momentos em que Joe ficou sem saber o que responder.

Durante o intervalo do almoço, enquanto a maioria dos alunos estava comendo nas carteiras, uma mulher gesticulou para que eu viesse até a mesa dela. Na aula de treinamento, todos se tratavam pelo nome de batismo, e a última inicial, mas ela já sabia quem eu era. "Você sabia que seu nome estava na coluna do Novak hoje, e ele revelou que você trabalha para a CIA?", cochichou ela, em tom de conspiração, enquanto comia o almoço que tinha trazido num saco de papel, com os olhos arregalados. Eu lhe agradeci por ela estar preocupada, e lhe disse que sim, que eu sabia. No dia seguinte, dia 15 de julho, recebi um recado do Diretor Executivo da agência (ExDir era a abreviatura usada), que estava precisando falar comigo. Buzzy Krongard, um banqueiro de investimentos muito abastado, tinha entrado na agência em 2001, como o terceiro de cima para baixo na hierarquia, essencialmente o Chefe dos agentes de operações. Quando eu respondi ao telefonema de Krongard, ele me disse para não me preocupar com o artigo de Novak. "É só a fofoca da semana, todos vão esquecer rápido." A conversa durou mais ou menos dois minutos. Agradeci a ele e desliguei, desejando ter a mesma confiança de que o assunto ia morrer. Não houve a menor indicação de que a agência, àquela altura, achasse que o que tinha acabado de ocorrer poderia ser ilegal. Nem houve nenhuma sugestão de que iniciativas iriam tomar, se é que haveria uma. Eu acho que eles simplesmente queriam que eu seguisse trabalhando como se nada de extraordinário houvesse acontecido. Meses depois, Joe confessou-me que tinha sugerido a um amigo dele que Buzzy me ligasse, para eu não me sentir tão exposta como antes.

Alguns dias depois, esbarrei em outra vizinha, uma mulher muito simpática e gregária, que sempre tinha nos tratado muito bem, convidando meus filhos para nadar na sua piscina nos dias quentes de verão. De pé, na calçada, com o regador na mão, Vicky me disse que quando ela tinha lido a coluna do Novak tinha soltado um grito: "Não pode ser!", e tinha corrido para mostrar ao marido, incapaz de crer que sua vizinha e mãe de gêmeos fosse na realidade uma espiã. Ela foi solícita, e obviamente não pretendia fazer muitas perguntas sobre o que eu realmente fazia na CIA, mas eu me senti bastante mortificada, mesmo assim. Acho que consegui balançar a cabeça algumas vezes e dar um sorriso amarelo, e tentei terminar a conversa o mais depressa possível e correr para dentro de casa. Estava me sentindo profundamente mal.

Devagar, a imprensa estava começando a entender as implicações do vazamento de meu nome. David Corn, o Chefe da Redação de Washington da revista *Nation*, foi o primeiro jornalista a questionar se eu era realmente quem Novak estava dizendo que era. Não era um truque político sujo revelar isso, mas sim, provavelmente, um crime. No seu blog da *Nation* de 16 de julho de 2003, ele comentou: "Isso não é apenas um possível atentado contra a segurança nacional: é uma potencial violação da lei. Conforme a lei de Proteção de Identidades da Inteligência de 1982, é um crime qualquer um que tenha acesso a informações confidenciais revelar intencionalmente informações que identifiquem um agente secreto. A punição para esse crime é uma multa de até 50.000 dólares e/ou até dez anos de prisão. Os jornalistas estão protegidos contra processos, a menos que estejam envolvidos em um 'padrão de atividades' onde eles revelam o nome de agentes para prejudicar as operações da inteligência americana. Portanto Novak não precisa se preocupar." Mas apesar das implicações em termos de segurança nacional e do possível crime, nem Corn nem mais ninguém da imprensa achou que haveria uma investigação sobre o vazamento. A agência não tinha ainda feito nenhum comentário publicamente, e Corn tinha encerrado o blog dizendo: "... às vezes, na capital do país, as controvérsias perdem impacto e desaparecem, às vezes elas se intensificam e se espalham. Será que esses funcionários do governo vão conseguir sair ilesos depois de atos que poderiam prejudicar a segurança nacional? Se tudo correr como Bush espera, eles vão."

Porém, apesar da queda de atividade do verão e de uma redução geral de notícias que valessem a pena serem veiculadas, artigos e matérias sobre o "Op-Ed" de Joe e a minha ligação com a CIA continuaram a ser publicadas, aqui e ali. No dia 18 de julho, um amigo de Joe mandou-lhe uma mensagem de correio eletrônico com o primeiro absolutamente odioso "Op-Ed", redigido por Caspar Weinberger, ex-secretário de defesa de Reagan, para o *Wall Street Journal*. O título dele era "Anatomia de uma Campanha", e nele Weinberger dizia: "Completamente frustrado pela sua incapacidade de desprezar ou simplesmente falsificar os fatos sobre a vitória das nossas forças armadas no Iraque, os oponentes do presidente agora estão reduzidos a divulgarem provas absurdas para argumentar que não precisávamos substituir o regime brutal de Saddam Hussein." Ele prosseguiu, chamando Joe de "um ex-embaixador sem praticamente nenhuma importância", e acusando-o de estar "agindo em interesse próprio", mas Weinberger não conseguiu derrubar a principal alegação de Joe: que para a compra do óxido de urânio aparecer no discurso de Estado da União do presidente, ele precisava ter sido muito mal assessorado pela sua equipe.

No fim da tarde de 21 de julho, cheguei do trabalho e fui até nosso escritório doméstico falar com Joe. Ele desligou o telefone no instante em que eu entrei no aposento, com uma expressão que eu nunca tinha visto antes no seu rosto. Disse que tinha acabado de falar com o jornalista Chris Matthews da *Hardball* e que havia lhe afirmado que tinha acabado de conversar com o poderoso Assessor da Presidência, Karl Rove.

– Matthews me contou que o Rove lhe disse que a esposa do Wilson é um alvo legítimo" – disse Joe. As coisas estavam ficando cada vez mais esquisitas. Mais tarde, naquela mesma noite, o *Newsday*, um jornal de Long Island, publicou um artigo no seu site da Internet, de autoria dos seus repórteres Timothy Phelps e Knut Royce. "Funcionários da CIA confirmaram ao *Newsday* na segunda-feira que Valerie

Plame, esposa do Embaixador aposentado Joe Wilson, trabalha na agência em uma força-tarefa sobre armas de destruição em massa, como agente secreta. Pelo menos era secreta, até semana passada, quando o colunista Novak revelou sua identidade." Não só era muito raro a agência confirmar que alguém era um agente secreto, fossem quais fossem as circunstâncias, como ninguém da agência tinha me dito que alguém ia confirmar que eu era uma agente secreta. Eles podiam pelo menos ter mandado um colega me avisar disso, como uma cortesia.

Quando eu voltei para a sede na semana seguinte, depois do curso de treinamento, meus colegas não fizeram comentários sobre o que tinha ocorrido, tentando evitar o assunto. Alguns disseram que me apoiavam, outros nada disseram. A maioria me conhecia como Valerie Wilson, não Valerie Plame, e podem não ter me ligado à mulher dedurada na coluna do Novak. Aliás, até o fim de 2005, quando eu estava trabalhando em outro setor do CPD, uma das psicólogas da agência, com a qual eu havia trabalhado de perto em diversos casos ▇▇▇▇▇▇▇▇▇▇▇▇▇▇▇▇, entrou na minha sala com cara de encabulada. Ela tinha acabado de vir de uma missão num país do Golfo, e estava malhando na esteira de uma academia de hotel quando viu meu rosto aparecer na tevê, acompanhado do meu nome. Ela me disse que levou um susto tão grande que caiu da esteira e se enrolou toda no fio do seu iPod. Apesar de termos ficado amigas enquanto trabalhávamos juntas, ela confessou que nunca tinha conseguido associar aquela "Valerie Plame delatada" a mim.

Em meados de agosto de 2003, eu fui subitamente convocada para ir ao escritório do Chefe do CPD. Eu devia acompanhá-lo brevemente até Jim Pavitt, o DDO, para falar sobre meu currículo e o status atual com relação à revelação de minha identidade. Enquanto eu estava esperando Mark terminar seu compromisso anterior para podermos subir ao sétimo andar juntos, chamaram-me para ir ao escritório ao lado, do nosso subchefe, que era o chefe de divisão em exercício quando Joe tinha ido a Níger. Ele disse que achava aquela situação muito injusta e que obviamente eu não podia ser acusada de nepotismo. "Aliás", disse ele, olhando-me direto nos olhos, "se nós tivéssemos pedido a você para levar nosso recado ao Joe, pedindo-lhe para vir à sede debater possíveis opções sobre a alegação do urânio, e você se recusasse a fazer isso, por qualquer motivo, você teria deixado de cumprir com seu dever." Ele não deixou nenhuma dúvida de que achava que eu tinha agido corretamente.

Eu ainda estava absorvendo o comentário de Scott, quando Mark entrou para me acompanhar até a sala de Pavitt. O DDO Pavitt nos cumprimentou calorosamente, pois tinha um bom relacionamento profissional com Mark, e também me conhecia, pelos vários programas sensíveis onde eu tinha trabalhado. ▆▆▆▆▆▆▆▆▆▆▆▆▆▆▆▆▆▆▆▆▆▆▆▆▆▆▆▆. Ele nos convidou para sentarmos à mesinha redonda de conferências do seu espaçoso escritório, com vista para as árvores verdes de final de verão. Como é seu hábito, Jim falou durante a maior parte do tempo, depressa, fazendo constantes pausas. Resumiu tudo dizendo o que tinha acontecido até o momento, e perguntou se "Buzzy" tinha falado comigo. Finalmente, perguntou-me se Joe ou eu conhecíamos Karl Rove. Eu disse que não, mas que ele e sua família frequentavam a mesma igreja que eu no noroeste de Washington. "É mesmo?", disse Jim, recuando, suas sobrancelhas brancas subindo praticamente até a raiz dos cabelos. Notei que embora eu soubesse quem era Rove, duvidava que ele soubesse quem eu era. Prometi ao Jim que, da próxima vez em que eu entrasse na fila da comunhão, eu passaria para ele a bandeja com a hóstia e cochicharia: "Meu nome é Alvo Legítimo, e o seu, qual é?" Jim concluiu a sessão de dez minutos com a pergunta padronizada: "Há mais alguma coisa que possamos fazer por você?" ▆▆▆▆▆▆▆▆ ▆▆▆▆▆▆▆▆▆▆▆▆▆▆▆▆▆▆▆▆▆▆▆▆▆ Antes de sair, mencionei que não tinham me dito que a agência confirmaria o fato de eu ser agente secreta para o público. Jim pareceu perplexo. "Nós fizemos isso? Eu vou verificar." E essa foi a última reunião a que eu compareci na minha carreira na CIA com a alta gerência da agência.

À medida que o mês de agosto ia passando, começou uma campanha de desmoralização contra Joe. Fizeram de tudo, desde me acusar de nepotismo até acusarem Joe de ser incompetente e de fazer relatórios inconclusivos. Ele ficou estressado, nervoso e louco para "fazer alguma coisa". Eu me perguntava exatamente o que nós poderíamos "fazer". Via a coisa como algo que ia passar algum dia, nós só poderíamos reagir se e quando aquela fase passasse e outra começasse... embora eu não soubesse como a "outra" começaria. A tensão entre nós chegou ao máximo numa manhã quente e úmida de domingo, logo antes de sairmos de casa para irmos a um almoço na casa de Tom Foley, em Capitol Hill. Joe já conhecia e respeitava Tom Foley e sua esposa, Heather, desde meados da década de 80, quando ele havia trabalhado na equipe de Foley como Congressional Fellow[2]. Frustrada e irritada, eu gritei com Joe, dizendo-lhe que eu achava que ele estava errado de querer falar sobre o vazamento como algum tipo de prevenção, e além do mais, eu não ia àquele almoço. Pronto. Joe replicou, gritando também, que eu ia ao almoço, sim, e que, além disso, nós devíamos apresentar ao Tom nossos respectivos pontos de vista e deixar que ele decidisse. Achei isso razoável, portanto terminei de me vestir e entrei no carro sem dizer nem mais uma palavra.

Depois de um almoço muito agradável, com mais ou menos uma dúzia dos amigos do Tom e da Heather, que eles tinham conhecido em todos os meios sociais e todos os cantos do planeta, sentamo-nos nos sofás brancos da sala de estar repleta de obras de arte de Foley. Quando a maioria dos hóspedes já havia saído, e Tom, um contador de casos de primeira, tinha terminado sua última história, tomei a iniciativa e disse ao Tom que Joe e eu discordávamos sobre o que devíamos fazer e queríamos seu conselho. Tom inclinou-se

---

[2] "Congressional fellowships" são programas educativos da APSA (Associação de Ciência Política Norte-Americana) que concedem, durante dez meses, a certos cientistas políticos, doutores, executivos federais e peritos internacionais, a oportunidade de adquirirem conhecimento prático do processo legislativo trabalhando nas equipes que auxiliam os congressistas. N. T.

para diante, dando-nos toda a atenção, enquanto nós dois nos explicávamos. Eu sentia que devíamos só ficar sentados esperando até que alguma coisa acontecesse, seja de natureza oficial ou não. Fazer alguma coisa agora seria prematuro. Joe queria ser mais proativo e tentar provocar algum tipo de reação. Depois de Tom escutar nossas opiniões, ele voltou a se recostar nas almofadas, com os braços atrás da cabeça e estendeu suas longas pernas.

— A Valerie está certa, sabe, Joe. Precisam esperar por alguma espécie de deixa.

Eu, toda envaidecida, fiquei saboreando aquela vitória, mas logo ela perdeu a graça quando percebi que não fazíamos a menor ideia do que aconteceria a seguir. Então decidimos não dizer nem fazer nada por enquanto. Joe, porém, acabou vencendo. Em agosto, convidado para ir a uma assembleia em uma cidade de Seattle, pelo congressista Jay Inslee, Joe respondeu a uma pergunta dos espectadores dizendo: "Não seria engraçado ver o Karl Rove detido e algemado, levado da Casa Branca por policiais?" A plateia aclamou-o ao imaginar isso, mas eu fiquei com medo de que ele tivesse passado dos limites e me senti constrangida ao ouvir o que ele tinha dito. Os maridos não têm jeito mesmo. O que se pode fazer? Estava claro que nossos críticos estavam monitorando cada movimento e palavra nossos para usá-los a seu favor. Nós ainda estávamos aprendendo como lidar com nossos adversários.

Enquanto isso, meu círculo social mais íntimo de amigas da faculdade estava trocando comentários na Internet a todo vapor sobre o que tinha acontecido com a Valerie. Descobri que a maioria delas tinha configurado o Google para fazer uma busca automática que lhes enviava uma mensagem eletrônica sempre que meu nome aparecia publicado ou divulgado em algum lugar. Todas elas continuaram leais e me apoiando à medida que a situação ia se desenrolando. Nenhuma delas me repreendeu por lhes mentir sobre meu trabalho ▬▬▬▬▬▬▬▬▬▬▬▬▬▬▬; em vez disso, me transmitiram sua indignação pelo que tinha se passado. Elas compreendiam que eu não podia lhes contar a verdade sobre meu emprego, mas algumas chegaram a mencionar que agora entendiam minhas constantes viagens a ▇▇▇▇▇▇▇▇▇▇▇. Isso me deixou aliviada e me senti grata por nossas amizades poderem ser preservadas graças à compreensão delas. Muitas vezes outras pessoas me perguntaram como minhas amigas mais próximas podiam não saber a verdade. O fato é que sempre conversávamos sobre namorados, maridos, férias e, depois, sobre os bebês; passávamos tempo fazendo coisas de interesse mútuo ou emprestávamos roupas umas às outras. Esse tipo de coisa pode parecer pequena ou insignificante, mas na realidade solidifica as amizades. Contar umas às outras todos os detalhes sobre nossas carreiras simplesmente não era uma coisa que interessasse a nenhuma de nós.

De volta à sede da CIA naquele verão, nosso escritório ▇▇▇▇▇▇▇, antes movimentado, caiu num silêncio esquisito. Havia uma tensão no ar, mas a atividade frenética dos meses antes da invasão do Iraque diminuiu sensivelmente. Foi uma coisa estranhamente desanimadora. Nós tínhamos assistido calados, com orgulho, nossos soldados invadirem Bagdá e a região em torno dela dentro de pouquíssimo tempo. Mas quase de imediato, a cidade foi engolfada pela desordem e pelos saques. Em meados de abril, a Biblioteca Nacional foi incendiada até ser reduzida a cinzas, e milhares de artefatos inestimáveis foram roubados do Museu Nacional do Iraque. De acordo com relatos na imprensa, pelo menos 170.000 relíquias, representando uma das melhores coleções de antiguidades do mundo, foram roubadas. Para piorar essa situação já tenebrosa, alguns soldados americanos ficavam só parados, olhando, enquanto outros policiavam o ministério do Petróleo. Tudo aquilo foi profundamente perturbador. Quando a imprensa lhe perguntou sobre esse fiasco, o Secretário de Defesa Rumsfeld replicou: "A liberdade é desordeira, e quem é livre pode cometer erros, crimes e fazer coisas reprováveis." E acrescentou a isso, "são apenas coisas que acontecem". Lembro-me de uma conversa que tive na época com um colega conservador. Eu considerava aquele saque desregrado um mau presságio para a estabilidade futura em Bagdá; se os soldados não podiam, nem queriam evitar que as pessoas levassem aparelhos de tevê das lojas, como poderiam manter a ordem na cidade? Parecia-me que uma sensação de segurança era fundamental para transformar o Iraque num modelo democrático, principalmente naqueles dias iniciais. Meu colega disse, com absoluta certeza, que o número de artefatos roubados do museu era bem menor do que o que havia sido relatado. Ele disse que os roubos de televisões tinham sido exagerados e inventados por um jornalismo obviamente de tendências liberais, que estava procurando mostrar apenas coisas negativas ao público americano. Nenhum de nós dois conseguiu persuadir o outro. Mas, também, o canal predileto de notícias na maioria dos escritórios da agência era a Fox. Portanto, as outras redes pareciam bem mais liberais se comparadas a ela. De qualquer forma, apesar do uso de jornalistas "infiltrados" nas forças armadas, conseguir obter informações legítimas sobre o que estava mesmo ocorrendo na área era incrivelmente difícil.

Apenas algumas semanas depois, começaram a circular notícias de que várias instalações nucleares teriam sido saqueadas e que os materiais levados poderiam ser usados para construir uma bomba "suja" (isto é, de dispersão radiológica), e tinham sido levados dos locais cujo policiamento não estava sendo adequado. Que ironia seria se a invasão americana tivesse permitido que material nuclear caísse nas mãos de terroristas! A AIEA elevou o nível do alerta e urgentemente exigiu que forças de coalizão fornecessem segurança a instalações nucleares. O Departamento de Estado nem se deixou abalar, dizendo que não tinha havido saque quase nenhum.

Em abril e, uma vez mais, em maio, o moral na agência subiu quando as forças de coalizão no norte do Iraque descobriram duas carretas semirreboques curiosas; imediatamente suspeitou-se que elas fizessem parte de um possível sistema de produção de armas biológicas móvel iraquiano. Um dos caminhões tinha todos os equipamentos intactos. Talvez essa fosse a prova, o início de uma validação da conclusão da CIA de que havia armas de destruição em massa escondidas pelo país. Quando estávamos ainda assimilando essa descoberta e possíveis implicações, chegou a notícia desanimadora de que as carretas e seus equipamentos podiam ter sido usadas para produção de hidrogênio, para encher balões meteorológicos inócuos. Houve um período de confusão enquanto o departamento de análise procurava descobrir para que as carretas estariam sendo usadas. Despacharam-se peritos para o norte do Iraque para investigar a descoberta no local. Porém, pareciam acumular-se diariamente os indícios de que as carretas continham equipamentos que não se destinavam à fabricação de armas de guerra biológica. Mesmo assim, alguns analistas da WINPAC apegavam-se teimosamente à crença de que esta descoberta era significativa, e provava as intenções do Iraque. À medida que os relatórios sobre as carretas chegavam à comunidade de inteligência de Washington, irrompeu uma disputa tão amarga quanto a anterior sobre os tubos de alumínio. Em junho de 2003, o *New York Times* noticiou que a divisão de inteligência do Departamento de Estado discordava totalmente da avaliação oficial da CIA de que as carretas estavam sendo usadas para fabricar armas biológicas. O presidente usou essa descoberta como prova de que o Iraque estaria trabalhando em um programa de armas biológicas. "Em entrevista à televisão polonesa em 30 de maio, o sr. Bush citou as carretas como prova de que os Estados Unidos tinham 'encontrado as armas de destruição em massa' que estavam procurando. O Secretário de Estado Colin L. Powell repetiu esta avaliação em uma declaração pública no dia seguinte, dizendo que a precisão das avaliações pré-guerra ligando as carretas descobertas no Iraque com um programa de armas biológicas tinha sido confirmada por esta descoberta". Infelizmente, as declarações simplesmente não correspondiam à realidade, por mais que eles desejassem o contrário. A CIA foi obrigada a concluir que as carretas não representavam perigo algum. O "Relatório Abrangente do Consultor Especial do DCI sobre Armas de Destruição em Massa", emitido pela agência em setembro de 2004, secamente observou que o "Grupo de Inspeção do Iraque (ISG) não encontrou nenhum indício que confirmasse a suspeita de que o equipamento possuía um papel clandestino na produção de agentes de guerra biológica; e que segundo o ISG a configuração do equipamento não se presta a uma utilização como fermentador pelos seguintes motivos:..."

À medida que o verão passava, nós passamos a temer cada vez mais que nossos soldados fossem surpreendidos por um ataque de armas de destruição em massa ... e depois fomos ficando intrigados com o fato de não estarmos achando absolutamente nenhuma arma de destruição em massa escondida em lugar nenhum. Comecei a ter a sensação ruim de que Saddam tinha conseguido enganar o serviço secreto como nunca ninguém tinha conseguido antes: ele tinha feito o mundo todo crer que tinha estoques significativos de armas de destruição em massa que usaria, se ameaçado, quando na verdade não tinha nada. Aparentemente, nem mesmo seus generais mais graduados acreditavam ainda no mito das armas de destruição em massa. Seis meses depois, no dia 28 de janeiro de 2004, ao falar diante do Comitê das Forças Armadas do Senado, o extrovertido Diretor de Grupo de Inspeção do Iraque, David Kay, disse que até mesmo os generais da Guarda Republicana Iraquiana tinham acreditado que o Iraque tinha armas de destruição em massa. Eis um trecho do seu depoimento:

SEN. JEFF SESSIONS (REPUBLICANO – ALABAMA): Creio que a certa altura você comentou que até os próprios oficiais militares dele acreditavam que o país tinha [armas de destruição em massa]. Em outras palavras, eles pensariam...

DAVID KAY: Que outros também tinham.

SESSIONS: Poderia, por favor, explicar isso melhor?

KAY: Ora, entrevistando os generais da Guarda Republicana e os da Guarda Republicana Especial, perguntando sobre seus arsenais e o que tinham, eles garantiram que não tinham nada, e não tinham visto nada, mas as unidades à sua direita ou à sua esquerda tinham. E quando fomos conversando com pessoas do círculo daqueles que defendiam Bagdá, que é a zona com a qual estamos primordialmente preocupados, percebemos um fenômeno muito estranho: todos diziam que eles mesmos não tinham armas, que não as tinham visto, mas se olhar à minha direita ou esquerda... Era uma ambiguidade intencional.

Depois de analisarmos os fatos, parece que Saddam Hussein queria convencer uma parte do mundo que o Iraque tinha armas de destruição em massa, e simultaneamente trabalhar no sentido de convencer todo o mundo de que tinha abandonado todos os seus programas ilegais. O exemplar de maio/junho de 2006 da *Foreign Affairs* provavelmente chegou perto da verdade numa matéria que dizia:

> Ali Hassan al-Majid, conhecido como "Ali Químico" por seu uso de armas químicas em civis curdos em 1987, estava convencido de que o Iraque não possuía mais armas de destruição em massa, mas alegava que muitos nos círculos do governo iraquiano nunca deixaram de crer que as armas ainda existiam. Mesmo nos mais altos escalões do regime, quando se tratava de armas de destruição em massa, sempre restava alguma dúvida sobre a verdade. Segundo o Ali Químico, perguntaram a Saddam se ele tinha ADMs durante uma reunião com membros do Conselho de Comando Revolucionário. Ele respondeu que o Iraque não tinha ADMs mas rejeitou de cara uma sugestão de que o regime removesse todas as dúvidas sobre a existência das armas, explicando a seguir que tal declaração poderia incentivar os israelenses a atacarem.

Naquele verão de 2003, porém, só ficamos confusos na sede da CIA tentando interpretar que diabo tinha acontecido com o programa de ADMs do qual o Iraque tanto se jactava. Por que não estávamos encontrando nada? O que estaria acontecendo? Como podíamos ter errado tanto? Seis meses depois, alguns tentaram defender publicamente a ideia de que o Iraque tinha conseguido transportar todas as suas ADMs e qualquer indício de que elas tinham existido para um lugar secreto e seguro na Síria antes da guerra. Em uma entrevista ao *Telegraph* na época do seu depoimento no Senado, o Dr. David Kay disse que tinha descoberto mais provas de que materiais não especificados tinham sido transferidos para a Síria pouco antes da guerra de 2003. "Não estamos falando de um grande arsenal", disse ele. Mas sabemos, pelas respostas de ex-oficiais iraquianos interrogados, que uma grande parte do material foi para a Síria antes da guerra, inclusive alguns componentes do programa de ADMs do Saddam. Precisamente o que foi transportado para a Síria, e o que foi feito desse material, é uma questão de suprema importância que precisa ser esclarecida.

À medida que a árdua tarefa de oferecer segurança e estabilizar o Iraque começou a sério, todo o impulso e a energia da minha equipe na sede desapareceram, e o moral caiu demais. Meus colegas começaram a ▓▓▓▓▓▓▓▓▓ procurar outras posições em outros setores do DO.

███████████████████████ E foram as histórias que eles nos contaram quando voltaram de suas missões que nos ajudaram a avaliar o retrato por vezes um tanto desarticulado da ocupação americana do Iraque.███
██
██
██████████████████████████ a situação tinha potencial para explodir a qualquer momento, e estava deixando todos com os nervos à flor da pele. ███████████████████████████████████████
████████████████████████████████████ Um agente fez questão de esperar que terminasse o bombardeio aéreo noturno da insurgência nascente, que eles podiam ouvir com nitidez, muito embora fosse a um quilômetro e meio dali, antes de ligar para a esposa. "Ela simplesmente passaria a roer as unhas de tanta preocupação", disse-me ele. ████████████████████████████████████
██

Segundo o livro *Estado de Guerra*, de James Risen, o tom do AARDWOLF (um relatório de situação escrito pelo agente secreto de alto nível no local), "redigido um dia depois de um bombardeio mortal dos escritórios das Nações Unidas em Bagdá, no qual inclusive morreu o mais alto representante da ONU no país, foi tão pessimista que imediatamente causou tumulto na CIA e no governo Bush, e até motivou um comentário mordaz da parte de [L. Paul] Bremer [administrador do Governo Temporário de Coalizão]." O relatório continua, dizendo: "a nova e ousada insurgência... estava disposta a desacreditar e isolar a coalizão liderada pelos americanos, e alertou que os insurgentes e terroristas tinham capacidade para realizar mais ataques contra 'alvos fáceis e civis'. A insurgência estava ficando cada vez mais perigosa, e ameaçava acabar com o progresso inicial conseguido pelos americanos, podendo terminar sobrepujando as forças de ocupação." █████████████████████████████████
██

No sábado, dia 27 de setembro, Joe e eu fomos convidados para uma festa de despedida para um jornalista francês muito benquisto que estava voltando a Paris depois de passar algum tempo trabalhando em Washington. Enquanto eu andava pela sala do estreito sobrado de Georgetown, procurei não perder Joe de vista, porque não conhecia mais ninguém ali. A casa de cem anos tinha pisos de madeira desnivelados, que se inclinavam para um lado e me davam a vaga sensação de estar em um navio que balouçava de leve. As salinhas quentes estavam apinhadas de convidados, a maioria do grupo de jornalistas europeus da cidade. Notei que muitos dos convidados alemães tinham óculos de armação pequena e preta, dos quais eles parecem gostar muito. Tentei a custo praticar meu francês falando com um convidado, mas fiquei entediada. As semanas desde que meu verdadeiro nome tinha sido revelado em julho tinham sido uma mistura de surrealismo e paralisia. Uma parte essencial de quem eu era, uma agente secreta da CIA, não existia mais, e tudo parecia meio deslocado para mim. Felizmente, naquela noite, ninguém me reconheceu, de modo que consegui me sentir ainda como se tivesse alguma espécie de privacidade. Mas passei o tempo todo meio temerosa, sem saber o que aconteceria em seguida. Tinha a impressão de que esperar era viver perigosamente, mas não sabíamos o que estávamos esperando. Pelo menos os franceses servem salgadinhos interessantes, pensei, enquanto olhava gulosamente o prato de queijos exóticos e os tentadores pratos de frios.

Não seria uma festa em Washington sem que a maioria dos convidados estivesse com seus celulares e seus onipresentes Blackberries, absolutamente vitais para os jornalistas. Enquanto eu esticava o braço para pegar mais um salgadinho, vários telefones subitamente começaram a tocar ao meu redor e me afastei dali, para encontrar um canto mais tranquilo. Tirei meu celular da bolsa e o conferi rapidamente, para ver se a babá tinha ligado, mas não tinha, portanto eu e Joe podíamos ficar um pouco mais. Depois de alguns minutos, Joe me encontrou no meio da multidão e me disse que tinha ouvido falar que o Departamento de Justiça[3] talvez estivesse investigando o vazamento, mas não tinha mais nenhuma informação. Eu não entendia exatamente o que isso podia significar, mas sabia que era uma alteração do *status quo*. Joe queria ficar mais alguns minutos, portanto eu lhe disse que esperaria por ele na varanda da frente. Filei um cigarro de outro convidado, coisa que eu não fazia há anos, e saí discretamente. Respirei fundo o ar outonal e aproveitei ao máximo aquele momento de tranquilidade. Precisava fumar um pouco para poder pôr os pensamentos em ordem e me acalmar, e não me senti culpada por fazer isso naquele momento. Alguma coisa estava para acontecer, e eu precisava estar raciocinando da forma mais clara possível.

---

[3] Equivalente ao Ministério da Justiça, o poder Judiciário. N. T.

CAPÍTULO 10
O Único Escândalo de Washington que Não Envolveu Sexo

NA MANHÃ SEGUINTE, DOMINGO, 28 de setembro de 2003, o artigo na primeira página do Washington Post tinha a seguinte manchete: "Administração Bush Sob Investigação: Identidade de Agente da CIA Revelada e Publicada nos Jornais." O artigo dizia que a CIA tinha feito uma denúncia sobre o vazamento ao Departamento de Justiça. Pelo jeito, a agência achava que havia provas suficientes para que se fizesse uma investigação oficial. Ainda pior para a Casa Branca era o artigo citar um funcionário da alta administração, que dizia: "Claramente isso [o vazamento] foi feito por retaliação pura e simples." Foi assim que perdemos o que nos restava de privacidade ou normalidade nas nossas vidas. Os truques políticos sujos existem desde a fundação de Washington. Mas dessa vez, além de perseguirem a família do inimigo, os culpados talvez tivessem cometido um crime contra a segurança nacional.

Para Joe e eu, aquele artigo confirmava algo do qual já desconfiávamos desde o início: que o vazamento tinha sido uma vingança contra Joe, que tinha despertado o ódio do governo e frustrado suas tentativas de fazer aquela guerra e os antecedentes dela parecerem apenas o que eles queriam que parecessem. O governo, então, quis destruir a credibilidade de Joe alegando que eu tinha mandado meu marido a Níger por nepotismo. Aquela acusação, inconfundivelmente, causava nas pessoas a impressão de que eu tinha precisado "arranjar um trabalho para o marido desocupado", e que portanto "ninguém iria acreditar no que ele disse, não é?"

"Vazamento do Nome de Agente Expõe Fachada da CIA", "Justiça Deve Começar a Divulgar Entrevistas Dentro de Alguns Dias", Depois que o Segredo foi Revelado, É Difícil Fazer Quem Revelou Assumir a Responsabilidade." "Intensifica-se o Tumulto Causado pela Revelação da Identidade de uma Agente da CIA" – foram apenas algumas das manchetes que eu lia todos os dias. Eu estava achando impossível fazer a transição da minha vida de agente secreta protegida por uma fachada ▮▮▮▮▮▮▮▮ para o reconhecimento do meu status como funcionária da CIA. Esse foi um processo profundamente inquietante para mim. Nossa roda mais ampla de amigos e familiares aqui e no exterior, que talvez tivessem deixado de tomar conhecimento da onda de comentários gerados quando meu nome foi publicado pela primeira vez na coluna de Robert Novak, em julho não perdia uma notícia agora. Nosso telefone tocava sem parar. Tocava quando eu saía de casa de manhã e ainda estava tocando quando eu chegava, à noite. Quando eu verificava nosso correio de voz, a voz feminina em geral dizia: "Há cinquenta mensagens novas na sua caixa postal." Quando eu verificava meu correio eletrônico pessoal depois de pôr as crianças para dormir, havia pelo menos duzentas mensagens por ler, de amigos e da família. Amigos do colegial, irmãs da associação feminina de alunos da faculdade com quem eu há muito tempo não falava, primos distantes, todos pareciam descobrir meu endereço de correio eletrônico, como em "seis graus de separação", pareciam encontrar alguém que conhecia meu endereço de correio eletrônico, e me mandavam mensagens me apoiando[1]. Eu me sentia um pouco como alguém que tinha sido convidada para aquele programa "Esta é a Sua Vida", enquanto lia as mensagens de todas as pessoas que já tinham me conhecido.

---

[1] Menção ao livro de Duncan J. Watts: se você não me conhece, você deve ter na sua rede alguém que me conheça ou essa pessoa pode ter alguém na rede dela que me conhece, e por aí vai. N. T.

Se alguns de meus amigos mais chegados estavam zangados comigo porque eu tinha mentido ▇▇▇▇▇▇▇▇▇▇▇▇ a respeito ▇▇▇▇▇▇▇▇▇, eles não expressaram essa revolta ao se dirigirem a mim. Reagiam dizendo: "Tudo bem, Val, nós entendemos. O que podemos fazer por você?" No meu mundo, que tinha acabado de virar de cabeça para baixo, aquela lealdade a toda prova era um consolo, pequeno mas importantíssimo. À medida que aqueles primeiros dias passavam, rápidos como um borrão, encontrei compreensão e empatia nos lugares mais improváveis. Uma certa manhã, quando deixei as crianças na escolinha maternal do bairro, os "bem informados" de Washington, ou suas esposas ou maridos, vieram até o meu carro, oferecer-me seu apoio. "Como tiveram coragem de fazer isso com você? Será que não entendem o que você estava fazendo? Você não era só uma sócia de carteirinha da União Americana pelas Liberdades Civis, afinal de contas. Você estava trabalhando na CIA, tentando encontrar armas de destruição em massa!"

Mais tarde, na mesma semana, uma colega minha, mais velha, entrou apressada no meu escritório agitando o *New York Times* daquele dia. Ela me entregou o jornal dobrado de forma a me mostrar um perfil meu intitulado "A Funcionária", e soltou um assobio baixo.

– Eles incluíram tudo, menos o tamanho do seu sutiã.

Peguei o jornal meio temerosa, sentindo uma espécie de náusea. O repórter, realmente, tinha feito uma investigação cuidadosa da minha família, minha educação, e mil outras informações pessoais que eu considerei incríveis ou constrangedoras. Felizmente, a única parte da minha identidade que ainda não havia sido publicada nos jornais tinha sido minha foto. Porque ainda não havia fotos minhas disponíveis para distribuição pública (eles ainda iriam levar algum tempo para encontrar um livro do ano do colegial com fotos daquela época); eu, pelo menos, podia ainda fazer compras no Safeway só de calça de malha e camiseta sem ter de aturar cochichos e olhares de soslaio.

Para alguém que tinha vivido até ali uma vida secreta, assumindo isso como parte do seu trabalho e protegendo sua verdadeira identidade zelosamente, ▇▇▇▇▇▇▇▇▇▇▇▇▇▇▇▇, essa mudança instantânea, que me transformou em uma personagem pública, me causou grande ansiedade, manifestada tanto no aspecto emocional quanto físico. Pouco importava se a atenção da imprensa era positiva ou não. Todo esse assédio me parecia muito invasivo, de modo que não me sentia disposta a aceitá-lo. Eu não me importava se era chamada de "loura bonita" ou não (acho que era melhor do que ser chamada de "loura feia", pois confesso que tenho lá meu amor-próprio...). Desenvolvi um tique bastante visível sob meu olho esquerdo, e o que se tornariam problemas digestivos crônicos intermitentes. Passei a viver sobressaltada, nervosa, circunspecta – comportamentos que em mim não eram normais. Dormia mal, mas tinha medo de tomar pílulas para dormir. Ao contrário da maioria das pessoas, o estresse diminuiu meu apetite, e perdi peso, apesar de já ser magra. Passei a fumar furtivamente alguns cigarros por dia, durante os poucos momentos de paz que eu tinha para descansar. À medida que se intensificava o redemoinho da mídia, atingindo a força de um furacão, eu me sentia como se eu só conseguisse ouvir o vento soprando furioso. Amigos e conhecidos bem-intencionados me davam conselhos sobre como lidar com aquele estresse incrível. Cheguei ao ponto de pensar que, se mais uma pessoa me sugerisse fazer ioga eu ia sair correndo e gritando. Todas as asanas e exercícios de respiração profunda do mundo não iam conseguir me aliviar da pressão pela qual eu estava passando. Eu ia precisar encontrar alguns reservatórios desconhecidos de força e resolução se eu não quisesse terminar me transformando em uma pessoa desiludida e amarga. Quando Joe e eu caíamos na cama, exaustos, no fim do dia, conseguíamos fazer piada, dizendo que aquele devia ter sido o único escândalo da história de Washington no qual não havia sexo, pois vivíamos esgotados demais para isso.

Do ponto de vista profissional, meus colegas da CIA tentaram respeitar minha privacidade e ofereceram apoio, discretamente, quando podiam. Desde o dia em que meu nome apareceu no jornal até o outono, quando a investigação do Departamento de Justiça foi anunciada, a questão se tornou tão politicamente carregada que a maioria dos meus colegas passou a ver o vazamento de informação como uma questão estritamente de segurança nacional, não de filiação partidária, e expressaram o veemente desejo de encontrar e punir o covarde que tinha cometido aquele sacrilégio. Eles entendiam que seus nomes e vidas também estavam sujeitos a uma devassa pelos jornais. Para muitos deles, porém, aquela súbita atenção da mídia voltada para uma colega era como ter recebido a notícia de que alguém havia morrido. Eles não sabiam o que dizer e, portanto, nada diziam. À medida que fortes sentimentos políticos começaram a se manifestar com relação a diferentes facetas da situação, passei a não saber se interpretava o silêncio deles como hostilidade ou desconforto. Eu tentava passar o maior tempo possível de cabeça baixa, trabalhando.

Em meio a tudo isto, saí do cargo que eu tinha ocupado durante pouco mais de dois anos ▇▇▇▇▇▇▇▇▇▇▇▇▇▇▇▇ e assumi um novo emprego ▇▇▇▇▇▇▇▇▇▇▇▇▇▇▇▇▇▇▇▇▇, na Divisão de Contraproliferação. Muito antes do vazamento, o Chefe em exercício do CPD, Scott, já havia me pedido para aceitar esta missão. ▇▇▇▇▇▇▇▇ é um daqueles empregos necessários, burocráticos, metódicos, que ajuda a pessoa a subir na hierarquia da empresa. Não dá acesso a operações interessantes, mas permite que o funcionário "veja como se produz a linguiça"; e passar algum tempo naquele cargo, em geral, levava a um cargo mais desejável ▇▇▇▇▇▇▇ é responsável por distribuir todas as missões, tanto no país quanto no exterior, na divisão inteira, bem como por assegurar que os empregados da divisão recebam o treinamento próprio para suas funções e sigam a carreira certa na agência. Quando me pediram para assumir este cargo da primeira vez, eu educadamente disse que iria pensar a respeito. Quem quer um emprego burocrático desses, quando havia tantas boas vagas de operações disponíveis? Quando Scott voltou a me perguntar se eu já tinha uma resposta, naquela semana, mencionando como sua temporada como ▇▇▇▇▇▇▇ o ajudou anos antes, e vagamente citou uma boa missão no exterior depois disso, percebi que ia ter de responder "Sim, senhor", e acertei na mosca.

Vim ao trabalho num sábado para limpar minha nova sala, jogando fora caixas de papéis e lixo que meu antecessor tinha acumulado. Pendurei meu nome na porta e comecei a fazer meu novo trabalho.

Assim que me comecei a pegar o jeito do trabalho em um setor que precisava desesperadamente de funcionários, liderança e uma organização decente para ser eficaz, o FBI me fez uma visita. O Departamento de Justiça não queria perder tempo, já estava começando a investigação. Duas moças vestidas de forma conservadora me mostraram seus distintivos, sentaram-se no sofá batido do escritório, que eu tinha tentado melhorar com algumas almofadas coloridas, e começaram imediatamente a me interrogar. Eram amistosas, e me fizeram as perguntas que eu esperava que me fizessem sobre meu trabalho na CIA, minha vida como agente secreta e minha fachada, e como a viagem do Joe a Níger havia acontecido. Eu lhes contei tudo de que pude me lembrar. A entrevista durou meia hora, e depois de apertar minha mão de novo, elas saíram, deixando comigo seus cartões, caso eu precisasse entrar em contato com elas. Suspirei e voltei a tentar melhorar o processo antigo e secreto do CPD de distribuir missões, que eu identifiquei como prioridade.

Um dos aspectos mais positivos e atraentes do meu cargo era a oportunidade de entrar em contato com estagiários recém recrutados. A agência contrata muitos profissionais qualificados todos os anos para uma incrível variedade de cargos, nos quais eles passarão a trabalhar em diversas facetas das operações. De acordo com um porta-voz da agência, a CIA recebeu 135.000 currículos em 2006, muito mais do que os 60.000 de 2001. Muitos dos estagiários, a maioria com quase 30 anos, foram inspirados pela ideia de prestar serviço ao país depois de 11 de setembro. Em geral, eles deixam de atuar em carreiras interessantes e lucrativas para começarem na agência recebendo salários na média de 45.000 dólares anuais, o que não é muito para o custo de vida alto de Washington, capital.

e tantos outros jovens idealistas, inteligentes e talentosos. Enquanto eu revisava os seus currículos impressionantes, procurando encontrar para eles uma missão de três meses durante os quais eles cumpririam o período de experiência no CPD, eu pensava que, se eu estivesse me candidatando a um cargo na CIA atualmente, meu diploma de bacharelado de universidade estadual provavelmente não iria representar bagagem suficiente. De acordo com a visão de Tenet, a agência estava finalmente encontrando e recrutando muito mais empregados de outras etnias, com conhecimento de uma ampla variedade de línguas, tanto nativas quanto aprendidas. Mesmo assim, a agência, como a maioria dos órgãos federais, ainda não contrata falantes do árabe em número suficiente. Um artigo de julho de 2001 da Atlantic, escrito pelo ex-funcionário da CIA Reuel Marc Gerecht, causou grande comoção na agência, pois nele constava que "um ex-agente graduado da Divisão do Oriente Próximo afirmou que 'A CIA provavelmente não tem nenhum funcionário qualificado que fale árabe, nativo do Oriente Médio, que possa desempenhar um papel de fundamentalista muçulmano convincente, e que se apresentasse como voluntário para passar anos de sua vida comendo mal e sem a companhia de mulheres nas serras do Afeganistão. A maioria dos agentes da CIA mora nos subúrbios da Virgínia. Um agente secreto mais jovem resume o problema ainda melhor: "Operações que incluam diarreia como meio de vida simplesmente não decolam."

O otimismo e a ausência de cinismo daqueles jovens recrutas, contrastando visivelmente com muitos de nós, os funcionários mais antigos, era um bálsamo para mim naquele meu estado de abatimento. Eles tinham entrado na agência pelos motivos certos, e me davam alguma esperança de que estaria em boas mãos enquanto eles estivessem subindo na sua hierarquia.

Em meados de outubro, solicitei meio dia de folga do trabalho para poder acompanhar Joe a um almoço oferecido pela Fundação Fertel e o Nation Institute, no qual ele ia receber o primeiro Prêmio Ron Ridenhour como "Revelador de Verdades do Ano". Ron Ridenhour era o veterano do Vietnã que, em 1969, havia descrito os detalhes do Massacre de My Lai, em cartas ao Congresso, ao Presidente Nixon e ao Pentágono. Sua perseverança atraiu a atenção do repórter do *New York Times*, Seymour Hersh, que divulgou a história. Ridenhour se tornou um repórter investigativo e morreu de repente em 1998. Embora eu me sentisse mal aparecendo, assim, em público, certamente desejava comparecer àquela homenagem a Joe quando ele recebesse seu prêmio especial. Os patrocinadores concordaram em não permitir a presença nem da imprensa e nem dos fotógrafos no almoço, que terminou sendo um dos eventos mais emocionantes da minha vida. O salão estava repleto de americanos patrióticos de todos os níveis sociais que estavam comprometidos em defender a democracia, falando a verdade. Estar diante deles me fez sentir encabulada. Pensei na famosa frase de George Orwell: "Numa era em que a mentira é universal, dizer a verdade é um ato revolucionário." Senti tanto orgulho de Joe e do que ele representava. Quando Joe fez seu pronunciamento, começou a falar de mim, de nossa perda de privacidade, e a pedir desculpas pelo que o governo tinha feito, e aí parou de repente, para piscar por causa das lágrimas que lhe subiram aos olhos. Eu nunca o tinha visto daquele jeito, pois Joe sempre tinha sido alguém que falava muito bem em público, sem se deixar intimidar, mas ele agora estava claramente tendo dificuldade de se expressar. Nossa conexão, desde o instante em que tínhamos nos visto pela primeira vez, sete anos antes, numa recepção, e tudo que tínhamos passado até ali, estava mais forte do que nunca. Vendo seus olhos cheios de lágrimas, senti os meus olhos marejados também. "Ai, meu Deus", pensei. "Nós dois vamos abrir o berreiro aqui." Felizmente, ambos conseguimos nos recompor, mas foi um momento memorável para nós.

No início de outubro de 2003, o Comitê Seleto sobre Inteligência do Senado (SSCI) anunciou que haveria audiências sobre o vazamento e informação confidencial pré-guerra sobre o Iraque. O SSCI é um órgão investigativo bastante poderoso. Fundado em 1975, após Watergate, o SSCI tem a incumbência de supervisionar o trabalho de toda a comunidade de inteligência dos Estados Unidos. O comitê estava realizando entrevistas e preparando um relatório público que Joe eu esperávamos que iria, pelo menos, revelar como a administração tinha distorcido os fatos levantados pela inteligência para justificar a guerra contra o Iraque. Eu também esperava que isso mostrasse que a decisão de declarar guerra era prematura; a comunidade de inteligência simplesmente não tinha as provas concretas de fontes humanas confiáveis e atualizadas que combinassem com a retórica confiante da Casa Branca e daqueles que a apoiavam.

Em um dia de outono maravilhoso, límpido e fresco, quando eu teria adorado passear ao longo do pitoresco canal C&O, que acompanha sinuoso o rio Potomac de Georgetown até o interior, entre os morros do oeste de Maryland, eu estava em um edifício do Senado bastante estéril, em Capitol Hill, esperando para dar meu depoimento diante do comitê. Alguns dias antes disso, os advogados da CIA haviam me ligado para me dizer que o pessoal do SSCI tinha solicitado que eu comparecesse diante do comitê para falar sobre o episódio de Níger. Disseram-me que um advogado da CIA me acompanharia, mas deixaram muito claro que ele estava ali para proteger os interesses da CIA, não os meus. Dei uma última olhada no meu espelhinho do estojo de pó compacto, meti-o de volta na bolsa, aprumei-me e entrei na pequena sala de audiências, tentando demonstrar que estava esbanjando autoconfiança. Embora estivesse um tanto nervosa, não estava amedrontada. Sabia que nem Joe nem eu tínhamos feito nada errado, e ia simplesmente dizer a verdade, exatamente como tinha dito às agentes do FBI.

Quando entrei na sala, fiquei bastante surpresa ao notar que nenhum senador estava presente. Quatro assessores relativamente jovens, dois democratas e dois republicanos – todos com cara de quem tinha acabado de sair de um catálogo da J. Crew –, entraram, mas não vieram apertar-me a mão, nem se apresentaram. Eles me acenaram com a cabeça de longe, o que interpretei como cumprimento e sinal para que me sentasse. Eles se colocaram atrás de uma mesa imponente, em formato de U. O advogado da CIA, que mal tinha dirigido meia dúzia de palavras a mim no caminho da sede para o Senado ("Dia lindo, não é?"), sentou-se ao meu lado e colocou um bloco e uma caneta sobre a mesa. Ele estava ali, segundo supus, para interromper os trabalhos se eles começassem a sondar alguma área mais confidencial do que a CIA havia concordado em divulgar.

— É só responder às perguntas deles, da melhor forma que puder — resmungou ele. Inspirei profundamente, quando a audiência começou.

— Por favor, diga o seu nome e também nos informe quais são suas atribuições na CIA.

As perguntas começaram simples: descreva-nos resumidamente a sua carreira, conte-nos qual o trabalho que estava fazendo na época em que Joe viajou para Níger, como ouviu falar no relatório alegando venda de óxido de urânio de Níger ao Iraque. À medida que a audiência ia prosseguindo, as perguntas passaram a ser feitas num tom mais agressivo. Obviamente, os funcionários sabiam muito pouco a respeito de como um agente da CIA usa sua fachada, mas agiram como se fossem veteranos da comunidade de inteligência.

— Não desconfiou que sua verdadeira identidade seria revelada quando seu marido, Embaixador Wilson, escrevesse aquele artigo para o *New York Times*?

Educadamente expliquei que ninguém conhecia a minha verdadeira identidade ▓▓▓▓▓▓▓▓▓▓▓▓▓▓▓▓▓▓▓▓▓▓▓▓▓▓▓▓. O fato de as credenciais do meu marido fazerem dele o candidato ideal para viajar a Níger em nome da CIA para falar publicamente sobre a guerra nada tinha a ver com meu status de (ex-) agente secreta.

— Por que a senhora sugeriu que seu marido fosse a Níger? — Essa pergunta, obviamente capciosa, foi feita por um funcionário republicano, cujas perguntas anteriores tinham sido particularmente maliciosas. Aquela hostilidade crescente dele me preocupou, mas eu não fazia ideia, na época, de como os Republicanos estavam dispostos a distorcer meu depoimento. No meu desejo de ser tão precisa quanto possível, dei uma resposta idiota:

— Creio que não fui eu que recomendei meu marido, mas no momento não me lembro quem sugeriu que ele fosse.

E era verdade. Dado o ritmo incrivelmente intenso e o alcance do meu trabalho durante aquele período pré-guerra e a subsequente passagem do tempo, eu simplesmente não me lembrava da sequência dos acontecimentos que tinham levado à viagem. Eu tinha me esquecido totalmente de que tinha sido um relator júnior que tinha sugerido a mim que o CPD pensasse em propor a Joe que ele fosse investigar a suposta transação. Eu tinha me esquecido de que Penny havia recebido a ligação do escritório do vice-presidente que tinha dado início à sequência de fatos que levou à viagem do Joe. Eu tinha também me esquecido de que nós havíamos ido falar com o Supervisor da Divisão e ele, não eu, tinha me pedido para falar com o Joe para vir à sede "debater opções". Nenhum advogado havia me preparado para minha entrevista ao SSCI; eu não tinha repassado os acontecimentos com Joe, nem com nenhum dos meus colegas antes da audiência, porque não pensei que fosse válido, nesse caso, "comparar lembranças".

O fato, porém, é que não tinha sido eu quem tinha sugerido o nome do Joe nem recomendado meu marido. Não havia segundas intenções, e, além disso, eu não tinha autoridade para enviar Joe a Níger nem a lugar nenhum, mesmo que eu quisesse.

— O que a senhora fez quando os dois funcionários da CIA vieram a sua casa para obter um relatório do Embaixador Wilson, quando ele voltou de Níger? — Eu lhes contei aquilo do qual me recordava claramente: telefonei para o restaurante chinês pedindo que entregassem quentinhas e tentei não me intrometer na conversa deles, precisamente para evitar que surgisse algum conflito de interesses. Os funcionários do Senado fizeram várias anotações e suas expressões eram muito sérias.

Depois de cerca de 45 minutos, saí da sala de audiências com o advogado da CIA, muito tranquila, sabendo que tinha respondido a suas perguntas integralmente, com a verdade, até onde tinha sido possível. Mesmo assim, uma vozinha lá no fundo ficou me dizendo que aquilo parecia uma armadilha. Quando eu me lembrava da audiência, eles não pareciam estar querendo obter informações, mas confirmar conclusões já tiradas. Só que, naquela minha ingenuidade, meu coração estava leve porque eu acreditava nas nossas instituições democráticas. Eu acreditava que a verdade prevaleceria, mas logo descobriria que, em Washington, a verdade nem sempre basta. Quando voltei a minha mesa na sede, continuei o meu trabalho do ponto onde tinha parado. Ninguém me fez perguntas sobre a entrevista com o SSCI, e a questão parecia estar encerrada.

Depois de semanas vivendo em uma verdadeira panela de pressão, estávamos loucos para sair de Washington. Joe ia fazer um discurso na Universidade da Califórnia, em Los Angeles, e ele e eu resolvemos aceitar, logo de cara, o convite amável de Norman e Lyn Lear para passarmos aquele final de semana na casa deles em Los Angeles. Norman tinha entrado em contato com Joe depois de tê-lo visto no programa *NOW with Bill Moyers* da PBS. Eles logo ficaram amigos, e nós estávamos ansiosos para conhecer Norman e sua esposa pessoalmente. No ano anterior, Norman tinha comprado uma das poucas cópias originais existentes da Declaração da Independência na Sotheby's, por 8,2 milhões de dólares. Ele a mandou circular pelo país para que cidadãos comuns pudessem ver a certidão de nascimento desta grande nação.

Quando Lyn ligou, alguns dias depois, para dizer que ia nos oferecer um jantar íntimo, eu entrei em pânico. O que eu devia usar? Que penteado seria adequado? A visita era bem-vinda, uma distração que nos ajudaria a descontrair, afastando-nos da dura realidade das nossas vidas naquele outono. No lar caloroso em estilo provençal dos Lears, com obras-primas de arte moderna penduradas em todas as paredes, era delicioso bater papo com aqueles importantíssimos personagens hollywoodianos. Ao contrário do estereótipo segundo o qual os astros são meio burros ou narcisistas, eles eram extraordinariamente inteligentes, bem informados, politicamente engajados e tinham ótimo senso de humor. Joe e eu parecíamos ser uma curiosidade para eles tanto quanto eles eram para nós. Eles fizeram perguntas sofisticadas e detalhadas, procurando sondar os acontecimentos que tinham levado à guerra, sobre a CIA e a crescente insurgência no Iraque. A sinceridade de seu interesse e compreensão foram tranquilizadores, mas eu comecei a me sentir um pouquinho como uma zebra num zoológico para crianças pequenas, daqueles onde elas podem fazer festinha nos animais. Quando Warren Beatty segurou minha cadeira na hora em que me sentei à mesa para o lauto banquete, passou-me pela cabeça a ideia de que a minha vida já estava descambando para o surreal, o que seria inimaginável apenas seis meses antes.

Ao voltar para Washington, retomamos o ritmo inflexível de antes. A revista *Vanity Fair* ia publicar uma longa entrevista com Joe, de modo que, em um dia de novembro, no qual ventava muito, um pequeno grupo de fotógrafos, assistentes, maquiadores e cabeleireiros – todos naquele seu uniforme preto muito chique de Nova York – veio à nossa casa para tirar fotos de Joe para ilustrar a matéria. Eu passei aquela manhã com as crianças, e entrei em casa toda despenteada por causa do vento, cansada, me sentindo meio mal. Quando entrei na cozinha, onde estavam maquiando Joe para as fotos, a equipe da *Vanity Fair* virou-se, em uníssono, e me suplicou para que eu também aparecesse nas fotos. Envolvida pelo deslumbramento daquela produção toda, e me sentindo meio deprimida, relutantemente concordei, mas só se não pudesse ser reconhecida. Para ser franca, foi um momento em que resolvi simplesmente "jogar tudo para o alto". Não prestei atenção aos meus instintos e deixei de lado a cautela extrema que me impedia de me expor ao público. A equipe de maquiagem e cabeleireiro me arrumou num instante, com uma estola Hermès e óculos escuros que escondiam totalmente o meu rosto, e eu me sentei no Jaguar do Joe, que eles estacionaram diante da Casa Branca. Terminamos rapidamente as fotos e Joe e eu voltamos para casa, sem pensar mais na sessão.

Quando a *Vanity Fair* de janeiro de 2004 chegou às bancas, com a foto onde estávamos eu e Joe, o furor direitista foi ensurdecedor. Alguns insinuaram que eu tinha resolvido "mostrar a cara" aparecendo naquela foto. Outros acharam que era um golpe publicitário para nos autopromovermos. Aqueles que eram de opinião que o "Op-

Ed" do Joe e o vazamento subsequente do meu nome eram inconsequentes chamaram a foto de flagrante e revoltante. Aqueles eram ataques esperados. O que eu não esperava, porém, era ser chamada ao escritório do chefe do CPD e levar uma bronca daquelas. Mark ficou absolutamente furioso por eu não haver lhe contado sobre a foto da *Vanity Fair*, e estava certo, eu devia tê-lo avisado. Minha única explicação é que diante da loucura em que minha vida havia se transformado na época, eu tinha perdido a noção do que era adequado ou não. Eu nunca tinha recebido uma repreensão assim tão enérgica de um supervisor, e saí da sala dele quase chorando. Estava me sentindo arrasada, e o pior é que, daquele momento em diante, ele não me respeitaria mais. No dia seguinte, eu voltei à sala do Mark e lhe ofereci minhas sinceras desculpas, oferecendo-me para procurar outro cargo em outra divisão se ele não quisesse mais que eu trabalhasse no CPD. Ele aceitou as desculpas e disse que eu podia ficar. Mas, obviamente, eu tinha traído sua confiança, e depois disso, sempre que se dirigia a mim, ele se comportava de forma distante.

Quase dois anos depois, descobri que, durante aquele mesmo período, Mark tinha começado um caso com alguém diretamente subordinado a ele. Quando ouvi as histórias sobre as saídas deles circulando pela Divisão, me lembrei da bronca que tinha levado e, refletindo sobre o assunto, pensei que até mesmo Mark dava suas mancadas. Até hoje, me sinto meio dividida sempre que vejo a foto da *Vanity Fair* na tela da tevê, quando se debate algum aspecto da controvérsia do Iraque.

Em meio ao turbilhão composto de fotógrafos, trabalho, crianças, e assédio da mídia, a pequena, porém respeitada, editora Caroll & Graf ofereceu a Joe um contrato para escrever um livro. Ele concordou, satisfeito por ter uma oportunidade de contar sua versão da história sobre Níger e o Iraque, bem como escrever sobre sua carreira diplomática e a guerra e a paz na África e no Oriente Médio. Nosso vizinho recomendou sua prima por afinidade, Audrey Wolf, para ser a agente literária de Joe, e ela imediatamente sugeriu que, com toda a publicidade cercando o vazamento da minha identidade, Joe podia receber um adiantamento bem maior do que os dez mil dólares que estavam no contrato com a Carroll & Graf se ele permitisse que vários editores dessem lances no livro. Joe declinou da oferta porque tinha um acordo de cavalheiros com o editor da Carroll & Graf, Philip Turner, que ele se sentia na obrigação de cumprir.

Joe então, como de costume, entregou-se ao projeto com grande intensidade e paixão. Quando não estava viajando ou dando uma entrevista no rádio, estava acordado às quatro da manhã, trabalhando no computador durante horas, antes de ir para o trabalho. Quando nós fomos à casa dos meus pais na Pensilvânia para o Dia de Ação de Graças, Joe levou o *laptop* e continuou escrevendo, só tirando uma folga na hora da ceia. Sua disciplina, nem é preciso dizer, compensou, e ele já estava com o original pronto para publicação em quatro meses. Estávamos morando na mesma casa, mas vivíamos em universos paralelos. Eu tratava do meu trabalho, das necessidades das crianças e tentava me acostumar com minha nova vida de agente identificada da CIA. Joe estava escrevendo seu livro, respondendo a pedidos de entrevistas por parte da mídia, e viajando pelo país para dar apresentações a estudantes universitários ou a toda uma variedade de grupos cívicos. Às vezes parecia que a única forma de nos comunicarmos era via recados por Post-it amarelos ou mensagens deixadas no celular. Depois que Joe praticamente terminou o livro, passou a viajar ainda mais frequentemente, de modo que passei a me sentir como uma mãe solteira desamparada que, ainda por cima, trabalhava fora.

Quando eu tinha me casado com Joe, em 1998, resolvi adicionar seu nome ao meu, com toda a satisfação. Fiz isso não porque eu fosse contra o feminismo e quisesse retornar à velha tradição, mas porque praticamente raciocinei que Wilson era um nome bem mais fácil de soletrar e pronunciar. Já não aguentava mais soletrar "P-L-A-M, de Mary, -E" ao telefone. Mas de vez em quando sentia falta do Plame. Eu tinha feito pesquisas genealógicas esporádicas durante o ano, porque meu irmão e eu tínhamos sido criados sem conhecer nenhum parente do lado paterno. Meu pai não fazia ideia se tinha ainda algum parente vivo, nem onde eles estariam, mas parecia bastante desinteressado em descobrir parentes se meu irmão ou eu nos arriscássemos a lhe fazer perguntas sobre o assunto. Os únicos dois Plames que eu tinha conseguido encontrar no país eram meu pai e meu irmão.

Meu bisavô, Samuel Plamevotski, tinha imigrado para Chicago, em 1892, de uma aldeia judaica na Ucrânia. Segundo as histórias que corriam na família, ele era rabi e partiu com seu filho mais velho para evitar ser recrutado pelo exército do czar, bem como para fugir aos frequentes *pogroms*, massacres organizados contra os judeus. Meu trabalho ocasional nas empoeiradas cabines de microfilmes nos Arquivos Nacionais de Washington Capital e prefeitura de Chicago me rendeu dois preciosos documentos. O primeiro, datado de 1892 e, portanto, presumivelmente redigido depois que ele chegou, foi a intenção de Samuel de declarar-se cidadão americano. Um "x" mal traçado foi sua assinatura. O segundo, concedendo a cidadania a ele, dez anos depois, em 1902, mostra uma assinatura cuidadosamente traçada, onde se lê "Samuel Plame". Seu filho, meu avô, Samuel Plame Filho, veio para Chicago com o resto da família em 1894. Em 1917, ele conheceu minha avó e se casou com ela por amor. Infelizmente, minha avó era descendente de uma família de pioneiros rústicos e parentes de Samuel Jackson, então, a família Plame imediatamente rejeitou Samuel, horrorizada porque o filho de um rabi tinha ousado se casar com uma *shiksa,* e cortou todas as relações com ele para sempre. Seu único filho, meu pai, Samuel Plame Neto, nasceu em 1920, e não tinha lembranças de nenhum parente paterno. Minha criação religiosa e minha educação foram dirigidas exclusivamente pela minha mãe, que era protestante. Esse vácuo no passado da minha família é que me levou a me interessar pela genealogia do meu pai.

Um dia, no outono de 2003, enquanto o nome Plame estava sendo explorado por toda a imprensa falada, escrita e televisada, meu irmão, Robert Plame, recebeu uma ligação telefônica estranha, de uma hora para outra.

– Seu pai é Samuel Plame? – perguntou o homem ao telefone, que se apresentou como Leon Coleman.

– Hã?! É sim – disse meu irmão, meio desconfiado.

– Então eu acho que somos primos em segundo grau! – exclamou Leon. Leon, pelo que descobrimos, morava a apenas alguns quilômetros da casa do meu irmão em Portland, Oregon. Tinha uma infinidade de histórias de família no seu repertório, e ajudou-nos a compor a árvore genealógica da família Plame. Através da intervenção bem-humorada de Leon, naquela primavera, Joe e eu fomos a um jantar comemorando o *Seder*, ou Páscoa judaica, com nossos recém-descobertos parentes. Enquanto líamos o antigo texto do Haggadah descrevendo as tribulações do povo judeu e seu otimismo imbatível, e eu provava *matzo* e *maror*, pensei que aquela era uma consequência muito positiva, se bem que improvável, de ter o nome *Plame* no domínio público.

No dia 31 de dezembro de 2003, o Procurador Geral da República John Ashcroft recusou-se a depor na investigação do vazamento. Não deu nenhuma razão pública para isso, embora seu substituto, James Comey, tenha dito: "O procurador, com muita precaução, crê que esta recusa foi apropriada com base na totalidade das circunstâncias e indícios desenvolvidos neste estágio da investigação". Foi um presente atrasado porém bem-vindo de Natal. Ashcroft claramente tinha pensado um pouco nos seus vínculos financeiros e pessoais com Karl Rove – que, mesmo naquela época, se acreditava que tivesse um papel significativo no vazamento – e tinha tomado a decisão certa. Vários anos depois, ouvimos dizer, de segunda mão, da boca de um amigo de Ashcroft, que ele passou um bom tempo "transtornado", e "sofrendo de insônia"por causa do modo de proceder do governo. Em 2006, Joe compareceu ao Dia da Independência do Marrocos e, quando estava sozinho um momento na multidão, um homem viu Joe do outro lado da sala e foi direto até ele, estendendo-lhe a mão. O cavalheiro moreno se apresentou como "um dos líderes do movimento evangélico em Washington" e Joe se preparou para ouvir um sermão. Em vez disso, o homem disse, em voz baixa, com toda a sinceridade, enquanto estendia a mão:

– Deve saber que há muitos que o apoiam.

Quando Joe perguntou por que, o homem prosseguiu:

– Porque cremos na verdade e sabemos que este governo vem mentindo para o povo.

Talvez, diante dessa mesma consideração, Ashcroft teria certamente mudado de ideia. De qualquer forma, a recusa de Ashcroft levou a outra iniciativa do Departamento de Justiça que causaria enorme rebuliço na Casa Branca. Comey falou com o Procurador Federal do Estado de Illinois, Patrick Fitzgerald, encarregando-o de conduzir a investigação. Sobre Fitzgerald, Comey comentou: "para quem não o conhece, ele é um profissional de primeira. Escolhi o sr. Fitzgerald, meu amigo e ex-colega, com base em sua reputação ilibada de ser íntegro e imparcial. Ele é um promotor de carreira, absolutamente apolítico. É um homem de grande experiência em segurança nacional e assuntos de inteligência, com imensa prática em investigações sensíveis e, em particular, sabe conduzir investigações sobre supostas falcatruas do governo". Comey tinha razão, e a integridade e determinação a toda prova de Fitzgerald de chegar ao fundo de qualquer vazamento de informações iria fazer a Casa Branca tremer nas bases. Joe e eu só tínhamos ouvido coisas positivas a respeito de Fitzgerald, de muitas fontes, e estávamos animados por ver o judiciário funcionando como devia.

Fitzgerald, de quarenta e poucos anos, já tinha conseguido uma reputação impressionante como promotor federal, e, entre os seus vários indiciados, figuravam poderosos de todos os tipos. Em 1993, ele venceu um processo onde tinha conseguido uma confissão de culpa do *capo* da Máfia John Gambino. Depois conseguiu a condenação do Xeique Omar Abdel Rahman pela bomba no World Trade Center, e constituiu a primeira indiciação federal contra o terrorista Osama bin Laden. No final de 2003, ele indiciou o ex-governador do estado de Illinois, George Ryan, com base em conspiração e fraude. Em 2005, o gabinete de Fitzgerald indiciou vários altos assessores do Democrata Richard Daley, prefeito de Chicago, baseado em acusações de fraude postal e, também, abriu processo contra o gigante da mídia canadense e lorde inglês Conrad Black, acusando-o de fraude. Fitzgerald, portanto, não se deixava intimidar facilmente por abastança, *status* nem ameaças. Em um perfil seu publicado no *Washington Post*, em 2005, ele foi descrito como "um ex-jogador de *rugby* de constituição física robusta que gostava de se enlamear todo e sair ensaguentado dos jogos até quase os trinta anos; Fitzgerald passa uma autoconfiança total e absoluta em si próprio. Assim como ele não teme bin Laden, parece temer pouco o fato de agora estar se engalfinhando simultaneamente com a Casa Branca de Bush e o *New York Times*, duas das instituições mais poderosas e privilegiadas do país". Ele era universalmente descrito, tanto pelos seus amigos como por críticos, como um homem íntegro, com grande zelo pela busca da verdade. Nós logo teríamos uma oportunidade de conhecermos Fitzgerald em pessoa, e avaliá-lo por nós mesmos.

Em um dia frio e chuvoso de inverno, no início de 2004, saí da sede e fui de carro até um lindo prédio de escritórios no centro de Washington. Depois de passar pela barreira da segurança, com tudo que tinha direito, inclusive distintivo e raios-x, tomei o elevador até a sala do procurador. Depois que o avisaram, pelo intercomunicador, da minha presença, entrei na suíte e me conduziram até uma sala de conferências com iluminação fraca e móveis fornecidos pelo governo. Depois de um momento, Fitzgerald entrou, com um delegado de polícia, e apertou firmemente a minha mão. Apesar de se comportar como um homem sério e compenetrado, ele era uma pessoa calorosa e simpática. Senti-me imediatamente à vontade, e, a seu pedido, comecei a fazer uma descrição de minha carreira e do que eu fazia antes da viagem de Joe a Níger e sobre os eventos subsequentes. Fitzgerald não fez anotações, mas ouviu com toda a atenção, seus olhos raramente se desviando dos meus enquanto eu falava. Minha impressão dele foi de uma pessoa altamente inteligente e compassiva, que provavelmente tinha bom senso de humor. Depois soube, por leituras, que uma de suas diversões prediletas era pregar peças nos seus colegas. Quando nos levantamos para nos despedir, com um aperto de mão, depois da entrevista, eu lhe disse que a única coisa que Joe e eu esperávamos era que a "investigação fosse minuciosa e que a justiça fosse feita". Fitzgerald respondeu que ele "faria todo o possível para garantir que isso acontecesse". Eu acreditei nele de todo o coração.

CAPÍTULO 11
O Ano Infernal

QUANDO O LIVRO DO JOE, *The Politics of Truth*, foi publicado em abril de 2004, nós demos uma recepção na nossa casa. Em uma noite quente de primavera em Washington, exatamente quando as azáleas estavam se abrindo, num tumulto colorido, dezenas de amigos e pessoas que nos apoiavam vieram tomar champanhe, nos dar parabéns e apertar nossas mãos. As noites de autógrafos costumam ser muito comuns em Washington, porque todo mundo acaba sempre escrevendo um livro, mas, para o autor, é claro, é especial; Joe estava orgulhoso do seu trabalho, e com toda a razão. Seus ex-colegas do Serviço de Relações Exteriores, todos, apreciaram sua descrição realista do trabalho duro e sem a sofisticação que os diplomatas fazem nas trincheiras em todo o mundo. As primeiras críticas tinham sido, em sua maioria, positivas, e o livro rapidamente entrou na lista dos mais vendidos do *New York Times*, para nossa grande surpresa. Eu até comecei a observar a classificação do livro no site da Amazon, sentindo-me secretamente orgulhosa toda vez que o livro subia um pouco mais na classificação. Poucos autores conseguem ganhar alguma quantia significativa com um livro, e meus planos financeiros para os *royalties* que talvez nos fossem pagos eram modestos: eu só esperava que o livro rendesse o suficiente para que remodelássemos nosso *deck* nos fundos, cuja madeira já estava ficando toda podre e lascada. Joe achava graça na ideia de se tornar um autor publicado genuíno, e vivia brincando, pedindo para eu lhe comprar um paletó de veludo cotelê com reforços nos cotovelos. Foi uma temporada de descontração.

Alguns meses depois, uma senhora muito conhecida, que se dedicava a levantar fundos para o partido democrata, fez a gentileza de oferecer-se para dar uma noite de autógrafos em nossa honra em sua mansão rosa pálido em Georgetown. Foi uma das primeiras vezes em que eu e Joe aparecemos juntos em público, e, apesar do meu orgulho por Joe, tornar a fazer isso me incomodava, deixando-me na defensiva. Não gostava nada da ideia de ser uma personalidade pública. Enquanto Joe batia papo com os convidados, contava casos e posava para fotos, eu fiquei de longe, perto do piano, sentindo o aroma celestial dos lírios de todos os arranjos florais enquanto os convidados vinham me apertar a mão. Muita gente me disse que, para eles, eu e o Joe éramos heróis: ele por fazer uma denúncia e eu por meu serviço público em uma profissão difícil. Naturalmente, era gratificante ouvir os cumprimentos deles, mas também sentia vontade de tremer de vergonha. Nem eu, nem Joe nos considerávamos heroicos, sob nenhum aspecto. Nós só tínhamos cumprido nosso dever como cidadãos em uma democracia. Nós entendíamos, porém, que éramos os símbolos da reação contra uma administração que parecia estar esmagando tudo e todos naquela primavera. Joe pertencia ao bloco do "eu sozinho" daqueles que vinham a público questionar o que parecia ser uma arrogância e uma tapeação cada vez maior da parte da Casa Branca. Mesmo assim esse não era um papel que eu tinha previsto que nenhum de nós iria desempenhar, e aquilo me parecia estranho. Eu ainda não tinha encontrado chão naquele mundo novo, e me sentia muito vulnerável, mas tentava sorrir e dizer alguma coisa convincente. Aquela noite seria uma das últimas lembranças agradáveis que teríamos durante um bom tempo; as forças adversárias estavam preparando seu contra-ataque.

Sendo 2004 um ano de eleições, as críticas literárias positivas e elogios a Joe foram respondidos com editoriais agressivos e comentários sarcásticos de críticos da direita. A boa cobertura que o livro estava recebendo pareceu enfurecer aqueles que viam Joe e suas críticas do caso do óxido de urânio e do vazamento como uma ameaça, ou pelo menos um insulto, à suposta vitória do presidente nas urnas, em novembro. Os críticos, sintomaticamente, não atacaram nenhum dos fatos revelados por Joe, nem o livro em si; tendiam a atacar a própria pessoa de Joe. Por exemplo, o jornalista e ex-membro do Comitê Nacional Republicano Cliff May escreveu que "depois de um perfil bem beijo molhado na *Vanity Fair,* Joe deu uma rapidinha e pariu um livro com seu perfil na capa e o pomposo título "A Política da Verdade: Denúncia das Mentiras que Levaram à Guerra e Traíram a Identidade da minha Esposa como Agente da CIA: Memórias de um Diplomata".

Outras críticas de gente com tendências direitistas foram igualmente maliciosas. Depois de ter passado pelos primeiros ataques agressivos contra a credibilidade do Joe e de seu caráter após o vazamento, eu achava que tinha conseguido criar uma carapaça mais grossa. Mas estava errada. Sabia que os comentários eram motivados pela política, mas, mesmo assim, eles me causavam revolta quando os lia, e uma vez mais nós nos sentimos encurralados. Em meio a este emaranhado de emoções, Joe foi fazer várias viagens nacionais para promover o livro, me deixando lidando o melhor que podia com tudo e protegendo Samantha e Trevor do redemoinho que nos ameaçava logo à porta da nossa casa.

Com tanta causticidade no ar e Joe viajando, as ameaças a nossa segurança, que tinham começado meses antes, começaram a ficar piores, e eu estava cada vez mais preocupada com nossa segurança. Recebíamos uma torrente mais ou menos constante de cartas perturbadoras, ligações telefônicas agressivas, e até ameaças de morte. Num dia de primavera, Trevor, então com quatro anos, pegou o telefone, que estava tocando, e respondeu, orgulhosamente: "Residência dos Wilson. O que deseja?" E imediatamente percebi, pela sua expressão intrigada, que seu interlocutor não tinha boas intenções. Dei um pulo para agarrar o telefone, ouvi uma pessoa seriamente perturbada da cabeça dizendo um monte de palavrões, e desliguei, tremendo. Até aquela fase passar, meus filhos não iam poder atender o telefone, nem ficar longe de um adulto confiável, nem por um instante.

Apenas alguns dias depois, a linha verde segura na minha mesa na sede tocou. Uma colega, ███████████, com quem eu havia uma vez trabalhado em um projeto sensível ███████████, estava ligando para mim do trabalho, no norte do país. Ela era a nova chefe do seu escritório e uma agente competente e experiente. Sem perder tempo com amenidades, ███████, começou imediatamente a me dizer por que estava me telefonando: "Oi, é a ███████. Quero avisá-la de uma coisa que passou pela minha mesa. ██
██
██
██
██
██
██
██
██
██
██
██
██
██
██
██
██
██
██
██
██
██
██
████████████████████ isso chamou imediatamente a atenção do setor de segurança da CIA, que entrou em ação. Esse setor trata de um constante fogo de barragem de ameaças, principalmente de

pessoas mentalmente instáveis, tipicamente dirigidas ao DCI e a outros funcionários graduados da CIA. Agora, quando as informações mais recentes sobre ▇▇▇▇▇▇▇▇▇▇▇▇▇▇ estavam parecendo particularmente ameaçadoras, a prioridade do setor era convencer o birô a não relaxar a vigilância para avaliar mais a fundo a dimensão do risco que ele podia representar.

Enquanto eu ia de carro para casa naquela noite comecei a conjurar possíveis cenários assustadores. Tentei sufocar meu pânico cada vez maior diante da possibilidade de que Trevor ou Samanta sofressem algum tipo de ataque por causa da revelação da minha identidade como agente da CIA. De repente, tudo aquilo não me pareceu apenas "puramente político". Era bastante real, e estava colocando minha família em perigo. Eu podia encarar qualquer coisa que acontecesse comigo e com Joe; mas, com meus filhos, já era uma outra história. Dobrando a esquina da minha rua, tentei ver minha casa do ponto de vista de alguém para quem ela era um alvo. Quais seriam seus pontos vulneráveis? Onde eram as saídas de emergência? Até que ponto nossos horários e os das crianças eram previsíveis? Eu estava acostumada a fazer essa verificação e análise mental enquanto viajava como agente secreta para o exterior. Era apenas uma coisa normal e prudente a fazer. Grande parte do nosso treinamento para agentes secretos tinha sido dedicada a interpretar e entender boas práticas de segurança. Mas eu não estava acostumada a fazer isso no meu bairro tranquilo de Washington. Eu me sentia enganada. Depois fiquei furiosa.

Depois do vazamento, em outubro de 2003, a CIA tinha enviado um agente para revisar nossa segurança doméstica. Ele recomendou fazer coisas como cortar três galhos de árvore que cobriam parcialmente uma luminária externa e colocar um ferrolho na porta da frente. Eu não me senti lá muito mais segura, mas não estava ainda pronta para solicitar uma equipe de segurança permanente. Agora, após meses e mais telefonemas agressivos, cartas perturbadoras, ameaças e um ▇▇▇▇▇▇▇▇ depois, eu achava que não ia ter escolha.

A fúria não é uma emoção eficaz quando se lida com uma burocracia. Eu já tinha aprendido há muito tempo a não encarar os obstáculos em termos pessoais; era preciso ser persistente e seguir as regras do sistema. Redigi um memorando muito educado e sucinto ao chefe de segurança da CIA. Dada a recente informação sobre uma ameaça referente a ███████████, e à torrente de relatórios de inteligência mencionando a crescente ameaça de um ataque da Al Qaeda antes das eleições presidenciais, eu estava solicitando uma equipe de segurança permanente para vigiar minha residência até as eleições de novembro de 2004. Eu entendia que isso iria exigir recursos consideráveis, mas eu nunca me perdoaria se não tivesse feito esse pedido e alguma coisa acontecesse a minha família. Entreguei meu memorando em mãos à secretária do chefe de segurança no sétimo andar da sede. Ela me disse, muito animada e solícita, que eles responderiam "o mais breve possível".

No dia seguinte, recebi uma resposta provisória do chefe de segurança enquanto seu gabinete "determinava qual era a situação ameaçadora específica". Ele disse que a agência tinha notificado o Departamento de Polícia Metropolitana de Washington sobre meu pedido e solicitado que eles intensificassem as patrulhas no meu bairro. Para minha agradável surpresa, logo comecei a ver carros da polícia de Washington passando diante da nossa casa de vez em quando, e entendi que eles estavam se esforçando ao máximo. O memorando terminava dizendo que o setor de segurança terminaria sua análise dentro de trinta dias e depois me enviaria "uma notificação".

Quase dois meses depois, no início do verão quente de Washington, a secretária alegrinha me ligou para dizer que um memorando do Diretor de Segurança estava à minha espera no gabinete deles. Corri até lá, e depois de ler as primeiras linhas, voltei à minha sala sem enxergar mais nada. A CIA tinha resolvido negar meu pedido de segurança. O diretor de segurança justificou essa recusa dizendo que, depois de um mês de "observação e relatórios" sobre minha residência, ou seja, passagens de carros frequentes e aleatórias, não tinham detectado "nenhuma ameaça específica ou cabível à sua segurança ou à segurança de sua família." O memorando me cumprimentava por ter procurado cumprir as regras de segurança e dizia que, se alguma coisa mudasse, eu devia avisá-los. Quando pus Jim – meu supervisor imediato, que tinha me dado todo o apoio possível, ajudando-me muito durante os últimos meses – a par dos mais recentes acontecimentos, ele arregalou os olhos e ficou me fitando, simplesmente incrédulo. Jim, que é o rei dos eufemismos, só respondeu com a seguinte declaração em voz baixa e áspera: "Imagino que você esteja decepcionada com a decisão deles."

Dizer que a resposta da CIA à situação me "decepcionou" nem começava a arranhar a superfície da traição que aquela reação era para mim. Depois de ▓▓▓▓▓▓▓▓▓▓▓▓▓▓ de serviço leal, eu esperava que a agência ao menos cumprisse sua promessa de proteger sua "família", algo que sempre tinha sido motivo de orgulho para a CIA. Pensei em outros alvos potenciais ▓▓▓▓▓▓▓▓▓▓▓▓▓▓: Tenet, Ashcroft, Rove. Todos tinham proteção do serviço secreto permanente em casa e a caminho do trabalho. Eles e suas famílias não tinham que se preocupar com visitantes indesejados aparecendo de surpresa. Ameaças a altos funcionários públicos nos Estados Unidos são uma parte negativa da vida pública, ainda mais durante uma guerra, mas eles estavam bem protegidos. Embora eu estivesse longe de ser uma funcionária de alto escalão, por causa das circunstâncias especiais em que me encontrava estava tão vulnerável quanto eles. Claramente, eu iria ter de me virar sozinha. Fui para casa, ensinei para Monique, a minha babá, algumas regras básicas de detecção de ameaças; comprei para ela um celular com botão de discagem direta para o número de emergência; dei-lhe instruções para não perder as crianças de vista; liguei para o Joe, que estava no meio de sua viagem, e lhe contei o que tinha ocorrido, tentando não me deixar consumir pela amargura.

Quatorze meses depois que o Presidente Bush aterrissou no porta-aviões *USS Abraham Lincoln* e fez um discurso para uma multidão vibrante diante de uma enorme faixa onde se lia "Missão Cumprida", presa acima da ponte do navio, soldados americanos ainda estavam prendendo cientistas iraquianos suspeitos de estarem trabalhando nos programas de armas de destruição em massa do Saddam, para interrogatório ▓▓▓▓▓▓▓▓▓▓▓▓▓▓▓▓▓▓▓▓▓▓

. O perigo iminente das armas de destruição em massa, que tinha sido a justificativa em que havia se baseado aquela guerra opcional, não tinha ainda se manifestado, e a ocupação do Iraque estava custando um número cada vez maior de vidas de soldados americanos. Cerca de mil soldados americanos haviam morrido desde o início daquela guerra, além de dezenas de milhares de iraquianos. Os custos da guerra, em termos de sangue, dinheiro e nossa credibilidade internacional, estavam começando a penetrar na consciência do público. O inenarrável escândalo da prisão de Abu Ghraib tinha explodido em abril, chocando todos os americanos com suas vívidas fotos de prisioneiros iraquianos sendo submetidos a tratamento desumano. Quando a CBS deu a notícia, seguida, logo depois, pelo artigo narrando a investigação de Symour Hersh no *New Yorker*, os americanos se indignaram. Aquilo era de partir o coração de qualquer um. No que havíamos nos tornado como país? Mas em um discurso em julho, no Laboratório Nacional de Oak Ridge, o Presidente Bush disse à multidão que o aplaudia: "Três anos atrás, o governante do Iraque era um inimigo jurado dos Estados Unidos, que oferecia refúgio a terroristas, usava armas de destruição em massa e tinha transformado seu país em uma prisão. Saddam Hussein não era apenas um ditador; era um assassino de multidões que se recusava a reconhecer que possuía armas de destruição em massa. Todos os países responsáveis reconheciam esta ameaça, e sabiam que não poderia durar para sempre... Embora não tenhamos encontrado estoques de armas de destruição em massa, tivemos razão em invadir o Iraque. Eliminamos um inimigo declarado dos Estados Unidos, que tinha a capacidade de produzir armas de destruição em massa, e podia ter passado essa capacidade para os terroristas que estivessem dispostos a adquiri-la. No mundo depois de 11 de setembro, esse era um risco que não podíamos nos dar ao luxo de correr." Era como se houvesse duas guerras: a que a administração federal estava lutando com orgulho e aquela que todo o resto do país tinha acompanhado pela tevê e não estava correndo conforme o prometido.

Enquanto eu revisava alguns dos últimos deprimentes relatórios de campo, ouvi uma batida à porta da minha sala, e um de meus colegas perguntou se podia entrar. Fiquei aliviada por poder me distrair um pouco, mas assim que ele se sentou, percebi que a conversa não ia ser apenas um bate-papo normal enquanto tomávamos uma xícara de café. Seu rosto redondo estava rubro, e seus olhos, atrás das lentes dos óculos, pareciam estar cheios de lágrimas. Eu já vinha trabalhando com ele durante dois anos, e durante esse tempo passamos por muitos dias estressantes, mas eu nunca o tinha visto assim tão comovido e aflito. Ele olhou de relance, nervoso, para a porta fechada antes de falar.

– Eles distorceram meu depoimento – disse ele, em voz baixa e tensa. Eu não fazia ideia do que ele estava falando. – Eu é que recomendei o Joe para aquela viagem, não se lembra? Eu disse isso ao comitê, mas eles não incluíram minha resposta no relatório.

As palavras dele ressoaram nos meus ouvidos. Alguns dias depois, no dia 7 de julho, Joe tinha voltado para casa totalmente furioso com uma cópia do *Relatório sobre Avaliações da Inteligência Americana Pré-Guerra no Iraque*, feito pelo Comitê Seleto de Inteligência do Senado (SSCI), que foi divulgado no dia seguinte. Joe deixou a pilha de papéis de meio palmo de altura na mesa da cozinha e subiu as escadas pisando duro, para trocar de roupa, cada gesto seu emanando hostilidade. Agarrei o relatório e li a maior parte dele sem sair da cozinha. Parecia meio confuso até que encontrei a frase: "O plano para enviar o ex-embaixador a Níger foi sugerido pela esposa do ex-embaixador, uma funcionária da CIA." Essa tinha sido a primeira "conclusão" na parte do relatório intitulada "Opiniões Adicionais", redigida pelos senadores republicanos Pat Roberts, o presidente do Comitê, Christopher Bond, e Orrin Hatch. Ainda mais bizarro foi o fato de o "comitê ter descoberto que, para a maioria dos analistas, o relatório do ex-embaixador dava mais credibilidade, não menos, à transação de óxido de urânio entre Níger e Iraque". Não consegui acreditar no que estava lendo. Como podia ser isso? Que analistas estavam dizendo que o relatório de Joe dava mais credibilidade? Por quê? O que estava acontecendo? Eu me senti como Alice caindo no buraco do coelho. Tudo que era antes branco ficou, de repente, preto.

Consegui pôr a mesa para o jantar, não sei como. No meio da refeição, que fizemos calados, Joe abruptamente se levantou, deixou seu prato ainda meio cheio na pia, e saiu do aposento, irritado demais para falar. As crianças imediatamente entenderam a tensão daquele silêncio e começaram a fazer o que não deviam. Ficaram irritáveis e desobedientes, eu estava me sentindo exausta e desnorteada. Mais tarde, depois de levá-las para a cama, Joe veio até nosso quarto, agitando o relatório.

— Que negócio é esse do memorando que você escreveu? — Ele estava se referindo a um comentário no relatório dizendo que eu tinha redigido uma mensagem de correio eletrônico na qual dizia: "meu marido tem boas relações [em Níger] tanto com o Primeiro Ministro quanto com o Ministro das Minas (sem falar nos franceses), ambos contatos que poderiam possivelmente esclarecer esse tipo de atividade". Essa tinha sido a mensagem de correio eletrônico que eu tinha enviado a pedido do meu supervisor, e era procedimento de rotina para informar a gerência de divisão do ███████ das atividades de nosso escritório. Não era o tipo de coisa que eu teria contado a ele, era só um procedimento de rotina. Eu tinha até me esquecido daquela mensagem. Certamente a mensagem não era prova de que eu tinha sugerido que Joe fosse a Níger. Mas o SSCI interpretou que era, e estavam usando essa mensagem de correio eletrônico para concluir que eu tinha mesmo sido responsável pela viagem dele. Apesar de todos os meus esforços para explicar a inocência da mensagem, Joe estava indignado demais para me ouvir. Ele só ficou o tempo todo me fuzilando com os olhos e resmungou que ia refutar aquilo, saindo do quarto. Deitei-me na cama, deprimida por causa da profunda raiva que o meu marido estava sentindo e da minha própria ingenuidade. Joe me disse, anos depois, que para ele, ler aquele relatório e descobrir que eu tinha escrito aquela mensagem de correio eletrônico tinham sido os pontos mais baixos de todo o inferno pelo qual passamos. E isso me fez sentir mal outra vez.

No dia seguinte, Joe redigiu uma refutação de oito páginas a todos os senadores do comitê de inteligência. Joe assinalou muitas das incorreções dos relatórios, tais como a conclusão de que a viagem de 2002 que ele tinha feito a Níger podia apoiar a análise de que o Iraque estava mesmo adquirindo óxido de urânio. Na verdade, outros fatos no relatório indicavam exatamente o contrário:

• Em agosto de 2002, o relatório da NESA (Análise do Oriente Próximo e Sul da Ásia) da CIA sobre a capacitação do Iraque para fabricar armas de destruição em massa não incluiu as supostas informações sobre venda de óxido de urânio por Níger ao Iraque.

• Em setembro de 2002, durante a coordenação de um discurso com um integrante do NSC (Conselho de Segurança Nacional dos Estados Unidos), o analista da CIA sugeriu que a referência a tentativas do Iraque de adquirir urânio da África fossem removidas. Segundo o analista da CIA, o integrante do Conselho de Segurança lhe respondeu que isso deixaria os britânicos "sem apoio nenhum".

• O texto do urânio foi incluído no texto da NIE, mas não nas conclusões e julgamentos principais. Quando alguém sugeriu que as informações sobre o urânio fossem incluídas como mais um sinal de reconstituição, o analista de assuntos nucleares do Iraque do INR (Divisão de Inteligência e Pesquisa do Departamento de Estado) se manifestou e disse que ele não concordava com o relatório sobre o urânio e que o INR iria incluir um texto indicando essa discordância sobre a reconstituição nuclear. O NIO disse que não se lembrava de ninguém ter realmente apoiado a inclusão da questão do urânio como parte da conclusão de que o Iraque estava reconstituindo seu programa nuclear, portanto ele sugeriu que as informações sobre o urânio não precisavam constar das conclusões principais.

• No dia 2 de outubro de 2002 o vice-DCI (Diretor de Inteligência Central) prestou depoimento diante do SSCI. O Senador Jon Kyl perguntou ao vice-DCI se ele tinha lido o Relatório do Governo Britânico e se discordava de alguma coisa naquele relatório. O vice-DCI afirmou que "o único ponto onde eu acho que eles foram um pouco mais longe do que nós iríamos foi a questão da compra de urânio do Iraque em várias regiões da África".

• No dia 4 de outubro de 2002, o NIO para Programas Estratégicos e Nucleares disse, em seu depoimento, que "há algumas informações sobre tentativas... Há dúvidas se essas tentativas realmente aconteceram por causa do controle de material nesses países... Para nós, estamos mais preocupados em saber se eles [Iraque] têm urânio dentro do país neste momento".

• No dia 5 de outubro de 2002, o ADDI [Vice-Diretor Adjunto de Inteligência] disse que um analista de assuntos nucleares do Iraque, ele não se lembrava do nome, tinha expressado preocupação com a fonte e alguns dos fatos do relatório de Níger, especificamente dizendo que o controle das minas em Níger teria tornado muito difícil a venda de óxido de urânio ao Iraque.

• Com base nos comentários do analista, o ADDI enviou por fax um memorando ao Conselheiro Adjunto de Segurança Nacional, no qual afirmava: "elimine a frase porque a quantidade é incerta, e não se sabe ao certo se o urânio poderia ser adquirido desta fonte. Nós dissemos ao Congresso que os britânicos exageraram nesse particular. Além disso, os Iraquianos já possuem 550 toneladas métricas de óxido de urânio em estoque".

• No dia 6 de outubro de 2002, o DCI ligou diretamente para o Conselheiro Adjunto de Segurança Nacional para esboçar as preocupações da CIA. O DCI prestou depoimento à SSCI no dia 16 de julho de 2004, asseverando que ele disse ao Conselheiro Adjunto de Segurança Nacional que o "presidente não devia ser uma testemunha factual neste assunto", porque seus analistas tinham lhe dito que "o relatório era fraco".

• No dia 6 de outubro de 2002, a CIA enviou um segundo fax para a Casa Branca no qual dizia: "mais informações sobre o motivo pelo qual recomendamos retirar a frase sobre compra de óxido de urânio na África: três razões – 1) os indícios não são comprovadores. Uma das duas minas citadas pela fonte como localização do óxido de urânio está inundada. A outra mina citada pela fonte está sob controle do governo francês. 2) a compra não é particularmente significativa para as ambições nucleares do Iraque, porque os iraquianos já possuem um grande estoque de óxido de urânio. 3) Nós já informamos o Congresso sobre os fatos mencionados nos itens 1 e 2, dizendo-lhes que a história sobre a África foi exagerada e lhes informando que esse é um dos dois pontos em que discordamos dos britânicos.

• No dia 8 de março de 2003 o relatório da inteligência sobre minha viagem foi disseminado nas várias repartições do governo, de acordo com o relatório do Senado. Além disso, o relatório declara que "no início de março, o vice-presidente pediu ao seu *briefer* do turno matinal uma atualização sobre a questão do urânio em Níger". Essa atualização da CIA "também dizia que a CIA iria interrogar uma fonte que pode ter informações relacionadas à suposta venda de 5 de março". O relatório em seguida declara que "os funcionários do DO também disseram ter alertartado os analistas da WINPAC quando o relatório estava sendo disseminado porque eles sabiam da alta prioridade do assunto". O relatório menciona que o *briefer* da CIA não informou o Vice-Presidente sobre o relatório.

Não foi surpresa o comitê nunca ter acusado o recebimento da carta de Joe. A seção de "Opiniões Adicionais" do relatório do SSCI era uma verdadeira amostra de corrupção política, veiculando deliberalmente distorções e mentiras deslavadas. Mesmo assim, ela continua sendo citada hoje em dia, pelos críticos de Joe, como prova de sua falta de credibilidade. Meses depois, Joe perguntou a um senador democrata mais experiente, no comitê, como eles podiam ter tido a coragem de deixar o relatório ser emitido assim, com todas aquelas distorções. A resposta do homem foi simples e direta: simplesmente havia muitos assuntos "a analisar" e "disputas substanciais bem mais graves" na mesa. Batalhas de grandes proporções surgiam entre democratas e republicanos a cada questão que era analisada, e os democratas não tinham como topar todas as batalhas. Eles precisaram deixar passar o relatório sem comentários. Em outras palavras, porque eles tinham mais batalhas políticas urgentes a travar, tomaram a decisão consciente de sacrificar Wilson. Era a política de sempre, mas foi uma lição amarga para mim e para Joe. Ironicamente, o pior golpe veio da parte do senador Evan Bayh, um democrata de Indiana com ambições de liderança nacional, que, em uma entrevista dada no dia 22 de julho de 2004 ao site Salon.com, disse que "nós somos agnósticos no que diz respeito a Wilson". É difícil esquecer coisas assim.[1]

O relatório também veiculava outros erros. Por exemplo, o SSCI só soube do caso do ministro de relações exteriores iraquiano Naji Sabri, recrutado como fonte da CIA e potencialmente uma mina de ouro, somente depois que o relatório foi emitido. De acordo com Tyler Drumheller, em uma entrevista dada no programa *60 Minutes*, Sabri foi recrutado pela CIA no verão de 2002. A Casa Branca adorou ter uma fonte do círculo social mais íntimo de Saddam, mas quando Sabri disse à CIA que o Iraque não tinha material físsil para uma bomba nuclear e não tinha programas viáveis de armas químicas nem biológicas, a Casa Branca não quis mais saber dele. Drumheller foi entrevistado duas vezes pelo comitê do SSCI sobre o assunto, depois que soube de Sabri, lendo o relatório Robb-Silberman de 2005, emitido pela Comissão sobre Capacitação de Inteligência dos Estados Unidos, com relação às ADMs. O noticiário *CBS News* comentou que a Secretária de Estado Condoleeza Rice afirmou que o ministro de relações exteriores iraquiano "era apenas uma fonte, e portanto suas informações não eram confiáveis". John Prados afirmou em TomPaine.com, em setembro de 2006, que "quando o Senador de Michigan Carl Levin apresentou uma emenda que teria incluído citações das Estimativas de Inteligência Nacional (NIEs) sobre armas nucleares do Iraque antes de 2002, o que aparentemente mostraria as incertezas da CIA de forma mais clara, a maioria republicana não só rejeitou a iniciativa como também resolveu acrescentar um relatório da minoria garantindo

---

[1] Nota da Autora: Embora o relatório completo devesse ter aparecido antes da eleição presidencial de 2004, o senador Roberts conseguiu adiar a segunda parte, potencialmente a mais danosa, sobre o uso político da inteligência disponível. O que saiu naquele mês de julho foi uma versão diluída, mal redigida e distorcida, uma visível manipulação política, que inocentava a Casa Branca das alegações sobre as ADMs do Iraque antes da guerra e atacava qualquer alvo disponível, inclusive a CIA.

que o próprio esforço de acrescentar essa perspectiva 'revela uma falta de compreensão fundamental do papel das NIE'" No final das contas, os republicanos emitiram o relatório manipulado porque, sendo maioria, eles podiam impor sua versão, e seu objetivo era pôr a culpa da inteligência mal apurada na CIA e desviar a investigação, revelando minha identidade.

O que estava faltando no relatório do SSCI era tão óbvio quanto as distorções que ele continha. A seção de "Opiniões Adicionais" assinada por Roberts, Hatch e Bond tinha concluído: "O plano de enviar o ex-embaixador para Níger foi sugerido pela esposa do ex-embaixador, uma funcionária da CIA." Porém, os senadores omitiram isso, conforme a coluna de 21 de julho de 2003, de Timothy Phelps e Knut Royce, no *Newsday*, segundo a qual "um alto funcionário do serviço de inteligência confirmou que Plame era uma agente secreta do Diretório de Operações e trabalhava 'com' os agentes de operações que pediram ao seu marido que viajasse para Níger. Mas ele disse que ela não recomendou que seu marido aceitasse a missão de ir a Níger. 'Eles (os agentes que pediram a Wilson para conferir a história da venda do urânio) sabiam com quem Plame era casada, o que não é nenhuma surpresa', disse ele. 'Tem muita gente no governo que tenta distorcer os fatos para dar a impressão de que foi ela quem planejou tudo isso, sabe-se lá por quê,' afirma ele. 'Não consigo entender o motivo.' 'Nós pagamos a passagem dele [do Wilson]. Para ir a Níger não é exatamente uma mordomia. Aliás, seria preciso pagar uma boa nota a qualquer um para convencer a pessoa a ir lá,' afirmou o alto funcionário da CIA." O SSCI consumiu 17 páginas do relatório sobre a questão do urânio de Níger exclusivamente com o objetivo de difamar Joe, mas nem se incomodou em incluir nelas o texto original do "Op-Ed" escrito por ele para o *New York Times*.

As consequências negativas do relatório do SSCI foram imediatas e inevitáveis. No dia 10 de julho, meu círculo mais íntimo de amigas de faculdade e eu tínhamos combinado de nos encontrar no Hershey Park, na Pensilvânia, para o que teria sido um fim de semana divertido de verão com nossos filhos. Enquanto eu esperava pelas outras na recepção do hotel naquela manhã de sábado, sem tirar os olhos dos meus gêmeos de quatro anos, que estavam correndo em círculos em torno do sofá, peguei um exemplar do *Washington Post*, a esmo. Enquanto o folheava, fiquei paralisada. Susan Schmidt tinha escrito um artigo intitulado "Sugestão de Plame sobre Missão de Níger é Citada – Relatório Rejeita Alegações de Wilson sobre Viagem e o Papel de sua Esposa". Enquanto eu lia rapidamente o artigo, ia me sentindo cada vez mais apavorada. "O ex-embaixador Joseph C. Wilson IV, que foi enviado pela CIA em fevereiro de 2002 para investigar relatórios de que o Iraque estava pretendendo reconstituir seu programa de armas nucleares com urânio da África, foi especificamente recomendado para esta missão por sua esposa, funcionária da CIA, ao contrário de tudo que ele vinha declarando publicamente." Fiquei tão furiosa que mal consegui falar quando minhas amigas me perguntaram qual era o problema. O ataque frontal tinha começado, e eu me sentia sem recursos para me defender, nem defender meu marido.

Naturalmente, a página do editorial do *Wall Street Journal* não perdeu tempo, usando o relatório do SSCI como munição extra para a campanha de difamação. Eu estava na minha mesa na CIA quando li o editorial de 20 de julho intitulado "A Defesa do Sr. Wilson: Por que o Promotor Especial do caso Plame Devia Fechar a Butique". Uma frase só já dizia tudo: "Em suma, toda essa investigação sobre o vazamento da identidade da agente secreta parece uma criminalização de diferenças políticas, algo bastante familiar na capital do país. O Promotor Especial Patrick Fitzgerald devia desarmar a tenda." Isso abriu meus olhos. Eu ainda não tinha enxergado o alvo maior e a estratégia da campanha de difamação até aquele momento. O relatório do SSCI e seu resultante dano à reputação de Joe e seus motivos iriam ser usados para deter a investigação sobre o vazamento, que estava chegando perto demais da Casa Branca. Agora eu entendia a ferocidade dos ataques contra Joe. Nos meses seguintes, muitas fontes confiáveis nos disseram que, antes de o relatório ser emitido, houve uma considerável conspiração entre o gabinete do vice-presidente e o Senador Pat Roberts sobre como redigir o relatório e o seu teor.

Equilíbrio e separação entre os três poderes, uma ova.

Então, quando meu colega, o relator, veio até meu escritório depois da emissão do relatório do SSCI, ele confirmou o que eu já estava desconfiando que era verdade: que não tinha sido eu que tinha sugerido o nome do Joe, mesmo. Mas ele teve medo de dizer isso sem ter certeza. Ele também me recordou de que o telefonema para Penny tinha dado início a essa sequência de eventos. Uma onda de apreensão me dominou. Senti vontade de exigir que meu colega me contasse a verdade, mas não podia lhe dizer o que fazer. Se fizesse isso, poderia estar coagindo a testemunha. Ele iria ter de fazer isso por si mesmo. Infelizmente, eu percebi o medo e a incerteza na voz dele, e entendi que não seria possível prever o que ele ia decidir. Eu lhe agradeci por me informar disso e fiquei só olhando enquanto ele se levantava e saía.

Alguns dias depois, ele voltou e fechou a porta outra vez. Do bolso da camisa ele tirou um papel amassado, desdobrou-o e o empurrou para mim sobre a mesa. Era um memorando que ele havia rascunhado, que declarava que seu depoimento ao SSCI tinha sido prestado fora de contexto e que ele, não eu, tinha sugerido Joe para a viagem. O memorando terminava com algumas frases elogiosas sobre o meu patriotismo e o patriotismo de Joe, e nossa dedicação ao nosso país. Eu me senti cheia de gratidão. Depois ele disse que tinha mostrado o memorando ao seu supervisor e pedido para que ele tivesse permissão para prestar depoimento outra vez ao SSCI para corrigir o que havia sido incluído no relatório, mas o supervisor, sem deixar nenhuma dúvida, lhe disse que era impossível. Ele então mencionou que tinha falado com a sua esposa sobre o assunto na noite anterior e ela tinha respondido que "eles fariam conosco o que fizeram com os Wilson". Ela não iria permitir que ele fizesse mais nada sobre o assunto. Eu só consegui murmurar "obrigada" baixinho, abaixar a cabeça e voltar à minha leitura.

Agora, sabendo o que eu sei, arrependo-me de não ter imediatamente abordado a alta gerência do CPD e pedido seu apoio para corrigir a omissão do depoimento do relator do CPD no relatório. Devia ter feito pressão para que fosse feita uma investigação de como o relatório havia distorcido a questão de como e por que Joe tinha sido escolhido para a missão a Níger. Eu devia ter pedido para que se fizesse uma fotocópia do memorando do meu colega e que essa fotocópia fosse depositada em um cofre como garantia. Devia ter pedido a meu ex-supervisor para esclarecer seu papel na escolha de Joe (na época, ele estava fazendo um curso de língua estrangeira, preparando-se para partir em missão para o Oriente Médio outra vez). Mas não fiz nada disso. Comportei-me de maneira um tanto passiva, me sentindo encurralada, com medo de repercussões. Se eu resolvesse reagir, perderia o meu emprego. Se não reagisse, podia perder meu marido. Foi uma fase horrível para mim e para o Joe. Nós dois estávamos como que vivendo no inferno, em aposentos separados, porém interligados.

O relatório do SSCI preparou o palco direitinho para o momento em que a máquina de guerra republicana engrenou a marcha para a Convenção Nacional Democrata de Boston, de 26 a 29 de julho. Joe foi convidado para dar palestras em vários eventos, e toda manhã ele precisava responder a perguntas dos repórteres sobre ele e o relatório do SSCI. Ele descobriu, pelos repórteres, que todo dia o Comitê Republicano Nacional enviava um "fax explosivo" a todos os canais da mídia com argumentos que o agrediam. Estava claro que os ataques eram um ensaio final para o confronto iminente, e Joe avisou seus amigos na campanha de Kerry para que se preparassem. Dentro de semanas, a campanha "Swift Boat" empregou muitas das mesmas técnicas e canais amistosos da mídia que tinham sido usados contra Joe. A tática deles teria deixado Joseph McCarthy orgulhoso: intimidação, difamação de caráter, um vergonhoso desrespeito pela verdade, e distorções da realidade. Coisa clássica do Karl Rove: atacar o ponto forte do inimigo. No caso do Joe, foi o fato de ele ter dito a verdade; no caso do Kerry, foi seu serviço militar irrepreensível.

Enquanto os ataques choviam sobre nós, Joe foi de longe quem levou a pior. A direita radical resolveu prejudicar sua empresa de consultoria internacional. Depois que Joe se aposentou do Departamento de Estado, em 1998, após 23 anos de serviços, ele tinha aberto sua própria firma de pequeno porte. Seus clientes incluíam grandes empresas, indivíduos com patrimônio de alto valor líquido e empresas sem fins lucrativos que precisavam de consultoria estratégica sobre comércio e investimentos em ambientes de alto risco na África e no Oriente Médio. Sua carreira diplomática no continente africano, durante a qual ele tinha lidado com ditadores e negociado conflitos, tinha lhe rendido estreitas amizades com muitos de seus líderes. Ele tinha constituído uma reputação ilibada de pessoa bem informada e honesta nos negócios. Durante os últimos anos do governo de Clinton, ele quis usar todo aquele seu patrimônio para levar as empresas americanas a investirem na África, que parecia estar a ponto de passar por um genuíno renascimento econômico, em parte alimentado pelas iniciativas americanas para estimular o comércio e o acesso aos mercados americanos.

No mundo novo Orwelliano no qual estávamos habitando, porém, a experiência de Joe, sua boa reputação em toda a comunidade africana e as recomendações de George H.W. Bush tinham pouca importância. Durante o ano de 2004, Joe perdeu um a um seus clientes nacionais e internacionais, porque eles não estavam se sentindo muito bem com toda a publicidade negativa que o cercava. Os inimigos de Joe descobriram quem eram alguns de seus clientes e publicaram seus nomes nos seus blogs de direita, atraindo para eles uma atenção indesejada. Joe passou a não conseguir mais clientes. Uma usina de ideias de Washington que tratava de política do Oriente Médio deixou de renovar o cargo voluntário de Joe como "estudioso adjunto", deixando entrever que uma ligação com Joe não favoreceria o levantamento de fundos. A certa altura, um sócio bastante próximo de Joe recebeu uma ligação de um poderoso agente republicano que lhe disse com toda a clareza que sua associação com Joe talvez lhe custasse a perda de um valioso contrato internacional. Felizmente ele não se deixou intimidar por essa tática mafiosa e reagiu mandando o homem plantar batatas. Uma amiga antiga que tinha uma firma de consultoria incluiu Joe na lista do seu site de Internet como consultor sênior. Durante uma reunião com um cliente em potencial que, por acaso, era republicano com ligações com o governo, ele a interrogou sobre Joe, com minúcias, desconfiado, querendo saber o que ele fazia na empresa dela. Joe também começou a perder oportunidades para dar palestras, das quais vinha dependendo cada vez mais para sustentar a família. Os filantropos republicanos tinham começado a ameaçar as universidades dizendo que retirariam seu apoio se Joe fosse convidado para dar palestras no campus. Os poucos lugares que pediam a Joe para falar, queriam que ele desse palestras de graça, em geral lhe dando uma caneca de café ou placa para agradecer-lhe pela presença. Os ataques combinados começaram a prejudicar as vendas dos livros de Joe.

Minha mãe, procurando entender o que estávamos passando na tentativa de também dar-nos apoio, certa vez expressou sua esperança de que Joe conseguisse um emprego "de verdade". Eu reagi defensivamente, mas sabia o que ela queria dizer. Um emprego normal, com um contracheque todas as semanas. O que ela não entendia era que estávamos concentrando todas as nossas energias para continuarmos empurrando com a barriga e reagindo. No fim do verão, o prejuízo já tinha sido feito e a empresa do Joe, que dependia tanto de recomendações pessoais e discrição, já estava nas últimas. Nossa renda agora dependia apenas do meu emprego de funcionária pública em meio período. As contas, naturalmente, começaram a se acumular.

Dada a frágil saúde financeira da nossa família e o clima político cada vez pior, provavelmente não era a melhor hora para eu pensar em tirar uma licença, mas foi exatamente o que eu comecei a fazer. Eu não sabia quanto tempo mais eu ia poder continuar a "fingir que nada estava acontecendo". A sucessão de golpes, como a decisão da agência de não nos dar mais segurança, seguida do pavoroso relatório do SSCI e sua seção de "opiniões adicionais", e da incapacidade de meu colega ou sua falta de disposição para voltar a prestar depoimento diante do SSCI, além dos incessantes ataques da mídia estavam acabando comigo. Tudo estava se exacerbando ainda mais pela minha decepção cada vez mais profunda com a guerra no Iraque. À medida que a insurgência ia se intensificando e a estrada entre o aeroporto e a Zona Verde no centro de Bagdá começava a ser chamada de "estrada da morte", ou "beco das granadas impulsionadas a foguete", as pessoas que percorriam esse trecho mortal de 12 quilômetros morriam quase diariamente, atacadas por bombas improvisadas ou por emboscadas. Eu tinha dificuldade de justificar o envio de agentes jovens e inadequadamente treinados da CIA para enfrentar aquela insurgência violenta, com o objetivo de continuar a infrutífera "procura pelas armas de destruição em massa". Os funcionários da CIA talvez tenham algum treinamento militar, mas não são soldados. Os ataques se tornaram tão frequentes na estrada para o aeroporto que a Embaixada americana proibiu que os diplomatas e funcionários da embaixada a utilizassem em dezembro. Nossas políticas em todos os níveis pareciam ineficazes, e todos em minha cadeia de comando pareciam paralisados, incapazes de captar a realidade do que estava se passando no Iraque. Eu mal conseguia respirar. Não havia alívio, nem em casa nem no trabalho. Nunca parecia haver tempo para planejar quais seriam os próximos passos. Tudo era na base da reação.

Eu sentia uma culpa tremenda quando pensava nas minhas crianças pequenas, que mal viam o pai e precisavam lidar com uma mãe incrivelmente estressada e impaciente. Eu gritava com eles como uma megera, depois caía no choro quando eles não queriam vir tomar banho quando eu mandava. Eu não queria sobrecarregar o Joe ainda mais lhe contando que eu estava quase entregando os pontos, mas tentei provar que precisava tirar uma licença para me recompor. Lembro-me de ter justificado isso para o Joe dizendo que precisava de um tempo de folga para ajudá-lo na sua luta. O que eu realmente precisava era só de alguma paz e tranquilidade para conseguir encontrar o meu chão de novo. Então, apesar de minhas dúvidas e minhas emoções desencontradas, eu solicitei, em agosto, uma licença de seis meses do trabalho na agência, sem vencimentos, e a obtive.

Eu tinha muitas esperanças de que umas férias fossem aliviar a tensão nas nossas vidas loucas, mas como diz aquele ditado sarcástico, "aonde você for, os problemas também vão". Sem trabalho, eu simplesmente tinha mais tempo para pensar em como nossas vidas tinham saído totalmente do nosso controle e como eu não estava contribuindo para a receita familiar. Em meados de agosto, a agente literária de Joe, Audrey, deu um coquetel para nós na sua casa de campo de família, bastante pitoresca, em Martha's Vineyard. Eu estava louca para passar alguns dias com Joe longe de Washington. Os convites mencionavam uma breve palestra de Joe depois da qual haveria uma sessão de perguntas e respostas. Enquanto comíamos sanduíches nas docas da cidade antes da festa, Audrey nos informou que muitos de seus amigos mais antigos haviam ligado para cancelar. Outros simplesmente não aceitaram o convite, sem comentários. Ao terminar meu almoço, de repente percebi que tínhamos nos tornado párias.

Na noite seguinte, no jardim repleto de hortênsias e roseiras cor-de-rosa de Audrey, eu vi o humorista Art Buchwald. Buchwald tinha passado por uma doença grave, mas portou-se de maneira engraçada, bondosa e comunicou-nos seu apoio. Depois, quando Joe falou na varanda de Audrey diante do pequeno grupo de convidados, notou que seus pais, inspirados pelos relatos e aventuras de Ernest Hemingway e Art Buchwald, na Paris da década de 1950, tiraram seu irmão e ele da escola e se mudaram para Paris, passando a frequentar as touradas na Espanha. Joe se lembrou que foi a experiência desse nomadismo bastante boêmio que o levou a escolher a carreira diplomática. Depois Joe concluiu:

– Devo minha atual situação a Art Buchwald.

A multidão riu, concordando. Depois disso, Art veio falar com Joe e disse que o seu único arrependimento era que "o Ernestinho não estivesse aqui esta noite para ouvir isso".

Antes que nós voltássemos para casa, Joe autografou alguns livros e deu algumas palestras em pequenos balneários de Connecticut ao longo do Long Island Sound. Em uma biblioteca de uma cidadezinha, os cidadãos locais encheram totalmente o pequeno espaço diante das estantes; aqueles que não tiveram a sorte de conseguir uma cadeira dobrável tiveram de ficar de pé. Sem ter nada escrito na mão em que se basear, Joe começou um discurso bastante enfático sobre suas preocupações com a guerra no Iraque, nossos motivos para começá-la e como estávamos conduzindo essa guerra, bem como as questões maiores que estavam por trás do vazamento de minha identidade. Ele falou sobre o contrato social entre o governo e seu povo, consagrado na nossa Constituição, e suplicou aos cidadãos daquela cidadezinha de Connecticut para que cobrassem do governo as consequências de suas palavras e ações. Temos a responsabilidade, como cidadãos, de estar informados e engajados em nossa vida cívica, seja concorrendo a um cargo no Conselho Escolar, organizando um comitê para cuidar da segurança do bairro, ou colocando folhetos do nosso candidato em envelopes para ajudá-lo na campanha. Sobre a alegação a respeito do urânio em Níger, ele pediu que, dentre os que estavam presentes, levantassem a mão aqueles que sabiam quem tinha colocado as mal-afamadas "dezesseis palavras" no discurso do presidente. Ninguém levantou a mão. Depois ele pediu para que levantassem a mão aqueles que não sabiam o nome da sua esposa. Ninguém levantou a mão, outra vez. Eles todos sabiam quem eu era.

— Qual é o problema nisso que acabou de acontecer aqui? — indagou ele, retoricamente. — Ninguém sabe quem pôs uma mentira no discurso do presidente, mas todo mundo sabe o nome de uma agente secreta da CIA simplesmente porque ela é casada com um homem que teve a temeridade de desafiar o governo.

Enquanto ele falava, olhei para os presentes e vi que estavam muito interessados, bastante atentos ao que Joe dizia, e que vários deles estavam balançando afirmativamente as cabeças. Depois que Joe concluiu sua palestra de 20 minutos, fiquei orgulhosa, pois ele estava dizendo tudo aquilo que achávamos que deveria ser feito. Essa crença iria ter de nos sustentar e nos ajudar a enfrentar mais dias difíceis num futuro próximo.

CAPÍTULO 12
Ficar e Lutar

À MEDIDA QUE O HORRÍVEL VERÃO DE 2004 foi cedendo lugar ao outono, quando nossos gêmeos entraram no pré-escolar, o casamento firme e carinhoso o qual eu sempre pensei que era a melhor coisa que jamais havia me acontecido começou a parecer que estava se equilibrando no fio de uma navalha. Às vezes, para meu horror, não ficava claro para mim qual seria o resultado. Ironicamente, minha licença sem vencimentos temporária só serviu para exacerbar a tensão cada vez mais forte entre mim e Joe porque ambos passávamos mais tempo em casa, na maior parte do tempo atrapalhando um ao outro, colocando-nos no meio do caminho. Nos primeiros dias do vazamento, Joe tinha galantemente defendido minha honra, minha integridade, e (depois que isso foi reconhecido pela agência) meu *status* de agente secreta. Falava frequentemente sobre nossa intensa atração mútua e nosso casamento feliz. Ele via os ataques dirigidos contra ele naquele verão como uma oportunidade para que eu o defendesse, e ele achou que eu me estava me saindo extremamente mal nisso.

Ele ficou bastante ofendido por eu não tê-lo defendido adequadamente. Eu compartilhava de sua raiva e frustração com nossa capacidade limitada de combater as alegações ridículas e injustas que estávamos sofrendo, mas me sentia incapaz de reagir. Como empregada da agência, eu não tinha permissão de falar com a imprensa, e ele sabia disso perfeitamente. Não tinha importância o fato de eu pensar que seria demitida se ridicularizasse publicamente as acusações; a única coisa que Joe entendia era que ele precisava de mim e eu não estava reagindo à altura, e se eu respondesse dizendo apenas "deixa isso pra lá" ou "não tem importância", ou "são só as babaquices normais da direita", as coisas só pioravam. Era uma situação estranha, nós estávamos juntos naquilo, mas estávamos experimentando tudo cada um a seu modo. E ninguém, a não ser nós dois, podia realmente entender o que estávamos passando.

Devido ao fato de que ambos estávamos nos sentindo frustrados, esses pequenos desentendimentos rapidamente aumentaram, virando bate-bocas, e nossas constantes implicâncias um com o outro atrapalhavam nosso diálogo. A interação normal começou a ficar cada vez mais difícil e cada vez mais arriscada. Nunca se sabia quando algum comentário inocente ou solicitação rotineira ia fazer o outro perder a cabeça. Eu nunca tinha sido boa para "compartimentalizar" meus problemas, e passava o tempo todo de cara triste, sentindo-me mal o tempo todo, como eu sabia que Joe também se sentia. E muito embora eu, intelectualmente, compreendesse que ele estava projetando sua revolta com a situação em mim, isso não tornava mais fácil suportar aquele clima. As brigas frequentes, acusações furiosas, palavras ofensivas, e uma desilusão que nos tornava defensivos em excesso nos impeliram ambos até as raias do desespero. Joe é um oponente formidável em qualquer circunstância, e eu sentia que sempre perdia, era incapaz de me defender de forma coerente, porque havia muitas emoções envolvidas e muito em jogo em termos pessoais. Quando deixamos de nos comunicar quase completamente, ficou claro que nosso casamento estava correndo um grave risco. Nós estávamos nos fechando, cada vez mais, e cada qual começou a pensar em como seria viver sem o outro.

A tensão finalmente chegou ao ápice em uma tarde límpida de outubro, em que o vento soprava com força. Nós estávamos sentados no *deck*, tentando deter a lenta derrocada do nosso casamento. Falamos em separação, só para ver o que cada um tinha a dizer sobre o assunto, tentando ver até que ponto nós dois estaríamos dispostos a sair daquele relacionamento sofrido. Infligimos-nos dor mutuamente como apenas aqueles que têm relacionamentos profundamente íntimos podem infligir. Depois de descrevermos círculos cautelosos em torno um do outro e atingirmos o que, para mim, foram as profundezas do desespero, finalmente nos tranquilizamos mutuamente ao decidirmos que não era ainda hora de jogar a toalha. Nenhum de nós estava ainda pronto para desistir. Nós tínhamos investido muito naquele casamento, e ainda precisávamos brigar muito, um com o outro e com nossos inimigos. Mas justamente quando a conversa já estava terminando, e eu comecei a pensar que já estávamos deixando para trás a parte mais difícil da briga, Joe virou-se para mim e me perguntou:

— Por que você está sempre escolhendo a agência e sua carreira em vez do nosso casamento?

Aquelas palavras foram para mim como um soco na boca do estômago, mas, por mais dolorosas que tivessem sido, aquele desabafo finalmente tinha trazido à baila o problema que se ocultava atrás de tudo. Joe sentia-se profundamente traído por meu comportamento passivo e questionava minha própria lealdade a ele e ao nosso casamento. Eu simplesmente não fazia ideia de que para ele o conflito era esse. Não tinha me ocorrido que ele estava interpretando minhas ações (ou omissões) como uma tomada de posição a favor da CIA à custa do meu casamento. Tentei convencê-lo de que minha lealdade nunca poderia ser posta em dúvida, mas não queria que ele voltasse a me acusar disso no futuro, toda vez que brigássemos. Mesmo assim, falar francamente pareceu ter lancetado o furúnculo, e pela primeira vez em semanas, conversamos objetivamente, sem nos ocultarmos por trás do véu da autopiedade e dos mal-entendidos. Eu jurei que "eles" podiam tentar tirar o que pudessem de nós, mas nós não lhes daríamos a satisfação de deixá-los tirar de nós nosso casamento também. Daquele momento em diante, embora ainda fosse haver muitos ressentimentos e desentendimentos dali para a frente, ambos tivemos plena consciência de que estávamos enfrentando o bicho juntos, fosse até onde fosse.

Enquanto nós estávamos tentando remendar nosso casamento, para que voltasse a ser como era, naquele outono, entendi completamente que não iria poder mais trabalhar na atividade ▊▊▊▊▊▊▊▊▊▊ para a qual eu tinha sido altamente treinada, uma função que eu adorava e tinha tanto orgulho de desempenhar: Agente Secreta. A revelação do meu verdadeiro nome e empregador, em julho de 2003, e a atenção da mídia tinham fechado aquela porta para sempre. ▊▊▊▊▊▊▊▊▊▊▊▊▊▊▊▊▊▊▊▊▊▊▊▊▊▊▊▊▊▊

▊▊▊▊▊▊▊▊▊ Apenas um círculo muito restrito e confiável de indivíduos sabe do verdadeiro vínculo empregatício do agente e quais são suas responsabilidades. Eu nunca mais iria poder ser enviada ao exterior em missão. A publicidade inevitável sobre a missão colocaria em risco qualquer operação ou agente ligado a ela. Além disso, sendo uma agente amplamente conhecida da CIA no exterior eu não tinha a menor intenção de me transformar em mais uma estrela no vestíbulo do edifício da sede da CIA. Pensei em procurar outras carreiras disponíveis no imenso quadro da empresa, mas não encontrei nada que me atraísse. Sempre achei que o departamento de operações era o núcleo da agência e sua missão fundamental, e o aspecto mais atraente em toda a sua gama de atividades. Obviamente, qualquer funcionário público federal precisava adorar o que estava fazendo, senão o salário baixo e os sacrifícios pessoais não ajudariam a manter um bom e ambicioso profissional no seu posto durante muito tempo.

Portanto, comecei a procurar outros empregos fora da agência pela primeira vez ▊▊▊▊▊▊▊▊▊▊▊▊. Eu sempre tinha sonhado em ser uma das mulheres ▊▊▊▊▊ do diretório de operações, aposentando-me do serviço de inteligência sênior da CIA, mas naquele outono eu fui procurar as usinas de ideias de Washington, marcando entrevistas informativas, e ingenuamente pensando que alguém com quase ▊▊▊▊▊▊▊▊ de experiência em operações de inteligência e uma permissão de acesso a assuntos altamente confidenciais poderia ser interessante para alguma delas. Eu sabia que a minha experiência era um pouco fora do comum, mas pensei em meus pontos fortes: uma capacidade bastante aperfeiçoada de pensar por mim própria, assumir responsabilidades pelas vidas dos espiões contratados, uma capacidade de produzir mesmo sob condições extremamente estressantes, experiência de gestão e uma compreensão muito boa de como a comunidade de inteligência funcionava. Ouvi muita gente dizer "bom, continue em contato conosco, e nos conte quais são os seus planos". Eu me sentia como uma universitária recém-formada, torcendo para alguém me dar uma chance e um emprego. Também, só de brincadeira, pensei em tentar encontrar emprego em Capitol Hill, talvez como integrante de um dos comitês de inteligência. Eu poderia continuar a trabalhar como funcionária pública federal e a contar tempo para a aposentadoria. Porém, enquanto eu participava das reuniões, duas coisas ficaram imediatamente muito claras: a primeira, que eu era uma batata quente em termos políticos, que ninguém tinha a menor pressa de admitir para um cargo público até que todo o meu drama terminasse de se desenrolar; e, em segundo lugar, que provavelmente isso não me importava. ▅▅▅▅▅▅▅▅▅▅▅▅▅▅▅▅▅▅▅▅▅▅▅▅▅ um emprego onde a pessoa fica sentada a uma escrivaninha durante o dia inteiro escrevendo sobre o mundo me parecia uma... como direi, chatice. Eu também duvidava que fosse ter paciência para isso. Não sou acadêmica, e minha formação simplesmente não parecia encaixar-se na descrição dos empregos disponíveis, nem combinava com o que eu estava vendo.

Para expandir um pouco meus horizontes, fiz uma visita a um empresário rico e bonitão, que tinha se tornado filantropo. Nós havíamos nos conhecido em um evento social, naquele mesmo ano, e ele teve a bondade de me dizer que podia entrar em contato com ele se precisasse de ajuda ou conselhos. Ele tinha muitas experiências de vida e de trabalho e certamente valia a pena sondá-lo sobre o que eu poderia pensar em fazer na vida agora. Ele trabalhava em uma ampla suíte de escritórios perto da Casa Branca na Avenida Pensilvânia, e, enquanto eu esperava por ele na recepção, meu olhar foi atraído pela arte moderna e intrincados desenhos dos tapetes persas que adornavam aquele labirinto de escritórios. A secretária surgiu de repente para me conduzir à sala do filantropo, e ele pareceu genuinamente feliz por me rever. Nós debatemos tudo, desde várias opções de carreira futuras ▬▬▬▬▬▬▬▬▬▬▬▬▬▬▬▬▬▬▬▬▬▬▬. Finalmente, ele se recostou na sua poltrona e me deu um sorriso imenso.

— Eles que se fodam. Volte com a cabeça erguida, e eles que se sintam mal. — Ele estava absolutamente certo. Eu sabia que podia enfrentar quase qualquer situação, e seria uma bobagem pedir demissão ▬▬▬▬▬▬▬▬▬▬▬▬. Por que eu devia sair do meu emprego ▬▬▬▬▬▬▬▬▬▬▬▬▬▬ só porque ele tinha ficado meio incômodo para mim? A confiança que aquele filantropo depositou em mim e seus conselhos maliciosos foram exatamente aquilo de que eu precisava.

À medida que a eleição presidencial de novembro foi se aproximando, Joe passou a ficar muito mais tempo em casa. Ele praticamente já não saía mais para dar palestras. Só recebia um convite ocasional de uma faculdade ou escola secundária. Nossa coleção de canecas foi pouco a pouco aumentando. Nas últimas semanas antes da eleição, os ataques da direita contra Kerry intensificaram-se até começarem a ser diários. Os ataques dos direitistas naquele verão contra Joe tinham sido uma chance de testar suas táticas. A campanha difamatória do grupo "Swift Boat", da qual a campanha de Kerry a princípio fingiu não tomar conhecimento, começou logo depois da Convenção Democrata e terminou tendo efeitos devastadores. A direita foi direto ao âmago do que Kerry considerava mais precioso: seu serviço no Vietnã e sua história de homem honesto e íntegro que tinha denunciado às autoridades os abusos daquela guerra impopular. Mesmo aqueles que apoiavam Kerry ficaram imaginando o que tinha realmente acontecido naquele dia em Bay Hap River, quando ele e outros tinham enfrentado o fogo do inimigo. Foi uma demonstração impressionante do que um grupo de oposição política bem organizado e bem financiado pode fazer, e não resta dúvida de que a contribuição de 22 milhões de dólares que os "Veteranos do Swift Boat pela Verdade" fizeram à campanha, causaram um grande prejuízo na posição de Kerry, segundo as pesquisas, até o próprio dia da eleição.

Duas semanas antes da eleição, o concerto "Vote pela Mudança" chegou à cidade. Esse espetáculo de *rock and roll* incluía astros como Bruce Springsteen, R.E.M., Pearl Jam, The Dixie Chicks, John Mellencap, Jackson Browne, James Taylor e a Banda Dave Matthews. Uma turnê por onze estados iria terminar com a noite de encerramento em Washington. Era o concerto dos sonhos de qualquer fã, mas nós já havíamos passado da época de dormir ao relento para sermos os primeiros da fila dos ingressos, de modo que Joe e eu presumimos que íamos ter de deixar aquela oportunidade passar. Felizmente, no dia anterior ao concerto, uma amiga minha disse que tinha encontrado uns lugares ótimos perto do palco, e nos convidou para ir. Encontrei uma babá em tempo recorde e comprei nossas entradas na Internet. Nós racionalizamos que o precinho salgado de 186 dólares por ingresso, que nós realmente não podíamos nos dar ao luxo de pagar, iria servir a uma boa causa; sentimo-nos um pouco como adolescentes burlando a vigilância dos adultos.

Desde a primeira nota tocada do número do Mellencamp, a multidão que lotava totalmente o MCI Center ficou de pé, gritando e cantando com a música. A certa altura, um imenso segurança com uma camiseta justa onde se lia "SEGURANÇA" nas costas, surgiu perto dos nossos lugares e fez sinal para que o seguíssemos. Por cima das nossas cabeças, ele nos entregou uns passes, e caminhamos rápido com ele pela verdadeira coelheira que são as salas e corredores dos bastidores. Enquanto percorríamos apressadamente os corredores apinhados, vi de relance *roadies* musculosos, namoradinhas louras rebolativas, empresários de cara preocupada falando nos seus celulares, e até crianças pequenas, todos se esforçando ao máximo. O segurança finalmente nos deixou diante de uma porta na qual estava pregado um cartaz onde se lia "Pearl Jam". Joe tinha conhecido o vocalista do Pearl Jam, Eddie Vedder, em Seattle, alguns meses antes, e os dois tinham ficado bons amigos, mesmo que isso fosse aparentemente improvável. Eddie nos recebeu calorosamente. Eu estava me sentindo incrivelmente velha e quadrada; não conseguiria citar um dos títulos do repertório dele mesmo que fosse para salvar minha própria vida. Quando nos viramos para sair e voltar para nossos lugares, dei de cara com um enorme torso masculino. Recuei, meio envergonhada, e olhei para o alto, vendo, mais ou menos a um metro e cinquenta acima de mim, o rosto sorridente de Tim Robbins. Ele é um desses astros sobre os quais as pessoas nunca dizem: "Ele é bem mais baixo pessoalmente." Nós nos cumprimentamos de passagem, e tentamos não perder de vista o segurança para voltar para nossos lugares.

Exatamente quando estávamos para sair dos bastidores escuros para voltar para nossos lugares, fomos subitamente detidos por mais seguranças. Dentro de um instante, estávamos cercados pelo que eu rapidamente percebi que eram integrantes da Banda E Street do Bruce Springsteen, esperando para entrar no palco em seguida. Fiquei encantada. Eu só tinha faltado à escola um dia em toda a minha vida, e foi para comprar o álbum *The River* em outubro de 1980. Joe, que era de uma geração musical diferente da minha, ficou menos impressionado ao ver o "Boss" a apenas alguns passos de distância dele. Demoramos a passar por eles, enquanto Bruce liderava a banda, num aquecimento pré-apresentação.

Quando Joe e eu finalmente chegamos em casa, em um horário que nunca chegávamos, 2:30h da madrugada, dispensamos a babá, observamos que pelo menos nossa notoriedade indesejada tinha alguns lados positivos. Achei até graça quando, quase um ano depois, a revista *Time* denunciou, esbaforida, que tínhamos gastado 372 dólares para irmos a um "concerto de levantamento de fundos de uma campanha anti-Bush, como se apenas isso bastasse para nos tornar suspeitos.

Finalmente, raiou o dia das eleições. Nós entramos na fila, orgulhosos, na seção eleitoral do nosso bairro, com as crianças, antes de levá-las para a escola. Rezei rapidamente antes de votar; muita coisa parecia depender do resultado daquela campanha eleitoral tão disputada. Nunca antes eu tinha me sentido tão distante e desligada do líder do meu país. Eu acreditava profundamente que Bush e sua administração estavam levando a nação para a direção errada, em todos os aspectos de suas políticas nacionais e internacionais. Mesmo assim, eu não tinha ilusão quanto a uma vitória de Kerry ser uma coisa certa. Mais tarde, Joe me ligou de um restaurante de Georgetown onde estava fumando charuto em companhia de alguns amigos. Ele me informou sobre os resultados das pesquisas de boca de urna, que tinham começado a sair por volta das 4 da tarde, o que parecia indicar uma vitória decisiva de Kerry. Prendi a respiração de repente; era a primeira vez que eu me permitia sentir esperança de que Bush cumpriria apenas um mandato como presidente. Joe também mencionou que ele tinha esbarrado na jornalista Judith Miller, do *New York Times*, no meio da multidão. Miller tinha se recusado a revelar suas fontes sobre o vazamento ao Promotor Federal Patrick Fitzgerald, e por isso ele a acusou de desrespeito ao tribunal. O recurso dela começou então a transitar vagarosamente em julgado. Eu não confiava nas notícias assinadas por ela durante a época pré-guerra. Ela se aproximou bastante de várias fontes iraquianas que davam entrevistas detalhadas e, às vezes espetaculares, sobre os programas de armas de destruição em massa do Saddam Hussein. Mesmo assim, desde a invasão do Iraque, em março de 2004, nenhuma das alegações publicadas com espalhafato na primeira página do *New York Times* tinha sido comprovada. Em um artigo em julho de 2003, ela culpou o "caos", a desorganização", os "conflitos entre órgãos governamentais", informação confidencial mal apurada", "saques" e "falta de tudo", desde gasolina até sabão", pelo fato de os americanos não terem conseguido encontrar armas de destruição em massa. Todos eram culpados, menos ela, e sua confiança profunda nas pistas do presidente do Congresso Nacional Iraquiano, Chalabi. Mesmo assim, foram as matérias dela, mais do que as de qualquer outro jornalista, que puseram em evidência as teorias do governo sobre as ADMs. E ela tinha se apresentado a Joe. Enquanto eles apertavam as mãos um do outro, ele mencionou que estava preocupado com o resultado das eleições, e a resposta dela foi: "não se preocupe, já terminou. Não vai dar outra [a vitória é de

Kerry]. Se eu pensasse que havia chance, estaria na sala de imprensa, trabalhando. Aliás, passei a tarde comprando uniforme de presidiária." A previsão de Judith Miller sobre a vitória de Kerry, porém, não se concretizaria.

Naquela noite, fomos a uma festa em um dos bairros mais aristocráticos de Washington, para assistir à transmissão do resultado da apuração. Fomos para lá felizes, de bom humor, pois as pesquisas de boca de urna do fim da tarde continuavam a dar uma margem substancial a Kerry. Entrei correndo na sala de visitas do meu anfitrião, onde várias televisões estavam sintonizadas em noticiários de canais diferentes. Quando olhei o mapa pela primeira vez, vi que o país estava sendo lentamente engolido pela cor vermelha, e fiquei desanimada. Não sou especialista em política, mas sabia que não ia dar para vencermos. Quis ir embora naquele mesmo instante, pois não havia por que ficar, só que Joe já tinha sumido na multidão. Enquanto eu procurava por ele, desesperada, Sally Quinn e seu filho começaram a querer puxar conversa comigo, só que eu não estava a fim de ser educada nem bancar a simpática com ninguém. Outras pessoas de renome de Washington também estavam presentes, mas eu só queria ir embora. Uma ou duas horas depois, finalmente consegui empurrar Joe até a porta, e nós quase não falamos nada no carro, enquanto voltávamos para casa. Uma vez lá, fui direto para a cama, enquanto Joe ficou acordado, grande parte da noite, assistindo à repetição do drama eleitoral de 2000 em Ohio.

O dia seguinte amanheceu frio e cinzento, combinando perfeitamente com nosso humor. Embora eu nunca tivesse pensado que a vitória de Kerry era certa, estava tendo muita dificuldade de engolir aquela vitória do Bush. Entendi que o país estivesse relutante em deserdar o seu comandante em tempo de guerra, mas os erros, a arrogância e a intolerância do governo em inúmeros setores eram deploráveis. Confesso que eu estava tendo dificuldade de compreender por que meus compatriotas estavam querendo mais quatro anos do mesmo tipo de governo. A manchete do jornal britânico *The Daily*

Mirror manifestou, com um humor rabugento, a incredulidade do mundo: "Como é que 54.054.087 pessoas podem ser tão BURRAS?" Minha querida amiga Janet estava hospedada na nossa casa, e nós visitamos o Teatro Ford e a casa em frente à qual o Presidente Lincoln morreu. O espírito melancólico que prevalecia naqueles lugares estava de acordo com nossa disposição de espírito, e eu refleti sobre aquele nobre presidente que tinha liderado nosso país durante os anos sombrios da Guerra Civil. No carro, na volta para casa, o rádio deu a notícia já esperada de que Kerry tinha reconhecido sua derrota nas urnas. O futuro do país e o nosso parecia desanimador.

Eu me virei na cama, inquieta, chutei os lençóis para todos os lados, e percebi que Joe não estava ao meu lado. O relógio luminoso na mesinha de cabeceira mostrava 2:30 da madrugada. Joe gostava de levantar bem cedo e fazer exercícios, mas a essa hora não era possível. Saí da cama, vesti meu roupão e desci as escadas. Fui olhar na sala escura da tevê. Joe não estava lá. Fui verificar se ele estava ao computador, no nosso escritório doméstico. Também não estava lá. Então comecei a me preocupar. Era a calada da noite, em pleno inverno, e meu marido não estava dentro de casa. Quando fui até a cozinha escura, uma luz azulada estranha no *deck* me chamou a atenção. Fui até a porta e a abri devagar. Uma lufada de ar gelado entrou na casa, esfriando-me até a medula. Joe estava lá fora, de casaco *parka* todo almofadado, o capuz na cabeça, fumando um charuto. A luz azulada do seu computador lhe iluminava o rosto cansado.

Fiz a pergunta que qualquer um faria:

– O que você está fazendo aqui fora?

– Procurando imóveis na Nova Zelândia – respondeu ele, animado demais para quem estava acordado àquela hora. – Olha só essa bela propriedade no litoral de Napier, e o preço é uma pechincha. O que acha? – Aquela pergunta foi direto ao âmago das conversas que vínhamos tendo de vez em quando ao longo dos últimos meses, e que haviam se acelerado com a reeleição do Bush. A investigação de Fitzgerald sobre o vazamento parecia ter praticamente parado.

Minha carreira estava num beco sem saída, e a de Joe também não parecia ser lá muito promissora. Nós tínhamos filhos para criar e não podíamos continuar como estávamos. O que íamos fazer?

Nossa indignação e alarme aumentaram quando percebemos que o país iria ter de aturar mais quatro anos de decisões ruins. O governo estava sistematicamente destruindo todas as instituições internacionais que tinham servido ao nosso país e ao mundo tão bem desde a II Guerra Mundial. A credibilidade dos Estados Unidos estava mais baixa do que nunca tinha estado antes. A ideologia neoconservadora, tão infiltrada nos corredores do poder desde o 11 de setembro, ainda estava para demonstrar que nossa guerra opcional contra o Iraque ia "reestruturar" o mapa do Oriente Médio e obter o resultado desejado. Nossa sociedade estava se tornando um mundo dividido entre os que "tinham" e os que "não tinham", cada vez mais, a cada ano que passava. A classe média, que tanto gostava de jactar-se do que possuía, a espinha dorsal deste país, estava sofrendo pressões cada vez maiores. As liberdades civis básicas estavam sendo atacadas. Os Estados Unidos não pareciam mais o nosso país, uma coisa pela qual nenhum de nós dois tinha passado antes.

Quando Bush foi declarado o vencedor da eleição de 2000, em decorrência da decisão do Supremo Tribunal Federal de suspender a recontagem dos votos na Flórida, Joe e eu ficamos furiosos. Porém, nossa preocupação concentrou-se muito mais na decisão parcial sem precedentes do tribunal supremo do país do que no vencedor da eleição em si, muito embora ele fosse alguém que não apoiávamos. Raciocinamos que o país estava em paz, a economia estava seguindo em frente perfeitamente bem, e gostávamos do pai do Bush, que tinha indicado o Joe para ser embaixador e com quem Joe ainda trocava uma correspondência ocasional porém sincera. Por mais devastador que fosse ver nossos juízes tão venerados manipularem a eleição, nós nos perguntamos, ingenuamente: *"Será que as coisas podem ficar piores do que já estão?"*. O massacre que se desenrolou no Iraque demonstrou que exatamente quanto a gente pensa que tudo já está péssimo, as notícias podem ficar ainda piores.

Eu andava acompanhando as profundas mudanças na CIA durante a minha licença sem vencimentos. Tenet tinha saído do cargo de DCI em junho de 2004, decididamente desiludido. Segundo o MSNBC, "A Casa Branca negou peremptoriamente que Tenet tenha sido demitido, dizendo que sua decisão de sair da agência foi uma surpresa para Bush. Tenet disse a colegas da CIA depois de deixar o cargo que sua decisão 'tinha se baseado apenas no seguinte fato: o bem-estar de minha maravilhosa família, nada mais, nada menos.'" Todos sabíamos que havia mais por trás daquela iniciativa do que aquelas declarações públicas enganadoras; só que os funcionários da CIA levaram um susto quando o DDO Jim Pavitt pediu demissão um dia depois de Tenet. Ele também citou o popular motivo "querer passar mais tempo com minha família". Ambos eram fundamentais para a missão da agência, principalmente durante uma guerra, e suas saídas aumentaram a ansiedade de todos. Em uma iniciativa que andava sendo assunto de boatos desde a saída de Tenet, o presidente indicou Porter Goss como DCI em setembro. Goss, um Agente de Operações da CIA durante a maior parte dos anos 60, depois congressista pela Flórida, que se tornou chefe do Comitê Seleto do Senado sobre Inteligência, chegou à sede com a clara intenção de arrumar a casa, e desde o início todos o viam mais como alguém que defendia uma bandeira e ocupava um cargo do que como ex-colega. Ele trouxe consigo vários de seus funcionários leais de Capitol Hill, conhecidos por seu estilo gerencial abrasivo, e imediatamente passou a tentar colocar a CIA — com ênfase especial no diretório muitas vezes indomável e voluntarioso de operações — sob controle, trabalhando conforme as ordens da Casa Branca. Os funcionários da Casa Branca desconfiaram que funcionários da CIA houvessem vazado, antes das eleições, informações sobre a inteligência acerca da guerra do Iraque, para melhorar a imagem pública da agência. Assim, as ordens que Goss recebeu do governo foram provavelmente do tipo "põe todo mundo na linha".

Embora houvesse na sede uma sensação esmagadora de que reformas muito necessárias, como, por exemplo, do modo como se distribuía, se preparava e se usava a inteligência eram essenciais para reconstituir o prestígio lesado da CIA, Goss pegou pesado, de modo que causou rancor em todos. Goss sofreu críticas por não interagir com os gerentes mais graduados da agência; por passar pouco tempo com os chefes do serviço de inteligência no exterior (dos quais a CIA dependia para obter colaboração em matéria de contraterrorismo e contraproliferação); por não ser suficientemente engajado em atividades diárias; e por ser incapaz de aprender alguns detalhes das operações. Em uma entrevista em 2005, Goss afirmou que "ele estava um tanto assombrado" com sua carga de trabalho. Os piores temores dos empregados diante da lenta politização da CIA se realizaram quando, depois da eleição presidencial de novembro, Goss enviou, por correio eletrônico, um memorando para todos os funcionários da CIA, que em parte dizia: "Nós apoiamos o Governo, e suas políticas, no nosso trabalho como funcionários da agência... Não nos identificamos com a oposição ao governo, nem apoiamos ou defendemos suas causas. Nós oferecemos a inteligência como a encontramos, e deixamos os fatos em si falarem aos elaboradores de políticas." Embora o porta-voz da CIA tivesse explicado o memorando como uma declaração da natureza não partidária da agência, parecia ser justamente o contrário. Soava como um discurso do Ministro da Verdade do Orwell, deixando ainda mais desanimados os funcionários da CIA, que achavam que a agência já estava perdendo grande parte da sua credibilidade e poder na medida em que a política partidária começava a degradar o produto de seu trabalho.

Estranhamente, essa mensagem de correio eletrônico perturbadora saiu apenas horas antes que o nosso DDO, o durão e respeitado Steve Kappes, pedisse demissão, indignado depois que seu sub, um funcionário de excelente reputação chamado Mike Sulick, criticou o poderoso Chefe Adjunto de Goss, Pat Murray. De acordo com Tyler Drumheller, no seu livro *On the Brink*[1], o relacionamento

---

[1] Ainda não traduzido. O livro trata das várias manipulações de inteligência da CIA por parte do governo Bush. N. T.

entre o gabinete de Goss e o DO estava se desintegrando por causa de diversas questões, e o desentendimento chegou ao auge quando Murray enviou a Sulick uma "mensagem de correio eletrônico absolutamente detestável", que "acusava Sulick e Kappes, dois dos mais experientes e respeitados homens do edifício, de serem tolos e sem integridade." Murray, então, mandou Kappes demitir Sulick, mas ele se recusou a cumprir essa ordem. Durante o fim de semana, Kappes e Sulick tomaram a decisão que quase nunca se toma em Washington. Eles dois resolveram pedir demissão por uma questão de princípio. Esse choque se multiplicou durante as semanas e meses seguintes, à medida que dezenas de agentes graduados foram saindo, sem poderem mais aguentar trabalhar para uma organização que tinha se distanciado tanto de sua missão. Segundo o Washington Post, em janeiro de 2005, mais de vinte agentes graduados tinham se aposentado ou pedido demissão de seus cargos desde que Goss se tornou DCI. Pelo menos mil anos de experiência operacional obtida com suor e sangue saíram pela porta afora, quando as necessidades de segurança nacional do nosso país eram críticas. Foi uma coisa devastadora.

Depois que eu saí de licença em agosto, constantemente ouvia dizer, pelos meus colegas, que o moral estava perigosamente baixo, e havia um espírito de revolta explícita contra Porter Goss e seus "Gosslings". Todos estavam calculando quais eram as vantagens de ficar ou sair daquele navio que estava indo a pique rapidamente. Eu tinha minhas dúvidas sobre Goss e suas intenções. Logo depois de a coluna do Novak surgir em 2003, Goss, chefe do Comitê Seleto Permanente da Câmara sobre Inteligência, deu uma entrevista ao jornal de sua cidade na Flórida. Perguntaram-lhe se o comitê iria investigar o meu vazamento. E a resposta dele foi nada mais nada menos do que aviltante: "Alguém me mande um vestido azul e um DNA, que vou mandar analisar." Só esse comentário, por mais irônico que possa ter parecido, já deixou bem clara a visão de Goss de que a inteligência devia ser politizada, e revelou seu desdém pelos funcionários da CIA.

Enquanto eu espiava por cima do ombro do Joe os anúncios de imóveis à venda na tela, a ideia de se mudar para a Nova Zelândia começou a me parecer menos absurda. Aliás, até me senti um tanto empolgada e aliviada ao pensar em nos afastarmos de uma situação que tinha se tornado extremamente dolorosa sob todos os aspectos. Eu tinha visitado a Nova Zelândia uma vez ▇▇▇▇▇▇▇▇▇▇ ▇▇▇▇▇▇▇▇▇▇▇▇▇▇▇, e tinha me deixado fascinar pela beleza natural do país, pelo povo cativante, no qual se expressavam tantas etnias diferentes, e, acima de tudo, pela distância entre aquele país e Washington. Eu não creio que se possa ir mais longe do que a Nova Zelândia sem começar a voltar de novo para casa. Joe foi rolando a tela.

— O que você acha dessa? — disse eu, apontando para um chalé encantador que dava para o mar azul-escuro.

Em uma manhã fria de janeiro, mais ou menos dez dias antes da segunda posse de Bush, em 2005, despertei assustada e cutuquei as costelas de Joe para acordá-lo também.

— Precisamos sair desta cidade — disse eu. — Simplesmente não vou poder ficar aqui e passar por essa segunda posse e todo o espalhafato e publicidade que a cerca, quando nós nos sentimos dessa forma com relação a este governo. Podemos levar as crianças para algum lugar e esquiar, em vez disso?

Talvez porque não estava acordado ainda, ele concordou instantaneamente. Em um golpe de sorte incrível, conseguimos quatro passagens aéreas usando milhagem e Joe ligou para seu bom colega de faculdade, George, que morava em Salt Lake City, Utah. George e Donna fizeram a gentileza de nos convidarem para ficarmos hospedados em sua casa perto da universidade, e nós dali podíamos ir de carro todos os dias até uma estação de esqui famosa, a Alta, 45 minutos apenas de viagem por um cânion íngreme e estreito. Compramos roupas de esqui e equipamentos, tentamos instilar nos nossos filhos um pouco de entusiasmo por um esporte que eles nunca tinham visto antes, e saímos da cidade exatamente na hora em que republicanos jubilosos estavam chegando para comemorar o segundo mandato do

"W".

Já fazia 32 anos que Joe não esquiava. Da última vez que ele havia se arriscado a usar esquis, tinha 23 anos e quebrou a perna em Lake Tahoe. Os anos de intervalo entre aquela ocasião e agora, percorrendo a África, não lhe ofereceram oportunidades para praticar esportes de inverno, mas ele estava disposto a tentar de novo. Ou seja, até eu olhar atrás de mim na nossa primeira descida pela pista fácil intermediária na ensolarada Alta e ver uma bola enorme de neve branca rolando pela montanha, soltando palavrões sem parar. "Ih, gente, essas férias vão ser divertidas", pensei, enquanto aquela bola de neve furiosa parava aos meus pés. Porém, no fim da semana, ajudado pelo nosso instrutor, e dois novos pares de esquis parabólicos que praticamente faziam as curvas para a gente, ambos estávamos em forma outra vez e praticamente dispostos a tentar qualquer coisa na montanha. Nem sempre saímos ilesos, mas nos divertimos a valer. Quanto a Samantha e Trevor, de cinco anos de idade, eles imediatamente se amarraram no esporte e no final da semana já estavam descendo pelas pistas intermediárias com desembaraço, soltando gritinhos de alegria. Não demonstraram nenhum medo, e era óbvio que dentro de alguns anos já estariam esquiando melhor do que os seus pais.

À medida que íamos esquiando melhor, nossos espíritos começaram a se recuperar também. Enquanto contemplávamos a beleza majestosa da serra de Wasatch em Utah, sentíamos nossas preocupações perderem a importância até serem postas quase de lado. Ninguém sabia quem éramos, nem se importava com nossa presença, a não ser para perguntar se estávamos nos divertindo ali na estação de esqui. Quando perguntavam de onde éramos, nós simplesmente respondíamos: somos de Washington; e a maioria dos moradores do lugar respondia: "Ah, lá chove muito." Em geral, não os corrigíamos.[2]

---

[2] Eles provavelmente pensavam que os Wilson estavam se referindo ao estado de Washington, no litoral do Pacífico, no norte do país, não à capital, no leste, no litoral do Atlântico. N. T.

Através dos dons do tempo e do espaço, chegamos a várias decisões fundamentais. Primeiro, nosso casamento era fundamental e precisávamos preservá-lo. Juramos continuar trabalhando em equipe, como parceiros, entendendo que se nós nos separássemos, nenhum de nós teria chance de vencer seja qual fosse o nível. Em segundo lugar, não nos mudaríamos de Washington nem do país ainda; o país também era nosso, e nós iríamos lutar por ele. Mudar-se significaria ser interpretado por nossos inimigos como sinal de fraqueza ou derrota, e essa era a última coisa que queríamos fazer. Embora nós soubéssemos que havia ainda muitas dificuldades a enfrentar, sentíamos que tínhamos sido testados e tínhamos passado no teste. Eu não desejaria o sofrimento suportado durante o ano anterior ao meu pior inimigo; contudo, depois da nossa provação, descobrimos que é verdade o seguinte ditado popular: "O que não mata, engorda." Os críticos de Joe queriam destruí-lo, e quase conseguiram. Os republicanos teriam adorado se livrar do Joe e da investigação sobre o vazamento. Ambos, ironicamente, recordavam ao público o abuso de poder governamental. Mas nós dois, juntos, tomamos a decisão de reagirmos. Certamente não íamos facilitar as coisas para eles.

Nunca pensei que veria meu nome e as palavras "prostituto gay" na mesma matéria, mas isso aconteceu pouco depois que voltamos para casa de Utah em fevereiro de 2005 – outra indicação de como o caso Plame estava sendo distorcido. Jeff Gannon, repórter credenciado pela Casa Branca de dois sites conservadores da Internet, a *Talon News* e o *GOPUSA*, compareceu a uma conferência de imprensa em janeiro e perguntou ao presidente: "Como sua Excelência vai trabalhar com pessoas que parecem ter se divorciado tanto da realidade?" Os blogueiros liberais imediatamente começaram a investigar as credenciais de Gannon. O que descobriram quase de imediato constrangeu a todos. Fotos de Gannon nu, cujo nome verdadeiro é James Dale Guckert, surgiram em muitos sites de *escorts gays* na Internet, onde ele anunciava seus serviços por 200 dólares por hora. Depois que essa segunda profissão dele veio a público,

Gannon pediu demissão e devolveu seu passe de imprensa da Casa Branca. Ficou indignado por ser demitido devido a "erros do passado" e questionou se era correto "usar a opção sexual das pessoas para boicotá-las". Os blogueiros se divertiram a valer tentando imaginar como Gannon, com aquele currículo, tinha conseguido passar pelo pente fino da Casa Branca. Gannon, estranhamente, tinha conseguido entrevistar Joe antes da eleição. Na entrevista, Gannon se refere a "um memorando interno do governo preparado por funcionários da inteligência" que dizia que eu tinha sugerido Joe para viajar a Níger. Em consequência disso, o FBI visitou-o enquanto estava investigando o vazamento, mas Gannon disse que o memorando nunca tinha passado pelas suas mãos, que ele nem mesmo tinha visto esse documento, de modo que não pediram que ele comparecesse perante o grande júri. Foi um episódio bizarro, mas felizmente curto.

Depois, naquela mesma primavera, antes que eu voltasse a trabalhar para a CIA, Joe e eu fomos convidados para um jantar sofisticado em Nova York. De acordo com nossa resolução de não sumirmos do mapa como nossos críticos teriam gostado, aceitamos e passamos a nos preparar para uma noite elegante, assistindo a um desfile de celebridades. Durante coquetéis no vasto terraço do edifício do Supremo Tribunal do Estado de Nova York, senti alguém dar um tapinha de leve no meu ombro e girei nos calcanhares, vendo a Marlo Thomas, sorridente, apresentar-se a mim. *That Girl* era um ícone do tempo da minha infância. Eu assistia a essa série de tevê popular depois da escola e aprendi muito com a personagem Ann Marie, que era uma mulher solteira, independente e moderna. E ela possuía um guarda-roupa de peças coordenadas interminável que era uma maravilha. Marlo era muito simpática, e batemos um papo bastante longo. Quando nos despedimos, ela disse: "Você parece muito mais aberta como pessoa do que eu teria esperado." Fiquei meio surpresa, mas percebi que a atriz de *That Girl* tinha acertado na mosca. Eu estava voltando a ser a pessoa que era antes de minha carreira na CIA ter me obrigado a ser cautelosa e fechada, evitando toda e qualquer abordagem.

Em maio de 2005 eu voltei à Divisão de Contraproliferação da CIA, onde tinha trabalhado antes da minha licença, e onde pretendia desempenhar minhas funções da melhor forma possível. Embora eu tivesse tido de renunciar a grande parte das minhas ambições por ter filhos, e elas tivessem sido também podadas devido aos eventos dos últimos dois anos, fiquei lisonjeada e surpresa por receber um bom cargo em operações com certa responsabilidade. O cargo era para manter as ADMs, principalmente nucleares, fora das mãos dos países fora da lei. Meu trabalho era essencialmente supervisionar o trabalho feito pelos nossos agentes, procurando assegurar que os cabogramas fossem enviados prontamente e com precisão, garantindo que nossas operações inovadoras continuassem dentro dos limites legais; coordenando minhas ações com outras pessoas da divisão e oferecendo conselhos operacionais sólidos e contribuindo com minha experiência quando necessário. Embora nosso setor fosse relativamente pequeno, estava desempenhando um dos trabalhos mais criativos ████████████ de toda a Divisão. Esta era a parte do trabalho que eu adorava: desenvolver e depois analisar algumas das propostas operacionais mais malucas, para ver se iriam funcionar. O que poderia ser mais divertido ou satisfatório do que passar a perna em gente mal-intencionada? Para mim, um dos melhores aspectos do emprego era a oportunidade de trabalhar com agentes novatos, muitos que nem mesmo haviam trabalhado no campo ainda, e que ainda se apegavam ciosamente ao idealismo e ao entusiasmo que os havia inspirado, antes de mais nada, a entrar na CIA. Eles eram todos altamente inteligentes, poliglotas, ambiciosos e, o melhor de tudo, talvez, curiosos acerca do mundo ao seu redor. Eu me sentia como se estivesse trabalhando num estábulo cheio de potros puro-sangue, e eu fosse encarregada de colocá-los todos em condições de correr o melhor que podiam no hipódromo.

Fiquei emocionada por poder transmitir um pouco da minha experiência adquirida a duras penas, e das minhas técnicas operacionais para meus aprendizes. Há muitas coisas nas operações da CIA que só se podem aprender fazendo. Coisas que não são ensinadas na

Fazenda, nem mesmo debatidas abertamente. Enquanto eu preparava esses agentes para suas primeiras missões, tentava também dar-lhes conselhos sobre os possíveis obstáculos e armadilhas, e pensava comigo mesma que estava só começando a amadurecer no serviço. ▬▬▬▬▬▬▬▬▬▬▬▬▬▬▬▬ Talvez eu aprenda devagar, mas é um campo complexo e sempre em mutação. Eu gostava da companhia de vários dos agentes mais velhos do nosso setor que haviam se aposentado da agência, mas tinham voltado, trabalhando como contratados, os "crachás verdes", como os chamávamos. Durante os últimos anos, a agência tinha começado a receber um grande fluxo de pessoas terceirizadas para poder dar conta da carga de trabalho cada vez maior. Assim como eu tentava passar algumas experiências para os agentes novatos, continuava a aprender com outros agentes mais velhos sobre a atividade de espionagem. As histórias, fofocas, sugestões e opiniões deles se mostraram inestimáveis para meu aprendizado e perícia. Portanto, grande parte do que um agente secreto aprende é com a experiência do dia a dia. Eles falavam francamente sobre suas burradas e sobre as coisas que podiam dar errado a ponto de serem alarmantes quando um agente passa pela "caixa" (ou seja, o polígrafo ou detector de mentiras); casos em que tinham escapado por um triz de serem presos pela polícia estrangeira; geringonças técnicas de espionagem que não funcionavam como se pensava que funcionariam, e recrutamento de gente improvável.

Eu considerava aquele trabalho interessante e gratificante, e meus colegas imediatos eram do mais alto calibre, mas, quando a primavera cedeu lugar ao verão, eu já não estava mais tão concentrada no trabalho como deveria. Às vezes me sentia desligada, e outras vezes muito autopiedosa, como não era do meu feitio. Um dia, sentada na enorme sala de conferências do CPD, com o resto da Divisão, enquanto meus colegas recebiam promoções, eu, arrependida, percebi que, se as coisas tivessem sido diferentes, eu também estaria entre eles. Mas eu estava começando a ponderar sobre quanto ainda estava engajada. A CIA na qual eu havia entrado e à qual havia servido lealmente estava passando por profundas mudanças e o moral estava terrivelmente baixo. A Comissão do Congresso sobre o 11 de Setembro tinha criado o cargo de "Diretor de Inteligência Nacional" em fevereiro, para o qual o presidente indicou o embaixador John Negroponte, que recebeu autoridade para supervisionar o todo-poderoso DCI. Daquele momento em diante, o nome "Agência Central de Inteligência" passou a não corresponder mais à verdade. Fizeram-se promessas aos empregados da CIA de que a estrutura do novo DNI não seria só uma "camada burocrática extra" acima da CIA, mas era exatamente o que ela seria. Pareceu-me que a Casa Branca pretendia castrar a CIA, culpando-a pelas falhas no Iraque e por qualquer outra coisa pela qual eles achassem que poderiam culpar a agência dando motivos convincentes. Os jornais estavam repletos de matérias falando de "prisões secretas da CIA" na Europa, usadas para a guerra do governo americano contra o terrorismo. O *New York Times* publicou uma matéria de primeira página detalhando como os agentes da CIA haviam se descuidado a ponto de se descobrirem supostos voos secretos de ida e volta ao Cairo, Bagdá e Cabul, trazendo presos políticos da "guerra contra o terror". O jornal falava em empresas aéreas fantasmas usadas como fachadas pela agência para suas "rendições" e dava muitos detalhes sobre como tudo funcionava. ▓▓▓▓▓▓▓▓▓▓▓▓▓▓▓▓▓▓▓▓▓▓▓▓ Aquelas denúncias todas eram simplesmente uma vergonha danada para a CIA. ▓▓▓▓▓▓▓▓▓▓▓▓▓▓▓▓▓▓

Por volta da mesma época, o *Washington Post* divulgou a história de vários agentes da CIA que sequestraram um clérigo radical islâmico nas ruas de Milão. Os detalhes seguintes sobre o sequestro demonstraram desmazelo na técnica de espionagem e uma arrogância que acabou levando ao comprometimento de toda a operação. No início de junho de 2007, começou o julgamento na Itália, sem a presença dos 26 réus americanos. Segundo o *Guardian*, entre os indiciados, estavam o Chefe da Estação da CIA em Roma e o chefe de Milão. Abrindo o jornal a cada dia, eu descobria mais uma revelação nada elogiosa sobre a CIA, deixando todos cabisbaixos, tal era o vexame. Comecei a achar que minha carreira na CIA estava mesmo terminada para sempre, que já estava mesmo na hora de encerrá-la, e que seria melhor para mim e para minha família partirmos para outra.

Quando o verão começou a esquentar em Washington, esquentou também o confronto entre o promotor especial Patrick Fitzgerald e os dois repórteres que tinham se recusado a obedecer às intimações do grande júri e revelar suas fontes para a investigação: a repórter do *New York Times* Judith Miller e o redator da revista *Time* Matt Cooper. Em outubro de 2004, o tribunal distrital de Washington já havia consolidado seus recursos. Nós tínhamos falado com o editor-chefe da *Time*, Jim Kelly, em um jantar em abril, e ele nos contou, bastante contrariado, enquanto mexia seu uísque no copo, que o advogado pago pela *Time* para defender Matt Cooper tinha lhes custado mais de dois milhões de dólares, e a luta não tinha terminado ainda. Finalmente, no dia 27 de junho de 2005, o Supremo Tribunal Federal indeferiu o recurso interposto por eles. A sentença do tribunal distrital obrigando os repórteres a prestarem depoimento diante do grande júri foi mantida, e Miller e Cooper precisaram enfrentar a ideia muito real e desanimadora de irem para a prisão durante algum tempo.

Certa noite, pouco depois da decisão do Supremo Tribunal Federal, Joe e eu estávamos caminhando com alguns amigos para um restaurante libanês em Georgetown, para um raro jantar fora, quando passamos por Matt Cooper e sua esposa, Mandy Grunwald, na calçada. Enquanto nossa amiga Jackie e eu continuamos caminhando para o restaurante, Cooper fez Joe e nosso outro amigo pararem. Depois de algumas amenidades e cumprimentos, Cooper fez uma pausa curta, obviamente hesitando em dizer alguma coisa. Finalmente, perguntou:

— Será que poderia me fazer um favor?

Ele queria que Joe escrevesse para o juiz que estava encarregado do caso do vazamento e solicitasse clemência no seu caso, na esperança de que isso evitasse a sua prisão. Joe ficou pasmo.

— Vou falar com o meu advogado — respondeu Joe.

Mais tarde, no restaurante, enquanto comíamos pasta de grão de bico com *baba ghamoush*, enrolados de folha de parreira e outros acepipes mediterrâneos, nós quatro achamos muita graça naquele pedido estranho. Será que Matt tinha perdido a cabeça temporariamente? Um pedido de Joe para que o juiz lhe concedesse clemência não iria fazer nenhuma diferença para o juiz que estava presidindo aquele julgamento. Aliás, obviamente, nós tínhamos interesse no depoimento daqueles repórteres. Nós, juntamente com o país inteiro, queríamos ouvir o que eles diriam sob juramento. Queríamos saber que fontes da administração tinham vazado meu nome para a mídia e, portanto, posto em risco nossa segurança nacional.

Ao debaterem se os repórteres deveriam ser obrigados a revelarem suas fontes, me parecia que alguns dos defensores dos direitos dos repórteres à liberdade de expressão e de imprensa, conferidos pela Primeira Emenda da Constituição Americana, haviam perdido de vista um fato básico nesta situação: os funcionários do executivo tinham usado repórteres para colocar em ação seus próprios planos políticos. Isso, isolado do resto, não é incomum, nem crime. Mas a recusa dos repórteres de prestarem depoimento não visava descobrir *corrupção no governo*. Simplesmente ia ajudar funcionários que queriam *encobrir seu comportamento ilegal*. Eram os Documentos do Pentágono ou Watergate, só que ao contrário. Várias pessoas cheias de boas intenções porém com pretensões a donos da verdade tinham expressado sua dedicação aos direitos concedidos pela Primeira Emenda, mas não conseguiam enxergar que aquele caso, especificamente, não tratava da liberdade de imprensa, nem dos papéis dos repórteres como vigilantes em nome dos governados, os cidadãos deste país. Aqueles repórteres estavam permitindo que a administração os explorasse e obstruindo a investigação. Nada daquilo fazia muito sentido para mim do ponto de vista ético.

CAPÍTULO 13
O Indiciamento

No dia 6 de julho de 2005, Judith Miller foi condenada a quatro meses de prisão por desrespeito civil ao tribunal. Fazia dois anos que o Op-Ed do Joe no *New York Times* sobre Iraque e Níger tinha sido publicado. Quando Miller sugeriu que prisão domiciliar e proibição do uso de celular e correio eletrônico seriam uma punição adequada, Fitzgerald bateu o pé e disse que o certo seria prisão, e comentou secamente: "Certamente uma pessoa que pode trabalhar no deserto durante a guerra tem muito mais resistência física e psicológica do que as pessoas normais para suportar uma temporada numa penitenciária federal." Ele acrescentou que Miller "podia evitar até mesmo um minuto de separação de seu marido se apenas cumprisse as leis como qualquer outro cidadão americano precisa fazer. "E ele acrescentou, para arrematar: "Férias forçadas em uma casa confortável não são uma forma de coerção que faça lá muito efeito." Fitzgerald estava claramente preparado para obrigar o sistema a levar Miller e Cooper à barra do tribunal, para enfrentar os membros do júri de indiciamento.

Dez dias depois, o *Washington Post* relatou que o promotor especial estava contemplando mais acusações de desrespeito ao tribunal contra Miller se ela continuasse a desafiar a ordem do juiz para prestar depoimento, o que potencialmente poderia obrigá-la a ficar presa durante mais tempo. Miller insistia que precisava proteger a identidade de sua fonte; o juiz Hogan manteve a decisão de que a fonte havia, na verdade, liberado Miller da sua obrigação. O advogado de Miller, especializado em liberdade de expressão, o Dr.

Floyd Adams, disse: "Segundo Judy qualquer suposta dispensa que ela tenha recebido de alguém não foi, diante das circunstâncias, suficientemente ampla, clara e totalmente destituída de coerção." O *Post* mencionou que entre aqueles que haviam sido dispensados do sigilo estavam o chefe de gabinete do vice-presidente, Scooter Libby, que tinha respondido a perguntas do promotor especial. Outro foi Matt Cooper, poupado da prisão por uma suspensão da sentença na última hora, quando ele disse que sua fonte o havia liberado de sua promessa de confidencialidade: "Essa fonte me deu uma dispensa pessoal, não ambígua, totalmente isenta de coerção, para prestar depoimento diante do grande júri", disse Cooper aos repórteres. Mas mesmo assim ele não quis revelar a fonte. A *Time,* então, fez a declaração de que "pessoalmente e diretamente liberando Matt de sua obrigação de manter a confidencialidade, sua fonte facilitou a decisão de que Matt prestasse depoimento, pois outros jornalistas já tinham prestado depoimento sobre este caso depois de serem dispensados da confidencialidade por suas fontes". No dia 30 de junho, a *Time* entregou ao tribunal todas as mensagens de correio eletrônico e anotações pertinentes de Cooper. Embora legalmente unidos durante meses, em virtude dos recursos que haviam interposto, Cooper e Miller agora estavam prontos para seguirem duas direções bem diferentes.

No dia 10 de julho, saiu uma matéria na *Newsweek,* de autoria do repórter Michael Isikoff, dizendo que Karl Rove era a fonte de Matt Cooper. O artigo reproduzia uma mensagem de correio eletrônico redigida por Matt Cooper a seu editor da *Time* em julho de 2003: "Falei com o Rove sobre a vida duplamente super secreta durante mais ou menos dois minutos antes de ele sair de férias..." E concluía: "por favor, não indique o Rove como fonte disso nem mesmo a CB [Casa Branca]" e, nas palavras de Iskoff, "sugeriu nova verificação do repórter junto à CIA". Segundo Cooper, Rove tinha tratado Joe de maneira aviltante, coisa que não foi surpresa. Em um artigo publicado no *Washington Post*, Cooper esclareceu o mistério na frase "vida duplamente super secreta"': disse que era "uma piada que era tipo um caquinho do filme *Clube dos Cafajestes*, onde a fraternidade muito louca de John Belushi, a Delta House, está em "Liberdade Vigiada Duplamente Secreta".

No dia seguinte, durante a conferência de imprensa na Casa Branca, o secretário de imprensa Scott McClellan suportou o que deve ter sido um dos seus piores dias no emprego, enquanto os repórteres competiam para lhe fazer a próxima pergunta. A seguinte transcrição dá uma pálida ideia de como foi essa conferência:

P: O presidente vai cumprir mesmo o juramento de que vai demitir qualquer pessoa envolvida no vazamento do nome de um agente da CIA?

McClellan: Terry, obrigado pela pergunta. Acho que essa pergunta está sendo feita com relação a uns relatórios que se referem a uma investigação criminal em andamento. A investigação criminal à qual você está se referindo é algo que ainda está sendo processado no momento. E como já declarei antes, enquanto essa investigação estiver em andamento, a Casa Branca não pode fazer comentários sobre ela. O presidente deu uma orientação à Casa Branca no sentido de cooperar integralmente com a investigação, e para cooperar integralmente com a investigação tomamos a decisão de que não faríamos comentários sobre ela enquanto ela estiver em andamento.

P: O senhor me desculpe, mas eu não estava falando de nenhuma investigação. Acontece que, em junho de 2004, o presidente disse que demitiria qualquer um de estivesse envolvido neste vazamento. E eu só queria saber se essa ainda é a posição dele.

McClellan: Sim, mas essa pergunta está sendo feita no contexto dessa investigação que está em andamento, e por isso eu disse que nossa política continua sendo não fazer comentários desta tribuna sobre uma investigação criminal em andamento...

P: O senhor confirma sua declaração do outono de 2003, quando lhe fizeram uma pergunta especificamente sobre Karl e Elliott Abrams [Conselho de Segurança Nacional] e Scooter Libby, e o senhor respondeu: "Eu fui procurar cada um desses cavalheiros e eles me disseram que não estão envolvidos nisso", o senhor ainda confirma o que declarou?

McClellan: E se o senhor se lembra, eu disse isso quando estava tentando ajudar os investigadores a prosseguirem a investigação sobre a qual não vamos fazer comentários. Aliás, eu também disse isso naquela época.

P: Scott, o que eu quero dizer, por favor... isso é ridículo. A ideia de que você vai ficar aí na nossa frente, depois de ter feito comentários com aquele nível de detalhes, dizendo a todos que estão assistindo a essa conferência que, não sei por que, você resolveu não falar. O que você falou foi registrado e divulgado, lembra? Vai confirmar os comentários que fez dessa mesma tribuna de onde você está falando, ou não?

McClellan: Uma vez mais eu repito, David, estou perfeitamente ciente, assim como você, do que foi dito anteriormente, e terei imenso prazer em conversar sobre isso no momento adequado. O momento adequado é quando a investigação...

P: Por que você está escolhendo o momento adequado e o inadequado?

McClellan: Se me deixar terminar...

P: Não, você não vai terminar... não está dizendo nada. Você, dessa mesma tribuna, disse que Karl Rove não estava envolvido. E agora descobrimos que foi ele quem abriu o bico no caso da esposa do Joe Wilson. Então não deve ao público americano uma explicação melhor? Ele estava envolvido ou não estava? Porque, ao contrário do que você disse ao povo americano, ele realmente revelou que a esposa [do Sr. Wilson] era agente, não revelou?

McClellan: David, vou poder falar sobre isso quando chegar o momento, mas agora não é esse momento.

P: Acha que as pessoas vão aceitar isso, o que está dizendo hoje?

McClellan: Mais uma vez, eu já respondi à sua pergunta...

P: Lembra-se de quando lhe perguntaram...

P: Espera aí, espera aí, então você agora está dizendo que depois que livrou a cara do Rove e dos outros, dessa tribuna aí, a acusação lhe pediu para não falar mais, e desde então você não parou mais de falar?

McClellan: Uma vez mais, você continua a fazer perguntas que dizem respeito a uma investigação criminal em andamento, e eu simplesmente não vou responder mais nada.

P: Quando eles lhe pediram para parar de comentar o assunto, Scott? Pode nos dizer a data?

McClellan: Naquela mesma época.

P: Ora, acontece que o presidente fez um comentário sobre esse mesmo assunto nove meses depois. Então ele desobedeceu às ordens da Casa Branca?

McClellan: John, obrigado pelas suas perguntas. Pode continuar perguntando, mas já recebeu a minha resposta. Sua vez, Dave.

P: Nós vamos continuar fazendo essas perguntas. Quando foi que o presidente soube que Karl Rove tinha conversado com o presidente... com um repórter sobre o envolvimento da esposa de Joseph Wilson e a decisão de enviar...

McClellan: Eu já respondi a essas perguntas.

P: Quando o presidente soube que Karl Rove tinha...

McClellan: Eu já respondi a essas perguntas, Dick. Prossiga.

P: Depois de a investigação terminar, o senhor vai ser coerente com sua palavra e com a palavra do presidente de que qualquer um que estiver envolvido vai ser demitido?

McClellan: Uma vez mais, depois que a investigação terminar, terei o máximo prazer em conversar sobre o assunto, mas só nesse momento.

P: Uma atualização. Pode nos dizer por que falar sobre o envolvimento de Karl Rove, o subchefe do gabinete, é incoerente com a investigação, compromete a investigação, visto que o advogado de Rove falou publicamente sobre o assunto?

McClellan: Ora, aqueles que estão supervisionando a investigação expressaram uma preferência para nós, pedindo-nos que não fizéssemos comentários sobre a investigação enquanto ela ainda estiver em andamento. Foi isso que pediram que a Casa Branca fizesse. E, portanto, penso que, para ajudar essa investigação, estamos atendendo à solicitação deles.

P: Scott, há uma diferença entre fazer comentários sobre uma investigação e tomar uma iniciativa...

McClellan: Fale, Goyal.

P: Posso terminar a minha pergunta?

McClellan: Pode, sim... Volto a falar com você em um minuto. Sua vez, Goyal.

Em um ato de desespero, McClellan resolveu dar a palavra a Raghubir Goyal do *India Globe*, que ele tinha certeza que faria perguntas sobre política externa, sobre a Índia e o Paquistão. Assistindo a alguns minutos da comoção pela tevê naquela noite, eu quase senti pena do McClellan, que estava suando em bicas, com uma cara de veado assustado na estrada quando vê os faróis de um carro.

Para nosso grande alívio, começaram a aparecer artigos positivos que explicavam o que realmente tinha acontecido e por que isso era importante. Matérias com o título: "Então, Qual Foi Mesmo a História do Novak?", "O Embaixador Joe Wilson Ainda Enfrenta a Cultura de Ausência de Justificativa da Administração Bush", "Nova Revelação Explosiva de Rove Iminente?", "Ataque Surpresa do Ex-Diplomata Falando do Iraque Fez a Casa Branca Entrar em Clima de Guerra Política", "Operação Encobrimento", "O Caso do Vazamento da CIA Lembra o Incidente do Texas na Eleição de 92", "Identidade de Uma Agente da CIA Revelada, A Casa Branca Exposta", contavam a história francamente, sem retoques. Um dos meus artigos prediletos, que enviei por correio eletrônico para amigos como prova do início de um clima de justiça, foi o que saiu no *Los Angeles Times* no dia 18 de julho: "Assessores Supostamente Perseguiram Wilson: Rove e o Chefe de Gabinete de Cheney Pretendiam Desacreditar Marido de Agente da CIA, é o Que a Acusação Descobriu." Aquele artigo contava a história toda. À medida que Karl Rove e Scooter Libby e suas ações de maio e junho de 2003 passaram a ser examinadas mais de perto, nossas vidas pessoais uma vez mais começaram a se transformar em um circo. O telefone tocava o tempo todo. Visitas inesperadas apareciam à nossa porta. Dormir era difícil, mas dessa vez não relutei muito em tomar pílulas para dormir. Joe e eu começamos a receber olhares de soslaio, e as pessoas paravam quando nos viam, voltando para nos examinar com mais calma quando saíamos em público juntos. Porém, ao contrário do verão de 2004, Joe e eu agora sentíamos uma certa satisfação porque a verdade estava começando a aparecer, mesmo que nos sentíssemos cada vez mais nervosos diante do que podia acontecer em seguida naquele caso.

As pesquisas continuaram a mostrar um declínio cada vez maior da confiança do povo na administração federal; em junho de 2005, a porcentagem de aprovação do presidente era apenas de 43% apesar de constantes afirmações da Casa Branca de que "estamos progredindo incrivelmente" no Iraque. No início de julho, apenas horas depois de bombas terem estourado no metrô de Londres, o enviado egípcio ao Iraque, que tinha sido sequestrado apenas alguns dias antes, foi executado por um grupo insurgente que alegava ter vínculos com a Al Qaeda. Mais tarde, naquele mês, o Secretário de Defesa Rumsfeld fez uma visita de surpresa a Bagdá e falou em particular com o Primeiro Ministro da Transição Ibrahim Jaafari. Rumsfeld lhe deu o recado de que os Estados Unidos queriam começar a retirar os militares do Iraque dentro de um ano, e a liderança do país precisava começar a impor mais disciplina e criar uma estabilidade suficiente para que os Estados Unidos pudessem retirar os soldados americanos. A reação confusa e incompetente do governo americano à destruição causada pelo furacão Katrina no final de agosto exacerbou os sentimentos de ódio e indignação do público contra a Casa Branca. O nível de aprovação ao presidente continuou a cair. Gradativamente, estranhos na rua começaram a cumprimentar o Joe dizendo: "Não deixa cair!" e "Nós estamos do seu lado!" Quando ele contornou a cidade em seu conhecidíssimo (graças às fotos da *Vanity Fair*) conversível verde-escuro, as pessoas começaram a buzinar e fazer sinal de positivo para ele com o polegar. A maré estava virando, e o futuro parecia mais promissor do que tinha parecido durante algum tempo.

Um dia, naquele mês de julho, quando eu estava sentada à minha escrivaninha na agência, olhei de relance pela porta do meu escritório para a tevê, montada numa prateleira chumbada no teto, e sintonizada na Fox News, como sempre estava na sede. Minha foto estava sendo exibida na tela. O suporte de jornais do lado de fora, ao lado da minha porta, mostrava muitos dos jornais diários da nação com o vazamento na primeira página. Eu tinha mais ou menos me acostumado com a ideia de que meus dias de privacidade haviam passado, mas alguma outra coisa estava me incomodando profundamente, e eu não estava conseguindo descobrir o que seria. Fiquei remoendo aquilo um instante, depois finalmente entendi o que era. Ninguém, naquele escritório movimentadíssimo ███████████████████████████████, tinha me dito uma palavra sobre as notícias das últimas semanas. Era como se o assunto fosse um enorme elefante na sala, que ninguém tinha mencionado. Comecei me sentir meio paranoica e entrei em pânico. Será que estavam me isolando? Será que a gerência tinha resolvido me dar o gelo? Eles iriam vagarosamente retirar meu acesso a informações sensíveis? O que estava acontecendo? Será que haveria alguma câmera de vigilância oculta acima da minha mesa? Como é que ninguém no escritório estava mencionando o que estava acontecendo lá fora?

Antes de sair do trabalho naquele dia, entrei na sala do subchefe de setor e fechei a porta. Fui direto ao ponto e lhe perguntei se ele e todos os outros tinham recebido instruções de não falar comigo sobre o caso ▆▆▆▆. Fez-se um silêncio incômodo. Ele tentou me garantir rapidamente que não, não, ninguém tinha dado instruções assim de cima para baixo. Era simplesmente questão de as pessoas não saberem o que dizer e quererem "respeitar minha privacidade".

– Obrigada – disse eu – mas eu não sou nenhuma ogra! – Eu disse a ▆▆▆▆ que eu não me importaria se as pessoas falassem comigo sobre o caso. Isso me faria sentir mais normal, e não uma deslocada. Para ser justa, ele deve ter passado a mensagem ao grupo, porque depois daquele dia meus colegas começaram a passar na minha sala, a princípio meio encabulados, depois com mais frequência, puxando conversa sobre os últimos acontecimentos que haviam começado a suceder-se freneticamente. Eu ainda estava me sentindo meio de lado, mas pelo menos minha paranoia diminuiu.

Enquanto a "senhorita Run Amok"[1] – apelido que a própria Judith Miller tinha se dado no *New York Times* porque "eu podia fazer tudo que quisesse" – estava cumprindo pena na penitenciária de Alexandria, Virginia, ela não foi completamente esquecida, mesmo tendo as bombas no metrô de Londres explodido no dia seguinte a que ela foi presa, substituindo a matéria sobre ela como assunto de primeira página. Ela não tinha acesso à Internet e precisava dividir a cela com outra mulher, mas recebia muitas visitas de alta classe. De acordo com o *Washington Post*, "o quem é quem dos amigos, patrocinadores e luminares de Washington e Nova York", inclusive John Bolton, o então embaixador dos Estados Unidos na ONU; o ex-senador Robert Dole; o editor bilionário Mort Zuckerman, e Gonzalo Marroquin, presidente da Associação de Imprensa Interamericana e diretor do jornal diário guatemalteco *Prensa Libre*. Miller também

---

[1] Run Amok significa, em inglês, descontrolada ou desenfreada. N. T.

recebia cartas, inclusive do chefe de gabinete do vice-presidente, Scooter Libby. Libby terminou seu bilhete a Judy com estas linhas enigmáticas: "Você foi presa no verão. Agora é outono. Você vai precisar redigir algumas matérias, falar das eleições iraquianas e dos homens-bomba, das ameaças de armas biológicas e do programa nuclear iraniano. No Ocidente, onde você está de férias, as folhas dos álamos já vão estar mudando. Elas mudam em grupos, porque suas raízes os interconectam. Volte ao trabalho e à vida. Até lá, vou continuar a pensar em você e a rezar por você." Ninguém sabe do que ele estava falando nessa mensagem.

No dia 29 de setembro de 2005, Judith Miller foi solta depois de concordar em prestar depoimento diante do grande júri sobre conversas com sua fonte confidencial, que, segundo foi divulgado, era Scooter Libby. A história da forma como Miller finalmente saiu da prisão é curiosa. No dia em que ela foi solta, Joseph Tate, um dos advogados de Libby, disse que tinha contado a Floyd Abrams que Libby resolveu liberar Miller do sigilo voluntariamente e que não havia objeção quanto ao depoimento de Miller e sobre as conversas entre os dois. "Dissemos aos advogados dela que não foi coerção", disse Tate. Ele disse que o advogado de Miller, Robert Bennett, tinha entrado em contato com ele algumas semanas antes e ficou "surpreso" por descobrir que Miller não havia aceitado a oferta de um ano antes, quando autorizou Miller a falar com os promotores. Depois de Bennett e Tate consultarem o promotor especial, perguntando se seus respectivos clientes poderiam conversar sem serem acusados de obstruir a justiça, Miller e Libby conversaram por telefone. Algum tempo depois de 19 de setembro, os advogados escreveram uma carta à Fitzgerald, informando que Miller agora aceitava a declaração de Libby de que a dispensa do sigilo havia sido voluntária. Segundo um artigo que Miller escreveu para o *New York Times* no dia 16 de outubro, ela tinha ficado sem saber o que aquela primeira suspensão da confidencialidade significava. "De acordo com as ordens do presidente Bush e do sr. Fitzgerald, o sr. Libby tinha assinado uma renúncia geral, que seu advogado tinha comunicado ao meu que não tinha sido realmente voluntária, muito embora o advogado do sr. Libby também tivesse dito que havia permitido que outros repórteres cooperassem com o grande júri. Mas eu creio que somente uma carta pessoal e uma ligação telefônica permitiriam que eu analisasse se o sr. Libby realmente desejava me liberar da promessa de confidencialidade que eu havia lhe feito. Essa carta e o telefonema aconteceram no mês passado." Essa explicação não parece bater com o comentário que Tate fez mais tarde: "Ficamos surpresos ao descobrir que nós tínhamos algo a ver com sua prisão." No dia depois de ter sido solta, Judith Miller prestou depoimento ao grande júri durante quatro horas.

Além do artigo de Miller no *New York Times,* um artigo longo de três de seus colegas também foi publicado no jornal. David Lindorf resumiu bem a essência desse artigo em seu comentário no Counterpunch.com, publicado no dia 18 de outubro: "Sem chamar sua colega diretamente de mentirosa e de marqueteira da campanha de guerra do governo Bush, eles não deixaram quase nenhuma dúvida não só de que isso era de fato o que ela era, como também que a alta gerência do *Times* e muitos de seus colegas no jornal pensavam exatamente da mesma maneira." No artigo pessoal de Miller, esta jornalista premiada com o Pulitzer não era capaz de se lembrar como o nome Valerie Plame (eu disse a amigos depois que aquele era meu nome artístico de dançarina exótica) apareceu no seu caderno de anotações. E também não conseguia se lembrar quem lhe deu o nome "Valerie Wilson". Lindorf prosseguiu: "Igualmente engraçado era o esforço contínuo de Miller para explicar por que ela simplesmente não conseguia aceitar a garantia do advogado de Libby de que ela podia revelar sua identidade e o teor de suas conversas com Libby ao promotor. Ela não podia fazer isso, insistiu Miller, a menos que falasse em pessoa com Libby e tivesse certeza de que ele não estava sofrendo 'coerção'. Como se os vazamentos do Libby, que faziam parte da campanha de difamação do governo contra Joe, não tivessem sido aprovados por autoridades mais altas.

Como se, em outras palavras, sua fonte fosse algum tipo de delator precisando da proteção dos seus superiores."

O prazo do grande júri iria terminar na sexta, 28 de outubro, e qualquer possível indiciamento teria de acontecer naquela semana ou nunca. Durante a terceira vez naquela manhã eu resolvi me concentrar no meu trabalho — ▇▇▇▇▇▇▇▇▇▇▇▇▇▇▇▇ — mas parecia que quanto mais eu começava, mais eu me distraía com a transmissão da CNN em uma janelinha minimizada num canto da minha tela do computador, com o som desligado. Sempre que eles mostravam uma foto de Fitzgerald, Scooter Libby, Karl Rove ou minha, eu aumentava o volume. De tantas em tantas horas, Joe me ligava para me passar alguma fofoca torturante ou ler alguma coisa interessante que tinha encontrado em um blog. Embora eu me dissesse constantemente que a única decisão e opiniões que contavam eram as do Fitzgerald, eu não podia deixar de me sentir atraída pelo mundo dos boatos, especulações e indiretas. Quem seria indiciado? Os alvos haviam recebido cartas? Alguém teria resolvido dedurar o outro? Qual seria o clima na Casa Branca? Eu desejava desesperadamente ter mais visão, mas nem o FBI, nem a equipe do promotor tinham nos contado nada de sua investigação de quase dois anos. Praticamente cada hora que passava trazia uma novidade, e por mais comprimidos de Advil que eu tomasse, minha dor de cabeça horrível não passava.

Arrumei sem parar a minha escrivaninha, formando uma pilha de papéis, depois fazendo outra. Já estava chegando à conclusão de que aquela minha total incapacidade de me concentrar era sinal de que eu devia ir para casa, quando ▇▇▇▇▇▇▇▇▇▇▇▇▇▇▇▇ apareceu à minha porta.

— E aí, eles finalmente vão pegar o Rove? — indagou ela, com um brilho no olhar.

— Você sabe que não sei mais do que o que todos veem na CNN — disse eu. Deixei os papéis confidenciais na minha mesa, desliguei o computador, peguei minha bolsa e meu casaco e passei no escritório da minha chefe de setor para avisar que eu estava saindo mais cedo.

███████, uma mulher inteligente e ambiciosa, com cabelos louros e lustrosos, a qual eu tinha passado a admirar, deu um sorriso torto. Ela já vinha me apoiando desde que eu tinha vindo trabalhar naquele setor, quase seis meses antes, e gostava de minha ética de trabalho e estilo de gerenciamento. Porém, até mesmo ela conseguiu notar que eu estava perdendo a batalha naquela semana:

– Vai pra casa, e boa sorte – disse-me ela.

Joe tinha estado na Costa Oeste dando uma palestra naquela semana, e eu estava extremamente ansiosa para ele voltar para casa antes de qualquer indiciamento. Durante aqueles dias, eu espiava pela janela do quarto dos meus filhos para ver se havia algum caminhão de emissora de tevê parado na rua. Eu tinha feito planos de contingência de me mudar com as crianças para a casa de vizinhos se a invasão da mídia começasse a piorar, mas estava com esperança de evitar uma mudança forçada. Felizmente, Joe conseguiu voltar para a cidade no dia seguinte, e caímos na cama naquela noite exaustos, mas incapazes de dormir, como em tantas noites antes daquela.

Na manhã de sexta, dia 28 de outubro, preparamos nossos filhos de cinco anos para irem para a escola, e depois que eles saíram tudo ficou subitamente silencioso, e ficamos sem nada para fazer a não ser esperar. Foi uma espera penosa. Pouco antes do meio-dia, o telefone tocou. Demos um pulo, entreolhamo-nos, depois Joe atendeu. Alguém do escritório do promotor especial estava na linha, para nos dizer que a promotoria iria dar entrada no indiciamento dentro de uma hora e que Fitzgerald iria conceder uma conferência de imprensa às duas da tarde. Joe agradeceu a ele pelo aviso e subiu correndo para se vestir para uma entrevista. Eu estava tão ocupada mudando de canal para ver se conseguia achar alguma notícia que eu não tivesse ouvido trezentas vezes antes, que mal notei quando Joe saiu de casa.

Logo antes das duas, nosso advogado passou por lá para assistir à conferência de imprensa comigo. Quando Fitzgerald veio postar-se atrás da tribuna com sua aparência de tenente de confiança, com o experiente agente do FBI, Jack Eckenrode, a seu lado, e começou a falar, prendi a respiração. À medida que a conferência de imprensa prosseguia, seu ligeiro nervosismo inicial diminuiu e sua capacidade natural de falar de maneira improvisada e emocionada sobre sua investigação se manifestou. Fitzgerald anunciou que um grande júri federal tinha indiciado o Chefe de Gabinete do vice-presidente Cheney, Scooter Libby, por cinco delitos, relativos à sondagem do vazamento de minha identidade: um de obstrução da justiça, dois de perjúrio, e dois de falso testemunho. "O que estamos vendo aqui hoje, quando o chefe de gabinete de um vice-presidente é acusado de perjúrio e obstrução da justiça, mostra ao mundo, sem dúvida, que este é um país que leva a lei a sério, e que todos os cidadãos estão sujeitos ao cumprimento da lei", afirmou Fitzgerald. Libby pediu demissão naquele mesmo dia. Quando Fitzgerald terminou, eu estava felicíssima. Nosso advogado saiu para ir ao tribunal federal. Mais tarde, na TV I, eu o vi lendo um curto pronunciamento em meu nome e no de Joe:

> O indiciamento com base em cinco delitos que o grande júri nos concedeu hoje é um passo importante no processo de justiça criminal que teve início há mais de dois anos. Louvo o Promotor Especial Patrick Fitzgerald por seu profissionalismo, sua diligência e sua coragem.
>
> Haverá muitas oportunidades no futuro para comentar sobre os eventos que levaram ao indiciamento de hoje. E, ao que parece, mais coisas acontecerão antes do grande júri. Seja qual for o resultado final da investigação e da acusação, continuo a crer que revelar a identidade secreta da minha esposa Valerie, como agente da CIA, foi um crime, uma atitude prejudicial para o nosso país, e sinto que minha família foi agredida por eu ter falado a verdade sobre os acontecimentos que levaram nosso país à guerra. Espero sinceramente poder exercer meus direitos como cidadão de falar sobre esses assuntos no futuro.
>
> Hoje, porém, não é hora de analisar ou debater isso. E certamente não é hora de comemorar. Hoje é um dia triste para os Estados Unidos. Quando se entrega um indiciamento na porta da frente da Casa Branca, o Gabinete da Presidência foi conspurcado. Nenhum cidadão pode ficar feliz com isso.

À medida que este caso for prosseguindo, Valerie e eu estamos confiantes que a justiça será feita. Entrementes, preciso fazer um pedido. Embora eu seja alguém que viva de dar palestras e fazer discursos públicos, minha esposa e minha família são pessoas privadas. Elas não fizeram a opção de serem trazidas para a praça pública, e não desejam ser colocadas sob os refletores, nem diante das câmeras. Elas têm direito a sua privacidade. Este caso não tem a ver comigo nem com a minha família, não importa quanto os outros tentem fazer parecer que sim.

Este caso diz respeito a sérias acusações criminais que atingem o coração de nossa democracia.

Nós, como todos os cidadãos, aguardamos a decisão do júri em um tribunal.

Obrigado.

Desliguei a tevê e a casa ficou estranhamente silenciosa. Nenhum telefone tocava, nenhuma equipe de filmagem estava na rua. Fui para o segundo andar, até nosso quarto, e liguei de novo a televisão para assistir aos breves comentários, sobre o resultado, do presidente Bush no Gramado Sul antes de sair para um fim de semana em Camp David. O presidente disse o que considerei palavras tépidas e sem inspiração sobre Libby:

> Hoje aceitei o pedido de demissão de Scooter Libby. Scooter trabalhou incansavelmente em prol do povo americano e fez enormes sacrifícios enquanto prestava serviço a seu país. Ele serviu ao vice-presidente e a mim durante uma época extraordinária na história americana. A investigação do Promotor Especial Fitzgerald e o processo criminal em andamento são graves, e agora o processo está entrando em uma nova fase. Em nosso sistema, cada indivíduo é considerado inocente e tem direito a um processo adequado e a um julgamento justo. Embora estejamos entristecidos com a notícia de hoje, continuamos inteiramente concentrados nas muitas questões e oportunidades que este país enfrenta...

O presidente, então, entrou no helicóptero que o aguardava. Olhando pela nossa janela, com sua vista ampla do Monumento a Washington, consegui divisar o Marine One se erguendo do gramado da Casa Branca, suas pás a deslocarem o ar. Assisti enquanto o helicóptero vinha na direção da nossa casa, que, por acaso, ficava no caminho da sua rota em direção ao norte, passando, depois, a uma altitude que me pareceu bem baixa, diretamente sobre ela. Só consegui pensar em como era triste o momento pelo qual nosso país estava passando.

Nos dias e semanas que se seguiram, senti-me como se estivesse debaixo d'água, ouvindo apenas sons abafados enquanto as pessoas conversavam. Embora fosse profundamente gratificante ouvir desejos de boa sorte e parabéns tanto de amigos quanto de estranhos, e assistir à demanda pelas palestras de Joe subir incrivelmente, nossas vidas pessoais continuavam instáveis. Uma semana após a conferência de imprensa, saí de casa para trabalhar, uma manhã bem cedo, e encontrei o Trevor brincando no gramado antes de ir para a escola. Eu o beijei rapidamente na testa e joguei bola com ele durante alguns minutos. Quando peguei minha bolsa e comecei a andar para o carro, pelo rabo do olho notei um fotógrafo do outro lado da rua, com a câmera em riste. Meu instinto maternal subitamente me dominou, e pensei por um momento em atacar o repórter, nocauteando-o com um golpe de artes marciais, e arrancar o filme da câmera dele, em um acesso de raiva. Em vez disso, peguei Trevor no colo e corri para dentro de casa, tremendo de fúria.

Pensei que depois do indiciamento eu ia poder respirar um pouco, mas, outra vez, estava errada. Como Dorothy Parker disse uma vez, irônica: "Que inferno novo é este?" No dia 5 de novembro, Paul Vallely fez a acusação surpreendente de que Joe teria revelado a ele, inadvertidamente, que eu trabalhava na CIA mais de um ano antes de a coluna de Novak ser publicada, enquanto Vallely e Joe aguardavam ser chamados para irem ao ar, na sala verde da Fox News. Ele disse que, além das conversas com Wilson, o embaixador orgulhava-se de apresentar Plame em coquetéis e outros eventos em

Washington como sua esposa da CIA. "Todo mundo sabia disso", afirmou ele. "Ela já é conhecida nos círculos sociais de Washington há anos." "Todo esse lero-lero se tornou a maior história inexistente que eu conheço", concluiu ele, "e toda inventada por Joe Wilson." Fiquei chocada. Era uma afronta um general dizer mentiras assim tão descaradas. Como Joe afirmou publicamente em resposta a Vallely, ele não tinha contado a ninguém quem era meu verdadeiro empregador. Nem a nenhum senador democrata, nem a seus amigos mais chegados, nem mesmo a seu irmão. Por que ele teria contado a alguém que ele nem mesmo conhecia? Aquilo era totalmente ilógico. Depois de mudar sua história várias vezes e receber uma carta, cuidadosamente redigida, de nosso advogado, Vallely sumiu de vista. Gente como ele (e nós já tínhamos visto uma boa quantidade de gente assim desde o início do caso do vazamento) só merece desprezo.

Depois, naquele mesmo mês, outra bomba caiu nas nossas cabeças. O exaltado repórter de Watergate e escritor muito prolífico Bob Woodward prestou depoimento sob juramento, no dia 14 de novembro, dizendo que outro funcionário da alta administração, não Libby, tinha lhe dito que eu era agente da CIA, e também mencionado meu cargo, quase um mês antes da coluna de Novak sair no jornal, em julho de 2003. Segundo uma declaração que Woodward fez ao *Washington Post*, o jornal onde ele nominalmente trabalha como assistente do editor-chefe, ele não acreditou que a informação que lhe deram sobre mim fosse "sensível ou confidencial". Diante dessa nova informação, a dinâmica mudou de novo e os advogados de Libby apressaram-se a declarar que ela favorecia a posição do cliente deles no processo do vazamento. Pelo jeito, Woodward não revelou seu envolvimento no caso ao editor executivo do *Post* porque temia receber intimação do promotor especial. Mais tarde, ele pediu desculpas ao seu editor. "Expliquei em detalhes que estava tentando proteger minhas fontes. É nossa obrigação primordial num caso desses", disse Woodward ao jornal. "Eu recuei. Estou habituado a guardar segredos. Não queria fazer nada que motivasse alguém a me mandar uma intimação." Quando chegaram as notícias do depoimento inescrupuloso e tardio do Woodward, fiquei profundamente decepcionada por ele ter resolvido reagir como jornalista acima de qualquer outra coisa, e se comportar como cidadão responsável apenas quando sua fonte o "dedurou" ao procurador especial. Como David Corn observou no seu blog, *The Nation*, "O que complicou o problema de Woodward foi que ele tinha comparecido a programas de tevê e rádio para criticar Fitzgerald e tirar a importância da investigação do vazamento, sem revelar que ele tinha o rabo preso porque uma fonte dele tinha sido alvo de investigação." Não foi o melhor momento da vida de Woodward.

Agora eu tinha de pensar seriamente na minha carreira e no que fazer em seguida. Durante ▮▮▮▮▮▮▮▮▮▮▮▮▮▮▮▮▮▮ eu tinha adorado o que eu estava fazendo, mas não podia mais continuar a fazer um trabalho de agente secreta para o qual eu tinha sido treinada. Minha carreira tinha sido destruída pela minha própria burrice e por uma vingança política, e isso me deixava furiosa. Se eu pedisse demissão, perderia meu contracheque mirrado, porém certo, de funcionária pública. Diante da escassez de clientes para a empresa de consultoria de Joe, a decisão precisava ser tomada depois de pensar com muito cuidado. O que eu poderia fazer se saísse da agência? Será que tinha mesmo talentos que podia oferecer a outros empregadores? Apesar de tudo que tinha ocorrido, e de minhas próprias decepções profundas sobre o modo como a agência tinha reagido durante todo o caso do vazamento, abandonar a "família" que a agência representava era difícil. Porém, eu não conseguia deixar de me imaginar ainda ali, sentada a uma mesa de uma repartição do governo, aos cinquenta anos, com teias de aranha pendendo da minha cadeira e da escrivaninha. Finalmente, decidi que, depois de passar por tudo que eu tinha passado, não dava mais para ter medo do desconhecido. Eu ia esperar até ▮▮▮▮▮▮▮▮▮▮▮▮▮▮▮, em janeiro de 2006, e iria pedir demissão, com pena, mas segundo meus próprios termos. Quando pedi a minha demissão, por fim, minha chefe ▮▮▮▮▮▮ literalmente suplicou para que eu reconsiderasse minha decisão, e apesar de meu respeito por ela e minha crença na missão, não me senti nem um pouco tentada a fazer isso. Sair era a escolha certa para mim e minha família. Eu estava preparada para encerrar esse capítulo da minha vida.

No meu último dia, o meu setor preparou uma festa de despedida para mim, e eu convidei muitos dos meus colegas e amigos com quem eu havia trabalhado ao longo dos anos. Além de me oferecerem um lindo almoço em uma das salas de conferência, os amigos me trouxeram flores, bolos e, o melhor de tudo, cartões expressando emoções sinceras. Fiquei emocionada e radiante, vendo todas aquelas demonstrações de afeto. Os jovens agentes que eu tinha supervisionado ficaram particularmente indignados com o que tinha acontecido e com a crescente politização da inteligência que meu caso exemplificava. Como eu, eles tinham entrado na agência cheios de energia, esperança e patriotismo, porém mais tarde criariam consciência de suas próprias vulnerabilidades, do perigo que representa a intromissão da política em questões de inteligência e iriam adquirir uma melhor visão da ambiguidade moral que caracteriza até mesmo as instituições mais nobres. Depois do nosso almoço, levantei-me para dirigir a palavra aos meus colegas ali reunidos. Torci para ser capaz de não chorar, pois queria expressar minha profunda crença na importância de manter a inteligência nacional livre de interferência política. Nossa missão de contraproliferação (e de contraterrorismo) era importante demais para nossa segurança nacional. As cabeças balançando afirmativamente e os sorrisos em torno de mim, em toda a sala, me mostraram que muitos deles concordavam comigo.

Depois da minha demissão, comecei a avaliar em que pé eu estava e o que queria fazer depois. Estava maravilhada e aliviada por perceber que meu casamento não só tinha sobrevivido a um período prolongado de estresse inacreditável, como também estava progredindo a olhos vistos. Nós dois raciocinávamos e agíamos como uma equipe mais frequentemente. Nossos inimigos tinham tirado de nós muitas coisas, mas não tinham conseguido nos destruir, nem roubar de nós nossa dedicação à pátria e um ao outro. Nós também reconhecemos que, pela primeira vez, podíamos decidir onde morar com base no tipo de vida que queríamos e nas nossas metas depois de uma vida prestando serviço ao governo. Instituímos uma regra segundo a qual nenhum de nós podia debater potenciais lugares onde morar sem um veto automático do outro. Foi um exercício útil que nos ajudou a esclarecer nossas ambições e desejos para podermos entrar na fase seguinte de nossas aventuras como casal. E isso começou a nos fazer sentir como se nós estivéssemos reafirmando uma certa dose de controle sobre nossas vidas. Nossas conversas nos ajudaram a reconfirmar nossos valores mais sagrados, aprofundando nosso comprometimento um para com o outro e para com nossa família. Parecia que algo novo estava para começar.

CAPÍTULO 14
Minha Vida Depois da Agência

EU ESTAVA ANSIOSA PARA DAR INÍCIO ao próximo capítulo da minha vida, mas primeiro Joe e eu achamos que seria uma boa ideia passarmos algum tempo longe de Washington para relaxarmos. Bem longe. Vários amigos tinham nos falado de um hotel fazenda belo, simples e sossegado em Baja, México, chamado Rancho la Puerta, de modo que decidimos obter mais informações sobre uma possível viagem até lá. Assim que meus pais confirmaram que poderiam tomar conta dos nossos filhos enquanto estivéssemos fora, marcamos as nossas férias. Joe ofereceu uma resistência moderada a esse plano, imaginando que teria de fazer ioga o dia inteiro e não seria capaz de receber mensagens em seu Blackberry. Porém, como ele viu que eu estava decidida a ir, com ele ou sem ele, Joe concordou em ir comigo depois de dar uma palestra na Califórnia. A previsão dele de que não poderia usar o Blackberry se concretizou, mas dentro de algumas horas, a beleza natural do lugar, o ambiente tranquilo, a privacidade e o puro e simples silêncio o fizeram entregar os pontos. Não havia telefones em lugar nenhum, e, para ler uma revista ou jornal ou assistir à tevê, um convidado precisava se esforçar para encontrá-los em uma casinha situada em outro ponto da propriedade, longe dos quartos.

Durante nossas corridas diárias ao nascer do sol nas montanhas rochosas atrás do spa, comecei a refletir sobre a ideia de escrever um livro como forma de processar tudo que tinha acontecido conosco durante os últimos três anos. Durante algumas noites, à luz da lareira em nosso quarto, comecei a fazer anotações. Muitas lembranças, algumas das quais eu teria preferido que ficassem enterradas no passado, foram revividas. Experimentei formas diferentes de contar nossa história, refletindo durante muito tempo sobre meus motivos para fazer isso. Embora eu nunca tivesse falado publicamente sobre o vazamento e não tivesse planos de fazer isso, acreditava que escrever um livro me ajudaria a entender o que havíamos passado e refletir sobre as forças muito maiores que turbilhonavam a nosso redor. O que eu sabia com toda a certeza era que queria transmitir às pessoas meu orgulho por meu trabalho na agência e incentivar os jovens a pensarem em seguir uma carreira de funcionário público federal. Queria mostrar aos estudantes universitários que, embora não fosse nem de longe tão lucrativa quanto trabalhar em Wall Street, uma carreira na agência poderia certamente ser mais empolgante e exercer maior impacto em nosso mundo do que no campo dos investimentos. Eu via isso como uma maneira de contribuir e, ao mesmo tempo, me divertir. No mundo inseguro em que vivemos hoje, nosso país precisa de tantos agentes talentosos e dedicados quantos forem possíveis encontrar. Nossa história poderia também destacar a questão bem mais ampla da importância de fazer o governo prestar contas das suas palavras e ações, bem como ressaltar as responsabilidades e direitos dos quais desfrutamos como cidadãos desta grande nação.

Durante nossa semana na fazenda, muito poucas pessoas nos reconheceram, o que, para Joe e para mim, foi excelente. Comparecemos a aulas de ginástica, fizemos caminhadas, e simplesmente relaxamos, deixando de lado a loucura de Washington durante algum tempo. Ou seja, até um dia no qual, enquanto eu estava calçando meus tênis depois de uma aula de ioga e uma mulher bateu de leve no meu ombro e cochichou: "Sabia que sua foto saiu na *Time*?" Hummmm. Eu fui até a casinha das revistas e tentei pegar a mais recente *Time* sobre a mesinha de centro, da forma mais natural e calma possível. Era o número da revista onde se publicava a Personalidade do Ano da *Time*, e este ano, 2005, a revista, ao contrário do que normalmente fazia, tinha escolhido duas pessoas: Bill Gates e Bono do U2, "por tornarem a compaixão e a esperança estratégica mais inteligente e depois nos desafiarem a imitá-los". Enquanto eu folheava a revista, na vã esperança de que a mulher tivesse cometido um engano, parei de repente. Havia nela uma foto de duas páginas em preto e branco, minha e do Joe, no sofá da nossa sala de estar, parecendo incrivelmente cansados e abatidos. Devia ter sido tirada no final de 2003, quando o frenesi da mídia a respeito do vazamento estava no auge. Jurei que não ia deixar o Joe ver a revista, e meu coração ficou apertado quando vi como as pressões que havíamos passado tinham se manifestado tão claramente no rosto dele. Senti-me péssima por ele, ou pelo menos, até meus olhos se deslocarem até o segundo plano e eu ver que eu também estava nela. Então me senti ainda pior e envergonhada, dessa vez por mim mesma. Eu estava de pijamas, descalça, com a mão nos cabelos, minha aparência a pior possível, preocupada e esgotada. Tentei me lembrar de como aquela foto tinha sido tirada, e aí tive uma vaga lembrança de que Trevor havia corrido para a sala de estar e que eu precisei mandá-lo sair do caminho. O fotógrafo tinha tirado aquela foto quando eu estava atravessando a sala. Dizer que era um flagra seria pouco. Depois outras pessoas tentaram me consolar, argumentando que era um retrato franco e expressivo de como nosso casamento estava sofrendo uma tremenda pressão. Talvez, mas não tinha sido a foto deles de pijama que havia sido publicada na *Time*.

Quando saímos do hotel, eu já estava me sentindo mais confortável com a decisão de escrever um livro, muito embora eu só tivesse até aquela data redigido coisas relativamente técnicas e relatórios factuais de inteligência. Eu sabia que um livro iria atrair mais publicidade e incitar a direita radical a criticar-nos com mais fúria. Porém, também pensei que nossos inimigos adorariam nos ver desaparecer e nunca mais nos manifestar. Eles podiam continuar a fazer de nós o objeto de suas fanfarrices irracionais, mas eu não lhes daria o prazer de sumir do mapa.

* * *

As primeiras semanas da vida pós-agência coincidiram com minhas expectativas ingênuas de que nossas vidas voltariam a ter algum grau de normalidade. Mergulhei de cabeça nas minúcias que vinham sendo ignoradas havia meses: consultas médicas, idas ao dentista, bilhetes de agradecimento, reparos na casa, atividades com as crianças. A ausência de qualquer notícia sobre o vazamento nos primeiros meses de 2006 me causou a falsa sensação de que o pior da tempestade já havia passado.

De repente, no dia 11 de abril, o *New York Times* publicou um artigo de primeira página, "Com uma Denúncia, Promotor Coloca Bush em Evidência", que descrevia a devassa que o investigador estava fazendo da Casa Branca. O artigo falava de um relatório feito por Fitzgerald apenas alguns dias antes, que dizia, alto e bom som: "Havia um 'forte desejo de muitos, inclusive várias pessoas na Casa Branca', de atacar a credibilidade de Joe Wilson." Segundo o *Times*, "o Sr. Fitzgerald não está se referindo apenas a uma tentativa de desencorajar, mas um plano 'visando desacreditar, punir ou vingar-se do Sr. Wilson. É difícil conceber que provas poderia haver para eximir a Casa Branca da suspeita de que houve iniciativas da sua parte de punir Wilson.'" Ler aquelas palavras nos fez sentir uma onda de alívio. Fitzgerald estava mesmo se superando a ponto de deixarmos de lado qualquer dúvida que pudéssemos ter acerca do que havia acontecido durante todo aquele tempo. Foi uma enorme satisfação ler que: "todo promotor esforça-se não só para reunir provas para compor um caso, mas também para contar uma história instigante. Agora está claro que o relato do sr. Fitzgerald sobre o que estava ocorrendo na Casa Branca no verão de 2003 é bem diferente da narrativa da administração Bush, que sugeria que o sr. Wilson era considerado como uma figura de menor importância cujas críticas podiam ser respondidas por meio da revelação da inteligência secreta na qual o sr. Bush confiava. Acontece que grande parte das informações sobre a aquisição de urânio por parte do sr. Hussein era no mínimo questionável, e elas se tornaram objeto de controvérsia quase logo depois que foram incluídas na Estimativa Nacional de Inteligência sobre o Iraque."

Coisas estranhas estavam ocorrendo no palco da comunidade política e da inteligência de Washington. Em meados de abril, a agente graduada da CIA Mary McCarthy foi demitida supostamente por revelar informações confidenciais a repórteres. Na época da sua demissão, depois de passar por um exame aparentemente difícil no polígrafo, Mary estava trabalhando no escritório do Inspetor Geral da CIA. Supostamente, uma investigação da CIA tinha identificado a Sra. McCarthy como a pessoa que tinha fornecido informações para um artigo que saiu no dia 2 de novembro de 2005 no *Washington Post*, assinado por Dana Priest, repórter de segurança nacional, que revelou que a agência estava mandando suspeitos de atos terroristas para prisões clandestinas em vários países, inclusive da Europa Oriental. A demissão de McCarthy era inédita na CIA, e serviu como mais um exemplo de como o governo Bush punia com severidade os vazamentos que eles achavam que seriam prejudiciais à segurança nacional. Durante a mesma época, o *New York Times* publicou uma notícia dizendo que a Agência de Segurança Nacional estava colocando escutas nos telefones de cidadãos sem ordem judicial, e a administração também estava investigando quem tinha vazado informações sobre o programa de instalação de escutas sem ordem judicial para a imprensa. Joe e eu sacudimos as cabeças diante da ironia que era o governo assumir uma posição agressiva contra os vazamentos quando já estava claramente provado que alguém do governo, que tinha sido o responsável pelo vazamento do meu nome à imprensa (o que, aliás, também atenta contra nossa segurança nacional), Karl Rove, ainda estava tendo licença para acesso a documentos confidenciais e ia trabalhar todo dia na Casa Branca.

Por coincidência, Joe e Mary McCarthy tinham trabalhado juntos no Conselho de Segurança Nacional durante o governo Clinton. Mary sempre havia se comportado de maneira profissional, era uma pessoa respeitada e muito boa no que fazia. Alguns dias depois, o advogado de Mary disse que ela não tinha revelado nenhuma informação confidencial e não era a fonte do artigo de Priest sobre prisões secretas. De acordo com seu advogado, ela tinha sido demitida por ter falado com jornalistas sem o conhecimento da agência, violando, assim, seu acordo de confidencialidade. Demitindo Mary, apenas dez dias antes de sua aposentadoria, a gerência da CIA, controlada por Porter Goss, estava mandando claramente o recado de que ninguém podia sair da linha e, se saísse, a punição seria severa.

No dia 26 de abril, Karl Rove compareceu diante do grande júri pela quinta vez. Aqueles que há muito viam Rove como uma força malévola na Casa Branca e na política nacional ficaram fora de si de tão felizes. Será que Fitzgerald finalmente iria conseguir capturar seu alvo tão esquivo? Naquele dia, Joe e eu estávamos em Nova York. Tínhamos sido convidados para um almoço em um restaurante chique de Manhattan, o Michael's, o preferido pelos poderosos do mundo das publicações, relações públicas e entretenimento. Quando paramos na esquina das ruas 55 e Quinta Avenida para nos orientarmos, vários pedestres que estavam por ali nos abordaram e ofereceram-nos seu apoio, dirigindo-nos palavras afetuosas. De repente, alguém bateu de leve no meu ombro, e eu me virei, dando de cara com o autor Dominick Dunne, o qual, radiante, apresentou-se. Dunne, elegantemente trajado de terno preto, beijou-me a mão, como um perfeito cavalheiro, e nos disse quanto admirava o que Joe tinha feito. Nós batemos papo durante algum tempo, depois ele falou que também estava indo almoçar no Michael's. Enquanto atravessávamos a multidão e o salão barulhento, vimos que, em quase todas as mesas, havia rostos conhecidos. Muitos dos clientes do restaurante vieram à nossa mesa nos cumprimentar, nos animar e parabenizar. Depois de suportar e absorver tantas críticas negativas, aquelas manifestações de carinho foram uma mudança muito bem-vinda.

Naquela noite, comparecemos a um evento organizado pelo editor chefe da *Vanity Fair*, Graydon Carter, juntamente com o Festival de Cinema Tribeca. O jantar foi o tipo de acontecimento sofisticado que a *Vanity Fair* organiza com perfeição. Famosos espalhados pelo salão, flashes espocando, fumaça de cigarro pairando acima das nossas cabeças, e garçons circulando com taças de champanhe em bandejas de prata. No final da noite, fui pegar minha capa e uma senhora da alta sociedade novaiorquina, com penteado e maquiagem irretocáveis, me puxou delicadamente para um canto. Eu não fazia a menor ideia de quem ela podia ser. Ela cochichou depressa, em tom de conspiração, que tinha votado em Bush em 2004, mas agora estava "se sentindo muito arrependida. Cometi um erro terrível". Enquanto ajeitava sua estola de peles, ela me olhou com firmeza e apertou minha mão com força. "Eu lhe desejo, e também ao seu marido, muito boa sorte." E depois ela se afastou.

Era quase meia-noite. Nós íamos pegar o avião muito cedo na manhã seguinte, para voltarmos à nossa vida normal, com nossos filhos. Ao entrarmos no carro que nos levaria de volta ao hotel, soltamos um imenso suspiro. Tirei meus escarpins e me recostei no banco estofado. Enquanto o carro percorria as ruas vazias, eu admirava, como sempre, a maravilha que é Nova York à noite. Paramos em um sinal no Rockefeller Center, e meu olhar pousou no placar eletrônico vermelho em torno do edifício dos estúdios da NBC. A manchete que estava sendo exibida era: "Rove Comparece diante do Grande Júri pela Quinta Vez, para Depor sobre o Caso Valerie Plame".

No dia 5 de maio, enquanto estávamos sentados em cadeirinhas minúsculas, durante uma entrevista com o professor na escola de ensino elementar das crianças, o Blackberry do Joe começou a tocar sem parar. Lancei-lhe um olhar fulminante, para que ele o desligasse, e ele, depois de olhar de relance a telinha, guardou-o no bolso do casaco. Assim que terminamos e fomos até a porta, ele tirou o Blackberry do bolso e me disse que o Diretor da CIA, Porter Goss, tinha sido devidamente demitido. Embora Goss tivesse dito que iria "renunciar ao cargo" durante uma reunião com o presidente na Sala Oval, parecia bastante claro que ele havia sido pressionado nesse sentido. Segundo o artigo de primeira página no *Washington Post* do dia seguinte, "funcionários de alto escalão do governo disseram que Bush tinha perdido a confiança em Goss, quase desde o princípio, e tinha decidido substituí-lo meses atrás". Como asseverou o colunista David Ignatius no dia 7 de maio, "Goss foi demitido por um presidente que não gosta de demitir ninguém. Esse é um sinal de como as coisas ultimamente estão indo de mal a pior na CIA".

Depois que John Negroponte se tornou, de fato, o czar da inteligência, com a criação do cargo de DNI (Diretor de Inteligência Nacional) pelo Congresso, mais de um ano antes, a eficácia, o prestígio e o acesso diário de Goss ao presidente tinham diminuído consideravelmente. Isso, por sua vez, aviltou e solapou ainda mais a organização que ele liderava. Durante uma época na qual estava ocorrendo uma mudança significativa, que Goss e a alta gerência da CIA estavam tentando implantar na agência, a comunicação eficaz e clara com todos os níveis da organização era fundamental. Goss falhou completamente nessa empreitada e pagou um preço altíssimo por isso. Durante seu mandato, segundo o *Washington Post*, "apenas no serviço clandestino, Goss perdeu um diretor, dois vice-diretores, e pelo menos uma dúzia de chefes de departamento, chefes de estação e diretores de divisão, muitos com a experiência e a capacitação linguística essenciais das quais ele mesmo disse que a agência precisa. Dois chefes da divisão de contraterrorismo já pediram demissão, e o atual é o terceiro que assume esse posto desde que Goss assumiu o cargo". Choviam críticas de todos os lados sobre o período de 18 meses durante o qual Goss foi gerente; ele não era o homem certo desde o início. Em uma burocracia ineficiente como a da CIA, um líder forte, respeitado pelos seus comandados, é essencial para gerenciar mudanças necessárias e uma modernização. Sinceramente, não senti nem um pouco de pena quando ele foi demitido.

A partida abrupta de Goss serviu para ressaltar algo que entre nós, aqueles que estavam preocupados com a comunidade de inteligência, já sabiam: a reorganização recomendada pela Comissão de 11 de Setembro que deveria trazer melhor coordenação estava sendo, até ali, um fracasso total. Lembro-me de estar em uma grande sala de conferências da Divisão de Contraproliferação no início de 2005, quando a criação do DNI foi anunciada aos peões da Divisão. Nosso chefe jurou que o DNI não seria apenas uma nova camada de burocracia inútil, e todos reconheceram que já tínhamos disso para dar e vender. Os veteranos das reorganizações da inteligência anterior trocaram comentários céticos, em voz baixa. Segundo o organograma do CNI, há dezesseis unidades de inteligência diferentes sob sua égide. Em abril de 2006, o orçamento de Negroponte era de aproximadamente um bilhão de dólares, mas nenhum de nós sabia o que o seu quadro, composto de quase 1.500 pessoas, temporariamente trabalhando na Base Aérea de Bolling, em Washington, capital, fazia durante o expediente. Segundo o site do DNI na internet, sua missão é "uma iniciativa de unificação de profissionais de inteligência inovadores cujo objetivo comum é defender as vidas e os interesses dos americanos e transmitir os valores americanos firmemente nas nossas instituições democráticas, nossa diversidade e nossas façanhas intelectuais e tecnológicas".

Segundo a história da CIA, a agência tinha sido criada depois dos ataques de Pearl Harbor, para evitar que um desastre daqueles acontecesse outra vez. Segundo um estudo encomendado pelo Presidente Bush em 2001 e revisado pelo chefe do departamento de história da CIA, Michael Warner, "As explosões de Pearl Harbor ainda ecoavam em Washington quando o Presidente Harry Truman e os líderes do Congresso aprovaram a Lei de Segurança Nacional de 1947. Uma investigação conjunta do Congresso apenas um ano antes havia concluído que o ataque de Pearl Harbor evidenciava a necessidade da existência, nos Estados Unidos, de uma estrutura de comando unificada e um sistema de inteligência melhor. Na verdade, o Presidente e muitos de seus assessores acreditavam, com razão, que o ataque surpresa poderia ter sido evitado se os vários comandantes e departamentos tivessem coordenado suas ações e compartilhado suas informações". Não era isso que o Congresso estava tentando fazer outra vez com o DNI, evitar um novo 11 de setembro? Talvez, na pressa de reagir à recomendação do relatório da Comissão do 11 de Setembro, o Congresso tivesse deixado de perceber que, embora a CIA talvez tivesse sérios problemas que era preciso sanar, tentar abafá-los com mais uma camada de burocracia não era a solução mais eficaz.

O sol de início de verão tinha acabado de nascer no dia 13 de junho quando eu desci as escadas para fazer café. Estava pensando nas atividades do final do ano letivo das crianças e na nossa viagem para a Flórida nas férias, para visitar meus pais. Passei por Joe na sala de estar, e ele estava ao telefone. Era cedo demais para uma conversa de trabalho, de modo que eu, ressabiada, fiquei imaginando quem podia estar ligando e por quê. Será que alguém tinha adoecido? Olhei para o Joe, quando ele entrou na cozinha, e vi, na mesma hora, que alguma coisa ruim tinha acontecido.

– Rove não vai ser indiciado – disse Joe, num tom anormalmente desanimado. No dia anterior, Fitzgerald tinha dito a Robert Luskin, o advogado de Rove, que seu cliente não seria acusado de crimes relativos ao vazamento. E assim, de um momento para outro, meses de especulação sobre o destino de Rove, acompanhados com igual zelo por gente de inclinação democrata e republicana, terminaram. Apenas dias antes, circulavam pela blogosfera inúmeros rumores de que o grande júri tinha proferido um indiciamento lacrado e anônimo e que ele iria ser usado como uma espécie de chantagem para garantir a inteira colaboração de Rove com os promotores. Era difícil engolir que alguém que comparecera diante de um júri de indiciamento cinco vezes e admitido que havia falado com Robert Novak e Matt Cooper na semana antes do meu nome ter sido publicado, não seria punido por suas ações.

Fiquei intrigada e revoltada, mas acima de tudo preocupada com o Joe. Ele tinha se convencido de que Rove seria indiciado, só que agora isso não ia acontecer. Joe é um otimista nato – que é um dos motivos pelo qual eu me casei com ele. Ele é o tipo de cara que compra um bilhete de loteria com certeza absoluta que o prêmio de 200 milhões de dólares vai ser dele. Ele acredita no que é possível, e tem um jeito irresistível de convencer os outros de que essa coisa vai acontecer. Não é ingenuidade nem idealismo, mas uma abordagem positiva da vida que considero muito atraente. Vê-lo assim tão abatido por causa da notícia de que não haveria indiciamento, refutando de frente a sua crença de que em geral sempre se faz justiça, foi muito duro. E eu não tinha nada a dizer, nem conseguia encontrar nada que pudesse fazer para consolá-lo. Embora nossa fé na habilidade e na integridade de Fitzgerald continuasse inabalável, não podíamos senão imaginar, juntamente com todos os outros, o que o promotor especial tinha recebido ou ouvido da boca do Rove para tomar essa decisão.

É verdade que quando se recebe uma notícia ruim, outras vêm em seguida. Pouco depois de saber que o Rove tinha escapado da indiciação, recebemos uma carta curta e grossa da Receita Federal dizendo que nossa declaração de 2004 tinha caído na malha fina. Ninguém gosta de receber uma carta assim; nós dois nunca tínhamos passado por uma auditoria da Receita na vida, e não fazíamos ideia do que esperar. Telefonei imediatamente para o nosso contador, que preparava nossas declarações fazia anos. Segundo Rich, não havia nada em nossa declaração de imposto de renda que pudesse ter feito alguém desconfiar de coisa nenhuma, nenhuma atividade estranha, nenhuma renda excessiva (isso, com certeza, não constava). Não sou dessas de achar que há sempre uma conspiração por trás de tudo, mas depois de falar com o Rich, realmente passei a imaginar que o governo Bush devia manter "listas de inimigos" como no tempo do Nixon. O Nixon não tinha usado seu poder de ofício para mandar fazer auditorias nas declarações de imposto de renda daqueles que ele considerava seus inimigos? Um memorando de 1971 do advogado da Casa Branca John Dean, a um empresário republicano, explica o objetivo da "lista": "Este memorando é para tratar do assunto de como podemos maximizar o fato de nossa incumbência de lidar com pessoas que sabemos ser ativas na sua oposição a nossa administração. Em outras palavras, falando mais francamente, como podemos usar a máquina administrativa disponível para atacar nossos inimigos políticos." Depois de várias semanas, muitas horas revisando documentos e arquivos e dois mil dólares pagos ao contador, a Receita nos absolveu. Nossa declaração estava em perfeita ordem. Minhas preocupações de que estivéssemos sendo alvos de mais um ataque político foram reforçadas vários meses depois, quando descobrimos que um amigo nosso, jornalista, tinha também caído na malha fina. Ele tinha acabado de publicar um livro que criticava profundamente o governo Bush, de modo que a coisa cheirava a retaliação. Mas cair na malha fina podia também ser uma estranha coincidência.

Foi mais ou menos na mesma época, no início do verão, que o proprietário da firma de manutenção do nosso gramado, que já vínhamos utilizando fazia algum tempo, estava caminhando pela grama e inspecionando a casa. Eu estava escrevendo à minha escrivaninha, no térreo, quando John bateu na porta de vidro e me fez um sinal, para que eu viesse ao *deck*. Saí e olhei para o ponto que ele indicava. Vários dos enormes parafusos que sustentavam o *deck* ao lado da casa tinham inexplicavelmente desaparecido. Não tinham caído: não encontramos nenhum deles no chão. Nosso *deck* provavelmente fica a uns quinze metros acima do solo; se houvesse pessoas nele, ou embaixo dele, alguém poderia até morrer. Aquilo não fazia sentido. Nós tínhamos encomendado aquele *deck*, no ano anterior, de uma firma de boa reputação local, que tinha construído outras coisas para nós antes. Liguei para Joel, o dono da firma, e lhe pedi para vir à nossa casa. No dia seguinte ele deu uma boa olhada nas vigas de sustentação e nos parafusos e ficou tão apavorado quanto John; disse-nos para evitarmos sair nos *decks* até ele os consertar. Joel não sabia como explicar o desaparecimento dos parafusos; ele confiava nos seus operários e não podia nem sequer imaginar que eles tivessem deixado de inserir vários parafusos grandes e importantes. Tudo aquilo me deixou muito abalada. Como dizem, "Só porque você é paranoica, não significa que alguém esteja te perseguindo".

Joe e eu conversamos durante meses, debatendo a possibilidade de abrirmos um processo civil contra Cheney, Libby, Rove e outros que foram alvos da investigação do vazamento. Até mesmo em 2003, depois que minha identidade foi revelada, Joe levantou a hipótese de nós abrirmos um processo por diversas vezes, mas toda vez que ele tocava no assunto, eu me zangava, ficava defensiva e muito transtornada. Eu não queria falar nisso; o vazamento era muito recente, e eu ainda não estava preparada para pensar racionalmente no assunto, nem no que um processo desses poderia significar. Durante muito tempo, a ideia de um processo civil foi mais um fator de atrito tácito entre nós. Mas depois de passarmos algum tempo sendo o Joe e a Valerie Wilson que todos conheciam, sem nada a esconder, comecei a calcular os prejuízos da campanha para desmoralizar Joe e da inescrupulosa revelação da minha identidade: a reputação de Joe quase foi destruída, assim como sua empresa de consultoria; minha carreira tinha sido encerrada; nossa privacidade foi invadida; a segurança nacional foi ameaçada; o nível crônico de estresse causou prejuízos à nossa saúde de inúmeras formas, e meus dois filhos pequenos com certeza ficavam imaginando por que seus pais estavam brigando outra vez. Um processo na justiça não nos devolveria tudo que havíamos perdido, mas, para mim, isso começou a parecer mais atraente.

Foi apenas na primavera de 2006 que, finalmente, resolvi sentar-me e conversar sobre a possibilidade de entrarmos com um processo contra o governo. Depois de algumas conversas longas sobre no que íamos nos meter, Joe e eu reduzimos nossas motivações a três, que considerávamos que justificavam todo o trabalho que teríamos, passando por um processo judicial. Em primeiro lugar, era uma forma de encontrar a verdade, descobrindo como as dezesseis palavras mentirosas sobre o urânio do Níger tinham ido parar no discurso de Estado da União do presidente dos Estados Unidos. Em segundo lugar, isso iria obrigar os funcionários do governo a responderem pelas ações que podiam ser ilegais ou inconstitucionais. Em terceiro lugar, isso serviria para evitar que futuros funcionários públicos pensassem que estavam acima da lei. Por uma questão de autopreservação, sabíamos que os chacais da Direita continuariam a nos atacar na medida em que pudessem fazer isso impunemente. A única maneira de fazer valentões baixarem a crista é enfrentá-los cara a cara. Nós tínhamos visto como os defensores de Watergate tinham tentado apagar registros históricos de uma geração, e considerando o que tínhamos passado durante três anos, não restava dúvida de que eles tentariam algo semelhante, como anular aquele escândalo, ou pior, deturpar os fatos, fazendo de nós os culpados por tudo. Esses temores logo se realizaram em setembro de 2006, quando o editorial do *Washington Post* afirmou que Joe tinha sido o responsável pelo vazamento.

Na época, bem antes da eleição de novembro que devolveu a maioria aos democratas em ambas as casas do Congresso, estávamos convencidos de que o presidente provavelmente iria perdoar Libby bem antes de seu caso ir a julgamento. Nosso processo civil parecia ser o único jeito de expormos os erros da administração federal. De qualquer forma, fosse qual fosse a decisão que tomássemos, ela teria de ser tomada logo. Segundo o estatuto de limitações, depois de três anos, qualquer tentativa da nossa parte de punir os crimes contra nós terminaria sendo inútil; o prazo para prescrição dos crimes federais que estávamos combatendo ia expirar no dia 14 de julho de 2006 para aquela violação do direito de expressão pela Primeira Emenda e pela Quinta Emenda à igual proteção pelas leis, a violação de nosso direito à privacidade e à propriedade, a conspiração para privar as pessoas de seus direitos civis, uma ação por negligência na prevenção de violação de direitos civis, a revelação pública de fatos particulares, e conspiração civil.

Deixamos de lado nossa decepção por Rove não ter sido indiciado devido a uma atividade ilegal. Nossa equipe de advogados estava ocupada, dando os toques finais na nossa acusação, continuando suas pesquisas e elaborando o pedido com todo o requinte, para que o caso fosse tão comovedor, direto e bem baseado em precedentes legais quanto poderia ser. Afinal, nós estávamos acusando o vice-presidente Cheney, os assessores do governo Karl Rove e Scooter Libby e "fulanos" números 1-10 no lugar de réus até agora desconhecidos. Acrescentar os Fulanos foi uma técnica que funcionou, pois nos meses seguintes, os jornalistas e a investigação criminal em andamento forneceram mais réus potenciais para nosso caso. Tudo precisava estar perfeito e à prova de erros, porque senão nossa tentativa seria em vão. Porém, depois de termos sido a pedreira durante três anos, foi bom passarmos a ser os exploradores.

A coordenação do que pareciam mil pecinhas móveis finalmente culminou no dia 14 de julho, um dia típico de sol escaldante de verão em Washington. O processo tinha sido adequadamente iniciado na noite anterior, no tribunal, e nós tínhamos marcado uma conferência de imprensa no Clube de Imprensa Nacional no centro da capital, para anunciar o que estávamos fazendo, e por quê. Joe fez alguns comentários diante de uma turba intimidadora de repórteres e fotógrafos. Falei depois dele, no meu primeiro pronunciamento público (com a boca seca e os joelhos trêmulos), após o meu nome ter aparecido na coluna do Robert Novak.

> Estou orgulhosa por ter servido meu país trabalhando na Agência Central de Inteligência. Eu e meus ex-colegas da CIA confiávamos no nosso governo, achando que ele nos protegeria enquanto desempenhávamos nossos papéis. O fato de alguns indivíduos inescrupulosos no seio da administração federal atual terem traído essa confiança foi uma enorme decepção para todo americano patriota; Joe e eu entramos com este processo com muito pesar no coração, mas com um objetivo renovado. Sinto que aqueles que agiram de maneira tão irresponsável contra nós e que nos prejudicaram tanto precisam se responsabilizar por sua conduta vergonhosa e explicar seus atos em um tribunal.

Os processos judiciais, como todos sabem, custam muito dinheiro. Nós estamos longe de sermos independentes do ponto de vista financeiro – e, na verdade, os últimos três anos tinham sido um desastre em matéria de finanças para nossa família. Para ajudar a reduzir as custas do litígio, abrimos uma conta para doações. Ao mesmo tempo, criamos um site na Internet, Wilsonsupport.org, como meio das pessoas que acreditavam na nossa causa contribuírem financeiramente, e para elas receberem atualizações sobre o processo. Joe e eu não tínhamos ilusões de que fôssemos receber sequer um centavo com nosso processo. Essa jamais foi nossa intenção. Nós decidimos que, se aquele processo civil resultasse em qualquer soma em dinheiro como compensação, depois que pagássemos as custas do processo e os honorários dos advogados, tudo seria doado para organizações beneficentes para proteger direitos referentes à Primeira Emenda e defender as pessoas que denunciassem atos ilegais de qualquer retaliação em consequência de sua iniciativa.

Do nosso ponto de vista, a vitória no processo nem mesmo seria definida por um veredicto ou por compensação financeira. Em vez disso, acreditávamos que seríamos bem-sucedidos se fôssemos capazes de superar os obstáculos legais significativos que nosso caso tinha pela frente (entre os quais, o maior eram as alegações de absoluta imunidade do vice-presidente), se conseguíssemos que nossos réus prestassem depoimentos sob juramento sobre o que tinha acontecido, e por quê. Nós também sabíamos que o nosso processo civil levaria anos tramitando pelos tribunais e isso adiaria nosso desejo profundo de deixarmos de pensar no vazamento e em suas consequências. Mas fomos em frente, convencidos de que essa era a atitude correta a tomar.

Pouco depois de abrirmos o processo, Joe e eu nos unimos com um grupo de vigilantes neutro chamado Cidadãos pela Responsabilidade e pela Ética em Washington (CREW). Liderado pela brilhante, intrépida e respeitada advogada Melanie Sloan, este grupinho se "dedica a processar funcionários do governo que sacrificam o bem comum em nome de interesses especiais e em ajudar americanos a usar litígios judiciais para expor aqueles que traem a confiança do público". Para nossa grande alegria, o CREW aceitou nosso caso sem ônus, e começou imediatamente a trabalhar. Joe e eu sabíamos que estávamos em boas mãos.

No final de agosto de 2006, recebi uma ligação, tarde da noite, de David Corn. Em julho de 2004, Corn tinha sido o primeiro jornalista a falar que o vazamento de meu nome podia ter implicações criminais segundo a Lei de Proteção de Identidades da Inteligência. O seu livro, *Hubris: The Inside Story of Spin, Scandal and the Selling of the Iraq War*, no qual ele havia trabalhado com o jornalista Michael Isikoff, estava para ser publicado.[1] David ligou para me avisar, por cortesia, de uma bomba que ele tinha incluído no livro: a de que o subsecretário de estado Richard Armitage havia sido o primeiro que tinha vazado meu nome entre os funcionários do governo, quando ele o deu a Bob Woodward – o qual tinha entrevistado Armitage em meados de junho de 2003 para seu próprio livro, que estava para ser publicado, *Plano de Ataque*. "Segundo Woodward, sua fonte [Armitage] referiu-se a Valerie Wilson de 'passagem, sem lhe dar nenhuma importância'. 'Para ele aquilo era só um mexerico', disse Woodward mais tarde."

Armitage continuou a "contar mexericos" mais um pouco em outra entrevista com Robert Novak, no dia 8 de julho de 2003, depois do "Op-Ed" do Joe ter sido publicado no *New York Times*, e antes da coluna de Novak ser publicada. Segundo o relato de *Hubris*, Novak perguntou: "Por que diabos eles mandaram o Joe Wilson fazer isso?" 'Para responder à pergunta de Novak, Armitage revelou a provocante notícia que constava de um memorando confidencial da INR: que a esposa do Wilson trabalhava na CIA na força-tarefa de armas de destruição em massa e tinha sugerido o nome do marido dela para a missão no Níger. Era a mesma informação que Armitage já tinha dado a Woodward." Enquanto David resumia isso para mim ao telefone, meus pensamentos começaram a voar, tentando imaginar o que isso significaria para o nosso processo e entender a complicada sequência dos acontecimentos de junho e julho de 2003. Agradeci a ele por me contar isso e desliguei. Imediatamente entendi que a direita radical usaria essa revelação para nos difamar ainda mais e distorcer o caso. O que eu não estava preparada para enfrentar era o fogo cerrado da crítica e a reação negativa dos principais canais de televisão e jornais.

Dentro de apenas alguns dias depois da publicação de *Hubris*, e suas revelações sobre a fonte do vazamento, a direita já estava espumando, alegando que, de fato, não tinha havido "conspiração" para

---

[1] Tradução literal: *Arrogância: Os Bastidores da Invencionice, do Escândalo e da Venda da Guerra do Iraque*. Ainda não publicado. N. T.

sujar o nome de Joe Wilson, como ele e o promotor especial tinham denunciado. O livro oferecia ampla oportunidade para pintar Armitage como um fofoqueiro inconsequente, alguém que nem mesmo fazia parte do grupo de conspiradores neoconservador que levou a nação à guerra; que tudo naquele nosso caso tinha sido exagerado. No dia primeiro de setembro, abri o *Washington Post* e li seu editorial, intitulado "Fim de Caso":

> Por conseguinte, uma das acusações mais sensacionais contra a Casa Branca de Bush – a de que ela orquestrou o vazamento da identidade da sra. Plame para arruinar sua carreira e, assim, punir o sr. Wilson – é uma inverdade. Os protestos da esquerda depois dessa alegação ter sido feita pelo sr. Wilson no verão de 2003 levaram à indicação de um promotor especial, uma investigação cara e prolongada, e ao indiciamento do Chefe de Gabinete do vice-presidente Cheney, I. Lewis "Scooter" Libby, por perjúrio. Tudo isso poderia ter sido evitado se a identidade do sr. Armitage tivesse sido revelada há três anos... Contudo, agora, parece que a pessoa que mais foi responsável pelo fim da carreira da sra. Plame na CIA é o sr. Wilson. O sr. Wilson resolveu trazer a público uma acusação explosiva, alegando, falsamente, pelo que se descobriu depois. Que ele teria desmentido relatórios de que o Iraque havia comprado urânio em Níger e que seu relatório tinha circulado e foi lido pelos funcionários da alta administração federal. Ele devia esperar que ambos esses funcionários e os jornalistas, tais como o sr. Novak, perguntariam por que um embaixador aposentado teria sido enviado numa missão dessas, e que a resposta seria: devido à indicação de seu nome por sua esposa. Ele afastou a responsabilidade de si e de suas falsas alegações afirmando que os mais próximos assessores do presidente Bush estavam envolvidos em uma conspiração ilegal. É uma pena que tantas pessoas o tenham levado a sério.

Fiquei furiosa. De repente entendi o que devia ser viver na União Soviética e ter apenas o veículo de propaganda oficial, o *Pravda*, como fonte de notícias sobre o mundo. Nem sempre as pessoas concordavam com um editorial, mas estava subentendido de que ele devia ser baseado em fatos concretos. As afirmações do *Post* de que Joe era o responsável pelo fim da minha carreira e que seu relatório sobre o Níger tinha sido desmentido eram literalmente mentirosas. Insinuar que Joe tinha contribuído para a revelação de minha identidade indo para o Níger e, depois, escrevendo sobre isso demonstrava ignorância crassa a respeito de como funcionam nossos serviços clandestinos. A linha "O sr. Wilson resolveu trazer a público uma acusação explosiva, alegando falsamente, pelo que se descobriu depois, que ele teria desmentido relatórios de que o Iraque tinha comprado urânio no Níger" é mais uma demonstração de ignorância consciente. Aliás, a redação do *Post* tinha produzido artigos em profusão a respeito do assunto durante os últimos três anos, e surpreendentemente, no jornal daquele mesmo dia, sobre as acusações vazias e sem fundamentação do governo. Para começar, a própria Casa Branca tinha reconhecido que as mal-afamadas "dezesseis palavras" do discurso do Estado da União em 2003 tinham sido um erro. Como é que o conselho editorial podia escrever coisas assim? Quando, subsequentemente, descobri que o mais provável autor do editorial tinha sido Fred Hiatt, um respeitado jornalista que tinha trabalhado como correspondente estrangeiro no *Post* durante muitos anos, essa possibilidade tornou minha decepção maior ainda. Embora Hiatt presidisse uma página de editorial que tinha endossado a invasão do Iraque, ele tinha reputação de apoiar os mais altos padrões de jornalismo. E aquele editorial que eu estava lendo claramente estava longe de afirmar fatos conhecidos. Joe tinha ameaçado, várias vezes durante os últimos anos, cancelar nossa assinatura do *Post*, mas eu sempre o persuadia a continuar assinando o jornal, deixando de lado meus princípios, motivada pela razão mais pragmática de sempre ter acesso aos filmes que estavam passando nos cinemas, às notícias locais e ao caderno de fim de semana. Dessa vez, porém, percebi que foi a gota d'água, e nem mesmo esperei que Joe protestasse. Liguei para o jornal naquela mesma manhã e cancelei a assinatura, observando que, se os autores do editorial nem mesmo liam as notícias do próprio jornal deles, eu também não ia fazer isso. Foi uma vitória pequena, porém importante para o meu moral. Eu só me arrependia de não ter feito isso antes.

Infelizmente, o jornal não interrompeu as entregas imediatamente; o periódico continuou a chegar durante mais algumas manhãs, e eu não tive o juízo de jogá-lo imediatamente na lata de recicláveis. Li David Broder, que, no dia 7 de setembro, na sua coluna, argumentou, com uma indignação de quem se acha correto, que a mídia tinha tratado Karl Rove muito mal, dizendo coisas muito ofensivas sobre o homem. Broder arrasou Sidney Blumenthal, Joe Conason, o promotor especial e Joe, acusando-os violentamente, entre outros, por se precipitarem e dizerem que Rove tinha alguma ligação com o vazamento. E para arrematar, ainda disse que "estas e outras publicações devem a Rove um pedido de desculpas". Inevitavelmente, a malhação em cima dos Wilson virou malhação do Fitzgerald. A imagem de um promotor descontrolado foi ressuscitada com o raciocínio de que, se Fitzgerald sabia que o Armitage tinha vazado a minha identidade desde o início de sua investigação, e aparentemente sabia, por que ele continuou? O artigo do *New York Times* no dia 2 de setembro observou que "A dúvida sobre se o sr. Fitzgerald exerceu corretamente ou não sua discriminação de promotor, continuando essa investigação para saber se haveria algum crime no caso, tornou-se objeto de uma polêmica em páginas editoriais e em círculos políticos e jurídicos". Porém, o fato é que os investigadores do FBI sabiam do papel de Armitage desde outubro de 2003. Fitzgerald foi indicado como promotor especial no fim de dezembro de 2003, mas o FBI não encerrou a investigação porque tinha bons motivos para crer que Libby e Rove estavam mentindo. Havia mais um motivo além de Novak e Armitage para o FBI ter continuado sua investigação. Um artigo de 28 de setembro de 2003, no *Washington Post*, afirmou: "ontem, um alto funcionário da administração disse que antes da coluna de Novak ser publicada, dois altos funcionários da Casa Branca ligaram para pelo menos seis jornalistas e revelaram a identidade e o cargo da esposa de Wilson. 'É óbvio que isso foi feito unicamente por vingança' disse o alto funcionário sobre o suposto vazamento." Como a astuta blogueira "Emptywheel" (Marcy Wheeler) escreveu: "Em outras palavras, a admissão de Armitage não respondeu todas as perguntas possíveis que sabemos que o FBI tem diante de si, fora as provas incluídas no dossiê da CIA." O que até mesmo os mais experientes jornalistas não pareciam entender, e muito menos transmitir nos seus artigos, era que a revelação de Armitage não excluía a possibilidade real de que houvesse iniciativas paralelas dentro da Casa Branca para lesar a reputação de Joe e, portanto, desacreditar seu artigo e suas descobertas sobre o Níger. Embora as ações de Armitage possam ter sido isentas de intenção maliciosa, elas ainda assim mostravam que um alto funcionário do governo, que devia ter evitado isso, foi extremante descuidado e negligente ao lidar com informações confidenciais. Em entrevista à CBS, Armitage declarou: "Ah, eu me sinto péssimo. Todos os dias eu acho que decepcionei o presidente. Decepcionei o Secretário de Estado. Decepcionei meu departamento, a minha família e também o sr. e a sra. Wilson." Embora Armitage tenha pensado que esse pedido de desculpas o desoneraria de toda e qualquer outra obrigação, ele já tinha causado prejuízo demais. Com nosso consentimento, nossos advogados da CREW acrescentaram o nome de Richard Armitage ao nosso caso como mais um réu. Ele foi nosso primeiro "Fulano".

* * *

Houve mais uma revelação no *Hubris,* mas não recebeu tanta cobertura da mídia quanto o vazamento sensacional do Armitage. A versão original do memorando sobre a viagem ao Níger, preparada a pedido do subsecretário de Estado Marc Grossman, pelo Departamento de Inteligência e Pesquisa do Estado (INR), para Scooter Libby, declarava que a reunião na sede da CIA foi "convocada" por mim com ideia de enviar Joe ao Níger. Embora essa versão se encaixasse muito bem com a alegação de nepotismo que a administração federal fez, ela não passava de uma mentira. O analista do INR para a África, Doug Rohn, tinha chegado atrasado à reunião, na sede da CIA, em fevereiro de 2002, e não tinha certeza do papel que eu desempenhava (eu já havia saído da reunião depois da breve introdução de Joe). Quando o memorando do INR foi redigido em 2003, Rohn tinha saído do INR e se tornado Cônsul Geral em Karachi, no Paquistão. Portanto, outro analista, Neil Silver, foi contatado para redigir o memorando para Grossman usando as anotações de Rohn. De acordo com o livro *Hubris*, no memorando para Grossman, o qual tinha sido pedido pelo Libby, Silver declarou que a reunião na CIA tinha sido "organizada" pela Valerie Wilson, que ele descreveu como "gerente de armas de destruição em massa da CIA". O que o memorando tinha omitido, e não há motivo para achar que Silver houvesse previsto a futura importância disso, foi que a frase original de Rohn era "aparentemente organizada". "Inadvertidamente", Corn e Iskoff declaram em *Hubris,* "a informação imprecisa de Rohn tinha se transformado em uma verdade incontestável. Ela logo se tornaria, nas mãos dos contadores de fábulas da Casa Branca, uma acusação política."

Fora a afirmação errônea de que eu tinha organizado a reunião na sede da CIA, o memorando do INR era muito claro quanto ao que tinha ocorrido para gerar a viagem de Joe ao Níger. O memorando diz: "Pelo que pudemos encontrar em nossos registros, Joe Wilson desempenhou um papel provisório na história da compra de urânio pelo Iraque no Níger... Ele apresentou seus planos e expôs seus motivos para ir ao Níger, mas disse que só iria se o Departamento achasse que sua viagem fazia sentido." O memorando do INR também observou: "Dois analistas de ADMs da CIA parecem opor-se à ida de Joe... mas O INR fez questão de, delicadamente, lhes dizer que a Embaixada tem muito bons contatos e o Embaixador é muito amigo do [presidente Mamadou] Tanja."

Enquanto tudo isso estava sendo abordado pela imprensa no início de setembro, terminei de escrever a primeira prova deste livro.

Eu tinha trabalhado no livro todos os dias durante o verão. Começava quando Joe levava as crianças para a colônia de férias de manhã, e terminava antes de ir buscá-las no início da tarde. Para minha grande surpresa, descobri que gostava de escrever, e que fazer isso me ajudava a compreender coisas que tinham ocorrido rápido demais para que pudessem ser entendidas na época em que aconteceram.

Quando eu entrei na agência, assinei, como todos os empregados, um acordo de confidencialidade, que dizia, entre outras coisas, que eu submeteria quaisquer obras escritas futuras destinadas a consumo pelo público à Diretoria de Revisão de Publicações da CIA (PRB), para garantir que eu não revelaria informações confidenciais que poderiam potencialmente prejudicar a segurança nacional. Isso me parecia uma medida sensata. Na época em que entreguei meu original à PRB, eu já tinha entrado em contato com a Diretoria. Naquela primavera, recebi duas cartas bastante severas da PRB, recordando-me de minhas obrigações com relação à confidencialidade expressa no acordo e nas normas da agência. Essas cartas foram motivadas por relatos através da mídia de que eu teria assinado contrato para publicar um livro. Eu lhes garanti que tinha todas as intenções de colaborar inteiramente com a PRB e iria obedecer integralmente a todas as normas da agência relativas a materiais confidenciais. Eu estava querendo contar minha história pessoal de ter entrado na CIA ▇▇ ▇▇▇▇▇▇▇▇▇▇▇▇▇▇▇▇▇▇▇▇▇ para servir a minha pátria, e depois tratar da súbita atenção da mídia depois do vazamento do meu nome para a imprensa. Durante o verão, entre uma série de telefonemas e mensagens de correio eletrônico, cheguei a um acordo com a PRB de lhes submeter três a quatro capítulos de cada vez para revisão enquanto continuava a redigir outros capítulos. Minha editora, a Simon & Schuster, gostou desse acordo porque significava que o livro poderia ser preparado a tempo e, portanto, ser publicado tão rápido quanto possível. Porém, em meados do verão, a PRB resolveu voltar atrás e disse que eu precisava lhe entregar o livro inteiro de uma só vez. Uma mensagem de correio eletrônico me informou que:

> Como a senhora talvez estivesse prevendo, certas referências em capítulos que serão submetidos a revisão mais tarde poderão ter impacto direto ou indireto sobre trechos anteriores, e podem influenciar nossa revisão. Além disso, como a senhora está continuando a redigir seu primeiro rascunho, pode considerar necessário incluir mudanças no texto de provas anteriormente submetidas. Para que não tenhamos de revisar partes do texto que foram modificadas, vamos aguardar até que nos entregue todo o livro, antes de dar início ao processo de revisão formal.

Fiquei confusa diante dessa mudança súbita, depois que eles já haviam concordado que eu lhes entregasse o que eu estava escrevendo aos poucos, mas quis obedecer ao pé da letra o que a agência estava me solicitando. Eu ia simplesmente escrever mais e mais depressa para lhes entregar um original completo até o fim do verão. Assim, começou uma das mais difíceis fases que já enfrentei na vida. Agora, ao pensar nela depois que tudo já passou, sinto-me como se tivesse sido duplamente traída pelo governo ao qual servi lealmente durante ■■■■■■■■■■■■■■■■■■■■.

CAPÍTULO 15
Alice no País das Maravilhas

EU NÃO ERA INGÊNUA: sabia que o processo pelo qual um ex-funcionário da agência passa ao acompanhar a análise de seu livro até ele ser aprovado pelo sistema para publicação era angustiante, frustrante e, às vezes, até excêntrico. Devido à minha notoriedade mais acentuada e aos elementos políticos do meu caso, eu estava preparada para ter uma paciência de Jó e para aturar uma revisão mais longa do que a normal. A PRB desempenha um papel vital na garantia de que informações confidenciais não sejam divulgadas ao público, de modo que é compreensível que, às vezes, haja conflitos entre o que a CIA procura proteger e o que o autor deseja publicar. Mas como eu acreditava profundamente em proteger os interesses da nação em termos de segurança nacional, e que a agência agiria de boa fé, estava decidida a colaborar o máximo possível.

No início da jornada da revisão do meu livro, eu tinha motivos para ser cautelosamente otimista. Apenas na década anterior, a agência aprovou pelo menos vinte livros redigidos por ex-funcionários para publicação. Alguns tinham sido escritos por ex-agentes de operações, e forneceram visões bastante reveladoras do treinamento esotérico pelo qual passávamos na Fazenda, tais como o *Blowing my Cover*[1] de Lindsay Moran, em 2004. Francamente, eu tinha ficado

---

[1] Literalmente, *Revelando minha Identidade*. Ainda não publicado em português. *Orgulho Imperial*, de Michel Scheuer, foi publicado em Portugal. N. T.

surpresa diante da liberdade que deram a Moran no seu livro. Outros livros escritos por ex-analistas de inteligência, tais como o *Imperial Hubris: Why the West is Losing the War on Terror*, de Michael Scheuer, que também foi publicado em 2004, apresentaram uma visão bastante crítica da política do governo em relação à guerra contra o terrorismo. Porém, eu não tinha me aprofundado muito no processo de escrever meu livro quando percebi que meu otimismo não se justificava tanto assim.

Quando entreguei meu original à PRB no início de setembro de 2006, disseram-me que o processo de "toma-lá-dá-cá" com a PRB, acerca do que podia ou não ser publicado no livro, iria começar em meados de outubro. Isso parecia normal e eu sabia que a PRB provavelmente ia objetar contra certas palavras, frases ou trechos que eu tinha usado se eles os considerassem "confidenciais". Essa era a função deles, e eu esperava uma colaboração amigável, para encontrar soluções mútuas com as quais fosse possível concordar em cada caso, de modo que minha editora e eu pudéssemos marcar a data da publicação do livro em breve. Portanto, fiquei ligeiramente ressabiada quando recebi um telefonema, em meados de outubro, de uma integrante da PRB. Ela não estava ligando para marcar uma reunião, como eu esperava, mas para solicitar que a reunião fosse adiada para o início de novembro. A PRB "ainda não estava preparada" para fazer a revisão, e, além disso, ainda precisavam resolver "certas questões" relativas ao "sétimo andar" – que é jargão da CIA para se referir à alta gerência. Ela não quis me dizer que questões eram essas com maiores detalhes; afinal, eu estava lidando com a CIA, portanto não era preciso dizer mais do que o absolutamente necessário. E eu desliguei.

Felizmente, eu tinha algo interessante com que ocupar a mente, e não pensar no que estava ou não acontecendo com o meu livro enquanto eu esperava que a agência voltasse a me ligar. Joe tinha sido convidado por Norman Lear para servir de palestrante convidado no 25º aniversário do People for American Way. Fundada por Lear em 1981, em reação à intromissão da direita reacionária religiosa nos direitos civis do povo para atender a suas próprias exigências estreitas, a fundação já cresceu para mais de um milhão de integrantes e voluntários, "para lutar pelos nossos valores e crenças: direitos iguais, liberdade de expressão, liberdade religiosa e igualdade perante a justiça, diante da lei para todos os americanos". É uma organização importante em nossa sociedade civil, que, segundo seu site na Internet, serve de "defensora enérgica dos valores e instituições que sustentam uma sociedade baseada na diversidade e na democracia". No jantar em um salão de bailes de um hotel em Los Angeles, Joe deu o que acho que foi uma das melhores palestras da sua vida. Joe ficou preparando o discurso até alguns minutos antes de se apresentar no palco. Mas esse esforço compensou: ele foi aplaudido de pé durante vários minutos. Eis parte da sua apresentação:

> Estou aqui, diante de vocês esta noite, como um americano orgulhoso. Orgulhoso de ter servido ao meu país durante 23 anos como diplomata. Meu serviço incluiu lugares sofisticados como Niamey, Níger e Bagdá, Iraque, durante a operação Escudo do Deserto na Guerra do Golfo. Postos nos quais havia de tudo menos mordomia, ao contrário do que o Dick Cheney pode estar pensando.
> Servi minha pátria não porque acredito que os americanos são inerentemente melhores do que qualquer outra pessoa neste planeta. Não somos. Somos todos seres humanos com nossas respectivas virtudes e vícios. Não, eu servi porque acreditava, naquela época, como acredito agora, que o sistema de valores que é a base do contrato entre os governados e aqueles que governaram a nação durante 217 anos nos oferece a melhor garantia do comprometimento de nossos antepassados ao direito das pessoas à vida, à liberdade e à busca da felicidade...
> Nossa luta pessoal, ou, pelo menos, aquela à qual nosso nome está ligado, não é, na verdade, uma luta em nome de Joe ou Valerie Wilson. Não lutamos apenas por nossa causa, nem agora nem antes. Aliás, qualquer provação pela qual tenhamos passado nos últimos três anos nas mãos do nosso governo é mera inconveniência

comparada ao que esta nossa nação, e em particular esses corajosos homens e mulheres que usam as fardas das nossas Forças Armadas, e suas famílias, vêm passando.

O artigo que escrevi para o *New York Times* visava discordar de dezesseis palavras no discurso do Estado da União do presidente. No dia seguinte ao dia em que ele saiu no jornal, o porta-voz da Casa Branca reconheceu que aquelas dezesseis palavras não "estavam à altura de serem incluídas no discurso do Estado da União". Por que então não sabemos quem pôs essa mentira na boca do presidente? Por que sabemos, em vez disso, o nome de uma agente secreta da CIA que, por coincidência, é minha esposa?

George Orwell escreveu uma vez: "Numa época em que a mentira é universal, dizer a verdade é um ato revolucionário." Esta é uma luta contra a mentira universal...

Esta é ainda uma nação onde um cidadão pode se levantar toda manhã e gritar a plenos pulmões que o Presidente, o Vice-Presidente, o Secretário de Defesa, e o Secretário de Estado são todos uns mentirosos filhos da puta, e sobreviver para ver o sol se pôr. Eu sei. Passo a maior parte do tempo fazendo isso. Se não quiserem acreditar em mim, perguntem à Valerie.

Mas nós só continuaremos livres se continuarmos vigilantes. Benjamin Franklin disse, 250 anos atrás: "Quem resolve desistir da liberdade essencial para obter um pouco de segurança temporária, não merece nenhuma das duas coisas."

Não podemos, não iremos, nem devemos comprometer a Constituição de nosso grande país. Ela não é, como o senhor a chama, sr. Presidente, "um maldito pedaço de papel.".[2]

---

[2] Segundo Fernando Lima, professor de Direito Constitucional da Unama, no site http://www.profpito.com/ummaldito.html Bush disse isso numa reunião com líderes republicanos "para discutir a ampliação dos poderes do Executivo"[...] "através da prorrogação do USA Patriot Act". Alguém disse a Bush que "algumas das normas dessa lei eram inconstitucionais" e ele então teria respondido gritando o seguinte: "Pare de esfregar a Constituição na minha cara! Ela não passa de um maldito pedaço de papel." N. T.

Voltando a Washington, eu finalmente recebi o aviso de que a PRB estava pronta para se reunir comigo. Então, em uma manhã chuvosa de novembro, fui de carro até um edifício igual a qualquer outro nos subúrbios de Washington para minha primeira reunião pessoal com a diretoria de publicações. Eu estava empolgada e nervosa, mas determinada a fazer aquilo terminar bem para os dois lados. Foi aí que fiquei sabendo que algumas "questões" a PRB precisou analisar junto aos poderosos do "sétimo andar". Segundo o presidente da PRB, a agência tinha assumido a posição de que ███ ███████████████. Em outras palavras, ██████████████ ███ ███████████████████████. Minha mente voltou-se à semana logo antes de o Promotor Especial Fitzgerald ter indiciado Scooter Libby, em outubro de 2005. Naquela época, Fitzgerald tinha solicitado e recebido permissão para dizer o seguinte em seu indiciamento: "Em todos os momentos relevantes de 1o. de janeiro de 2002 até julho de 2003, Valerie Wilson foi empregada da CIA, e o status de seu vínculo com a agência era confidencial. Antes de 14 de julho de 2004, a ligação profissional de Valerie com a CIA não era conhecida fora da comunidade de inteligência." Presumi que ██████████████████████████ tivesse sido escolhido porque incluía o período durante o qual o gabinete da vice-presidência tinha feito perguntas sobre o relatório que alegava que o Iraque estava comprando urânio do Níger. Naquela época, parecia ser uma declaração apropriada ███████████████████████████████ ██████████████████████, porque não tinha nada a ver com o caso de Libby. Agora a PRB estava me dizendo ████████████████ ███████████████████ e não arredava pé de sua posição, por motivos desconhecidos e inexplicáveis. Escrever uma autobiografia ███ █████████████████ seria claramente problemático se eu precisasse obedecer a essa norma.

Naturalmente, enquanto estávamos sentados em volta de uma mesa de conferências de madeira artificial, expressei minha decepção e minha perplexidade diante dessa atitude ao chefe da PRB e aos seus subordinados. Eles concordaram plenamente, usando termos como "ridícula" e "absurda" para descrever a decisão tomada pelos gerentes anônimos. ▒▒▒▒▒▒▒▒▒▒▒▒▒▒▒▒▒▒▒

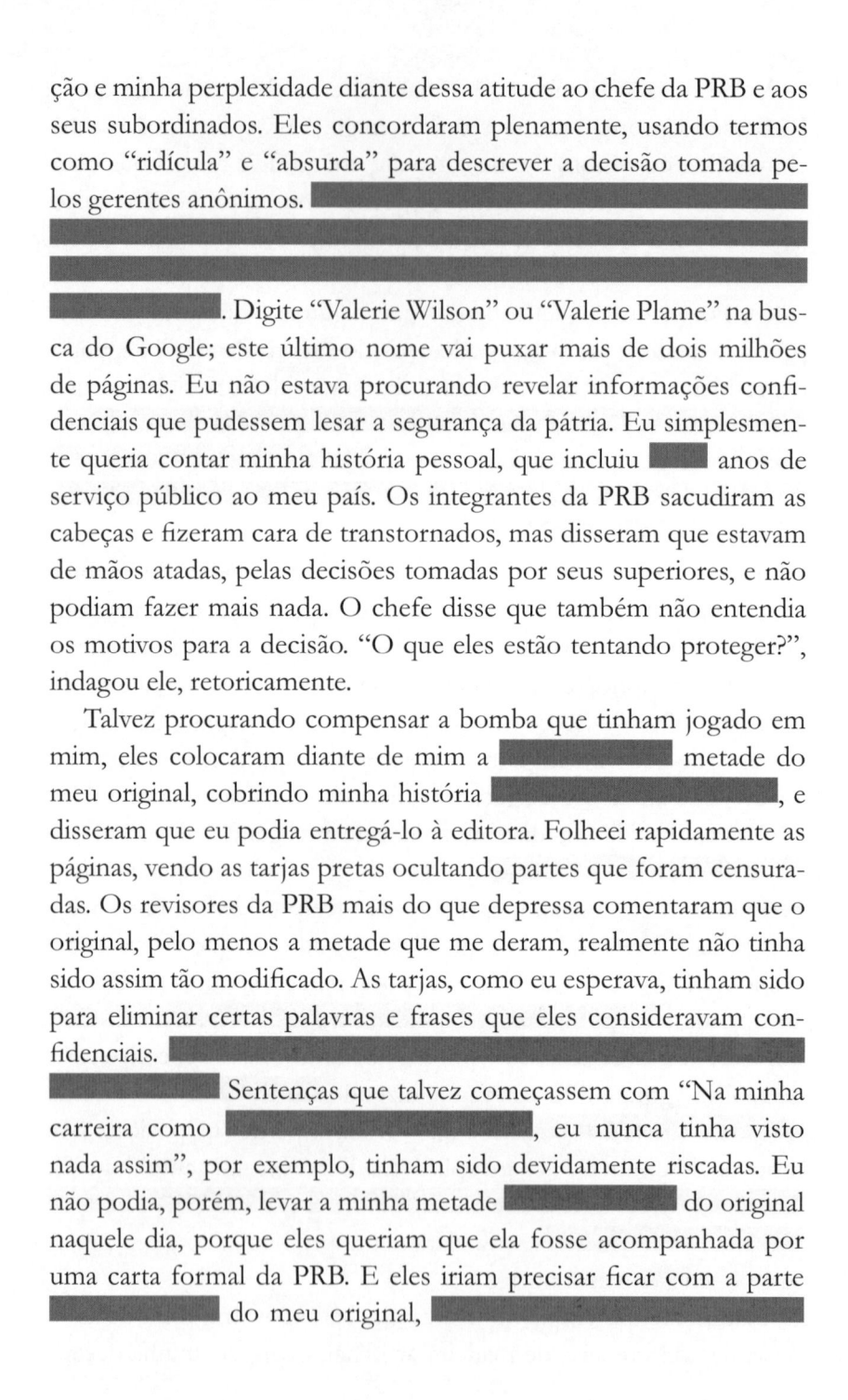

▒▒▒▒▒▒▒▒▒▒▒▒▒▒▒▒▒▒▒▒▒▒▒▒▒▒▒▒▒▒▒▒▒▒▒▒▒▒

▒▒▒▒▒▒▒▒▒▒▒▒▒▒▒▒▒▒▒▒▒▒▒

▒▒▒▒▒▒▒▒▒▒▒▒. Digite "Valerie Wilson" ou "Valerie Plame" na busca do Google; este último nome vai puxar mais de dois milhões de páginas. Eu não estava procurando revelar informações confidenciais que pudessem lesar a segurança da pátria. Eu simplesmente queria contar minha história pessoal, que incluiu ▒▒▒▒ anos de serviço público ao meu país. Os integrantes da PRB sacudiram as cabeças e fizeram cara de transtornados, mas disseram que estavam de mãos atadas, pelas decisões tomadas por seus superiores, e não podiam fazer mais nada. O chefe disse que também não entendia os motivos para a decisão. "O que eles estão tentando proteger?", indagou ele, retoricamente.

Talvez procurando compensar a bomba que tinham jogado em mim, eles colocaram diante de mim a ▒▒▒▒▒▒▒▒▒ metade do meu original, cobrindo minha história ▒▒▒▒▒▒▒▒▒▒▒▒▒, e disseram que eu podia entregá-lo à editora. Folheei rapidamente as páginas, vendo as tarjas pretas ocultando partes que foram censuradas. Os revisores da PRB mais do que depressa comentaram que o original, pelo menos a metade que me deram, realmente não tinha sido assim tão modificado. As tarjas, como eu esperava, tinham sido para eliminar certas palavras e frases que eles consideravam confidenciais. ▒▒▒▒▒▒▒▒▒▒▒▒▒▒▒▒▒▒▒▒▒▒▒▒▒▒▒▒▒▒ Sentenças que talvez começassem com "Na minha carreira como ▒▒▒▒▒▒▒▒▒▒▒▒▒▒▒, eu nunca tinha visto nada assim", por exemplo, tinham sido devidamente riscadas. Eu não podia, porém, levar a minha metade ▒▒▒▒▒▒▒▒▒ do original naquele dia, porque eles queriam que ela fosse acompanhada por uma carta formal da PRB. E eles iriam precisar ficar com a parte ▒▒▒▒▒▒▒▒▒▒▒▒ do meu original, ▒▒▒▒▒▒▒▒▒▒▒▒▒▒

██████████████. Tentei manter a calma ao perguntar como ficariam as coisas dali por diante. Como podíamos entrar em um acordo para sair daquele impasse? Os revisores da PRB disseram que a decisão ████████████████████ ainda estava sendo debatida exaustivamente no sétimo andar e admitiram com toda a franqueza que havia divisões profundas na gerência quanto ao modo de proceder. Eles terminaram a sessão dizendo, meio sem graça, que "uma decisão definitiva" seria tomada "em breve". Saí muito abalada, imaginando qual seria o destino do meu livro.

No dia das eleições, 7 de novembro de 2006, eu estava nervosa. Nós tínhamos ficado muito decepcionados com o resultado da eleição presidencial de 2004 e, por isso, eu não estava acreditando nas previsões dos entendidos de que os erros do governo na guerra do Iraque, combinados com uma sensação de corrupção generalizada dos republicanos, exacerbada pelas mais recentes notícias, sobre as mensagens indecentes do deputado Mark Foley a estagiários adolescentes da Câmara, dariam possibilidade para que os democratas fossem maioria no Congresso pela primeira vez em muitos anos. Imaginei que, se todas as pesquisas de boca de urna tinham se equivocado de maneira tão espetacular com relação a Kerry, a margem de erro delas poderia ser tão grande quanto naquela época para esta eleição. Em um jantar, naquela noite, todos aguardamos ansiosamente para assistir à apuração pela tevê. As primeiras indicações pareciam positivas, prevendo uma vitória dos democratas na Câmara, mas mesmo assim eu estava prendendo a respiração. Foi apenas quando paramos em uma festa na casa de outro amigo nosso, mais ou menos às onze daquela noite, que a vitória nos pareceu estar garantida e nós brindamos com champanhe para comemorar a ocasião. No caso do Senado, que antes não tinha parecido estar sujeito a mudança, a briga foi acirrada em vários estados. Alguns dias depois, quando todos os votos foram contados, os democratas se tornaram a maioria na Câmara, e também no Senado, onde venceram por um triz, mas definitivamente. Joe e eu ficamos radiantes com o recado que os americanos tinham mandado a Washington: o *status quo* não seria mais tolerado, e os eleitores queriam que seus representantes eleitos seguissem em uma outra direção.

Infelizmente, como tantas vezes havia ocorrido em nossa jornada desde 2003, recebemos más notícias logo depois desse momento de felicidade. No dia seguinte ao da eleição, a agência ligou para os meus advogados e lhes informou que o ▬▬▬▬▬▬▬▬▬▬ ▬▬▬▬▬▬▬ não iria ser retirado. Supostamente eu não tinha direito ▬▬▬▬▬▬▬▬▬▬▬▬▬▬▬▬▬▬▬▬▬▬▬▬▬▬▬▬▬▬▬▬▬. As chances de publicação do meu livro ▬▬▬▬▬ ▬▬▬▬▬▬▬▬▬▬▬▬▬▬▬▬▬▬▬ tinham se reduzido consideravelmente.

Meus advogados febrilmente pesquisaram e analisaram a base legal do que a agência estava alegando. Aquela atitude deles era contra o senso comum, a lógica e, possivelmente, meus direitos constitucionais. Eu não queria estabelecer um precedente, nem revelar nada que fosse realmente confidencial. Mas certamente pretendia dizer que tinha servido à minha pátria ▬▬▬▬▬▬▬▬▬▬▬▬▬▬▬. A história começou a assumir características de um verdadeiro conto de fadas, mais precisamente *Alice no País das Maravilhas*, mas sem nenhuma garantia de que terminaria bem. Meus advogados e eu compilamos uma lista extensa de artigos e entrevistas feitas pelos principais meios de comunicação do país, desde que minha identidade foi revelada em 2003, que debatiam ▬▬▬▬▬▬▬▬▬▬▬▬▬▬ a agência, ▬▬▬▬▬▬▬▬▬▬▬, minhas missões ▬▬▬▬▬▬▬▬▬▬▬▬▬, minha educação formal e outras informações pessoais. Tudo isso era considerado "domínio público". O livro de Joe, *The Politics of Truth*, era um caso especialmente interessante, pois foi publicado no início de 2004 e tinha também passado pelo crivo da PRB da CIA, sendo aprovado para publicação. Joe menciona a ocasião em que nos conhecemos, em 1997 ▬▬▬▬▬▬▬▬▬▬▬▬▬▬▬▬▬▬▬▬▬ ▬▬▬▬▬▬▬▬▬▬▬▬▬▬▬▬▬▬▬▬▬▬▬▬▬▬▬. O que é explícito, porém, é o trecho no qual ele descreve minha reação ao ler meu nome na coluna de Novak pela primeira vez em julho de 2003: "Quando

mostrei a coluna a ela, Valerie reagiu de forma estóica, mas percebi que ela ficou profundamente abalada." ▇▇▇▇▇▇▇▇▇▇
▇▇▇▇▇▇▇▇▇▇▇▇▇▇▇▇▇▇▇▇▇▇▇▇▇▇▇▇▇▇
Muito bem. ▇▇▇▇▇▇▇▇▇▇▇▇▇▇▇▇▇▇▇▇▇▇
▇▇▇▇▇▇▇▇▇▇▇▇▇▇▇▇. Mesmo assim, eles não arredaram pé. A CIA, aplicando de forma rígida e inflexível esta interpretação ao "pé da letra" das normas, estava essencialmente procurando tornar confidenciais informações ▇▇▇▇▇▇▇▇▇▇ que já eram de domínio público, me obrigando a não falar nem escrever sobre nenhum desses episódios. Passava pela minha cabeça constantemente o que o chefe da PRB tinha me dito: "O que eles estão tentando esconder?" Qualquer pessoa que não estivesse morando em uma caverna nos últimos anos sabia que eu era agente da CIA, portanto, o que podia estar por trás dessa proibição?

Três meses depois que a agência disse aos meus advogados que sua decisão ▇▇▇▇▇▇▇▇▇▇ era definitiva, recebi uma carta formal da PRB. "A Agência Central de Inteligência analisou certas informações no seu original, para verificar se eram confidenciais, e decidiu que estas informações ainda continuam adequadamente classificadas como sigilosas. Portanto, seu original está proibido de ser publicado como está redigido no momento." Não forneceram nenhum motivo formal para esta decisão. Havia, a seguir, uma lista, linha por linha, de todos os trechos eliminados na segunda parte do livro. Uma semana depois, os dois advogados que estavam ajudando no processo de publicação do livro, David B. Smallman – especialista em Primeira Emenda, que antes tinha trabalhado para a firma de advocacia Simpson Thacher & Bartlett e há muito tempo era advogado contratado da Investigative Reporters and Editors, Inc. – e Lisa E Davis – uma advogada do ramo de entretenimento, formada em Harvard, que trabalhava para a Frankfurt Kurnit Klein & Selz – viajaram de Nova York para Washington para se reunirem com os advogados da agência e o chefe da PRB, para debaterem a carta e possíveis passos a seguir. A reunião, que foi cordial, começou quando o David declarou que, embora eu continuasse a trabalhar em estrita obediência às regras da PRB para resguardar a segurança nacional e garantir que todas as informações confidenciais continuassem inteiramente protegidas, não havia motivo lógico nem existia base legal para justificar a censura generalizada de informações de domínio público. O Conselho Geral da agência em exercício (GC) deixou claro que a CIA "não queria confronto" por causa do livro. Aliás, o Conselho Geral tinha tomado a iniciativa nada normal de ler o meu original, e tinha declarado que ele "não era problemático". Na reunião posterior com meus advogados na minha casa, no mesmo dia, todos ficamos aliviados porque talvez houvesse alguma forma de contornar o obstáculo aparentemente insuperável da determinação da agência ▬▬▬▬▬▬▬▬. Não tínhamos intenção de entrar com um processo na justiça. Talvez pudéssemos chegar a um acordo, e publicar meu livro sem desrespeitar as normas da agência.

A PRB me convocou para uma reunião em primeiro dezembro. Entrei na sala com todas as intenções de encontrar um meio termo para que o livro fosse publicado. O chefe da PRB começou a reunião com amenidades, depois foi direto ao ponto, dando-me duas possíveis opções para publicar o livro, diante da decisão tomada pela agência. ▬▬. Eu podia comentar ▬▬▬▬ que tinha sido agente da CIA e ▬▬▬▬▬▬▬▬▬▬ tinha recebido responsabilidades significativas para operações no mundo inteiro procurando ADMs no Iraque. ▬▬▬▬▬▬▬▬▬▬▬▬ Fiquei atônita, olhando boquiaberta o chefe da PRB. Quando finalmente consegui recuperar a voz, ela saiu tensa. "Está querendo me dizer que depois que tudo que eu e o meu marido passamos durante os últimos três anos vocês querem que eu diga ▬▬▬▬▬▬▬▬▬▬ ▬▬▬▬▬▬▬▬▬? As pessoas vão pensar que eu sou maluca." Eu disse esta última frase de maneira enfática e com uma entonação que denotava alarme, porém não levantei a voz. Descobri depois que o chefe da PRB ficou "ofendido" por eu não ter recebido sua solução como ele queria que eu a acolhesse ▀▀. Minha reação a esta opção foi exatamente como a reação diante da primeira, mas eu não disse nada. Só balancei a cabeça e respondi que iria pensar no caso. E estava falando sério. Não me iludi achando que uma abordagem assim fosse funcionar, mas estava disposta a refletir sobre (quase) qualquer forma de solução conciliatória. Quando saí, me sentindo um tanto abalada, a PRB me entregou a versão censurada de ▀▀▀▀▀▀▀▀▀▀▀▀▀ metade do meu original para que eu pudesse enviá-la a minha editora. Enquanto eu voltava para casa, enfrentando o trânsito engarrafado de Washington, tentei sufocar meu pânico cada vez maior. A segurança financeira da minha família dependia daquele contrato com a editora. Eu sentia que não tinha escolha a não ser continuar lutando para conseguir que a agência mudasse de ideia.

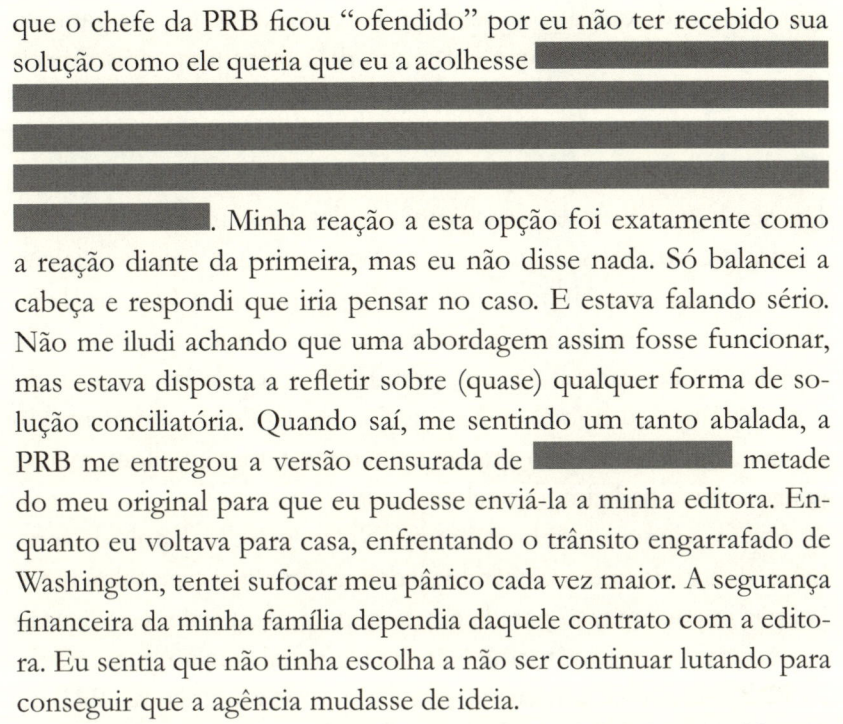

Enquanto Joe e eu conversávamos sobre minha situação bizarra, especulamos que o novo diretor da CIA, o General Michael Hayden, não tinha ainda recebido uma explicação completa sobre o assunto. Hayden tinha uma boa reputação, de homem inteligente e "objetivo" durante toda a sua brilhante carreira, e sendo pragmático como as pessoas diziam que ele era, provavelmente não deixaria que a agência continuasse a insistir em uma decisão absurda e possivelmente anticonstitucional daquelas. Por conseguinte, decidimos procurar a assistência e o conselho de um altamente respeitado e bem colocado senador democrata. No mínimo, pensamos que o senador poderia enviar um recado a Hayden, nos bastidores, sobre a situação que estava se desenrolando, sem deixar ninguém constrangido. Na reunião, no gabinete do senador, à qual compareceram dois assessores, o senador fez perguntas difíceis, que eu respondi da melhor forma possível. Quando a reunião terminou, e nós estávamos voltando para o nosso carro, eu disse ao Joe que não tinha tido a impressão de que aquele senador iria nos ajudar. Joe me garantiu que eu estava errada e que era tarefa dele fazer perguntas difíceis (como "Esta não é apenas uma questão comercial?") antes de se comprometer com qualquer coisa. No dia seguinte, os assessores do senador me disseram que o senador havia falado com o General Hayden logo depois da nossa reunião e desejava encontrar um meio termo que protegeria o que a agência considerasse confidencial, ao mesmo tempo permitindo a publicação do meu livro. O general disse ao senador que ele me ligaria para explicar melhor a posição da agência. Fiquei surpresa e senti gratidão por aquela intervenção do senador em meu nome, então fiquei aguardando o telefonema do general. Era uma decisão altamente incomum, mas eu, ultimamente, já não achava nada impossível nesta vida.

Esperei durante um bom tempo. No quinto dia depois de receber o recado de que o General Hayden iria me ligar pessoalmente, e já estar impaciente, só parada em casa, para não perder esta ligação importante, o telefone tocou. Não era o general. Era um funcionário da PRB, solicitando que eu viesse outra vez me reunir com a PRB no dia seguinte. "Pois não, a que horas?", indaguei. Dessa vez a reunião não seria na sala de conferências, mas no gabinete do chefe. Eu me sentei diante dele, enquanto o chefe lia suas anotações com todo o cuidado. "Em consequência do "hã"... telefonema do senado para o general no sétimo andar, queriam ter certeza que estavam sendo bastante claros na sua decisão." Então o chefe passou a repetir o que já havia sido decidido nas duas reuniões anteriores: que a alta gerência da agência, por motivos ainda desconhecidos, ▇▇

▇▇▇▇▇▇. Era o equivalente burocrático do filme *Feitiço do Tempo*, no qual o ator Bill Murray revive o mesmo dia sem parar. Ele só consegue escapar tornando-se uma pessoa melhor. Em minha versão do *Feitiço do Tempo*, a agência estava me repetindo sempre a mesma coisa, mas aparentemente não havia saída para mim. Eu me sentia como se estivesse sendo tratada como um estudante que aprende as coisas devagar e não entende todas as palavras da primeira vez. Não, eu tinha entendido tudo muito bem, só que não estava disposta a desistir. Estava me apegando à esperança remota que era a promessa da PRB de liberar a metade ▇▇▇▇▇▇▇ do original, já censurada, para eu poder trabalhar com minha editora, tentando modificar minha história. Achei que não haveria como recuperar a essência da narrativa, mas queria tentar, e fiquei feliz por eles estarem pelo menos dispostos a me entregarem a metade ▇▇▇▇▇▇▇ do meu livro.

Infelizmente, minha confiança na palavra da agência voltou a ser afetada quando recebi uma carta da PRB voltando a negar outra vez a promessa de me devolver a ▇▇▇▇▇▇▇ metade do meu original. Na realidade, a carta foi mandada para a casa dos meus pais na Flórida, onde a PRB sabia que eu iria passar o Natal. Nós tínhamos mesmo ido para lá, mas, no dia em que a carta chegou, Joe, eu e as crianças já tínhamos viajado para Utah para visitar os nossos amigos e esquiar no ano novo. Quando liguei para minha mãe, ela me contou que a CIA tinha enviado uma carta, e eu a instruí a lê-la para mim pelo telefone. A carta estava toda redigida em "burocratês": "Conforme já lhe explicamos na nossa carta do dia 21 de novembro, e conforme já debatemos durante nossa recente reunião, as páginas 1 a 124 de seu original, na sua redação atual, revelariam informações confidenciais, precipuamente devido ao contexto no qual as informações são fornecidas e às épocas associadas ao material." A agência estava claramente torcendo para eu simplesmente me cansar de tentar mover a montanha e sumir no mapa. Eu estava me sentindo traída pela mesma instituição à qual tinha servido lealmente durante ▇▇▇▇▇▇▇.

Ideias de algo mais abominável do que uma mera obstinação burocrática tinham começado a me dominar. Em meados de dezembro de 2006, um autor respeitado havia passado por uma intervenção política nunca vista da Casa Branca no processo de revisão. Flynt Leverett, funcionário público federal de carreira, trabalhou na CIA, no departamento de Estado e no Conselho de Segurança Nacional durante o governo de George W. Bush. Ele estava agora trabalhando em uma usina de ideias na região metropolitana de

Washington. Era autor de livros, artigos, trabalhos profissionais e "Op-Eds" públicos sobre políticas – e todos foram devidamente submetidos à PRB, para que esta se pronunciasse sobre possíveis transgressões, e ela sempre havia deferido todos os pedidos para publicação das obras dele. De repente, em meados de dezembro, a Casa Branca obrigou a CIA a censurar severamente um "Op-Ed" de mil palavras que Leverett planejava publicar via *New York Times* sobre a política dos Estados Unidos em relação ao Irã. Isso foi extraordinário. O procedimento da PRB da CIA visa identificar e eliminar informações confidenciais para que elas não sejam divulgadas ao público em geral, e não devia sofrer influência nem supervisão política. Leverett, furioso, publicou uma declaração pondo a Casa Branca abaixo de zero, que vários blogs publicaram:

> Até a semana passada, a PRB nunca tinha procurado remover nem mudar nenhuma palavra dos meus rascunhos, inclusive nas minhas publicações sobre a forma como o governo Bush está tratando da política em relação ao Irã. Porém, na semana passada, a Casa Branca resolveu se intrometer no processo de revisão pré-publicação de um "Op-Ed" sobre o desleixo do governo no caso do Irã, que eu tinha preparado para o *New York Times*, bloqueando a publicação do artigo e justificando-se dizendo que publicar o texto levaria à revelação de informações confidenciais.
>
> Essa alegação é falsa, e, segundo passei a crer, inventada por funcionários da Casa Branca para silenciar alguém que está abertamente criticando a incompetência do governo em matéria de relações exteriores, num momento no qual a Casa Branca está se esforçando para evitar pressão política no sentido de abordar de outra forma o Irã e o Oriente Médio em geral... Funcionários da PRB da CIA me disseram que, segundo eles, o "Op-Ed" não contém material confidencial, mas que eles precisam obedecer às preferências da Casa Branca.
>
> A Casa Branca está exigindo que, antes de liberar o "Op-Ed" para publicação, eu retire parágrafos inteiros que tratam de assuntos sobre os quais escrevi antes (e recebi permissão da CIA para pu-

blicar) em vários outros textos meus, que foram publicados com o conhecimento da secretária Rice, do ex-secretário de Estado Colin Powell e ex-subsecretário de Estado Richard Armitage, e que receberam cobertura ampla da mídia. Para mim, a Casa Branca fazer uma alegação dessas, com relação ao meu "Op-Ed", neste momento específico, não passa de uma tentativa crassa de politizar um processo de revisão pré-publicação, processo esse que devia apenas eliminar informações confidenciais, nada mais, e essa tentativa de politização pretende limitar a disseminação de opiniões que critiquem a política da administração federal.

A conduta dela [PRB] nesse assunto é desprezível, e antiamericana no mais profundo sentido da palavra. Eu também estou profundamente decepcionado por ex-colegas da CIA terem se mostrado assim tão indolentes diante de uma pressão política tão explícita. Esses funcionários da inteligência deviam opor-se a essa pressão e proceder à altura.

No dia 22 de dezembro, o *New York Times* publicou o artigo censurado de Leverett e de sua esposa, Hillary Mann Leverett, que também foi funcionária do serviço de relações exteriores e havia trabalhado nas relações Iranianas, intitulado: "O Que Queríamos lhes Dizer sobre o Irã." O artigo, porém, também incluía citações públicas das partes censuradas para os leitores do jornal poderem ver, por si mesmos, que o "Op-Ed" original não continha nenhuma parte que pudesse ser considerada confidencial. Será que a Casa Branca também tinha sido responsável pela retenção do *meu livro*?

Mais ou menos um mês antes de eu pedir demissão da agência, em janeiro de 2006, falei com o departamento de recursos humanos para tentar verificar se a agência me devia proventos de aposentadoria. ▆▆

Achei difícil acreditar que eu fosse a única na história da agência a sair com ▮▮▮▮▮▮▮▮▮▮ de serviço, mas fosse lá qual fosse o motivo, os funcionários do departamento pessoal que estavam fazendo os cálculos estavam tendo dificuldade de encontrar os regulamentos apropriados ▮▮▮▮▮▮▮▮▮▮▮▮▮▮▮▮. Quando veio meu último dia na CIA, a Agência prometeu continuar pesquisando para resolver a questão ▮▮▮▮▮▮▮▮▮▮▮▮▮▮▮▮▮▮▮▮. Quase seis semanas depois, recebi ▮▮▮▮▮▮ uma carta com data de 10 de fevereiro de 2006, pelo correio normal, com um papel com cabeçalho da CIA, do chefe de serviços de aposentadoria e seguros. ▮▮. Guardei a carta e não pensei mais nela, mas depois ela assumiria grande importância.

No início de 2007, com o novo Congresso liderado pelos democratas já trabalhando, o deputado Jay Inslee do estado de Washington tirou da gaveta um projeto de lei que seu gabinete tinha rascunhado mais de um ano antes. O projeto, escrito de maneira simples, destinava-se a me dar direito a receber renda diferida antes de completar ▮▮▮▮▮▮▮▮▮▮▮▮▮▮▮▮ Anexa a ele, como documentação complementar, estava a carta ▮▮▮▮▮▮▮▮ que eu tinha recebido da agência no início de 2006 ▮▮▮▮▮▮▮▮▮▮▮▮▮▮▮▮▮▮▮▮▮▮▮▮▮▮▮▮▮▮▮▮▮▮ No dia 16 de janeiro de 2007, a carta foi incluída no Congressional Record.[1] Inslee demonstrou tremenda coragem política ao fazer isso, por saber que meu caso era politicamente explosivo – coisa pela qual Joe e eu sempre seremos gratos a ele. Passaram-se alguns dias até a agência perceber o que tinha ocorrido. Três dias depois, a agência mandou uma carta para mim, ostensivamente enviada pelo chefe de serviços de aposentadoria e seguros, exigindo que eu lhe devolvesse a carta original. A carta do chefe dizia: "A carta do dia [10 de fevereiro de

---

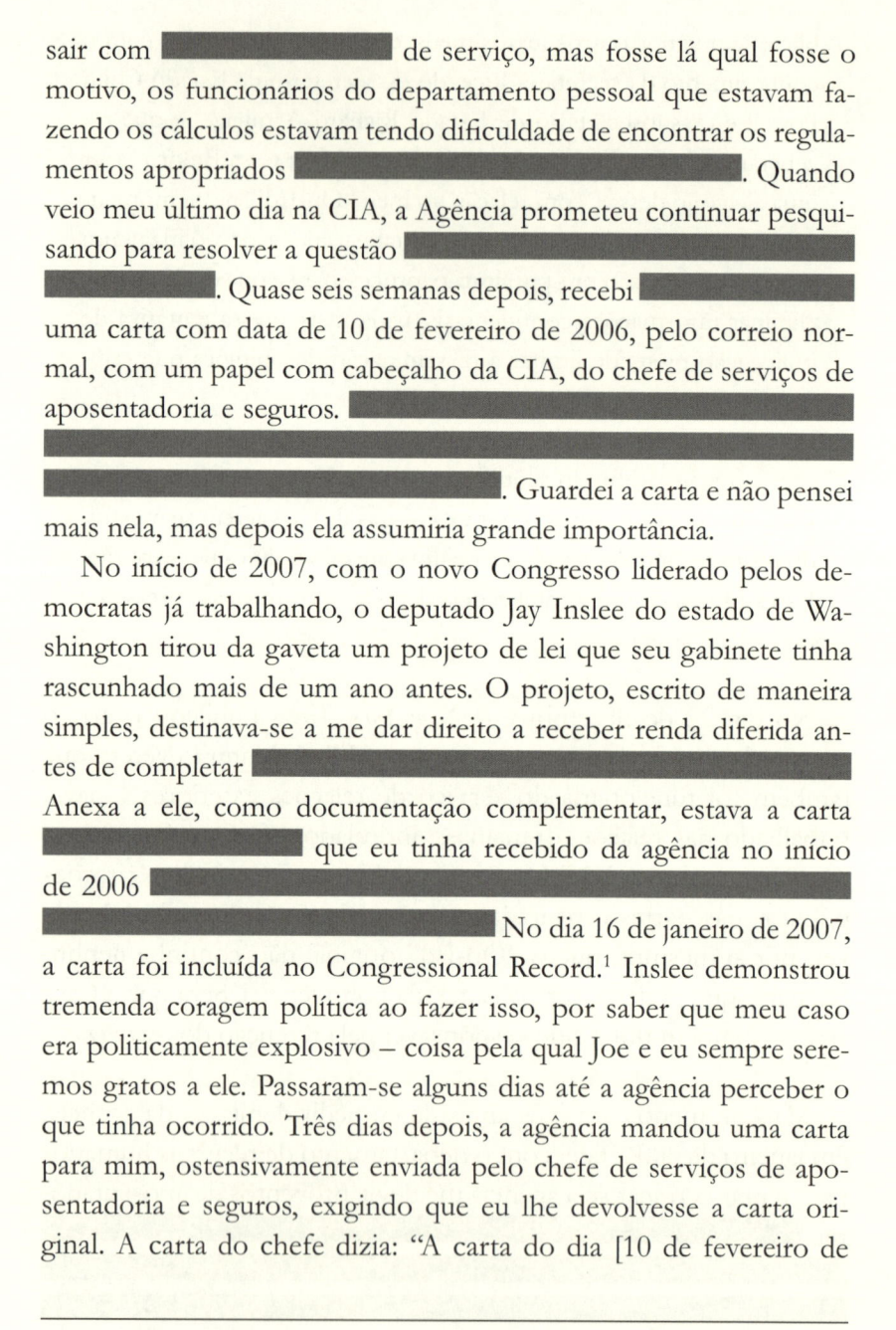

[1] Registros do Congresso, resumos taquigráficos dos trabalhos do Congresso Americano, N. T.

2006] não continha a indicação adequada do nível de sua confidencialidade com referência à segurança nacional. A ausência de uma anotação quanto a sua classificação confidencial foi um erro administrativo, e as informações nela contidas continuam confidenciais." O problema da agência agora era que, uma vez que alguma coisa seja oficialmente reconhecida e caia no domínio público, ███ segundo a lei, não pode mais ser considerada confidencial. O gato estava escondido, mas com o rabo de fora. Sem nenhuma explicação ou ostentação, a agência finalmente me devolveu uma versão isenta de confidencialidade do meu original no fim de fevereiro.

Em conversas entre os advogados da agência e os meus durante as semanas seguintes, ficou muito claro que a agência pretendia obter de volta aquela carta referente ao pagamento dos meus proventos do fundo de pensão, e que precisava urgentemente dela. As cartas enviadas a mim e meus advogados começaram a ser redigidas da seguinte maneira:

> Para colocar as coisas de forma clara, a Sra. Wilson tem obrigação legal de devolver a carta do dia 10 de fevereiro e quaisquer cópias que estejam em sua posse. A carta do dia 10 de fevereiro contém informações consideradas adequadamente confidenciais, no momento. Discordamos de sua caracterização de nossa carta do dia 10 de fevereiro de 2006 como reconhecimento oficial de algo confidencial que exigiria uma ação de reclassificação para proteger. Estamos alertando que a reclassificação só é necessária quando informações confidenciais foram formalmente desclassificadas por um funcionário que tenha autoridade para isso.

A agência também passou a ser ainda mais agressiva, e começou a me acusar de não estar disposta a me reunir com a PRB para debater "abordagens de revisão distintas" para o meu livro. Isso era obviamente uma mentira, eu sempre tinha me disposto a me reunir com a PRB a qualquer momento, e também era claro que a única "abordagem" que eles queriam que fosse adotada era aquela na qual ▬▬▬▬▬▬▬▬▬▬▬▬▬▬▬▬▬ tão generalizadas que o livro não poderia ser publicado nem lido. Aliás, durante uma conversa entre o General Hayden e o senador que estava trabalhando para nos ajudar, ele contou a mentira ao senador, querendo me caracterizar como uma empregada renitente e insatisfeita. Quando essa conversa chegou aos meus ouvidos, minha frustração e perplexidade diante do motivo pelo qual isso teria ocorrido transformaram-se em um ódio profundo. Eu era uma funcionária leal da CIA. Não queria carta branca para revelar segredos de estado. Mas agora estava sendo pintada como uma pessoa "renitente", que não queria colaborar com a PRB. Depois de 13 meses sendo o mais paciente, colaboradora e respeitosa que eu podia ser durante aquele processo, eu não tinha conseguido chegar a lugar nenhum.

Comecei a me sentir como o que os soviéticos chamam de "não-pessoa". A gente simplesmente deixa de existir aos olhos do Estado. A agência, devido a uma aparente pressão política da Casa Branca ▬▬▬▬▬▬▬▬▬▬▬▬▬▬▬▬▬▬▬▬▬▬▬▬▬▬▬▬▬▬▬▬▬, por motivos que nada tinham a ver com a proteção da segurança nacional. Estava ficando óbvio que qualquer remédio para corrigir a situação absurda teria de vir do sistema jurídico. Embora eu temesse a ideia de abrir mais processos, sentia que não haveria outra escolha. Precisava publicar meu livro para obter meu sustento e o da minha família, e, o que era tão importante quanto isso, queria ser capaz de dizer que tinha servido à minha pátria, orgulhosamente, durante ▬▬▬▬▬▬▬▬. Enquanto Joe e eu debatíamos as implicações de processar a agência pela sua atitude em relação à publicação do meu livro, o julgamento de Libby finalmente começou.

1

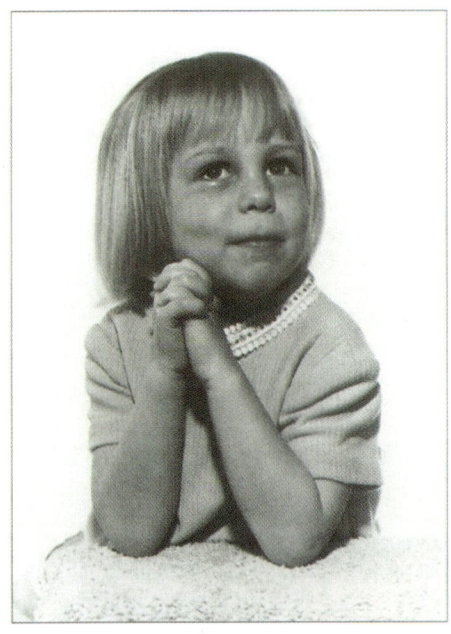

Eu, na minha melhor pose possível, aos quatro anos e meio. Minha mãe fazia grande parte das minhas roupas, inclusive este vestido. *Cortesia da Autora.*

2

Com meu pai e meu irmão na Base da Força Aérea em Shaw, Carolina do Sul. Aos dois anos e meio eu já estava louca para voar. Meu pai era sócio do aeroclube da base. *Cortesia da Autora.*

Com meus pais na minha primeira viagem à Europa, 1973. Estava fazendo um calor sufocante em Veneza, Itália. *Cortesia da Autora.*

Posando em Cody, Wyoming, na segunda viagem de férias da minha família pelo país, em 1974. *Cortesia da Autora.*

Meus pais, os dois muito bonitos, no seu décimo-sexto aniversário de casamento, em 1976. *Cortesia da Autora.*

Churrasco ao ar livre antes do jogo de futebol em Penn State com alguns dos meus melhores amigos, em 1981. Estou na fila de trás, no meio. *Cortesia da Autora.*

Nesta foto, estou sendo fustigada pelo vento diante do Partenon, em Atenas, Grécia, em 1990. *Cortesia da Autora.*

Com meu irmão mais velho, protetor e carinhoso, Bob Plame, em 1998. *Cortesia da Autora.*

Felicidade plena no dia do meu casamento, em 1998. *Cortesia da Autora.*

Ainda conseguindo sorrir, no momento em que estava saindo de casa para ter os gêmeos, em 11 de janeiro de 2000. *Cortesia da Autora.*

Joe com seu segundo par de gêmeos no colo, todo orgulhoso. Janeiro de 2000. *Cortesia da Autora.*

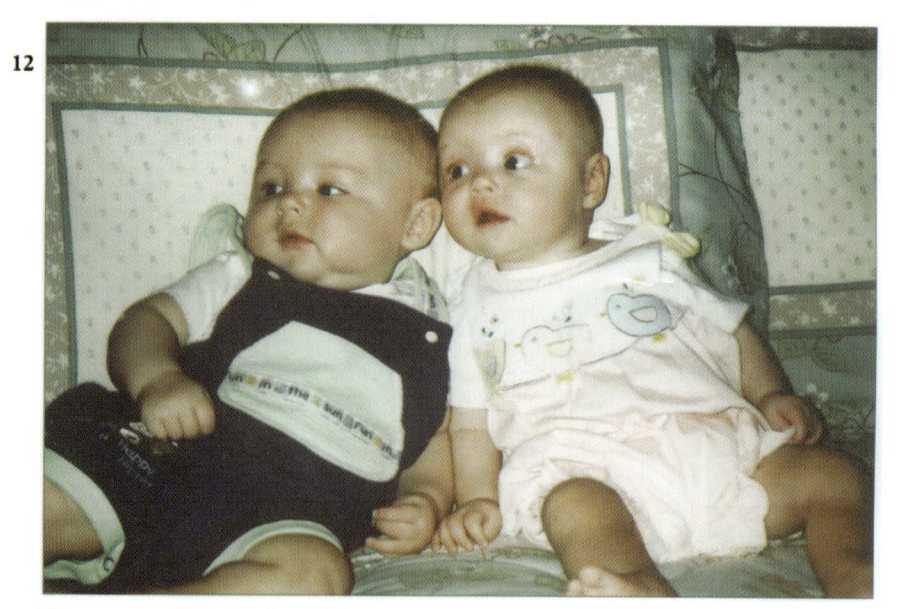

Trevor, o rechonchudo, e Samantha, aos oito meses. *Cortesia da Autora.*

Abençoados com dois pares de gêmeos! Nossa foto de família do Natal de 2000, tirada nos degraus de nossa casa de Washington com os gêmeos de oito meses e os de vinte anos, Sabrina e Joe Wilson V. *Cortesia da Autora.*

Na festa que, em Washington, equivale ao "baile de formatura", o Jantar dos Correspondentes da Casa Branca, abril de 2006. *Foto da Associated Press/Haraz N. Ghanbari.*

15

No Clube de Imprensa Nacional, para anunciar a abertura do nosso processo civil em julho de 2006. Eu estava muito nervosa por ter de falar em público pela primeira vez. *Direitos de Reprodução da Foto UPI/Roger L. Wollenberg/Landov.*

16

Um momento excepcionalmente descontraído durante meu depoimento diante do Comitê de Supervisão e Reforma do Governo do Congresso, em março de 2007. *Foto da Associated Press/Dennis Cook.*

CAPÍTULO 16
O Julgamento de Libby e a Despedida de Washington

O JULGAMENTO DE LEWIS "Scooter" Libby começou no dia 23 de janeiro de 2007, 43 longos meses depois de eu ter sido "exposta" como agente de operações da CIA e 15 meses depois que o Chefe de Gabinete do Vice-Presidente tinha sido indiciado por um delito de obstrução da justiça, duas acusações de perjúrio e duas de falso testemunho diante de um grande júri na investigação do vazamento do meu nome. Depois de várias demoras iniciais para que se encontrassem dias vagos na agenda cheia de julgamentos dos advogados de Libby, foi um alívio quando o julgamento finalmente teve início. O processo de seleção dos jurados tinha sido repleto de armadilhas, e levou dois dias, além do esperado, o que só provava quanto era difícil encontrar um grupo de jurados "politicamente neutros" em Washington. Parecia que quase todos os candidatos em potencial tinham ligação com o réu ou com a longa lista de testemunhas, composta de repórteres e funcionários do governo. Como o *Washington Post* afirmou: "Há o gerente de base de dados cuja esposa trabalha como promotora do Departamento de Justiça, e que é amigo e vizinho do advogado local do governo e alto funcionário na divisão de justiça criminal. Uma faxineira trabalha no edifício Watergate e conhece Condoleeza Rice, não pelo seu título de secretária de estado, mas a senhora que mora no quinto andar. E um ex-repórter do *Washington Post* cujo redator é agora o Assistente do Editor-Chefe, Bob Woodward. Ele foi a churrascos na casa de Tim Russert da NBC, um vizinho seu, e acabou de publicar um livro sobre espionagem e sobre a CIA."

Ficou evidente que Washington, apesar de ter pretensões opostas, é uma cidade bem pequena. Outro problema era encontrar jurados, na profundamente democrática Washington, que não se opusessem avidamente à administração federal, nem agissem de maneira tendenciosa em relação a ela e a sua política na guerra contra o Iraque. Se essa tarefa não estivesse sendo levada tão a sério, teria sido uma boa ideia de tema para uma série de tevê. Uma mulher disse ao juiz: "Acho que há muita desonestidade, especialmente na questão da guerra contra o Iraque." Um outro candidato, um homem, disse: "Não sou de acreditar no governo." E assim foi, um jurado potencial depois do outro. Após quatro dias, marcados por muitos atritos entre defesa e acusação, o juiz do tribunal de primeira instância Reggie B. Walton conseguiu certificar quinze cidadãos como jurados: doze permanentes e três substitutos. No dia seguinte teriam início as argumentações das partes, a primeira parte do julgamento.

O julgamento começou com fogos de artifício soltos por ambas as partes. Na sua argumentação inicial, o Promotor Especial Patrick Fitzgerald fez uma argumentação bastante restrita, porém muito bem fundamentada, dizendo que Libby tinha mentido constantemente ao responder às perguntas dos investigadores sobre as pessoas com quem ele tinha abordado o tema da minha identidade e meu cargo na CIA. Fitzgerald deu a impressão de estar colocando o vice-presidente Cheney no centro do caso, afirmando que Cheney tinha ele mesmo revelado a minha identidade a Libby e, depois, intervindo para que o secretário de imprensa da Casa Branca Scott McClellan fizesse uma declaração enganadora ao público inocentando Libby de qualquer envolvimento no vazamento do meu nome para os repórteres.

O advogado de defesa Theodore Wells surpreendeu a todos com sua argumentação inicial declarando que seu cliente tinha sido transformado em "bode expiatório" do caso todo por Karl Rove e outros funcionários atuais e ex-funcionários da Casa Branca. Essa tática ia contra a ideia mais convencional de que Libby iria bancar o bonzinho, engolir o sapo e receber o perdão presidencial se fosse condenado. Na esperança de refutar a afirmação de Fitzgerald de que Libby tinha mentido para salvar seu emprego, Wells disse: "O Sr. Libby não estava preocupado em preservar seu emprego no governo Bush. Ele estava preocupado em ser vítima de uma armadilha, temendo se transformar em bode expiatório. "De acordo com Wells, Rove, descrito como o "braço direito" do presidente, estava por trás da trama para incriminá-lo porque a sobrevivência dele, Rove, era essencial para a reeleição do presidente. Libby ficou com tanto medo que o estivessem usando como boi de piranha, que, de acordo com Wells, em outubro de 2003, fez uma reclamação a Cheney, dizendo, amargurado: "Acho que o pessoal da Casa Branca está tentando proteger o Karl Rove."

Antes que o julgamento começasse, Joe e eu decidimos não comparecer a ele em pessoa, por dois motivos. Em primeiro lugar, ele não nos dizia respeito. Era sobre o abuso de poder. Em segundo lugar, não pretendíamos dar motivo para que aumentasse ainda mais o assédio descontrolado da mídia. O público em geral precisou esperar em longas filas para conseguir passes para os lugares limitados no pequeno tribunal do centro de Washington. A imprensa ficou em uma sala destinada a excesso de público. Felizmente, para quem não podia conseguir lugares mas queria acompanhar os trabalhos de perto, o julgamento de Libby foi o primeiro caso federal no qual os blogueiros independentes receberam as mesmas credenciais que os repórteres de meios tradicionais de comunicação. O site Firedoglake (FDL), por exemplo, fez um revezamento dos membros de uma equipe de seis contribuintes "blogando" ao vivo do tribunal. O site teve o cuidado de observar que aquela não era uma transcrição oficial, mas era tão próxima de uma narrativa em tempo real quanto se poderia esperar. O tribunal não permitiu filmagens nem gravação de som. Assim, o FDL "ofereceu o mais rápido e mais fiel relato público disponível. Muitos jornalistas da mídia tradicional usaram o blog para verificar o que estava acontecendo no tribunal", relatou o *New York Times*. Ali estava um site que não só captava quase todos os pronunciamentos do tribunal quase em tempo real, como também fornecia comentários astutos e bem informados. Joe e eu rapidamente percebemos que os blogueiros do Firedoglake sabiam muito mais sobre as complexidades e pormenores do caso do que nós.

A cada manhã, Joe jurava que não se deixaria obcecar pelo julgamento. Depois terminava saindo do site às cinco da tarde, depois de ter lido o relato de todos os trabalhos do dia. Quando eu não estava falando com meus advogados sobre o impasse da agência a respeito da publicação do meu livro, ou trabalhando em alguma atividade de levantamento de fundos para tocar em diante nosso processo civil, também visitava o site do FDL muitas vezes durante o dia. Apesar do entusiasmo indisfarçado do FDL pelo desempenho de Fitzgerald e pela análise bastante minuciosa de cada erro cometido pela defesa, nunca considerei a condenação uma sentença garantida. Quem poderia imaginar o que os jurados estavam absorvendo dos depoimentos das inúmeras testemunhas, e como isso afetaria a decisão final sobre o destino do Libby?

Vários repórteres que subiram ao banco das testemunhas expuseram um detalhe bastante repulsivo: o relacionamento simbiótico entre o corpo da imprensa de Washington e a administração federal. Cada um se alimentava do outro para defender seus próprios interesses. A mídia confia muito no acesso a "funcionários governamentais de alto nível" para desmentir, constituir e corroborar suas matérias, e o governo manipula a mídia para promover seus pontos de vista. Se os repórteres quiserem continuar a ter acesso aos tomadores de decisão mais graduados da Casa Branca, precisam sujeitar-se a essas regras. Outro jornalista nacional proeminente havia relatado a Joe e a mim, meses antes, um incidente no qual este jornalista entrevistou o presidente Bush e conseguiu fazer algumas perguntas "problemáticas" no meio das permitidas. Dentro de apenas algumas horas, o redator chefe recebeu um telefonema da Casa Branca, que lhe disse, sem deixar nenhuma dúvida, que, se aquele jornalista quisesse ser convidado outra vez para entrevistar o presidente, essas perguntas impertinentes não seriam toleradas.

Um dos exemplos mais clamorosos deste tipo de atitude foi documentado no especial de Bill Moyer na PBS, *Buying the War*.[1] A Casa Branca vazou para o *New York Times* a informação de que Saddam Hussein estaria tentando adquirir tubos de alumínio para reiniciar o programa de centrífugas nucleares no Iraque, que o jornal publicou atribuindo a declaração a "funcionários anônimos do governo". O vice-presidente Cheney apareceu no programa *Meet the Press* da NBC na mesma manhã em que esta matéria foi publicada na primeira página do *Times* e se referiu ao artigo como mais uma prova da capacitação do Iraque para construir ADMs.

Como Moyers, achei que o depoimento, no julgamento, de alguns dos assim chamados jornalistas de primeira linha do país mostrou quanto eles estavam ansiosos para simplesmente aceitarem informações fornecidas por fontes oficiais, sem conferir nada. Eles pareciam não fazer nenhum esforço para corroborar informações ou buscar outras fontes, mais próximas dos acontecimentos por trabalharem diretamente com os fatos, e que podiam ter lhes rendido uma matéria diferente. O julgamento mostrou todos os podres do jornalismo americano.

O julgamento de Libby me chocou mostrando apenas como os altos funcionários do governo, que deviam ter agido de maneira mais prudente, sendo mais diligentes em me proteger e proteger qualquer agente da CIA, tocando no meu nome com gente que não precisava saber quem eu era. Todos esses funcionários estavam plenamente conscientes de que eu trabalhava na CIA, e embora eles talvez não soubessem bem onde eu trabalhava lá dentro, o fato de se estar falando da CIA devia tê-los feito pensar com muito cuidado antes de abrir a boca para dizer qualquer coisa. Todos os funcionários envolvidos no vazamento do meu nome assinaram juramentos, quando começaram a trabalhar com o governo, de proteger os se-

---

[1] Comprando a Guerra. N. T.

gredos que pudessem influir na segurança nacional da nação. Eles sabiam que a CIA se esforça ao máximo, financiada com o dinheiro dos contribuintes, para inventar "fachadas" para seus funcionários.

No dia 29 de janeiro, o porta-voz da Casa Branca, Ari Fleischer, prestou depoimento dizendo que tinha sido Libby quem havia lhe revelado meu nome e meu cargo na CIA durante um almoço no início de julho de 2003, no dia seguinte àquele em que foi publicado o artigo do Joe. Uma semana depois, durante uma viagem à África com o presidente, Fleischer repetiu essa informação a David Gregory, da NBC, e a John Dickerson, da revista *Time*. "Se você quiser saber quem enviou o Embaixador Wilson ao Níger, foi sua esposa, ela trabalha lá" na CIA, disse ele. Fleischer acrescentou no julgamento: "Eu nunca teria dito isso se soubesse que essa informação era confidencial." Tenho a impressão de que, para ele, isso era só alguma fofoca boa a ser repassada. Achei essa uma atitude irresponsável e desprezível. Ele diz que ficou "absolutamente horrorizado" quando soube que o que ele tinha feito era crime. Se ele ficou tão surpreso por suas ações poderem ter implicações adversas em termos de segurança nacional, então não tem nível para trabalhar na Casa Branca. E afirmo isso de todos os funcionários que acharam que divulgar meu nome à toa por aí era só jogar o eterno joguinho de Washington.

Joe e eu ficamos aliviados pelo fato de muitos dos documentos apresentados como prova no julgamento refutarem a tentativa da Casa Branca – e, por conseguinte sua câmara de ressonância da direita – de virar o jogo quanto à questão de quem tinha dado a ideia da viagem. O mais revelador desses documentos pode ser que tenha sido o memorando do INR do Departamento de Estado de junho de 2003, escrito pelo subsecretário Marc Grossman a pedido de Libby. Como Larry Johnson afirma no *Huffington Post*, na Internet:

Sabemos, graças ao memorando do INR, que Joe não queria ir ao Níger, e apoiou a posição de analistas do INR que achavam que o atual Embaixador americano no Níger era perfeitamente capaz de investigar o assunto. No fim, a opinião da CIA prevaleceu, e Joe foi o enviado. Valerie não estava presente quando essa decisão foi tomada, e nem estava em posição administrativa que lhe dava autoridade para enviar o marido em uma missão dessas.

O memorando do INR apresentado no julgamento de Libby confirma o relato de Joe, bem como o que ele afirmou à equipe da CIA que foi interrogá-lo sobre a missão. O relatório da CIA, resultante da viagem do sr. Wilson... deixou muito claro... que o Iraque não tinha comprado nem negociado a compra de urânio.

Outro texto apresentado, porém, mostrou um recado escrito à mão pelo vice-presidente Cheney acima do artigo de Joe "O que não Encontrei na África". Cheney queria saber "Eles já fizeram isso antes? Mandar um embaixador para responder a uma pergunta? Nós costumamos mandar gente trabalhar de graça para nós? Ou foi a esposa que o enviou, para ele poder viajar à custa do governo?" Dadas as décadas de serviço ao governo, de que Cheney tanto se gaba, era francamente inacreditável que ele fizesse essas perguntas. Ele devia saber que a CIA frequentemente envia cidadãos americanos ao exterior, com todas as despesas pagas, para responder a dúvidas específicas relacionadas à obtenção de inteligência. É até bem possível que a CIA tenha interrogado empregados da Halliburton, a empresa multinacional que Cheney presidia antes de se tornar vice-presidente do país, quando eles voltavam de viagens internacionais a negócios, em países restritos de interesse dos Estados Unidos. As anotações de Cheney à margem do artigo de Joe poderiam ser mais precisamente interpretadas como ordens para assessores sobre como torcer a história de Joe para que Cheney pudesse manter-se o mais longe possível daquela história, atacando ao mesmo tempo a credibilidade de Joe. No julgamento de Libby, o véu finalmente foi erguido, revelando o imenso poder da Casa Branca para modificar uma história de modo a que ela fosse contada como ela queria, e a verdade e a justiça que se danassem.

Foi isso que ocorreu, durante todos os dias daquele julgamento. Joe e eu ficávamos extáticos ou desanimados dependendo das notícias que eram publicadas sobre o que estava ocorrendo no tribunal.

A promotoria terminou de interrogar testemunhas em meados de fevereiro, depois de mais de duas semanas de depoimentos incriminadores de um longo desfile de testemunhas que trabalhavam para o governo, todos abrindo imensos buracos na defesa do Libby, a de que ele tinha "memória ruim". Todos estavam se perguntando como a equipe da defesa ia pintar o Libby como bode expiatório naquele caso e tentar pôr a culpa na Casa Branca.

Pouco depois de seu indiciamento em outubro de 2005, Libby passou a ser assessorado por uma equipe de três advogados de alta competência com excelentes reputações: Theodore Wells, William Jeffress e John Cline. Cline, especialista em documentos confidenciais, tinha sido supostamente contratado para ajudar a defesa a imaginar como lançar mão de *graymail*[2] contra o governo, ou seja, obrigá-lo a escolher entre processar um empregado por crime grave ou preservar segredos de segurança nacional. A defesa exige que todos os documentos confidenciais que foram trocados pelo empregado acusado sejam divulgados. Os honorários dos advogados seriam pagos pelo fundo de defesa de Libby, que tinha sido iniciado uma semana antes do indiciamento e era presidido pelo Melvin Sembler, empresário do ramo imobiliário da Flórida e ex-tesoureiro do partido republicano. Aliás, Sembler, ironicamente, era o embaixador do presidente Bush na Itália quando a embaixada de Roma recebeu os documentos forjados sobre o óxido de urânio, cujo teor precipitou a viagem de Joe ao Níger e a odisséia jurídica de Libby.

A diretoria do fundo de defesa incluía gente importante, como o senador e ator Fred Thompson, que agora concorria à presidência; o ex-secretário de educação William Bennett (talvez mais famoso ultimamente por seus prejuízos de milhões de dólares em Las Vegas), e o professor de Princeton Bernard Lewis, enorme influência

---

[2] *Graymail* é diferente de Blackmail, ou seja, chantagem. No *graymail*, ameaça-se revelar segredos de segurança nacional para manipular o andamento de um processo jurídico. N. T.

intelectual por trás da decisão de invadir o Iraque porque a guerra ia "modernizar o Oriente Médio". Um nome que eu não esperava ver era o do Honorável R. James Woolsey, diretor da CIA de 1993 a 1995. O que estaria ele fazendo no "comitê de consultoria" do Libby? Seu trabalho na CIA tinha sido marcado por uma relação praticamente inexistente entre ele e o presidente Bill Clinton. Corria, na época, a piada de que o cara que tinha colidido contra a Casa Branca em 1994 num monomotor era, na verdade, o Woolsey, tentando conseguir uma audiência com o Clinton.[3] Woolsey era integrante do Projeto Neoconservador para o Novo Século Norte-Americano, e assinou a carta de 1998 deste projeto a Clinton, argumentando que a mudança do regime no Iraque era a única forma de estabilizar o Oriente Médio e proteger Israel definitivamente. Ele foi um dos primeiros a acusar publicamente o Iraque de cumplicidade nos atentados de 11 de setembro de 2001, e defendeu energicamente a Guerra do Iraque.

Independentemente de suas opiniões políticas, parecia um absurdo que Woolsey estivesse participando do fundo de defesa de um homem acusado de vazar o nome de uma agente da CIA, exatamente o órgão que Woolsey tinha dirigido uma década antes. Logo antes do julgamento, a CBS News citou uma frase sua: "Eu apoiaria qualquer um que fosse indiciado por não ter violado um estatuto." Woolsey estava se referindo à Lei de Proteção de Identidades da Inteligência, que torna crime federal revelar a identidade de um agente secreto da CIA. "Ele não foi indiciado por nada que indicasse conspiração contra o governo", afirmou Woolsey. Talvez Woolsey tenha agido dessa forma por lealdade ou amizade por Libby, ou só quisesse afirmar suas credenciais junto ao pessoal neoconservador. De qualquer for-

---

[3] Curiosamente, em 11 de setembro de 1994, um piloto chamado Frank Corder roubou um avião monomotor em um aeroporto ao norte de Maryland e tentou colidir contra a Casa Branca. Ele bateu contra um muro, dois andares abaixo do quarto do presidente (na época Clinton). Corder morreu na hora. A notícia foi publicada na *Time*, em 26 de setembro de 1994, e novamente no *New York Times*, em 3 de outubro de 2001. Uma estranha coincidência? Fonte: http://www.historycommons.org/context.jsp?item=a091194frankcorder. N. T.

ma, antes do julgamento começar, o fundo já havia levantado mais de três milhões de dólares de doadores republicanos abastados.

No dia 13 de fevereiro, a defesa chamou John Hannah, ex-assessor de Libby, que agora servia como conselheiro de segurança nacional de Cheney. Hannah passou quase duas horas no banco das testemunhas e explicou ao júri que Libby tinha muitas responsabilidades e tratava de questões como a Guerra do Iraque, a Coréia do Norte e a capacitação nuclear do Irã, além das ameaças de ADMs representadas por militantes islâmicos. Ele também tentou comprovar os argumentos da defesa sobre a memória ruim de Libby: "Em determinados assuntos, Scooter simplesmente tinha uma memória horrível." Quando a defesa terminou, eles tinham claramente marcado alguns pontos, mas dentro de cinco minutos, Fitzgerald já havia conseguido virar o jogo, eliminando aquela vantagem momentânea. O *New York Times* fez a seguinte descrição das perguntas da promotoria:

> Notando que o sr. Hannah tinha dito no seu depoimento que podia em geral falar a sós com o sr. Libby apenas ao cair da noite, depois do seu expediente atribulado, o sr. Fitzgerald insinuou que o sr. Libby só teria dedicado algum tempo a assuntos de grande preocupação para ele na semana de 6 de julho de 2003.
>
> "Se ele dedicasse uma ou duas horas a alguma coisa naquela semana, seria algo que o sr. Libby acharia importante, não?", perguntou o sr. Fitzgerald.
>
> "Bom, pelo menos em relação a mim, sim", respondeu o sr. Hannah.
>
> *Mas o que não se disse nesse diálogo foi que, em depoimento não contestado* [do próprio Libby], *o sr. Libby passou quase duas horas na terça, dia 8 de julho, com a srta. Miller, que era na época uma repórter da* Time. *A srta. Miller disse, no seu depoimento, que o sr. Libby lhe contou em detalhes tudo que dizia respeito ao sr. Wilson na reunião* (ênfase da autora).

Parecia até coisa de livro do Perry Mason.

Naquele mesmo dia, o advogado de Libby, o sr. Wells, anunciou que nem seu cliente nem o vice-presidente iriam depor. Esta decisão efetivamente arrematou a defesa depois de menos de dois dias de depoimentos. A equipe de advogados do Libby tinha obviamente concluído que não valia a pena arriscar-se a expor seu cliente ou o vice-presidente ao que certamente seria um interrogatório fulminante de Fitzgerald e sua equipe. Foi uma decisão inesperada, e Fitzgerald protestou vigorosamente que a defesa tinha resolvido usar uma tática de "tergiversação. " Muitos de nós estávamos loucos para saber o que o Cheney ia dizer de seu papel no assunto, e o que Fitzgerald poderia arrancar dele.

No fim de semana depois do encerramento da argumentação, foi publicado no *Washington Post* um "Op-Ed" absurdo de Victoria Toensing, advogada que tinha trabalhado no Departamento de Justiça de Reagan, intitulado "Julgamento de um Inocente". Como uma das redatoras da Lei de Proteção de Identidades da Inteligência, ela começou a aparecer em todos os programas e canais de televisão como especialista autodesignada no caso do vazamento. (Aliás, quando o "Op-Ed" foi publicado, o *Post* deixou de revelar um relacionamento pessoal de longa data entre Toensing, seu marido e sócio na firma de advocacia Joe diGenova, e Robert Novak.)

No seu "Op-Ed", que incluía fotos de ficha de polícia fajutas de Fitzgerald e Joe, Toensing "acusava" Fitzgerald de "ignorar o fato de que não havia base para investigação criminal desde o dia em que ele foi indiciado"; "acusava" a CIA de "acusar alguém que já estava sendo acusado sem provas só para tirar o dela da reta", e "acusava" Joe de "enganar o povo sobre o modo como ele foi enviado ao Níger com seu agressivo relato verbal em março de 2003 sobre essa viagem, e sobre o *status* da sua esposa na CIA, talvez com o objetivo de escrever um livro e fazer um filme." Ainda por cima, ela alegou: "Plame não era agente secreta. Ela trabalhava na sede da CIA, e já fazia cinco anos que ela não era enviada ao exterior quando a coluna de Novak foi publicada."

Toensing aparentemente não andava acompanhando o julgamento com muita atenção, senão teria sabido que todas aquelas "acusações" dela tinham sido refutadas em uma profusão de depoimentos de testemunhas e documentos. Quanto a sua declaração de que eu não era agente secreta, como ela podia ter tanta certeza do meu *status*? Ela não era funcionária da CIA. Aquelas afirmações tresloucadas dela só serviram para assinalar o lado negativo da lei que ela ajudou a compor. Ou seja, a dificuldade de processar alguém que tinha violado a lei e divulgado a fachada de uma agente de operações a alguém que não tinha autorização de acesso a informações confidenciais. O fato de eu estar na sede ▓▓▓▓▓▓▓ antes de minha identidade ter sido "revelada" não significa que eu (ou quaisquer outros agentes de operações que trabalhasse na sede) não viajava para o exterior, para tratar de negócios operacionais. Usamos coisas como passaportes falsos, disfarces, e outros recursos do ofício para isso. Chamam-se operações clandestinas. Exatamente como um general ainda é general, esteja ele no campo de batalha ou servindo no Pentágono, um agente de operações tem, por definição, responsabilidades que não desaparecem dependendo de onde ele ou ela se encontra.

No dia 20 de fevereiro, Fitzgerald e o seu parceiro de promotoria, Peter Zeidenberg, apresentaram uma argumentação de encerramento detalhada segundo a qual Libby tinha mentido propositalmente para o grande júri, bem como para o FBI, durante a investigação do vazamento. As declarações de Fitzgerald também deixaram claro que Libby não era o único em julgamento: "Há uma nuvem negra sobre o vice-presidente... uma nuvem negra sobre a Casa Branca, por causa do que houve. Não fomos nós que pusemos essa nuvem lá. Essa nuvem está lá por causa da justiça que foi obstruída pelo réu." Ele insinuou que o vice-presidente era, no mínimo, cúmplice de Libby no vazamento do meu nome.

Em total contraste com o comportamento profissional de Fitzgerald, o advogado de Libby, Theodore Wells, encerrou com uma argumentação emocional e espalhafatosa, andando pelo tribunal de maneira afetada e mudando o tom e a cadência de sua voz, como se fosse um ministro batista muito experiente dando um sermão. A blogueira Jane Hamsher observou que Wells "parecia ser um vendedor de carros usados tentando empurrar uma lata velha na qual ele não tinha a menor fé". Wells concluiu com um pedido pessoal: "Este é um homem que tem esposa e dois filhos. Eu o entrego em suas mãos. Devolvam-no a mim." E aí, para espanto de todos, os olhos de Wells se encheram de lágrimas, ele soluçou, depois se sentou.

Quando Fitzgerald começou a sua réplica, ele deu um salto e, agindo como uma pessoa totalmente diferente do que era, começou gritando: "Que loucura, que loucura!" Segundo o FDL, ele foi "lacerante e preciso, falando tão rápido que o repórter do tribunal não foi capaz de registrar tudo que ele estava dizendo. A sua maestria ao lidar com o material foi um pouco intimidadora, pois ele era capaz de se lembrar de vários números de documentos usados como provas simplesmente olhando para alguma tabela dentro da sua cabeça". E depois, de uma hora para outra, o julgamento foi entregue às mãos do júri para que decidisse se Libby era culpado ou inocente.

Apesar das provas concretas e da defesa fraca, eu não tinha certeza absoluta de que o júri daria o veredicto de que Libby fosse culpado. Fiquei me lembrando do julgamento por homicídio de O.J. Simpson, em 1995; embora houvesse provas circunstanciais abundantes, bem como físicas, indicando que Simpson tinha assassinado sua ex-esposa, Nicole Brown Simpson, o júri, dividido por questões raciais, declarou o jogador de futebol inocente. Eu não fazia ideia de como Joe e eu íamos enfrentar o inferno que seria se Libby fosse declarado inocente de todas as acusações contra ele. Particularmente, o importante para nós era que ele fosse condenado por obstrução da justiça, porque isso levava ao âmago do motivo pelo qual ninguém tinha sido indiciado pelo "crime original", conforme a definição da Lei de Proteção das Identidades da Inteligência. Há um clichê que diz que quando se está esperando uma coisa, cada dia parece um ano.

Alguns dias depois, durante a vigília de espera do veredicto, no dia 26 de fevereiro, recebemos a notícia de que o julgamento quase tinha sido suspenso. Pelo jeito, apesar de inúmeras instruções e admoestações do juiz, um jurado tinha visto ou lido alguma coisa sobre o julgamento durante o fim de semana anterior. O juiz resolveu não jogar fora três dias de deliberações e permitiu que o júri continuasse trabalhando com apenas onze jurados. Foi por um triz. A única coisa que eu sabia com certeza era que Joe e eu devíamos estar dormindo melhor que o Libby e o Cheney.

Finalmente, na terça, 6 de março, depois de dez dias de deliberações, o júri anunciou que tinha conseguido chegar a um veredicto. Ele seria lido ao meio-dia. O dia estava ensolarado, mas gelado. Joe tinha uma reunião durante o almoço, portanto eu me sentei sozinha diante da tevê. Dizer que eu estava uma pilha de nervos (parecia que eu precisava de duas mãos para mexer o leite e misturá-lo com o café) seria pouco. Um correspondente de rede de tevê a cabo anunciou os veredictos rapidamente diante do tribunal, enquanto eu literalmente prendia a respiração: primeiro delito de obstrução da justiça: "culpado". Segundo delito de perjúrio: "culpado". Terceiro delito de falso testemunho: "inocente". Quarto delito de perjúrio: "culpado". Comecei a chorar de alívio e imediatamente liguei para o celular do Joe. Presumi que ele estivesse num restaurante assistindo ao veredicto em uma televisão, mas quando ele atendeu, indagou, asperamente: "O que é?" Eu sabia que ele ainda não tinha recebido a notícia. Eu lhe contei, tentando controlar a voz. E ele só respondeu: "Graças a Deus. A acusação de obstrução da justiça foi a mais importante." E desligou. Eu sabia que ele passaria o resto do dia atendendo a pedidos de repórteres para que desse entrevistas. Fiquei grata por poder passar alguns minutos sozinha para me recuperar antes que o telefone começasse a tocar sem parar. Mais tarde, li uma notícia segundo a qual Libby recebeu os veredictos estoicamente, enquanto sua esposa chorava abertamente. Meus sentimentos de profunda tristeza com todo aquele problema foram temperados por alívio diante do fato de que nosso poder judiciário ainda funcionava como devia.

Libby e sua equipe saíram do tribunal no sol frio do inverno. Suas caras fechadas diziam tudo. Wells disse aos repórteres que estava decepcionado com o veredicto, mas que eles iriam entrar com uma moção pedindo um novo julgamento, e se ela fosse negada, entrariam com um recurso. Um dos jurados, Denis Colins, ex-repórter do *Washington Post*, deu sua opinião. Disse que ele e seus companheiros jurados acharam "desagradável" ter de dar um veredicto sobre o caso Libby, mas, no final das contas, a história de Libby era muito fantasiosa para ser verdade. "Não estamos dizendo que não achamos que Libby não era culpado das coisas de que o achamos culpado, mas parecia... que ele era quem devia ser acusado no lugar de outra pessoa." Então, parece que a tática do Libby, de se declarar um "bode expiatório", tinha funcionado, mas não da forma como a defesa pretendia.

A Fox News foi coerente, depois que quatro veredictos em cinco declararam Libby culpado, com uma mensagem daquelas que passa no rodapé da tela dizendo: "Scooter Libby inocente na acusação de ter mentido para investigadores do FBI". Porém, eu agora podia sorrir de leve diante da "notícia" absurda da Fox. H.D. S. Greenway, do Boston Globe, ofereceu uma avaliação do julgamento mais baseada na realidade:

> O que o julgamento por perjúrio de I. Lewis Scooter Libby revelou mesmo foi até que ponto o vice-presidente Cheney e outros funcionários da administração Bush podem ir para desacreditar o Embaixador Joseph Wilson por sua alegação de 2003 de que o governo estava simplesmente errado sobre a compra de óxido de urânio no Níger pelo Saddam Hussein para fabricar armas nucleares. A intensidade desse empenho em desmentir o sr. Wilson saltou aos olhos nos depoimentos.
>
> A decisão de "revelar" a identidade da agente secreta da CIA, a esposa de Wilson, o que é crime federal, demonstrou certo desespero. A ideia de que ela mandou o marido para o Níger, para que ele pudesse tirar vantagem da mordomia de viajar sem pagar passagem, em vez de investigar a venda de Saddam, é no mínimo bizarra. Com todo o respeito, Níger não é o destino ideal, nem de Wilson, nem de ninguém, para uma viagem de lazer.

Em segundo lugar, a intensidade da campanha para sujar o nome de Wilson, as longas reuniões com repórteres favorecidos em hotéis e ao telefone, até o uso de informações confidenciais, parecem obsessivas...

... No governo mais corrupto da nossa época, o gabinete do vice-presidente achou que podia usar informações confidenciais à vontade para dar uma falsa impressão de que a capacidade nuclear de Saddam era maior do que a verdadeira, indo a extremos absurdos com o fim de ocultar a verdade do povo americano e talvez até mesmo da Casa Branca. De acordo com o depoimento, Cheney pediu a Bush que tornasse públicos documentos secretos, mas o presidente não ficou sabendo como Cheney iria utilizar essas informações.

Quanto a Wilson, seu crime foi gritar que o rei estava nu. E por isso precisava ser desacreditado e punido, através de um ataque ao emprego de sua esposa...

Um capítulo tinha se encerrado para nós, e estávamos ansiosos por tocar a vida adiante. Durante as últimas semanas do julgamento, eu estava preparando tudo para nos mudarmos para Santa Fé, Novo México. Joe e eu tínhamos debatido a possibilidade de nos mudarmos desde, pelo menos, 2004 (nossas conversas sobre a Nova Zelândia), mas nossa necessidade e desejo de sair de Washington para sempre haviam se intensificado durante os últimos meses. Aquela cidade parecia estar nos sufocando, e terminasse o julgamento de Libby com uma vitória, uma derrota, ou um empate, tínhamos de sair de lá. Eu pensava seriamente que, se permanecêssemos em Washington, um lugar onde o estresse era interminável, um de nós, ou nós dois, teria um enfarte. Eu também me preocupava com o efeito das tensões e aflições incessantes da nossa vida sobre nossos filhos pequenos. Todos precisávamos de espaço para respirar, um lugar para simplesmente sermos quem éramos, um lugar onde houvesse outras coisas sobre as quais falar que não fosse política. Durante viagens à Califórnia, sempre conseguíamos ir a uma imobiliária e procurar casas, como se pretendêssemos mesmo comprá-las, concentrando-nos em Santa Bárbara, onde Joe tinha frequentado a faculdade nos anos 60 e início dos 70 e onde ele ainda tinha dezenas de amigos. Santa Bárbara é mesmo um paraíso: montanhas verdejantes descendo direto até praias de areia branca e as ondas do Pacífico. É um dos poucos lugares da Califórnia que está no eixo leste-oeste, e sua geografia exclusiva cria um clima mediterrâneo suave que faz desta cidadezinha, mais ou menos uma hora e meia ao norte de Los Angeles, um refúgio perfeito. Mas a beleza, o charme e o clima de Santa Bárbara não eram segredo para ninguém, de modo que lá é um dos mais caros mercados imobiliários dos Estados Unidos (o preço médio de uma residência em 2005 era 2,5 milhões de dólares). Para um casal de ex-funcionários do governo ▆▆▆▆▆▆▆▆▆▆▆▆ sem pé de meia, esse preço estava fora de cogitação.

Em outra vida que agora nos parecia pré-histórica, eu tinha viajado frequentemente para Los Alamos, Novo México, sempre me hospedando ao sul, em Santa Fé. Embora minhas viagens de negócios rápidas não me permitissem passear muito por lá, eu notei o cenário espetacular, o clima seco e brando (uma mudança muito bem-vinda em relação a Washington, onde é muito úmido), e um clima artístico e cultural muito fértil. Também me deixei impressionar pelas atividades da comunidade ao ar livre e por sua consciência ecológica. Só que, na época, eu não tinha planos de me mudar para lá. Joe e eu estávamos esperando que eu fosse trabalhar no exterior ▆▆▆▆▆▆ para a CIA.

Em setembro de 2006, Joe e eu fomos a Santa Fé juntos, pela primeira vez, para ajudar a levantar fundos para a Fundação Militar pela Liberdade Religiosa (liderada por Mikey Weinstein, formado na Academia da Força Aérea, que acreditava profundamente na Constituição; sua fundação sem fins lucrativos procura lutar contra o proselitismo religioso nas academias militares). Enquanto estávamos lá, entramos em contato com um corretor imobiliário para que ele nos mostrasse algumas casas. Joe sempre tinha sonhado em morar na linda Santa Bárbara, na Califórnia, porém, como vimos algumas propriedades em Santa Fé que ofereciam a privacidade de que necessitávamos, com vistas belíssimas para a serra, céus azuis brilhantes e uma quietude absoluta, percebi que Joe estava mudando de ideia. Quando voltamos para Washington, eu já estava convencida a me mudar para Santa Fé, e tinha certeza de que Joe também achava esta uma ideia viável. Dentro de alguns meses, enquanto Joe estava ocupado, acompanhando a campanha democrata, eu estava de volta em Santa Fé, onde encontrei uma casa que eu sabia que Joe iria adorar tanto quanto eu.

Depois que assinamos a promessa de compra e venda, só precisávamos vender nossa casa em Washington. Embora eu não seja católica, não vi problema em comprar uma estatueta de são José, que enterrei de cabeça para baixo, no jardim, diante da casa, porque a lenda diz que isso ajuda a casa a ser vendida mais depressa. Finalmente, durante o julgamento, não sei quando, recebemos uma oferta justa pela casa e a aceitamos na hora. Passamos de novo a nos mexer depressa, para recebermos o pagamento e marcarmos a mudança. Escolhemos o dia 13 de março para a entrega das chaves.

Depois que o veredicto do Libby saiu, fiquei ansiosa por concentrar minhas energias na mudança. Mas aí a equipe do Deputado Henry Waxman da Califórnia, o novo presidente democrata do Comitê de Reforma do Governo e Supervisão da Câmara, ligou para perguntar se eu poderia prestar depoimento diante do comitê na semana seguinte. Embora minha agenda já estivesse estourando de tantos compromissos, fiquei maravilhada diante da oportunidade de colocar os pingos nos is, sob juramento, e aceitei imediatamente. Enquanto enchia caixas e aplicava fita adesiva para fechá-las, limpava e esfregava tudo na casa para os novos donos, e passava pelo ritual imobiliário do "encerramento" da venda, minha mente estava sempre em outro lugar, trabalhando e fazendo minha declaração ao Congresso. Tentei pensar em todas as perguntas possíveis que o comitê poderia me fazer, e marquei uma sessão simulada na noite antes do depoimento, com dois amigos meus, experientes e de confiança. Eu precisava estar afiada para evitar dar qualquer informação que a CIA considerasse sensível ou confidencial. Era um campo minado. Eu também tinha descoberto que o General Michael Hayden, Diretor da CIA, tinha se encontrado com o comitê bipartidário e explicitamente aprovado o uso do termo "secreto" na descrição do meu status de agente. Essa era uma coisa fundamental, e eu rapidamente fiz algumas correções pequenas, porém importantes na declaração que havia preparado. Embora eu ainda não fosse capaz de dizer abertamente durante quanto tempo eu havia servido o meu país, podia pelo menos contestar aqueles que tinham insinuado, durante os últimos anos, que eu não passava de uma "secretária toda poderosa".

Para apoio moral, eu fui a uma audiência bem cedo no Capitólio com minha querida amiga Ellen, em cuja casa eu iria me hospedar. Enquanto esperava em uma antecâmara da sala de audiências, eu estava cercada de advogados, assessores de congressistas e amigos, cada um dos quais tinha conselhos sinceros a me dar. Muito embora eu tivesse passado vários anos suportando o brilho ofuscante da publicidade, toda aquela atenção me deixou inquieta. Tentei manter meus pensamentos concentrados nesta oportunidade única de responder a perguntas sérias sob juramento e, segundo eu esperava, esclarecer muitas questões, tais como quem enviou Joe ao Níger, e qual o nível de sigilo do meu emprego na agência.

Finalmente, um assessor fez sinal de que a audiência estava para começar. Quando eu entrei na ampla sala, fiquei momentaneamente ofuscada pelos *flashes* dos fotógrafos. Eu sabia que eles estariam presentes, mas não fazia ideia de que seriam tantos. Eu iria precisar passar entre eles para chegar até a longa mesa das testemunhas diante do estrado grande onde os parlamentares se sentam. Tentei me manter calma e me apoiei na mesa. Felizmente, para meus nervos, Waxman abriu a sessão com um preâmbulo de cinco minutos, durante o qual eu tentei acalmar meu coração, que batia apressado. Quando chegou a hora do juramento, eu já estava preparada.

Bom dia, Sr. Presidente, e membros do comitê.

Meu nome é Valerie Plame Wilson, e me sinto honrada pelo convite recebido de depor sob juramento, diante do Comitê sobre Supervisão e Reforma Governamental, sobre a questão crítica de salvaguardar informações confidenciais. Agradeço por esta oportunidade de corrigir equívocos e esclarecer dúvidas.

Servi à minha pátria, os Estados Unidos da América, lealmente e o melhor que pude como agente secreta de operações para a Agência Central de Inteligência. Eu trabalhei para resguardar a segurança nacional do nosso país, em nome do povo dos Estados Unidos, até que meu nome e minha função na CIA foram revelados pela mídia nacional no dia 14 de julho de 2003, depois de um vazamento de informações pelo qual funcionários do governo foram responsáveis. Hoje, posso dizer ainda mais a este comitê. Na época em que estávamos ainda nos preparando para a guerra do Iraque, trabalhei na Divisão de Contraproliferação da CIA, ainda como agente secreta com *status* confidencial na CIA. Eu estava procurando descobrir informações que fossem comprovadas para os elaboradores de políticas do governo sobre os supostos programas de armas de destruição em massa. Enquanto eu ajudava a gerenciar e supervisionar operações mundiais secretas contra este alvo de ADMs da sede da CIA, em Washington, eu também viajava para o exterior em missões secretas para encontrar inteligência vital. Adorava minha carreira, porque adoro meu país. Tinha orgulho das sérias responsabilidades confiadas a mim como agente secreta da CIA, e me dedicava inteiramente a este trabalho. Não era verdade que "todos no circuito de coquetéis de Georgetown" sabiam onde eu trabalhava. Apenas algumas pessoas sabiam a verdade. Porém, todo o meu trabalho em prol da segurança nacional dos Estados Unidos, todo o meu treinamento, e todo o valor de meus anos de serviço terminaram abruptamente quando meu nome e minha identidade foram revelados de forma irresponsável.

Durante o julgamento do ex-chefe de gabinete do vice-presidente Cheney, "Scooter" Libby, fiquei chocada e decepcionada diante das provas que foram apresentadas. Meu nome e identidade foram usados de forma descuidada e inescrupulosa por funcionários do governo tanto na Casa Branca quanto no Departamento de Estado. Todos eles sabiam que eu trabalhava para a CIA, e depois de terem assinado juramentos de proteger os segredos importantes para a segurança nacional, eles deviam ter sido diligentes no sentido de me protegerem e protegerem todos os funcionários da CIA. A CIA faz das tripas coração para proteger todos os seus funcionários, criando, com o dinheiro dos contribuintes, "fachadas" originais e cuidadosamente elaboradas para os seus agentes mais competentes. O mal que se faz quando uma fachada da CIA é revelada é grave, mas eu não posso dar detalhes além disso em uma audiência pública. Porém, imagino que isso é bastante claro. Não só essas traições da nossa segurança nacional põem em perigo os agentes da CIA, como põem em risco e causam a destruição de redes inteiras de espiões estrangeiros que, por sua vez, arriscaram suas próprias vidas e as de suas famílias para fornecerem informações aos Estados Unidos. É literalmente uma questão de vida ou morte. Cada um de meus ex-colegas da CIA, desde os que trabalhavam comigo, como agentes secretos, até os analistas, os funcionários de operações técnicas, e até as secretarias, entendem a vulnerabilidade de nossos agentes e reconhecem que essa situação absurda pela qual eu passei poderia ter acontecido com eles. Nós, da CIA, sempre sabemos que nossa identidade pode ser revelada e ameaçada por inimigos estrangeiros. Foi uma ironia terrível o fato de funcionários do governo do nosso país terem sido os que destruíram minha fachada. Além disso, os depoimentos no julgamento criminal do ex-chefe de gabinete do vice-presidente, que agora foi condenado por obstrução da justiça e perjúrio, indicaram que o fato de minha identidade ter sido revelada foi devido a motivos puramente políticos.

Dentro da CIA, é essencial que toda inteligência seja avaliada com base em seus verdadeiros méritos e credibilidade. A segurança nacional depende disso. As técnicas de obtenção de inteligência não são produto de especulação. Eu me sinto, como profissional de inteligência dedicada que sou, constrangida diante da politização insidiosa e despercebida de nosso processo de inteligência. Todos os profissionais de inteligência dedicam-se de maneira tal que preferem ser demitidos imediatamente a distorcerem fatos para atenderem a um determinado objetivo político, qualquer que seja ele, ou a qualquer ideologia. Como nossas agências de inteligência passam por reorganizações e experimentam as dores da mudança, injetar partidarismo ou ideologia na equação torna muito mais difícil obter inteligência eficaz e precisa. É necessário eliminar a política e a ideologia completamente de nossos serviços de inteligência, ou as consequências serão ainda mais graves do que têm sido, e nosso país correrá um risco ainda maior. É imperativo que qualquer presidente seja capaz de tomar decisões com base em inteligência que não seja tendenciosa.

O julgamento de Libby e os eventos que levaram à Guerra do Iraque põem em evidência a necessidade urgente de restaurarem os mais altos padrões profissionais de obtenção de informações e sua análise, e proteção de nossos agentes e operações. O Congresso tem o dever constitucional de defender nossa segurança nacional, que inclui salvaguardar nossa inteligência. E é por isso que agradeço por esta oportunidade de me apresentar aqui, diante deste comitê, para ajudá-lo neste importante trabalho. Obrigada a todos, e coloco-me à sua disposição para responder a quaisquer perguntas.

Eu me sentia autoconfiante e concentrada no que estava fazendo. Também achava que tinha me preparado para qualquer pergunta possível, até mesmo as capciosas e abertamente políticas, dos integrantes republicanos do comitê. O que eu não tinha previsto era uma pergunta cretina, que foi a que me fez o congressista Lynn Westmoreland do estado da Geórgia. Ele começou bem: "Olha, gente, se eu pareço meio nervoso, me perdoem; eu nunca entrevistei uma espiã antes", disse ele, naquele seu sotaque arrastado da Geórgia. Na segunda rodada de perguntas ele resolveu fazer a sua gracinha: "Só pra eu entender melhor... não é que você se encaixaria em qualquer categoria política, mas você é democrata ou republicana?" Westmoreland perguntou isso com um sorrisinho malicioso. Fiquei surpresa e olhei rapidamente para o congressista Waxman, para ver se ele me orientava. Não era uma pergunta objetável, aquela, como perguntar qual a religião de uma pessoa? Mas Waxman não disse nada, nem fez nenhum gesto. Eu desejei ter tido a presença de espírito de responder: "Senhor Deputado, antes de tudo, eu sou uma americana orgulhosa e leal." Ai de mim. Depois de mais algumas perguntas, a sessão finalmente terminou. Tinha durado duas horas e meia. Eu estava com dor de cabeça de me concentrar tanto, mas me senti bem. Finalmente tinha conseguido contar a minha história publicamente.

Assim que pude, liguei para Joe, que estava em Utah, para saber o que ele tinha achado. Ele disse que estava orgulhoso de mim e satisfeito com a audiência. Quando eu perguntei se as crianças tinham assistido a ela, ele respondeu que elas assistiram durante uns cinco minutos e depois saíram para brincar. Eu não me importei, pois, se elas quisessem, podiam assistir ao depoimento de novo em DVD, dentro de dez anos. Quanto a mim, mal podia esperar para voltar para a casa sossegada da Ellen, tirar os sapatos e descansar um pouco. Era hora de sair da cidade, e era exatamente isso que eu pretendia fazer.

Enquanto o avião fazia a aproximação, descendo em círculos, sobre a Montanha Sandia, cor de melancia, acima de Albuquerque, meus olhos se encheram de lágrimas. Eu mal podia esperar para abraçar Joe, o filho mais velho dele e nossos filhos, Trevor e Samantha. Eles todos estariam no aeroporto me esperando, e nós planejávamos ir juntos de carro para nossa casa nova em Santa Fé. Ao correr para os braços deles, senti um imenso alívio. Nós tínhamos passado por um período incrivelmente turbulento em nossas vidas, procurando suportar tudo com galhardia e procurando manter o melhor humor possível. Nós tínhamos dito a verdade, e tentado viver honradamente. Enquanto percorríamos a paisagem árida, porém incrivelmente bela ao norte de Albuquerque, passamos por várias reservas indígenas. Apontei para os vulcões extintos antiquíssimos que pontilhavam o horizonte, para mostrá-los às crianças, que estavam tão empolgadas para ver sua nova casa que mal conseguiam ficar sentadas. Quando finalmente saí do carro em Santa Fé e contemplei a vista em todas as direções, o único som foi o do vento suave. Estávamos no nosso lar.

Epílogo

No dia 17 de maio de 2007, ouviram-se as argumentações do nosso processo civil contra o vice-presidente Dick Cheney, I. Lewis "Scooter" Libby, Karl Rove e Richard Armitage, em um tribunal distrital federal em Washington, capital. No dia 19 de julho, o processo foi indeferido. O juiz John D. Bates afirmou que "o meio pelo qual os réus resolveram rebater os comentários do sr. Wilson e atacar sua credibilidade podem ter sido altamente repulsivos". Porém, depois disso, ele afirmou que não havia como basear nosso processo na constituição. A decisão do tribunal ressaltou que nossas alegações levantavam "... importantes questões acerca da propriedade das atitudes tomadas por nossos mais altos funcionários do governo", mas essas alegações seriam rejeitadas por motivo de jurisdição. O tribunal não expressou opinião sobre os méritos das alegações. Nós imediatamente entramos com recurso, e o caso vai continuar tramitando na justiça.

No dia 31 de maio de 2007, eu, juntamente com a editora Simon & Schuster, também querelante, entramos com um processo no tribunal distrital de Nova York contra o Diretor de Inteligência Nacional J. Michael McConnell, a Agência Central de Inteligência e o Diretor da CIA, General Michael V. Hayden. Eu pretendia, entre outras coisas, acusar os réus do governo por interferir, de forma contrária à Constituição, na publicação deste livro "dizendo serem confidenciais informações que eram de domínio público". O caso foi distribuído para a juíza do distrito federal Barbara S. Jones, que antes tinha sido promotora da Procuradoria da República em Nova

York. No dia 1º de agosto de 2007, a juíza Jones proferiu sentença a favor do governo. A decisão do tribunal declarou que "informações relativas ao emprego anterior a 2002 da sra. Wilson na CIA (se existentes) foram propriamente declaradas confidenciais, nunca deixaram de ser confidenciais e nunca foram oficialmente reconhecidas pela CIA de outra forma". A sentença baseou-se, em parte, em uma declaração secreta e confidencial do vice-diretor da CIA, Stephen Kappes (com quem meus advogados não tiveram permissão de falar, e ao qual não puderam responder), e também em "considerações sobre a dedicação da CIA ao sigilo e assuntos de relações exteriores". A decisão do tribunal declarava que "Certamente o público pode tirar as conclusões que quiser do fato de as informações em questão terem sido mandadas em papel com cabeçalho da CIA pelo seu chefe do serviço de aposentadoria e seguros". O tribunal também declarou que as informações sobre "o serviço de Wilson antes de 2002 [encontram-se] em domínio público, e que, "como parte do processo legislativo", as informações foram incluídas no *Congressional Record,* e desde então se tornaram publicamente acessíveis pela Internet através do site da Biblioteca do Congresso." Entramos com recurso dessa decisão no Tribunal do Segundo Circuito de Recursos, recurso este que está ainda sendo analisado.

No dia 2 de julho de 2007, o presidente Bush comutou a pena de prisão de 30 meses de Scooter Libby. Libby, mesmo assim, precisou pagar a multa de 250.000 dólares, mas não vai ser encarcerado.

Posfácio
Laura Rozen

1. O CAMINHO PARA A CIA

ERA O INÍCIO DA PRIMAVERA DE 1985. O presidente Ronald Reagan tinha recentemente tomado posse para seu segundo mandato, e Diane Plame, ex-professora do próspero subúrbio de Huntington Valley, na Filadélfia, estava tomando café e lendo o *Philadelphia Inquirer* quando recortou um anúncio e o pôs de lado para enviar a sua filha, que estava no último ano da faculdade estadual da Pensilvânia. "Um dia eu vi um anúncio no jornal, dizendo que a CIA estava entrevistando candidatos", recorda-se Diane Plame. "Então, eu o recortei e o mandei para ela pelo correio."

Quando a sra. Plame me contou essa história no verão de 2007, sua filha, Valerie Plame Wilson, tinha se tornado a mais famosa agente clandestina da CIA já exposta pelo seu próprio governo. Em épocas anteriores, houve escândalos explosivos envolvendo a CIA. Na década de 70, o ex-agente Philip Agee publicou listas de nomes de supostos agentes da CIA, em uma campanha deliberada para frustrar a política externa americana. Durante o governo de Nixon, jornalistas revelaram que ex-agentes da CIA haviam planejado a invasão do edifício Watergate[1]. De fato, no verão de 2007, a CIA divulgou 702 páginas de documentos internos, as "joias da família", detalhando o papel da agência na Guerra Fria: espionando jorna-

---

[1] O jornal *Washington Post* ganhou crédito junto à população americana graças ao Watergate, e os repórteres investigativos Bob Woodward e Carl Bernstein receberam o Prêmio Pulitzer. Esse escândalo abalou muito a população Americana. "Garganta Profunda", o ex-funcionário do FBI Mark Felt, foi quem deu aos repórteres as pistas que levaram ao indiciamento, julgamento e condenação de, entre outros: o secretário da Justiça, John N. Mitchell; o chefe da Casa Civil, H. R. Haldeman, e o assessor de Nixon, John D. Ehrlichmane. Fonte: http://midiaon.blogspot.com/2005/10/watergate-h-algo-parecido-no-brasil.html. N.T.

listas americanos, infiltrando-se em grupos estudantis contrários à guerra do Vietnã, planejando assassinatos de líderes estrangeiros, sonegando ao FBI provas dos vínculos da CIA com a invasão do Watergate e treinando forças policiais de regimes autoritários para suprimir movimentos sociais civis de tendência esquerdista.[2]

Mas os eventos que cercaram a divulgação do nome da filha de Plame como agente da CIA no verão de 2003, em uma coluna de jornal nacionalmente divulgada por agências de notícias, não tinham acompanhado esses escândalos. A revelação da identidade de Valerie Plame não foi resultado de tramas de assassinato, negociações clandestinas de armas, nem de erros da CIA. Ela foi feita em consequência de uma batalha política por debaixo dos panos entre a Casa Branca e a CIA, para ver quem iria assumir a culpa pelas provas falsificadas citadas como justificativa para invadir e ocupar o Iraque. A Casa Branca de Bush esperava que a CIA assumisse essa culpa, e o gabinete do vice-presidente até mesmo redigiu o rascunho de um discurso para o Diretor da CIA fazer, dizendo exatamente isso. Os comitês de inteligência do Congresso, controlados pelos republicanos, estavam dispostos a ajudar a Casa Branca a promover essa narrativa; quaisquer declarações pré-guerra contendo inteligência de má qualidade eram culpa da CIA. Joseph Wilson disse que a Casa Branca devia saber que eram falsas suas alegações anteriores à guerra de que Saddam Hussein estava comprando 500 toneladas de óxido de urânio da minúscula nação africana do Níger. Por quê? Porque ele, Joe, tinha ido ao Níger a mando da CIA, e tinha recebido a tarefa de investigar a história do óxido de urânio do gabinete do vice-presidente; e, segundo, seu relatório, havia bons motivos para pensar que aquela história era falsa. Em março de 2003, a agência de vigilância nuclear da ONU concordaria que os documentos que a ONU e o governo britânico tinham usado como prova da suposta transação tinham sido grosseiramente forjados. Os Estados Unidos

---

[2] Ver a coleção "Joias da Família" da CIA nos Arquivos de Segurança Nacional, lançada em 26 de julho de 2007. Nota da autora do Posfácio.

invadiram o Iraque mesmo assim, e, no verão de 2003, o clima na Casa Branca era de pânico crescente: não havia armas de destruição em massa no Iraque. O principal pretexto para o país invadir o Iraque estava sendo desmentido, uma insurgência antiamericana estava surgindo, e faltava apenas um ano para a eleição presidencial.

As acusações de Wilson, feitas no dia 6 de julho, 2003, em um "Op-Ed" no *New York Times*, intitulado "O que eu não encontrei na África", fizeram com que o pavor cada vez maior da Casa Branca passasse a se concentrar nele. Como podiam boicotar a credibilidade de Joseph Wilson, que estava insinuando que o governo Bush tinha inventado inteligência pré-guerra para convencer o público americano de que era preciso ir à guerra? O vice-presidente Dick Cheney e seus assessores procuraram saber mais sobre Wilson junto a altos funcionários da CIA e ao Departamento de Estado, e descobriram um detalhe que eles consideraram que poderia ser útil para virar os canhões para outro lado. Eles descobriram que a esposa de Wilson, Valerie Plame Wilson, trabalhava na CIA. Aliás, ela trabalhava em uma divisão especial dedicada a combater a proliferação de armas anticonvencionais.

Portanto, teve início na Casa Branca uma campanha para cochichar nos ouvidos dos repórteres: não acredite muito na história do Wilson, porque o motivo pelo qual ele foi enviado ao Níger foi o fato de sua esposa ser agente da divisão de contraproliferação de armas de destruição em massa na CIA, e foi ela que armou essa para o marido aproveitar a mordomia (pela qual, diga-se de passagem, Joe não recebeu nem um tostão). "A esposa dele o enviou para fazer essa viagem à custa do governo?" – foi o que o vice-presidente Cheney escreveu nas margens de seu exemplar do "Op-Ed" de Wilson. "Valerie Flame"[3], anotou a repórter Judith Miller do *New York Times* em seu caderninho pouco depois de uma reunião de duas horas com o chefe de gabinete do vice-presidente, I. Lewis "Scooter" Libby, em um hotel de Washington – reunião essa que Libby não anotou na sua agenda, nem

---

[3] "Flame" significa "labareda, chama" em português. Foi por isso que Valerie fez piada, referindo-se a essa mancada de Miller como o seu nome de dançarina exótica. N.T.

marcou no calendário. "Wilson nunca trabalhou para a CIA, mas sua esposa, Valerie Plame, é agente da divisão de armas de destruição em massa", afirmou Robert Novak na sua coluna distribuída nacionalmente para agências de notícias, no dia 14 de julho de 2003.[4] A mulher do Joseph Wilson é um "alvo legítimo", declarou o líder político da Casa Branca Karl Rove ao apresentador de tevê Chris Matthews.

* * *

Assim como Richard Nixon, que conseguiu fingir que não sabia da invasão do edifício Watergate até depois de sua reeleição, uma vez que divulgar isso o obrigaria a renunciar ao cargo, a Casa Branca de Bush conseguiu, em grande parte, controlar a narrativa pública sobre a trajetória cada vez mais controvertida para a guerra no Iraque, durante tempo suficiente para vencer a reeleição de 2004. Foi apenas um ano depois que, em outubro de 2005, o chefe de gabinete do vice-presidente, Scooter Libby, foi indiciado, e em 2007, condenado e sentenciado a 30 meses de prisão, 250.000 dólares em multas e dois anos de suspensão condicional do processo por mentir e obstruir a investigação do papel dos funcionários da Casa Branca na revelação do nome de Valerie Plame.[5] No dia 2 de julho de 2007, o presidente Bush ordenou a comutação da pena de Libby para apenas suspensão condicional do processo[6], preservando os veredictos

---

[4] Robert Novak, "Missão em Níger", Townhall.com, 14 de julho de 2003. Nota da autora do posfácio.

[5] Um excelente resumo e análise dos trabalhos do julgamento de Libby encontra-se no livro de Murray Waas e Jeff Lomonaco, *The United States versus II. Lewis Libby* (Nova York, Union Square Press, 2007). Nota da autora do posfácio.

[6] O *probation system* (suspensão condicional do processo-origem na lei inglesa) difere de *sursis* (suspensão condicional da pena – origem belgo-francesa), uma vez que o réu tem seu julgamento suspenso dependendo de seu comportamento no primeiro, ao passo que a própria pena é suspensa no segundo, dependendo de seu comportamento. No caso de Libby, ele foi perdoado da pena de prisão por Bush (coisa que o Presidente pode fazer) mas, ainda assim, tem de cumprir *probation*. Fonte: http://www.angelfire.com/ut/jurisnet/art54.html. N.T.

do júri, que o considerou culpado de quatro delitos, mas poupando Libby da iminente desgraça de se tornar o primeiro funcionário da Casa Branca a cumprir pena na cadeia desde a era Nixon.

Na manhã de 1985, bem cedo, enquanto folheava o *Philadelphia Inquirer*, Diane Plame só sabia que Valerie, ao contrário das mais chegadas amigas de sua filha, ainda não havia decidido o que queria fazer da vida. "Todas as suas amigas sabiam exatamente o que queriam fazer", disse Diane. Ela iria passar a Páscoa na Flórida, com amigos, mas a viagem não deu certo, e ela veio para casa dizendo: "Já que tenho que voltar, vou aproveitar e fazer a entrevista do anúncio da CIA.

Diane Plame afirma que o marido e ela foram abençoados, "tanto no caso do nosso filho, o meio-irmão de Valerie, Robert Plame, quanto no caso da nossa filha. Foi muito fácil criar os dois". Valerie "sempre foi muito responsável e engraçada, simplesmente um ser humano maravilhoso, bem-formado". Ela jogava hóquei no ginasial, era corredora na sua escola secundária e tinha um círculo de amigos bem unido, dos quais sua mãe afirma: "Eles eram do tipo que querem ser sempre o melhor em tudo." E jovens de boa índole.

O irmão de Valerie, Robert, dezesseis anos mais velho do que ela, filho do primeiro casamento do seu pai, seguiu a tradição familiar de serviço militar e se tornou Fuzileiro Naval. Em 1967, enquanto servia no Vietnã, Robert sofreu um ferimento grave, um trauma que causou grande sofrimento à família, que recebeu a notícia perturbadora de que dois fuzileiros navais tinham vindo à casa dos Plames enquanto eles estavam fora. "Eu fui correndo bater à porta dos vizinhos", Diane Plame diz, quando se lembra daquele dia horrível. "Perguntei-lhes se eles tinham visto os fuzileiros baterem à nossa porta. 'Sim, vimos.' Meu marido se deixou cair sentado na poltrona quando ouviu isso." Quando os fuzileiros voltaram, mais tarde, "eu abri a porta e perguntei: 'ele morreu, ou ainda está vivo?'" "Ele ainda estava vivo, mas tinha sido gravemente ferido, em uma patrulha de reconhecimento. Uma artéria do braço direito dele tinha sido atingida por um tiro. Ele foi transportado para um posto avançado de atendimento médico, relata Diane Plame, onde um cirurgião que estava visitando as instalações médicas no Vietnã viu os ferimentos do meu filho e lhe disse: "Vou salvar seu braço." Três anos e quatorze operações depois, Robert tinha se recuperado.

Mas a experiência contribuiu para uma mudança silenciosa nos pais de Valerie, especialmente seu pai, Samuel Plame, coronel aposentado da Força Aérea e comandante de esquadrão. "Nós éramos republicanos registrados no partido", diz Diane Plame, embora não 'de carteirinha'... "Mas meu marido ficou desiludido por causa do Vietnã", inclusive devido ao fato de os Estados Unidos estarem lutando lá sem que o presidente tivesse efetivamente declarado guerra.

Diane e Sam Plame adoravam viajar, principalmente pela Europa, coisa de que Valerie também passaria a gostar. Quando tinha vinte e tantos anos, Diane Plame tinha passado dois anos dando aulas a filhos de soldados da Terceira Divisão de Blindados na Escola Americana de Frankfurt, Alemanha. "Eu fui para lá pensando em continuar solteira", diz ela, rindo. Voltou com Sam. "Na Alemanha, eu morava nos alojamentos das enfermeiras, fora da base, e havia um clube de oficiais lá, ao lado do hospital." Ela estava nesse clube uma noite, com as amigas, "e alguém chegou perto de mim e disse: 'Posso lhe pagar um drinque?'" E ela depois concordou em seguir Sam até Chicago, casou-se com ele, e no dia 13 de agosto de 1963, deu à luz Valerie, em Anchorage, Alaska, onde Sam estava servindo como comandante de esquadrão na base da Força Aérea local. "Meu irmão tinha sido piloto da Força Aérea, e meu marido é oficial aposentado da Força Aérea", diz ela.

Em 1966, quando Valerie era pequena, a família se mudou para os subúrbios da Filadélfia, onde Diane McClintock Plame tinha crescido. Valerie frequentou a Escola de Ensino Fundamental de Pine Road e a Escola Secundária Lower Moreland, na próspera área de Montgomery County, e sua mãe era professora na cidade vizinha de Abington.

Como Plame descreve em suas memórias, ela e seus pais frequentemente faziam as malas e apareciam no aeroporto para voar em assentos vagos de voos econômicos para a Europa. Diane Plame se lembra, com saudades, do tempo em que eles alugaram uma *Villa* em Porto Santo Estefano, Toscana, Itália, em 1973. A mansão escolhida por ela "dava vista para o Mar Tirreno. Todos os nossos quartos davam para um terraço". Os pais de Valerie mais tarde foram visitá-la durante suas missões no exterior, em Atenas, Londres e em Bruxelas.

Valerie estudou alemão e administração de empresas na Universidade Estadual da Pensilvânia e fazia parte de uma irmandade de estudantes universitárias. Depois do primeiro ano na universidade, lembra-se Diane Plame, Valerie e uma amiga, também universitária, foram trabalhar em hotéis-fazenda em Wyoming, perto do Parque Nacional de Yellowstone. No terceiro ano da faculdade, ela passou um semestre no exterior, estudando em Colônia, na Alemanha. Então, conhecendo o interesse da filha por viagens, relações exteriores e história e a tradição da família de serviço público, quando Diane Plame viu no *Inquirer* o anúncio de que a CIA estava pretendendo selecionar candidatos por meio de uma entrevista, ela o enviou à sua filha. E Valerie encontrou uma carreira na qual ela se tornou brilhante.

Tornando-se "Val P."

Enquanto esperava sua permissão de acesso a assuntos confidenciais ser aprovada, Valerie alugou um apartamento na área de Glover Park, em Washington, capital, e trabalhou na loja de departamentos histórica Woodward & Lothrop no centro da cidade. Segundo a *Vanity Fair*, Plame ficou noiva de um namorado do tempo de faculdade, Todd Sesler, com o qual se casou. Todd começou a trabalhar na CIA com ela, mas depois decidiu mudar de rumo.[7] O casamento dos dois não durou muito.

---

[7] Vicky Ward, "Double Exposure", Vanity Fair, janeiro de 2004. Nota da autora do posfácio.

A agência, na época em que Plame era recém-admitida, em 1985, estava crescendo rapidamente e passando por transformações empolgantes. William Casey, anticomunista ferrenho muito agressivo, muito amigo e confidente de Reagan, era o diretor da CIA, e até hoje muita gente na agência o considera o melhor diretor que a agência já teve, apesar de vários funcionários da agência terem corrido, mais tarde, risco de serem processados por seu papel na operação Irã-Contra, que Reagan e Casey tinham autorizado mas violava a emenda Borland proibindo ajuda militar americana aos Contra, rebeldes anticomunistas da Nicarágua.

Valerie Plame foi aceita no programa de elite para novatos, onde os novos funcionários passavam a ser chamados de Career Trainees[8], uma inovação de Casey e do futuro diretor da CIA, Robert Gates. Em turmas de 50 e poucos alunos, mais ou menos, futuros analistas de informações e agentes operacionais recebiam uma base acadêmica intensa sobre os procedimentos da agência, o governo e seus sistemas políticos antes de serem enviados para a "Fazenda" para treinamento operacional no estilo paramilitar e formação de espírito de equipe.

Apenas 250 recrutas de elite eram aceitos no programa de Career Trainee a cada ano, segundo os colegas de Valerie lhe disseram. Os colegas dela, no outono de 1985, só a conheciam como "Val. P.".

"Isso foi durante o mandato do Reagan, e a gente recebia uma atenção incrível", lembra-se Brent Cavan. "Disseram-nos que a agência estava investindo um quarto de milhão de dólares em cada um de nós, além do nosso salário."

O programa de Career Trainee oferecia "ampla exposição a tudo que a CIA faz", lembra-se Cavan. "Como o governo funciona, como os sistemas comunistas não funcionam, como a agência funciona, economia política." Para ser aceito, o candidato precisava passar por um processo "pavoroso", que envolvia testes físicos e psicológicos, inclusive no detetor de mentiras.

Mas a agência também estava se democratizando, mudando de ideia a respeito de quem ela estava querendo recrutar. Nas gerações

---

[8] Empregados em treinamento para a carreira. N.T.

anteriores, a CIA tendia a recrutar os proverbiais "caras que frequentaram Yale e eram filhos dos caras que estudaram em Yale que, por sua vez, também eram filhos de gente que estudou em Yale", como diz o ex-chefe da divisão da Europa Oriental / Soviética da CIA, Milt Bearden. Esse foi um legado da II Guerra Mundial, época em que a CIA ainda não existia, e sua antecessora era o Escritório de Serviços Estratégicos (O.S.S.). Mas durante a expansão da era Reagan/Casey, na década de 80, a agência estava procurando um tipo diferente de funcionário de elite, e o processo de seleção estava se tornando mais meritório do que aristocrático, voltado para estudantes da Ivy League.[9]

"Nessa altura, o governo estava expandindo as Forças Armadas, estava expandindo a agência, nós estávamos combatendo a União Soviética, estávamos engajados em uma luta indireta", explica Cavan. A CIA, em 1985, estava "procurando pessoas brilhantes, jovens, de caráter sem mácula. Nas entrevistas, eles não faziam apenas perguntas sobre credenciais acadêmicas. Estavam procurando gente talentosa, gente de experiência variada, que soubesse como se virar em circunstâncias inóspitas. Queriam um pouco de diversidade, gente com jogo de cintura".

A democratização da CIA, recrutando na época em que Plame entrou na agência, incluía mais oportunidades para mulheres. "Em termos de agentes de operações, o mundo ainda pertencia aos homens", lembra-se Larry Johnson, outro integrante da turma de setembro de 1985. "Ela entrou num momento de transição... estava havendo uma mudança social na época, que começou na época do Reagan, o que é uma ironia tremenda. Bill Casey, por mais desprezado que fosse por alguns, foi o melhor diretor da CIA nos últimos 50 anos. Ele sempre ficava do lado dos seus. Tinha algumas ideias ruins, mas no fim das contas, ele entendia o negócio de obtenção e análise de informações.

"Valerie era uma entre os 'garotos'", explica Johnson. "Eu tinha trinta anos, ela vinte e dois." Ele diz que ele e alguns dos integrantes

---

[9] Associação de oito universidades da costa leste dos Estados Unidos de elevada posição acadêmica e prestígio social. N.T.

ligeiramente mais velhos da turma eram "irmãos mais velhos" dos poucos integrantes de sua turma de estagiários que tinham acabado de sair da faculdade.

"Ela era uma pessoa compenetrada, calada... Não tentava fingir que era algo que não era. Não era de tagarelar – lembra-se Johnson, com admiração. "Para sua idade, novinha como ela era, tinha uma maturidade notável, e era muito séria", acrescenta Johnson. "Estava na cara que ela queria ser levada a sério.

Johnson diz que apenas três pessoas de sua turma de estagiários de elite estavam destinadas, como Valerie, a se tornarem NOCs, ou *nonofficial covered officers*[10], ou os agentes mais clandestinos da agência. Depois que sua identidade foi revelada, em 2003, vários dos colegas de Valerie, que a conheciam apenas como "Val P." quase vinte anos antes, ficaram indignados e se manifestaram, deixando de lado suas vidas tranquilas como empresários, funcionários públicos e, em um caso, de agente secreto com fachada da agência, para protestar contra o que tinha ocorrido com ela.

Diane Plame confessa que, quando Valerie ligou para lhe dizer que Novak tinha revelado sua identidade na sua coluna, uma das coisas que ela sentiu foi alívio. "Eu sabia que ela tinha ficado muito decepcionada. Mas eu também fiquei profundamente aliviada por não ter mais que me preocupar tanto com ela." Diane Plame diz que havia "muita coisa que ela não sabia sobre a carreira de sua filha na CIA. "Eu não sabia que ela era uma NOC. Ela nunca me contou isso", disse Diane, acrescentando que provavelmente foi melhor assim.

---

[10] Literalmente, Agentes Secretos Oficiosos. Estes são agentes cuja fachada inclui trabalhar em organizações ou empresas sem nenhum vínculo com o governo. Os que trabalham em repartições do governo são os Official Covered Officers, que têm proteção diplomática. Os NOCs, porém, não estão protegidos, e correm o risco de, se forem descobertos, serem executados ou punidos severamente. A fachada de Valerie, aparentemente, era um cargo na empresa-fantasma Brewster Jennings & Associates, embora seja possível que a verdadeira fachada fosse uma outra empresa. N.T.

2. MISSÃO EM ATENAS

No outono de 1989, Valerie Plame mudou-se para Atenas, Grécia, para trabalhar como agente da CIA, na sua primeira missão no exterior. Ela tinha 26 anos, e passaria três servindo em Atenas. Com seus executivos, diplomatas estrangeiros, comunistas, escritórios de grupos palestinos e do Oriente Médio, seus alvos fáceis para os terroristas e seu extenso litoral e suas ilhas, a Grécia era um posto estratégico muito importante para a agência. Segundo a família, amigos e seus colegas, Valerie ficou em um subúrbio ao norte de Atenas, num bairro familiar, no segundo andar de uma casa com um lindo jardim e vários terraços. Ela aprendeu a falar grego, cultivou e recrutou vários espiões estrangeiros e, com isso, foi aperfeiçoando sua técnica de espionagem, ao mesmo tempo em que ia se apaixonando por aquele país mediterrâneo. "Passei a adorar o clima, a paisagem, as aldeias, a cultura e, depois de algum tempo, até mesmo o povo", escreveu Plame. Mas também foi uma época de perigo significativo para os funcionários americanos na Grécia, pois o grupo terrorista esquerdista grego 17 de Novembro matou vários funcionários americanos, começando pelo chefe de estação da CIA Richard Welch, em Atenas, em 1975. Aliás, foi o assassinato de Welch e a exposição de nomes de centenas de espiões da CIA pelo agente Philip Agee e pela revista *CounterSpy* que fizeram com que o Congresso aprovasse, em 1982, a lei de Proteção às Identidades da Inteligência, uma lei federal que, mais tarde, seria debatida, depois da revelação da identidade da própria Valerie, por parte do governo Bush, a jornalistas, no verão de 2003.

Enquanto servia como agente secreta em Atenas, Valerie tinha uma "fachada" oficial de relações políticas na embaixada dos Estados Unidos. Ela passava o dia trabalhando como assistente de relações políticas do Departamento de Estado e como funcionária do Consulado, entrevistando pessoas que estavam pedindo vistos na embaixada. Além disso, também cumpria seus deveres de funcionária da CIA: identificação, cultivo e recrutamento de espiões estrangeiros, em geral depois do expediente na embaixada.

Tendo uma fachada oficial e um passaporte diplomático, Plame tinha certo grau de proteção. Se fosse descoberta ou presa pelas autoridades gregas, gozaria de plena imunidade diplomática. (Essa proteção diplomática mostrou-se útil para dois aparentes sucessores de Plame em Atenas, em novembro de 1993, quando autoridades gregas detiveram dois "diplomatas" americanos depois de encontrarem armas, transmissores de rádio e perucas louras na Kombi com a qual eles aparentemente estavam realizando algum tipo de espionagem. Logo depois disso, a Embaixada americana tirou os dois "diplomatas" do país, com a máxima discrição, para evitar que a Grécia os expulsasse por realizarem "atividades incompatíveis com seus deveres diplomáticos"— eufemismo diplomático para designar atividades de "espionagem".) O trabalho de Plame como agente secreta era, em resumo, recrutar espiões locais para lhe fazerem relatórios contendo informações sobre planos políticos, motivações e opiniões sobre aquilo de que eles tivessem conhecimento especial e a que tivessem acesso.

Na época, a Estação da CIA em Atenas era dividida em três partes: uma concentrava-se no desenrolar da política interna grega, o "cenário grego"; uma segunda concentrava-se na ameaça soviética; e a terceira, no grupo 17 de Novembro, que depois de Welch, em 1975, tinha matado vários outros americanos, britânicos, turcos e funcionários gregos. Segundo colegas, Plame trabalhava na parte de política interna, portanto, para todos os efeitos, sua "fachada" oficial de funcionária política do Departamento de Estado se assemelhava bastante ao que ela realmente fazia, que era desenvolver e recrutar informantes que pudessem ajudar o governo americano a entender melhor, prever e influenciar os acontecimentos políticos internos gregos. O trabalho consistia em "sair e conhecer todas as pessoas possíveis, identificar seus pontos fracos e verificar se poderiam ser recrutadas", disse um colega de embaixada de Plame.

O chefe de Estação da CIA durante o tempo em que Valerie estava na Grécia era Doug Smith, um veterano de operações que tinha servido em várias missões no exterior. Valerie "era certamente ambiciosa, e trabalhava com afinco", lembra-se Smith, agora aposentado. "É uma questão de sorte e habilidade. Como as pessoas reagem à sua pessoa, se as pessoas gostam de você, se querem visitá-la e lhe contar coisas", acrescenta ele, descrevendo as qualidades que tornam uma pessoa um agente secreto de primeira. "É raro alguém fazer um trabalho maravilhoso assim logo de cara, na primeira missão. Ela se saiu muito bem."

O ex-subchefe de Valerie em Atenas, que ela chama de "Jim" na sua autobiografia e que ainda está na agência, mandou recado por colegas que ele também "tem a Valerie na mais alta estima e consideração", assim como a qualidade do seu trabalho.

O Cenário Grego

Quando Valerie chegou à Grécia, em 1989, o país estava passando por uma fase de inquietação e tumultos políticos recém-apaziguados, e ainda continuava revoltado contra Washington e aqueles que os gregos achavam que estavam de conluio com os Estados Unidos. Invadida, primeiro pela Itália e, depois, pelos nazistas alemães durante a II Guerra Mundial, a Grécia do pós-guerra se tornou uma frente central na Guerra Fria, e passou por uma guerra civil traumática de 1946 até 1949. Por volta dos anos 60, as linhas de falha da Guerra Fria situavam-se entre o movimento socialista pan-helênico, esquerdista e oposto a Washington, e o partido liberal-conservador da Nova Democracia. Em 1967, preocupado com a possibilidade de o candidato socialista Andreas Papandreou vencer as eleições presidenciais, um grupo de oficiais militares anticomunistas gregos, liderados pelo Coronel George Papadopoulos, deu um golpe militar e estabeleceu o "Regime do Coronel", uma ditadura. Embora a CIA não tenha participado da junta e a administração de Lyndon Johnson condenasse o regime. A agência conhecia alguns dos oficiais envolvidos e tinha um relacionamento com eles.[11]

A democracia constitucional foi restaurada em 1974, abrindo caminho para a Terceira República Helênica, que prevalece até hoje. Mas a tensão continua. A invasão turca do Chipre em 1974 fez a Grécia sair temporariamente da OTAN, e, em 1975, o grupo terrorista marxista 17 de Novembro (ou N17, como às vezes era chamado) surgiu, e durante as três décadas seguintes assassinou 23 pessoas

---

[11] George Crile descreve a relação entre o agente da CIA Gust Avrokotos e os coronéis da junta que aplicou o golpe de estado no livro *A Guerra de Charlie Wilson*: "No dia 21 de abril de 1967, [Avrokotos] teve uma dessas oportunidades que podem fazer uma carreira decolar, quando uma junta militar assumiu o poder em Atenas e suspendeu os direitos democráticos dos cidadãos e o governo constitucional. Liberais nos Estados Unidos e no mundo inteiro ficaram indignados; porém, da noite para o dia, o "golpe dos coronéis" transformou Avrokotos em um dos mais indispensáveis e destacados agentes da CIA. Bem antes disso, Avrokotos tinha procurado conhecer bem os coronéis. Eles todos tinham começado como camponeses antes de entrarem no exército, e sentiam uma afinidade com aquele americano carismático da classe operária cujos pais tinham nascido em Lemos (Grécia). Podiam conversar em grego com ele, beber e ir para a farra com ele, e sabiam, do fundo do coração, que ele apoiava o seu ardente anticomunismo. Avrokotos entendia que os coronéis esperavam que os Estados Unidos lhes agradecessem, por mais discretamente que fosse, por evitar que o candidato antiamericano, Andreas Papandreou, assumisse o poder. As pesquisas tinham indicado que Papandreou venceria as eleições, e os coronéis desconfiaram que a própria CIA estava tentando sabotar a campanha de Papandreou. Mas a reação internacional foi tão negativa e o golpe foi tão brutalmente antidemocrático que o governo Lyndon Johnson resolveu fazer um discurso condenando a junta e ameaçando cortar a assistência Americana ao país. Depois que os coronéis prenderam Papandreou, que tinha passado anos morando nos Estados Unidos, a embaixada mandou Avrokotos entregar um recado a eles. Os Estados Unidos tinham dado o passo incomum de dar ao líder grego um passaporte americano, e a embaixada queria que a junta permitisse que ele saísse do país. "Essa é a posição oficial. Vocês devem deixá-lo sair", disse o jovem agente da CIA aos coronéis. "Mas, oficiosamente, como seu amigo, meu conselho é que matem esse safado, porque ele vai voltar para azucrinar vocês.'"George Crile, Charlie Wilson's War, (Nova York, Grove, 2003), pp. 51-52.

em mais de cem atentados, começando com Welch, da CIA. O grupo terrorista tirou seu nome do tumultuado último dia dos levantes estudantis de 1973, na Universidade Politécnica de Atenas, contra a ditadura militar estabelecida pelos coronéis.

O 17 de Novembro

Desde sua criação, dois dos primeiros alvos do N17 foram a CIA e a presença americana na Grécia. Welch levou um tiro no dia 23 de dezembro de 1975, diante da sua casa em Atenas, na frente de sua esposa e de seu motorista. Em seus manifestos, comunicados e cartas onde reconhecia sua responsabilidade pelos assassinatos, o N17 exigia que os "imperialistas" americanos se retirassem das bases aéreas na Grécia, que a Turquia saísse de Chipre, e a Grécia se retirasse da OTAN e da Comissão Europeia. Embora o grupo assumisse a responsabilidade pelo assassinato de Welch em um manifesto entregue ao jornal francês *Libération*, através do escritório do escritor existencialista francês Jean Paul Sartre, na época poucas pessoas na CIA ou nos serviços de segurança da Grécia podiam acreditar que um grupo local, agindo sozinho, tivesse capacidade de realizar esses ataques tão ousados. "Eles eram gente da qual nunca tínhamos ouvido falar", diz Smith. "Nem a agência nem a polícia grega tinham ouvido falar no 17 de novembro."

Como exatamente Welch tinha se deixado expor a ponto de o N17 poder alvejá-lo, era uma coisa que foi debatida durante algum tempo. Em 1975, um ex-agente da CIA, Philip Agee, que tinha ficado desiludido com o apoio da agência a regimes autoritários na América Latina, publicou um livro, chamado *Dentro da Companhia: O Diário da CIA*, cujo apêndice incluiu trinta páginas de nomes de supostos agentes. Muitos dos nomes ele, aparentemente, inferiu das listas telefônicas do Departamento de Estado e da Embaixada. Naquele mesmo ano, outros nomes, inclusive o de Welch, apareceram na *CounterSpy*. E, depois do assassinato de Welch, muitos na agência e nos Estados Unidos culparam o livro de Agee e as denúncias da *CounterSpy* pela morte de Welch.

Hoje em dia, porém, a maioria acredita que o nome de Welch, e inclusive seu endereço, foi revelado por gente da mídia local grega. "Agee revelou muitos nomes", diz Smith. Daí outros resolveram imitá-lo... Mas o nome de Welch e vários nomes foram publicados pela imprensa local. E foi assim que achamos que eles [o N17] encontraram o nome do Welch.

Até sua morte, em janeiro de 2008, em Cuba, Agee negou veementemente qualquer responsabilidade pela morte de Welch, observando que o nome dele não foi divulgado no seu livro. Realmente, de acordo com uma matéria de James Risen publicada no *Los Angeles Times* em 1997, Agee, que na época era exilado em Cuba, entrou com pedido de libelo contra a Primeira Dama Barbara Bush por ela ter dito em sua autobiografia que 'Agee [foi] responsável por revelar a identidade do Chefe de Estação da CIA em Atenas... logo antes de o Chefe de Estação ser morto.' A ex-primeira dama terminou concordando em remover a alegação do seu livro."

Fosse lá como fosse, as ações de Agee deixaram o Congresso horrorizado e contribuíram para a adoção, em 1982, da Lei de Proteção das Identidades da Inteligência, que depois se tornaria objeto de muita atenção quando a identidade de Plame foi revelada por seu próprio governo. Isso teria sido impossível de imaginar para a jovem funcionária ambiciosa, durante a época da sua primeira missão no exterior.

Em junho de 1988, exatamente um ano antes de Plame chegar a Atenas, o N17 já havia matado o adjunto naval da Embaixada dos Estados Unidos, o Capitão William Nordeen, parando um carro-bomba ao lado de seu carro blindado a apenas alguns minutos de distância da sua casa em Atenas. "Foi assustador", descreveu John Brady Kiesling, assistente político da embaixada na época da viagem de Plame. "Ficamos todos nervosos e revoltados. E todos iam para o trabalho olhando pelo retrovisor. Tínhamos instruções de nunca sairmos de casa todos ao mesmo tempo. Cada dia usávamos um trajeto diferente. Saber por onde escapar... Fomos exortados."

Plame, como alguns outros funcionários da Embaixada, foi inexplicavelmente morar nos subúrbios ao norte de Atenas, cujo acesso à capital e à embaixada era possível apenas por uma estrada, com um estreitamento que tornava os motoristas vulneráveis a qualquer ataque. "Foi nessa estrada que o [brigadeiro britânico] Stephen Saunders foi assassinado em 2000", lembra-se Kiesling. "Não sei por que eles costumavam arranjar moradias para as pessoas naquela área."

O mortífero N17 era, com razão, a principal preocupação do patrão de Valerie, o Chefe de Estação Smith. "Eles tinham acabado de matar nosso adjunto naval quando eu cheguei lá no verão de 88", conta ele. Os terroristas voltaram a atacar em 1991, matando o sargento Ronald Stewart da Força Aérea, destacado para servir na Base Aérea de Hellinikon perto de Atenas, no dia 12 de março, com uma bomba controlada por um dispositivo de controle remoto. Uma das exigências do N17 foi a de que os Estados Unidos abandonassem imediatamente a base de Hellinikon – o que acabou sendo feito em 1991.

Na época da viagem de Plame, a polícia grega não tinha conseguido ainda prender nenhum membro do grupo terrorista. Aliás, desde a fundação do N17, alguns haviam especulado, inclusive na agência, que o N17 devia ter vínculos com grupos terroristas do Oriente Médio ou ser uma fachada para outras forças antiamericanas. O grupo alegou responsabilidade pela morte de Welch, mas, segundo Smith, "realmente não cremos nessa alegação da primeira vez. Só acreditamos quando eles mataram outro cara e enviaram uma carta para o [jornal francês] *Libération,* explicando como eles tinham cometido o atentado. Então percebemos: aqueles caras existiam mesmo".

Quando finalmente o N17 foi extinto em 2002, "o grupo era exatamente o que dizia ser, de modo geral", diz Kiesling, que está escrevendo um livro sobre o N17. "Revolucionários urbanos que esperavam, através da propaganda armada, mostrar que o sistema era vulnerável, que as massas podiam se rebelar e criar um mundo mais justo, baseado em uma autorregulação dos operários." Além disso, fontes americanas reconhecem que a CIA, no final das contas, teve muito pouca influência na erradicação do grupo. "A CIA seguiu muitas pistas que não levavam a lugar nenhum", disse Kiesling. O que finalmente derrubou o N17 foi um acidente. Em junho de 2002, uma bomba explodiu nas mãos de um terrorista do N17, ferindo-o. A polícia o prendeu e o levou para o hospital, e lá encontrou de posse dele as chaves de uma casa-forte, o que ajudou as autoridades a resolverem o caso definitivamente, lembra-se Smith. "Então o forçaram a confessar o que andava fazendo, e depois disso, ao longo das semanas seguintes, ele forneceu pistas, nomes de guerra, foi responsável por [várias] prisões. Os policiais tinham muitas informações sobre os suspeitos gregos, mas a maioria destes era desconhecida." A polícia conseguiu, então, prender e processar muitos membros do grupo. Um dos mais perigosos grupos terroristas da Europa tinha sido derrotado pela polícia local e por seus próprios erros, e basicamente deixou de existir.

Vida na Embaixada

Como agente júnior, Plame era responsável por cultivar fontes que pudessem fornecer informações sobre o desenrolar de acontecimentos políticos gregos. "Ela estava trabalhando com informações internas dos gregos", lembra-se um colega. "Sempre havia alguma coisa interessante acontecendo, uma espécie de resquício da guerra civil, por conta do antiamericanismo sub-reptício."

Ao contrário de Plame, que dizia a todos – se é que lhes dizia alguma coisa – que era assessora para assuntos políticos da embaixada americana, Kiesling foi assessor político autêntico na embaixada de Atenas, de 1988 a 1992. (Duas décadas depois, em 2003, o nome de Kiesling apareceria nas manchetes internacionais quando, como diplomata de alto escalão em Atenas, ele pediu demissão do Departamento de Estado por causa da Guerra do Iraque, uma decisão que ele descreve na sua autobiografia diplomática, *Diplomacy Lessons*).[12] Os

---

[12] John Brady Kiesling, *Diplomacy Lessons: Realism for an Unloved Superpower* (Dulles, VA: Potomac Books, 2006). Nota da autora do posfácio. Ao pé da letra, a tradução do título é: Lições de Diplomacia: Realismo para uma Superpotência Odiada). N.T.

trabalhos dos dois se superpunham, e ambos trabalhavam na parte confidencial do terceiro andar da embaixada de mármore branco, projetada por Walter Gropius para que se parecesse com o Partenon.

Ironicamente, porém, às vezes era Kiesling que ajudava a promover a fachada da agente da CIA. "Parte do meu trabalho era fornecer fachadas para que eles fossem a recepções diplomáticas. Vamos dizer que seja o dia da independência de algum país. Normalmente, o embaixador é que vai, mas se o embaixador não quiser ir, algum conselheiro político acaba sendo escolhido e aproveita essa chance para agir." Essas recepções eram oportunidades úteis para que os agentes da CIA, como Plame, cultivassem fontes. "Um cara que seja amistoso e talvez esteja disposto a falar é uma boa fonte", diz Kiesling. "E, naturalmente, o engraçado é que muitas das pessoas que vão a essas recepções são espiões procurando outros espiões. A CIA acabava passando uma grande parte do tempo tentando identificar outros agentes", diz ele, com um desdém quase imperceptível.

Como assessor político, o trabalho de Kiesling não era tão diferente do de Valerie, em alguns aspectos. "A gente encontra pessoas que sabem do que estão falando, e conhece tantas pessoas quantas puder", disse ele. "Políticos. [Gente que] é muito inteligente e analítica. Membros da oposição no parlamento, coisas assim. Eu costumava ir ao Partido Comunista de tantos em tantos meses me encontrar com o Politburo e tomar café grego." E como ele assinala, a melhor forma de proteger a fachada de agente é usá-la o máximo possível.

A divisão política contava com cerca de uma dúzia de conselheiros, "e também gente como a Valerie", diz Kiesling, referindo-se àqueles que oficialmente atuavam no setor, mas eram funcionários da agência. "Ela trabalhava na seção consular, e devia fazer um rodízio". Ele se lembra de Plame, ostensivamente uma Terceira Secretária Consular, descrevendo-a como loura, bem-vestida, reservada, e com um quê de insolência juvenil de reformista da CIA. "Acho que ela era ambiciosa. Do meu ponto de vista, ela exibia uma certa esnobação naquele seu papel de agente da CIA."

Em seu relato anterior, Plame prontamente reconhece que ela e outros agentes jovens às vezes eram "incrivelmente arrogantes". Seu relato também passa a sensação de tensão institucional e desconfiança entre diplomatas da embaixada e os espiões. "John,... só sentia nojo da CIA e a considerava... corrupta e desprezível... a opinião de John era muito comum, embora não unânime, entre seus colegas, que viam no comportamento de mocinho de faroeste da CIA algo que prejudicava a imagem dos Estados Unidos, e dificultava imensamente o serviço... deles... Esses sentimentos eram retribuídos intensamente pela CIA, que via os funcionários do Departamento de Estado como choramingas, incompetentes e ineficazes, que trabalhavam estritamente durante o horário bancário."

"É um relacionamento competitivo", concorda Kiesling, descrevendo as tensões entre diplomatas e os espiões da embaixada. "Como se eles achassem que estão fazendo todo o trabalho que realmente interessa, e nós somos uns frouxos". Acho que isso faz parte da constituição do moral.[13]

Uma Virada

A viagem de Valerie a Atenas coincidiu com outro escândalo de pequenas proporções na embaixada, que, mais tarde, levaria a uma investigação de grandes proporções em Washington, repercutindo na CIA durante a administração de Bush.

Quando Plame descreve seus deveres como funcionária do consulado, entrevistando gente que vinha solicitar vistos para os Estados

---

[13] "A maior parte dos diplomatas autênticos da embaixada tratava seus colegas espiões como se eles fossem intocáveis", descreve George Criles no livro *A Guerra de Charlie Wilson*. "Eles nos chamavam de *spooks* (espectros) [ex-agente da CIA em Athenas Gust] Avrokotos recorda... "nas grandes embaixadas a hierarquia é rígida como a do sistema de castas..., ... Até os próprios "espectros" consideravam "verdes" (ainda não experientes) os agentes nas suas duas primeiras missões no exterior." Nota da autora do posfácio.

Unidos, ela diz: "Nessa empreitada, eu recebia assistência do 'Peter', um estrangeiro que trabalhava na repartição consular fazia anos... Sua fluência na língua era muito útil o tempo inteiro, de modo que passei a confiar no seu julgamento em casos questionáveis. Fiquei entristecida e surpresa, vários anos antes, quando ouvi dizer que ele tinha sido preso e condenado por uma fraude envolvendo vistos. Ele vendia vistos, provavelmente para as mesmas pessoas sobre as quais eu havia expressado minhas dúvidas. Devo dizer que jamais desconfiei dele."

Cerca de vinte e tantos anos depois, em 2005, repórteres souberam de um vínculo da agência com um escândalo de corrupção em Washington envolvendo o deputado Randy "Duke" Cunningham (Republicano – Califórnia), que se declarou culpado de ter recebido suborno em novembro de 2005 e foi sentenciado a oito anos de prisão.[14] Entre os contratados pela defesa e outros que foram identificados em documentos como os supostos coconspiradores de Cunningham, estava um misterioso empresário americano de descendência grega, de Long Island, do ramo imobiliário, Thomas Theodore Kontogiannis. Kontogiannis, que, conforme se descobriu, secretamente confessou sua culpa no caso Cunningham em 2007,[15] tinha se confessado culpado, em 1994, de falsificação de vistos juntamente com um grego que trabalhava na Embaixada americana na

---

[14] Ver Laura Rozen, "'Duke' of deception", *The American Prospect*, 13 de janeiro de 2006.

[15] Dean Calbrath, "Cunningham financier admits role in scandal", *San Diego Union-Tribune*, 15 de junho de 2007.

[16] Documentos registrados em cartório identificam o corréu de Kontogiannis como Pantelis Papazachariou. Ver o caso *Estados Unidos* versus *Papazachariou, et al.,* iniciado em 25 de março de 1993. Ver também Murray Weiss, "Bidder Pill: Board of Ed Had Chances to Halt 'Scam'", *New York Post*, 2 de outubro de 2000. "Mais ou menos na época em que Miller foi indicado, Kontogiannis entrou em conflito com a justiça. Ele e um funcionário da embaixada dos Estados Unidos em Atenas foram presos pelo FBI por aceitarem suborno para fornecerem vistos falsos. Ambos se confessaram culpados, e Kontogiannis foi sentenciado a cinco anos de suspensão de julgamento condicional. Ele declarou ao *The Post*, recentemente, que estava só tentando ajudar um grego a visitar sua mãe moribunda nos Estados Unidos. Outras fontes, porém, garantiram que seu motivo era pura ganância". Nota da autora do posfácio.

Grécia.[16] Segundo algumas fontes, o colaborador de Kontogiannis em Atenas era quase certamente o colega de Valerie, "Peter".

Na primavera de 2006, uma investigação mais ampla do caso Cunningham resultou na exoneração tanto do diretor da CIA, Porter Goss, quanto de seu controvertido substituto para ser Diretor Executivo da CIA, Kyle Dustin "Dusty" Foggo, quando este último se envolveu em um caso relacionado ao de Cunningham.[17]

Fachada Oficial

Enquanto Plame estava tentando encontrar potenciais espiões na Grécia, ela estava protegida pela embaixada por causa da sua fachada como funcionária diplomática e o conhecimento de que, se suas atividades de espionagem fossem detectadas ou expostas, os Estados Unidos a trariam de volta, para protegê-la. Não há indicação de que ela tenha necessitado dessas medidas drásticas enquanto estava na Grécia, mas dois de seus aparentes sucessores precisaram. Em novembro de 1993, um ano depois de Plame ter voltado para Washington, a mídia internacional relatou uma estranha prisão em Atenas. "A Grécia reagiu cautelosamente na quarta-feira ao caso bizarro de dois diplomatas americanos presos na terça perto de uma escola na qual se concentraram as comemorações do vigésimo aniversário da derrubada de uma ditadura de direita", disse a agência France Presse, com um comentário mordaz:

> No carro dos diplomatas, a polícia encontrou duas armas de fogo, dois rádios *walkie-talkie* e um par de perucas louras. O Embaixador dos Estados Unidos Thomas Niles expressou sua "tristeza" pelo incidente ao Ministro de Relações Exteriores Carolos Papoulias e afirmou que a embaixada estava investigando o episódio. A embaixada recusou-se a fazer qualquer comentário...

---

[17] Ver, por exemplo, Ken Silverstein, "The Loss of Goss", Harpers.com, 8 de maio de 2006, e Dean Calbreath, "Foggo é indiciado com base em novas acusações", *San Diego Union-Tribune*, 12 de maio de 2007. Nota da autora do posfácio.

Os dois diplomatas, um deles identificado como o segundo Secretário Charles Faddis, o outro não identificado, foram presos na terça, nas proximidades da Faculdade Politécnica de Atenas, no bairro Kypseli. Eles tentaram fugir, mas foram presos mesmo assim... Ficaram detidos durante cinco horas e foram soltos depois de mostrarem seus passaportes diplomáticos.

Os jornais de Atenas publicaram manchetes de primeira página sobre o caso, sendo que um insinuou que a dupla de diplomatas estava seguindo palestinos hostis ao presidente da Organização para a Liberação da Palestina, Yasser Arafat, que iria a Atenas na semana seguinte.

Pouco depois disso, os dois "diplomatas", agora identificados por toda a imprensa grega, foram removidos da embaixada americana, pois suas fachadas tinham sido destruídas, mas foram poupados de maiores punições por conta de seu *status* diplomático.

Essa era uma proteção à qual Plame renunciaria voluntariamente, passando a correr grande risco pessoal, nas suas futuras missões.

3. TORNANDO-SE UMA NOC

No outono de 1992, Valerie Plame mudou-se de novo da Grécia para Washington, pegou seu passe de acesso à sede e, enquanto trabalhava no escritório, em um setor do Diretório de Operações da Divisão Europeia, começou a refletir sobre uma proposta arriscada: entregar seu passaporte diplomático e se tornar outro tipo completamente diferente de agente clandestina da CIA, uma "NOC" (que se pronuncia como "noque"), ou agente secreta oficiosa. Tornar-se uma agente secreta NOC exigiria que Plame apagasse todas as conexões visíveis com o governo dos Estados Unidos e, ao mesmo tempo, com a ajuda do Escritório de Fachadas Central da Agência, desenvolvesse uma identidade de empresária do setor privado, passando a comportar-se de maneira compatível com esta identidade profissional, a qual serviria como proteção para ela se encontrar com fontes potenciais de inteligência valiosa para a agência e desenvolvê-las como espiões, sem revelar que ela era agente do governo americano. Isso também significava desistir da proteção do *status* diplomático, se suas atividades como agente secreta fossem descobertas. "Um NOC não tem ligação nenhuma com o governo americano", diz Plame. "Se for capturado, os Estados Unidos negarão qualquer ligação com ele."

Como parte do processo de distanciar-se visivelmente de sua associação com o governo americano e sua carreira anterior "protegida" como funcionária do Departamento de Estado na Grécia, e para desenvolver as credenciais e o conhecimento para se fazer passar plausivelmente por uma pessoa com carreira no setor privado com outra identidade totalmente diferente, Plame obteve dois diplomas em assuntos internacionais e em estudos europeus, primeiro na Faculdade de Economia de Londres, de 1993 a 1994, e depois, tendo aprendido francês, no Colégio da Europa, em Bruges, Bélgica, de 1995 a 1996.

Em 1996, Plame foi morar em um apartamento em Bruxelas e começou sua carreira pública como executiva do ramo de energia (seu cartão, enquanto ela estava em Bruxelas, descreve-a como "Vice-Presidente Internacional" de uma pequena empresa de exploração de petróleo), e sua carreira como NOC, protegida por essa fachada. Sua fachada permitia que ela viajasse à vontade, comparecesse a conferências e conhecesse uma gama mais ampla de pessoas que pudessem ter valor para a Agência, interagindo com elas, do que agentes que operavam com a embaixada poderiam conhecer, circulando apenas no circuito diplomático e frequentando coquetéis. Tal acesso a um universo mais amplo e mais diverso de fontes de informação potenciais, inclusive do mundo empresarial estrangeiro, sem a formalidade e os obstáculos que haveria se ela fosse ostensivamente uma diplomata americana, estava ficando cada vez mais útil para a agência, na medida em que seus interesses se voltaram para enfrentar os desafios mais difusos e transnacionais do mundo pós-Guerra Fria. Entre eles, se incluíam: rastrear e evitar a proliferação de armas, inclusive armas de destruição em massa; combater o narcotráfico e o terrorismo; obter informações econômicas e rastrear os progressos em matéria de alta tecnologia.

História e Antecedentes do Programa NOC

A CIA colaborou com empresas americanas e confiou na sua colaboração desde sua criação. Vários dos diretores e altos gerentes da CIA vieram de Wall Street, firmas de advocacia, e do mundo empresarial. "Wild Bill" Donovan, o diretor da organização que antecedeu a CIA, o Escritório de Serviços Estratégicos, tinha antes trabalhado como advogado em Nova York; e o DCI na época de Reagan, William Casey, tinha servido como advogado de empresas e presidente da Comissão de Valores Mobiliários na época de Nixon.

Casey, por sua vez, trouxe um integrante do "Gabinete de Cozinha"[18] do Reagan, o empresário californiano Peter Daley, presidente

---

[18] Um gabinete "não oficial", um grupo de pessoas não ligadas ao grupo de assessores oficiais do presidente. N.T.

do Conselho Empresarial Mundial, para estabelecer vínculos entre a agência e algumas empresas da Fortune 100, segundo um ex-agente de inteligência conhecedor de todo o sistema. Essa conexão com os empresários americanos em parte foi motivada pelo desejo do diretor da CIA de não se deixar surpreender quando, por exemplo, um diretor executivo de destaque telefonasse para o presidente para lhe dizer o que seu representante no México estava ouvindo, o que levaria o presidente a entrar em contato com o diretor da CIA para obter mais detalhes. Aliás, de acordo com veteranos da agência, a CIA tinha uma divisão inteira, a de Contatos Nacionais, que depois se transformou na Divisão de Recursos Nacionais, para interfacear com empresários que colaboravam com ela de tempos em tempos.

Esses vínculos estreitos entre empresas americanas e a agência também envolviam o fornecimento de "fachadas". Como o jornalista Jim Hougan descreveu no seu livro publicado em 1978, *Spooks*,[19] "além de compartilhar 'informações' com as empresas de petróleo, o que fazia parte da 'missão' da CIA, a agência também descobriu que iria ter de persuadir as empresas maiores a criarem cargos que pudessem servir de fachada e emprestar à agência executivos de petróleo que poderiam prestar assistência em assuntos relativos ao petróleo no dia a dia".

Em 1995, a revista investigativa *Mother Jones*, de Robert Dreyfuss, fez uma denúncia, revelando que a colaboração entre as empresas americanas e a CIA era bem mais profunda do que antes se imaginava. E, no âmago dessa colaboração, estava algo chamado "programa de agentes oficiosos":

...Um programa da CIA revivido pelo seu ex-diretor [William Casey] na década de 1980 realizou o casamento entre a agência e o empresariado americano para obter inteligência sobre economia, comércio e tecnologia... E dezenas de empresas americanas, desde as da Fortune 500 até as firmas pequenas de alta tecnologia, estão secretamente auxiliando a CIA, permitindo que a Agência coloque agentes de tempo integral de suas divisões de operações em escritórios comerciais no exterior.

---

[19] Jim Hougan, *Spooks* (Nova York, Bantam, 1979). Nota da autora do posfácio.

Servindo sob o que se costuma chamar de "fachada não oficial" (NOC), os agentes da CIA fazem o papel de empresários americanos em países amigos, da Ásia até a América Central, até a Europa Ocidental. Ali eles recrutam agentes dentre as fileiras de funcionários do governo estrangeiro e líderes empresariais, roubam segredos e até realizam operações especiais e atividades paramilitares...

Nos últimos anos, segundo várias fontes da CIA, os NOCs passaram a voltar-se cada vez mais para a economia. Usando suas fachadas de executivos, eles tentam recrutar agentes nos ministérios econômicos dos governos estrangeiros, ou obtêm inteligência sobre as firmas de alta tecnologia, em matéria de informática, produtos eletrônicos e indústrias aeroespaciais. Também ajudam a rastrear o desenvolvimento de tecnologias estratégicas, tanto militares quanto civis.[20]

Como indica o relatório de Dreyfuss, o programa de NOCs aumentava ou diminuía conforme o momento e a disposição predominantes na política, intensificando-se durante os anos de alto-risco e liberdade geral do governo Reagan, quando Casey era o diretor da CIA, e uma vez mais na década de 90, depois da Guerra Fria, quando as atenções da agência se voltaram para atividades transnacionais que se não se prestavam a ser realizadas usando fachada diplomática fornecida via Departamento de Estado.

Os NOCs são agentes secretos, como Plame era em Atenas, mas não contam com a proteção da embaixada. Eles se reportam a uma divisão especial dentro do Diretório de Operações, denominada Escritório de Desenvolvimento Externo. Como agentes secretos, os NOCs identificam e avaliam possíveis espiões estrangeiros que a CIA pode recrutar, e acompanham a trajetória desses espiões. Mas porque não têm proteção diplomática, os NOCs identificam e procuram os recrutas em potencial apenas até pouco antes de eles serem contratados, pois, se os contratarem pessoalmente, os NOCs terão

---

[20] Robert Dreyfuss, "The CIA Crosses Over", *Mother Jones*, janeiro/fevereiro de 1995. Nota da autora do posfácio.

necessariamente de "abrir o jogo", ou seja, revelar que trabalham para a CIA. Em vez disso, quando o NOC acredita que um candidato está pronto para ser recrutado, ele ou ela, em geral, coordena tudo via agência e envia um agente secreto com fachada diplomática para fazer a contratação. O motivo é óbvio: se o recrutamento gorar e o candidato resolver botar a boca no mundo, dizendo que a CIA tentou obrigá-lo a trair o seu país ou contar os segredos da sua empresa, o agente secreto da embaixada tem proteção diplomática, ao passo que o NOC não tem.[21]

Segundo aqueles que o apoiavam, entre eles Casey, o *status* de NOC oferecia várias formas de acesso e proteção menos disponíveis aos agentes diplomáticos, segundo explicou um agente veterano, que conhecia bem o programa. Entre estas, estavam: a "fachada de status", uma desculpa para o americano ir morar em Damasco, Síria, digamos, como representante de telecomunicações de uma empresa americana, neste lugar; "fachada de ação", uma reunião à meia-noite com um candidato a espião estrangeiro no centro da cidade, e a "fachada de acesso". Mas de acordo com este agente veterano, era pura balela a ideia de que a fachada não oficial oferecia um acesso bem mais amplo a um grau que justificasse o risco. "Não seria maravilhoso se uma só estratégia pudesse resolver tudo?", diz ele.

Na verdade, o ex-agente argumentou, os NOCs nem sempre tinham grandes vantagens de acesso em algumas situações. Um motivo é que, em muitos países do mundo, digamos a Síria, os empresários americanos sofrem um escrutínio tão minucioso quanto os funcionários do governo americano. E o empresário privado não tem a vantagem de contar com *status* diplomático nem imunidade, caso o governo estrangeiro desconfie dele, ou ele caia na malha fina da receita federal.

Outra coisa é que o trabalho necessário para manter e desempenhar bem o papel conforme a fachada pede um serviço que não diz respeito ao governo. Segundo um ex-NOC:

---

[21] Ver Louis Bifeullette, "A Staff Agent's Second Thoughts", *Journal of the Study of Intelligence* 11 (Inverno de 1967), 61-65. Nota da autora do posfácio.

Eu já disse que mais para o fim da minha missão passei a não ter quase mais nada o que fazer à medida que minha fachada ia se reduzindo gradualmente. Preciso explicar melhor: pode ser que você pergunte por que, se o agente tinha tão pouca coisa para fazer no escritório da Hefner, ele não saía para procurar outros candidatos ao recrutamento. A resposta é que, durante a maior parte do tempo, não dá para fazer muita coisa, a menos que se tenha um motivo válido para falar com um espião em potencial no local onde ele trabalha, e isso depende da atividade que você tem como fachada. Não se pode cair de paraquedas no escritório de um cara e começar a desenvolvê-lo. Se o agente trabalhar na embaixada, são muito melhores as chances de inventar uma razão válida para fazer isso com um possível candidato que valha a pena. Mas um executivo que trabalhe no ramo de bebidas, como a cerveja, não pode simplesmente ir visitar um policial, nem ninguém do ministério de relações exteriores, nem um oficial do exército sem uma boa desculpa para isso.

Entretanto, o programa era bem cotado entre os burocratas e adorado por certos diretores e parlamentares. "O que houve com o passar dos anos foi que esse tipo de coisa se aperfeiçoou burocraticamente", disse o agente veterano da inteligência. "Com o passar dos anos, as organizações desenvolvem metodologias que se transformam em filosofia."

Segundo relatos da mídia, por volta dos anos 90, quando Plame estava se tornando NOC da CIA, o programa NOC tinha várias centenas de agentes em todo o mundo, e estava crescendo devido à colaboração e recrutamento de empresas americanas. "Os funcionários mais experientes da Divisão de Recursos Nacionais vêm abordando discretamente algumas empresas que têm atividades fora do país para perguntar se elas poderiam oferecer fachadas a agentes da CIA", revelou a revista *Time*.[22] "As empresas de energia, firmas

---

[22] Elaine Shannon e Douglas Waller, "Spies for the New World Disorder", *Time*, 20 de fevereiro, 1995. Nota da autora do posfácio.

de comércio exterior, multinacionais, bancos com filiais no exterior e empresas de alta tecnologia estavam entre as empresas abordadas. Em geral, o presidente da empresa e talvez um outro diretor, tal como o Diretor Jurídico, são os únicos que ficam sabendo dessa combinação. 'Os Diretores-Presidentes fazem isso por patriotismo', diz o ex-vice-diretor da CIA, Bobby Inman."

Segundo Robert Dreyfuss, "o Escritório de Desenvolvimento Externo também ajuda a identificar e recrutar empresas americanas para participarem do programa NOC... Primeiramente a CIA, sem o conhecimento da firma que foi escolhida para a abordagem, prepara um perfil detalhado da empresa e de seus diretores. Aí a CIA entra em contato, discretamente, com o Diretor-Presidente, para verificar a disposição da empresa de encaixar um NOC em uma de suas filiais no exterior. Finalmente, quando a CIA tem certeza de que a empresa será receptiva, ela faz uma proposta".[23] Segundo os relatos da mídia, as empresas que concordaram em oferecer cargos de fachada a NOCs na verdade não tinham de remunerar esses funcionários. Os NOCs recebiam apenas seus salários, em geral modestos, de funcionários públicos federais, e repassavam seus salários, por vezes consideráveis, da empresa de fachada para a CIA, que os devolvia às empresas. A CIA até tratava das declarações de imposto de renda dos NOCs, para evitar as complicações que essas carreiras duplas criariam.

Muito embora o programa NOC fosse interpretado como cada vez mais útil para obtenção de inteligência sobre as ameaças mais anticonvencionais que a agência se viu enfrentando no período pós-Guerra Fria, ele também gerou um certo grau de controvérsia tanto dentro como fora da agência. Por um lado, o programa era significativamente mais arriscado, tanto para as empresas, cujas reputações poderiam ser lesadas se seus empregados espiões fossem descobertos, quanto para os agentes que serviam como NOCs sem proteção diplomática.

---

[23] Robert Dreyfuss, "Office of Central Cover", *Mother Jones*, janeiro/fevereiro de 1995. Nota da autora do posfácio.

Os agentes NOC saíam bem mais caros para a Agência e eram logisticamente complicados para serem apoiados. "Segundo funcionários da inteligência, colocar agentes NOC em outro país pode sair quatro vezes mais caro do que enviá-los com proteção diplomática", afirma a *Time*. "Pode custar à agência até três milhões de dólares colocar um agente da CIA como executivo de uma empresa em Tóquio. Comunicações clandestinas sofisticadas precisam ser estabelecidas para o agente NOC poder passar suas informações para os agentes que recrutam os espiões, que em geral se localizam em outro país."

O programa NOC também gerou dores de cabeça e controvérsia dentro da Divisão de Operações da CIA, e nem sempre era apoiado pelos chefes de Estação, que precisavam cuidar de operações perigosas enquanto se preocupavam com o risco por parte dos gerentes das empresas que ofereciam cargos aos NOCs e os políticos de Washington. Os NOCs "exigem mais apoio do que os agentes protegidos pela embaixada e têm tipos de problemas diferentes que precisam ser resolvidos", afirma a ex-agente da CIA Melissa Boyle Mahle, em sua autobiografia, *Denial and Deception*.[24] "Devido aos altos riscos, os tipos de atividades nos quais eles se envolvem são limitados. Se for preciso escolher entre um agente de operações em tempo integral ou um NOC supersecreto com um espectro limitado de ação, os gerentes de divisão do Diretório de Operações costumam escolher o caminho mais fácil. E isso resultava em subutilização e insatisfação por parte dos NOCs."

Tal aversão ao risco era justificada. Em 1995, a agência perdeu o controle de uma operação em Paris envolvendo um NOC que estava tentando obter inteligência econômica. "A Estação de Paris da CIA tinha pelo menos cinco agentes, quatro agentes supostamente diplomatas e uma mulher que fazia papel de representante parisiense de uma fundação americana privada, trabalhando em um projeto com estratégia de duas vertentes", relatou Tim Weiner, do

---

[24] Melissa Boyle Mahle, Denial and Deception: *An insider's view of the CIA from Iran-Contra to 9/11* (New York, Nation Books, 2004), p. 75. Nota da autora do posfácio.

New York Times.²⁵ "Eles foram escolhidos para descobrir quais eram os posicionamentos dos franceses em conversações de comércio internacional e para combater espionagem francesa contra as empresas americanas. A agente secreta que estava usando a fachada de representante da fundação americana cometeu erros fundamentais: comunicava-se muito abertamente com a Estação da CIA, e encontrava-se secretamente demais com o candidato que ela estava sondando, um funcionário do governo francês. [Dick] Holm, o Chefe de Estação, descobriu o caso amoroso que ela estava tendo com o funcionário. Ficou claro que o romance poderia comprometer a operação. Ele e [Joe] De Trani, seu patrão como Chefe da divisão européia, ficaram indecisos, sem saber se abortavam ou não a operação. O sr. Holm queria continuar, e convenceu seu patrão a continuar também... Mas os agentes da contraespionagem francesa logo descobriram que uma rede de agentes da CIA estava trabalhando para frustrar suas operações. A operação foi totalmente desbaratada." O Chefe de Estação de Paris aposentou-se enquanto estava sendo investigado pelo Inspetor Geral da CIA.

A Fachada de Plame

Embora muitos daqueles que entraram no programa NOC em meados de 1990 tivessem sido recrutados fora da CIA, inclusive em faculdades de administração de empresas (e tivessem sido treinados em operações em outros lugares, fora da Fazenda, para que eles ficassem protegidos de qualquer associação com o governo americano), Plame seguiu um caminho diferente. Ela, naturalmente, já havia servido como agente com fachada diplomática da CIA na Grécia, embora houvesse alguns anos de estudos de pós-graduação entre o seu passado e o seu futuro.

---

²⁵ Tim Weiner, 'CIA confirms Blunders During Economic Spying on France", *New York Times*, 3 de março de 1996. Nota da autora do posfácio.

Em uma época anterior, os agentes de operações da CIA frequentemente recebiam missões de representar o papel de empresários em outros países, em geral com pouco tempo investido em seu treinamento para o papel que iriam desempenhar na carreira de fachada. "É como costumávamos fazer antes", diz um ex-agente experiente da CIA. "Agora a gente só faz papel de representante de alguma transportadora. Eles treinam as pessoas e as enviam em uma missão. Mas só porque era assim que se fazia antes, não significa que seja correto."

No caso de Plame, o treinamento adequado foi bastante extenso. Em outubro de 1993, Plame mudou-se para a Inglaterra, para obter um mestrado de um ano na Faculdade de Economia de Londres, estudando política internacional, finanças e política monetária. Ela morava em um apartamento de um quarto no bairro londrino de Chelsea. "Era lindo... modesto mas lindo", lembra-se a amiga de infância de Plame, Janet Angstadt, que a visitou neste lugar. "Era simplesmente em um lugar maravilhoso, com uma floricultura ao lado. Ela tinha uma lista de coisas para ver na cidade, e ideias formidáveis sobre o que seria divertido. Feiras-livres, coisas antitradicionais, coisas bem diferentes mesmo."

Não está muito claro se Plame estava fazendo um exame minucioso das pessoas com quem entrava em contato na escola de pós-graduação como possíveis candidatos para obterem informações, ou se estava só obtendo treinamento acadêmico do qual precisaria para sua futura fachada, colocando tempo e distância física entre seu trabalho de agente secreta anterior para o governo americano. Ex-agentes dizem que a CIA não envia agentes secretos para obter inteligência de americanos em universidades americanas (embora claramente a CIA mande olheiros para universidades, para encontrarem recrutas em potencial), mas isso parece indicar que as universidades estrangeiras são outros quinhentos. Um ex-funcionário veterano da CIA disse que, em sua opinião, Plame estaria trabalhando como NOC enquanto ia à escola de pós-graduação, embora ele não pudesse confirmar se foi mesmo isso que aconteceu. Diane Plame afirmou que não sabia se Valerie estava trabalhando como NOC, só que ela estava fazendo um curso de pós-graduação.

Em 1994, depois de obter seu mestrado, Plame voltou para casa, nos subúrbios da Filadélfia, para aprender francês, com o objetivo de se preparar para estudar no Colégio da Europa no ano seguinte, em Bruges, na Bélgica, onde se falava francês. Para sua amiga Angstadt, o ano de Plame na casa dos pais lhe deu a impressão de Valerie não saber bem que carreira escolher. "Achei que ela estava sem saber para onde ir", diz Angstadt. Na época, Agnstadt tinha entendido que Plame estava de licença do Departamento de Estado. "Ela estava sempre dizendo: 'tudo mudou tanto'". Ela ainda estava se comunicando com o Departamento de Estado na época, perguntando se talvez fosse conseguir mais algum emprego lá. Vivia dizendo que estava esperando o trabalho certo aparecer, as coisas ficarem favoráveis.

"Na verdade, eu não entendi na época, mas ela nunca usava o nome 'Departamento de Estado'", lembra-se Angstadt. "Ela se esforçava muito para unir os seus dois mundos, o mundo real e o mundo secreto, sempre que possível, mas sempre havia certa distância entre eles que era intransponível", afirma Angstadt. Percebendo discrepâncias ocasionais, Angstadt às vezes começava a sondá-la, para ver se Plame revelava alguma coisa, mas Valerie sempre conseguia encontrar uma saída para evitar essas sondagens. "Eu fazia perguntas apenas por estar preocupada", afirma Angstadt.

Plame mudou-se para a Bélgica, para estudar assuntos europeus no Colégio da Europa, durante o ano escolar de 1995-1996, e, conforme era de praxe, morou no alojamento dos estudantes. No ano de 1996, ela se mudou para Bruxelas, que ficava perto dali, no segundo andar de uma "casa imponente em uma rua encantadora", diz sua mãe. Seus pais vieram ajudá-la na mudança; seu pai Sam a ajudou a pendurar sua coleção eclética de quadros: aquarelas, mapas antigos, plantas arquitetônicas de lugares históricos. Foi em Bruxelas que Plame finalmente resolveu adotar a carreira de NOC em definitivo.

Tudo começou de forma meio cômica. Ao explicar sua nova carreira de agente secreta para sua amiga Angstadt, Plame disse que tinha encontrado um emprego em Bruxelas, como representante de uma pequena empresa da Carolina do Norte que vendia participação em empresas de exploração de petróleo para pessoas nos Estados Unidos. Angstadt, advogada da área de títulos mobiliários, que já havia trabalhando antes na Comissão de Valores Mobiliários, achou que o emprego da sua amiga podia ser meio ilegal. "Eu lhe disse que achava que ela podia ter que fazer o teste da Série 7", um exame de licenciamento para quem vende ações americanas, "porque o que ela me descreveu era possivelmente, quase com certeza absoluta, uma venda de títulos mobiliários." Descrevendo a reação de Plame, Angstadt conta: "Sem mais aquela, ela simplesmente desistiu. Ficou claro que ela não estava disposta a se envolver com essa área. Eu sempre achei que ela nos treinava para nos sentirmos bem sem lhe fazer perguntas. Ela era muito discreta a respeito dessas coisas."

"Como consultora na área de energia, o trabalho dela devia ser comparecer a conferências sobre energia, fazer contato com as pessoas, identificar quem podia fornecer informações", diz um ex-colega de Plame da CIA. "Devia envolver, descobrir, avaliar e identificar os possíveis candidatos a espião, e depois passá-los para alguém que tivesse fachada oficial para lhes fazer uma proposta. Constituindo uma fachada assim nesse ramo industrial, ela poderia penetrar em uma arena onde o espectro do governo americano pairando sobre a sua cabeça não iria prejudicar suas ações." Quem diz que a fachada dela não era útil "provavelmente não sabe o que ela estava fazendo", acrescentou ele.

"Eu só posso lhe dizer isso", diz o ex-funcionário do Conselho de Segurança Nacional e da CIA, Bruce Riedel. "Eu vi a parte do seu currículo que está em domínio público. A agência fez um esforço tremendo para criar uma fachada excelente para essa pessoa. Um esforço tremendo. As pessoas que dizem que ela não era uma agente secreta não sabem do que estão falando. Era uma fachada de uma agente NOC que teria como se transformar em uma agente das mais importantes. Os danos causados à missão da organização revelando a identidade dessa agente, e como a fachada de um agente é constituída, foram gravíssimos."

Após a revelação da identidade de Plame, seis anos depois, os relatos da mídia indicaram que ela tinha identificado seu empregador em uma doação para uma campanha, como Brewster-Jennings & Associates, uma empresa que aparentemente era fantasma. Seu endereço era um edifício comercial de 21 andares no centro de Boston, mas uma empresa com esse nome não tem presença visível ali. "Um porta-voz da Dun & Bradstreet Inc., operadora de bases de dados comerciais, disse que a Brewster-Jennings foi incluída em seus registros no dia 22 de maio de 1994, mas não revelou a fonte da inclusão", diz o *Boston Globe*.[26] "O registro da empresa diz que ela fica na rua Arch número 10, sendo um "escritório de serviços jurídicos", que pode ser, portanto, uma firma de advocacia, com faturamento anual de 60.000 dólares, um funcionário, e um Diretor-Presidente cujo nome no registro é Victor Brewster, Sócio."

Na verdade, segundo relatórios posteriores, pode ser que aquele tivesse sido mesmo o endereço da Brewster-Jennings. "Embora isso tenha sido apagado de quase todas as bases de dados, a Brewster-Jennings uma vez compartilhou uma sala e um telefone com a firma de contabilidade Burke Dennethy no mesmo prédio", relatou a Indy Media.

O empresário do ramo imobiliário Brewster Jennings, de Durango, Colorado, neto do presidente de uma empresa antecessora da Exxon Mobil Corporation, negou qualquer ligação com qualquer empresa fantasma da CIA em entrevista concedida ao *Globe*. "Como a firma foi considerada fachada da CIA, ele teve de ouvir muitas piadas de muitos amigos e parentes, 'que acharam tudo isso muito engraçado'", diz o *Globe*.

Mais provavelmente, segundo o ex-Chefe do Contraterrorismo da CIA, Vince Cannistraro, ao Globe, "quando estava operando atrás de uma fachada fora dos Estados Unidos, Plame tinha um emprego de verdade, em uma empresa mais legítima. A empresa de Boston 'não é um bom indicador do que ela fazia no exterior,' [disse Cannistraro]".

---

[26] Ross Kerber e Bryan Bender, "Apparent CIA Front Didn't Offer Much Cover", *Boston Globe,* 10 de outubro, 2003. Nota da autora do posfácio.

Em outras palavras, embora Plame dissesse que era analista da Brewster-Jennings & Associates para fins de registro nos Estados Unidos, e dissesse à sua amiga Agnstadt, por exemplo, que esse era o nome da empresa na qual trabalhava, a empresa para a qual Plame realmente trabalhava na Europa provavelmente era diferente, e legítima.

Em visita a Plame em Bruxelas, em 1997, Angstadt lembra-se de estar sentada batendo papo no apartamento de Plame sobre o futuro. "Algo de que me lembro nitidamente... é de ter falado sobre quem gostaríamos de conhecer, como queríamos que nossas vidas fossem. Eu nunca tinha ouvido a Valerie falar tão claramente sobre quem ela estava procurando. Ela falou: "Eu gostaria que ele fosse mais velho que eu, tivesse tido algum sucesso na vida e fosse um cara muito vivido, morando na Europa." Eu respondi, "Está certo, diz Angstadt, rindo. Está certo. Tudo isso é possível para você. " Durante a viagem inteira ficamos fazendo piadas sobre isso. 'Que tal aquele cara ali? "É meio assustador ter uma lembrança assim tão nítida."

Segundo o que todos dizem, Plame gostava de morar em Bruxelas e na Europa, mas estava ficando decepcionada com a Agência, que parecia estar ficando cada vez mais alienada.

A CIA à Deriva Após a Guerra Fria

As dúvidas de Plame quanto a sua carreira começaram quando a agência entrou em depressão após o fim da Guerra Fria. A CIA estava procurando redefinir seus objetivos na nova era. A ex-agente Mahler descreve o clima no seu livro de memórias. "Agora que a Guerra Fria já não existia mais como motivo das missões, o que a CIA iria fazer?... Todos os dias, quando os agentes se levantavam para trabalhar... eles faziam a si mesmos essa pergunta, da qual ninguém sabia a resposta: Qual é a minha missão? O que devo fazer hoje, amanhã, pelo resto da minha temporada aqui neste lugar? E alguém está se incomodando com isso na gerência?[27]

Em Langley, na Virgínia, a sede da CIA para a qual Plame tinha retornado da Grécia em 1992 estava sob a direção de Robert Gates. Apesar do fato de ele ser o único analista da CIA a ter subido na hierarquia até se tornar Diretor,[28] ele não era admirado pelos seus subordinados na época, de acordo com alguns ex-funcionários da CIA, em parte porque eles sentiam que Robert estava disposto a manipular a análise da inteligência, especificamente em relação à ameaça soviética, para agradar aos seus clientes da Casa Branca.[29] Talvez tenha sido por isso que Gates, devido à profunda falta de objetivo e à desilusão que invadiu a agência depois da Guerra Fria, na época em que Plame voltou da Grécia, colocou, na sua autobiografia, *From the Shadows*, o título de "Uma Vitória nada Triunfante" no capítulo onde ele narra a épica vitória contra a União Soviética.

"Como a Guerra Fria em si já havia sido meio cinzenta, houve pouca definição ou nitidez em sua conclusão", diz Gates. "Nós vencemos ou foi a União Soviética que perdeu? Ou seriam as duas coisas?... E, portanto, o maior triunfo americano... se tornou uma vitória peculiarmente triste. Nós tínhamos vencido a Guerra Fria, mas não haveria desfile."

---

[27] Mahle, *Denial and Deception: An Insider's View of the CIA from Iran-Contra to 9/11* (New York, Nation Books, 2004), p. 75. Nota da autora do posfácio.

[28] O Ex-Agente Porter Goss, que serviu na América Latina, no Caribe, no México, em Miami e em Londres, na década de 1960, seria indicado por Bush para ser o Diretor da CIA de 2004 a 2006. Só que ele tinha saído da CIA no início da década de 70 e ingressado na política, sendo eleito prefeito de Sanibel, Flórida, e de 1988 a 2004, deputado. De 1997 a 2004, ele foi presidente do Comitê Seleto de Inteligência do Senado. Goss trouxe consigo, para Langley, os seus assessores, descritos por muitos como altamente facciosos, os quais deram início a várias controvérsias que fizeram vários gerentes de operações se demitirem, de modo que poucos agentes efetivos da CIA descrevem Goss como "um dos nossos". Nota da autora do posfácio.

[29] Ver Daniel Schulman, "CIA Veteran: How Robert Gates Cooked the Intelligence", *Mother Jones*, 4 de dezembro de 2006. Nota da autora do posfácio.

O primeiro presidente *baby boomer*[30] da América, Bill Clinton, indicou James Woolsey, um negociador de controle de armamentos que defendia o uso da força militar, como diretor da CIA. Foi um terrível equívoco. Segundo Woolsey, ele só teve duas reuniões cara a cara com Clinton durante os dois anos em que foi DCI até ele renunciar ao cargo, em 1995.[31] (Durante vários anos, depois disso, Woolsey se tornou um dos influentes defensores ardentes da ideia de derrubar Saddam Hussein, e do líder exilado iraquiano Ahmad Chalabi, que, com sua corja de desertores, fez alegações fantásticas, mais tarde desmentidas, sobre as armas de destruição em massa que o Iraque teria e sobre os vínculos de Hussein com a Al Qaeda.)

O sucessor de Woolsey, ex-professor universitário e engenheiro químico do Instituto de Tecnologia de Massachusetts, John Deutsch, só trabalharia um ano e meio como diretor da CIA. Embora tenha recebido o crédito de ter instituído as forças-tarefa e as reformas para tornar a agência menos clube do Bolinha, onde era difícil mulheres e minorias terem oportunidade de melhorar de cargo,[32] o mandato do Deutsch terminaria em 1996, de maneira pessimista, com uma investigação de segurança sondando alegações de que ele teria manipulado informações confidenciais de forma imprópria, armazenando-as em um computador de sua casa. Aparentemente, ele navegava na Internet no mesmo computador, tornando, potencialmente, a informação vulnerável a serviços de inteligência estrangeiros. Clinton perdoou Deutsch, poupando-o de possíveis acusações criminais.

Somente em 1997 a Agência se estabilizaria de novo, com a confirmação de George Tenet como Diretor, um homem afável, americano de descendência grega, nascido no Queens. Ex-membro

---

[30] *Baby Boomers* é a geração nascida entre 1946 e 1964. N.T.

[31] Ver James Risen, *State of War* (New York, Free Press, 2006), pp. 5-7. Nota da autora do posfácio.

[32] Ver Stan Crock, "Nora Slatkin's Misson Impossible", *BusinessWeek*, setembro de 1996. Nota da autora do posfácio

do Comitê de Inteligência do Senado, ele seria o diretor até 2004, tornando-se o DCI de mandato mais longo depois de Allen Dulles.

* * *

Para agentes como Plame, que trabalhavam na sede e no campo, a rotatividade de DCIs, a sensação de negligência por parte da Casa Branca e a depressão do clima da instituição, agravada pelas dúvidas sobre a sua missão principal, se fizeram sentir através de cortes orçamentários, reduções do quadro, desorientação da gerência e um moral cada vez mais baixo. Conforme Plame afirma: "Nós estávamos batendo à porta, mas não havia ninguém em casa."

4. TRABALHANDO NA "ILHA DOS DESAJUSTADOS" (1997-2000)

ENQUANTO A AGÊNCIA PROCURAVA SE SITUAR em meio a uma alta rotatividade de diretores, baixo moral e desafios constantemente diferentes em termos de segurança nacional, Plame foi enviada para casa, de Bruxelas, para reuniões.

Em 1997, apenas um ano depois de ter começado a sua carreira, ela foi chamada de volta aos Estados Unidos e convidada a trabalhar em uma nova Divisão de Contraproliferação no Diretório de Operações, e, segundo colegas, é verdade que ela era uma das recrutas escolhidas a dedo pelo Chefe de Divisão. Mas, segundo sua mãe, um motivo mais imediato, ou pelo menos aquele do qual ela soube na época, foi uma preocupação com Plame por ela talvez estar entre um dos agentes traídos pelo Aldrich Ames, um agente já tarimbado da CIA que tinha sido espião russo durante nove anos antes de ser finalmente capturado em 1994. "Ela foi trazida de volta pela agência – lembra-se Diane Plame. – Eles temiam que seu nome estivesse na lista negra dos russos. Ela ficou muito deprimida, muito chateada, porque, depois de todo o treinamento pelo qual ela havia passado, eles agora a estavam chamando de volta à sede."

Nunca ninguém conseguiu provar se o perfil de Plame estava mesmo entre os espiões traídos por Ames aos russos. Segundo ex-agentes, antes de Ames ter sido preso, ele esteve em uma comissão de promoção da CIA e teve acesso aos arquivos, embora não aos verdadeiros nomes, de todos os NOCs que estavam no nível de funcionalismo chamado Serviço Geral 12 [GS-12], e poderiam ser promovidos ao nível GS-13.[33] "Ele não teve acesso aos nomes verdadeiros das pessoas, mas tinha os arquivos, e sabia onde eles estavam", disse um ex-funcionário de inteligência. O chefe da Divisão

---

[33] As fileiras do Serviço Geral descrevem a experiência, as qualificações e a educação formal necessárias e a faixa salarial para os funcionários públicos federais, conforme determinação do serviço de Recursos Humanos do governo Americano. Nota da autora do posfácio.

de Desenvolvimento Externo, que gerenciava o programa NOC, "nunca conseguiu descobrir o que [Ames] passou para os russos. Ele nunca nos contou, nem conseguiu se lembrar."

A CNN revelou que o então Diretor da CIA, John Deutsch, em testemunho ao Congresso a portas fechadas, reconheceu que "Ames comprometeu mais de 100 espiões americanos. Dez foram executados. Outros passaram a ser controlados pela KGB. Os agentes controlados passaram a ser usados pela KGB soviética para fornecer informações controladas à CIA, que eram, então, transmitidas ao governo americano, inclusive ao presidente".[34] Além disso, "coisas estranhas", segundo um ex-agente secreto, começaram a aparecer em certos lugares durante anos, causando consternação à agência, uma vez que podiam ser informações passadas de Ames aos russos que, só mais tarde, foram analisadas ou serviram de base para alguma reação. "Parecia até aquele armazém no final do filme *Caçadores da Arca Perdida*, disse o ex-agente sobre as informações que Ames transmitiu aos russos. Às vezes os sinais de que algo tinha sido revelado por Ames aos russos surgiam após vários anos, através de algum contato da agência, causando constrangimento à CIA, ou acarretando consequências piores."

* * *

A volta de Plame para casa teve um lado positivo, pois foi aí que aconteceu uma coisa que parecia estar escrita nas estrelas. "No fim de semana no qual ela voltou", lembra-se Diane Plame, "uma amiga dela, que Valerie disse que tinha conhecido enquanto trabalhava na Europa, uma turca, a convidou para uma festa na embaixada da Turquia. E foi nessa festa que Valerie e Joe se conheceram."

---

[34] James McIntyre, "Ames damage to U.S. said 'mind-boggling'", CNN, 31 de outubro, 1995. Nota da Autora do posfácio.

Joseph C. Wilson IV era ex-embaixador dos Estados Unidos no Gabão, e, agindo como embaixador americano no Iraque, foi o último diplomata americano a se encontrar com Saddam Hussein. Na época em que conheceu Valerie, ele estava trabalhando como consultor político do General George Joulwan, comandante das forças do Comando Europeu e Americano, estacionadas em Stuttgart, Alemanha.[35] Ele estava em Washington para comparecer a uma recepção do Conselho Turco-Americano, que seria na residência do embaixador turco – um dos prédios mais esplêndidos de Washington – antes de uma cerimônia de premiação no dia seguinte, em homenagem aos soldados americanos que estavam servindo na Bósnia.

Wilson lembra-se da noite em que ele conheceu Plame, na recepção, como uma ocasião encantadora a ponto de ser surreal. "Havia uma escadaria toda decorada no meio do salão, que subia para a área onde estava sendo a recepção. Eu estava de pé de um lado do salão, e literalmente terminando de contornar a sala, cumprimentando as pessoas... quando, olhando para o outro lado, vi aquela loura belíssima... e literalmente, na mesma hora, parei de ouvir o barulho das 300 pessoas falando em torno de mim. Só conseguia ver aquele sorriso imenso; ela atravessou o salão flutuando. Comecei a pensar: 'Eu devo conhecê-la, de onde eu a conheço?' E quando vi, ela já estava ao meu lado, e foi então que percebi: 'Eu não a conheço'". Só que, a essa altura, ele já havia literalmente se apaixonado por ela.

Na época, Wilson tinha 47 anos e estava se divorciando de sua esposa francesa, e Plame tinha 33 anos. Eles trocaram cartões de visita. Ele não revela o nome da empresa no cartão dela, dizendo apenas que o cargo dela no cartão era "vice-presidente", com responsabilidades internacionais. "Ela me disse que era executiva do ramo de energia, e que morava em Bruxelas", disse ele.

Plame voltou a Bruxelas para "cuidar de algumas pendências", segundo se recorda sua mãe. Wilson voltou para Stuttgart.

---

[35] Ver Joseph Wilson, *The Politics of Truth: Inside the Lies That Led to War and Betrayed My Wife's CIA Identity*. (Nova York, Carroll and Graf, 2004). Nota da autora do posfácio.

Algumas semanas depois, Valerie enviou a Wilson uma mensagem de correio eletrônico com o assunto: "Sr. Embaixador". E eles combinaram de se encontrar para jantar quando ele fosse a Bruxelas tratar de assuntos da OTAN. À medida que o relacionamento entre os dois foi progredindo rapidamente, Plame e Wilson logo perceberam que o que havia entre eles era sério, e que podiam pensar em passar o resto da vida juntos. "Achávamos que tínhamos sido feitos um para o outro", diz Wilson. "Valerie era meio recatada, e antes de estar preparada para ter um relacionamento mais íntimo comigo, ela queria ter certeza de que eu não iria me assustar e fugir quando ela me contasse o que realmente fazia. Ela disse: 'Preciso te contar uma coisa.' Estava muito nervosa mesmo", diz ele. "Eu trabalho para a CIA."

Ela nunca tinha contado a ninguém para quem ela realmente trabalhava, fora à família.

"Minha reação foi: 'Eu só estou preocupado com o seguinte: o seu nome é mesmo Valerie?' E ela confirmou que era.

Mais tarde, em 1997, Plame e Wilson se mudaram para Washington, e Wilson foi trabalhar como consultor de Clinton para assuntos africanos no Conselho de Segurança Nacional. Plame foi assumir seu cargo na Agência na Divisão de Contraproliferação. Eles passaram a morar juntos, num apartamento no Watergate, e se casaram em 3 de abril de 1998, no Palácio da Justiça do Distrito de Colúmbia, sendo a mãe e o pai de Valerie as testemunhas.

CPD

Plame descreve a Divisão de Contraproliferação da CIA muito apropriadamente, como uma "ilha dos desajustados". Segundo um ex-gerente da CIA, outros funcionários do Diretório de Operações viam os novos centros funcionais, como a Divisão de Contraproliferação (CPD) e seu equivalente, o Centro de Contraterrorismo (CTC),– criados na década de 90 para tratar de ameaças anticonvencionais emergentes – como invenções burocráticas surgidas do nada que perturbavam a estrutura tradicional da divisão, segundo áreas geográficas às quais todos estavam acostumados. Segundo o ex-gerente, aqueles que trabalhavam no CPD eram "um grupo de fanáticos" cujas operações internacionais causavam complicações para os agentes da CIA amplamente distribuídos. As missões dos agentes da CPD volta e meia intrometiam-se no território de outras divisões. Plame prontamente reconheceu essas tensões. "As divisões mais antigas viam a CPD com profunda desconfiança e suspeita", afirma ela.

O fundador e primeiro chefe da CPD foi James Pavitt, um agente de operações que andava sempre muito bem vestido, era de St. Louis e tinha sido Chefe de Estação da CIA em Luxemburgo, Chefe de Unidade na Divisão da África e tinha trabalhado no NSC sob a chefia de Brent Scowcroft, o qual era o consultor de segurança nacional de George H. W. Bush. Pavitt tinha uma reputação de ser mulherengo, gostar de viver cercado por mulheres bonitas, segundo os colegas se recordam. Depois de seu trabalho na Casa Branca do Bush pai, Pavitt recebeu a missão, em 1993, de trabalhar na fronteira operacional/analítica da Agência, no Centro de Não-Proliferação do Diretório de Inteligência, o lado analítico da CIA. O presidente Clinton estava pressionando a agência cada vez mais no sentido de acompanhar e combater a ameaça representada pelas armas nucleares, químicas e biológicas, que era agora a prioridade número um. Enquanto trabalhava no Centro de Não-Proliferação da DI, Pavitt teve a ideia de começar seu próprio centro de não-proliferação no Diretório de Operações, um conceito ao qual o Chefe do DI, Gordon Oehler, se opôs vigorosamente, pois era redundante e invadia o território dele. Mas atraiu o apoio de Tenet, que tinha precedido Pavitt como consultor de inteligência no Conselho de Segurança Nacional.

Clinton acreditava que "precisamos fazer mais espionagem para sermos mais agressivos em matéria de contraproliferação", afirmou o ex-gerente da agência. "Ele estava muito preocupado com a proliferação, e com razão. Jim conseguiu convencer Tenet... E Gordon Oehler ficou furioso. Os caras da DI opuseram-se." Mas Pavitt acabou vencendo.

Portanto, com o sinal verde de seus chefes, Pavitt pôs-se a escolher a dedo agentes, alguns dos quais não tinham gostado de suas missões anteriores, por diversos motivos. E depois, numa decisão um tanto controvertida, ele passou a incluir NOCs, como Plame.

"Jim conhecia a Valerie porque trabalhou no escritório da Europa e ela também estava lá", disse o ex-gerente. "Ele trouxe um grupo totalmente novo de pessoas, algumas das quais estavam insatisfeitas com suas carreiras, e lhes deu novos cargos. Todos passaram a ser muito leais a ele. Não viam a hora de começar a trabalhar, e queriam mostrar aos outros funcionários [da Agência] que eram tão bons quanto eles... Pavitt criou uma equipe muito unida."

Desde o princípio, uma das primeiras decisões de Pavitt provocou consternação entre os membros da alta gerência da CIA. "Houve um grande debate em 1996 sobre o uso de NOCs na CPD", disse o ex-gerente. Até ali os NOCs estavam sendo controlados pela sua própria divisão, o Escritório de Desenvolvimento Externo. "Mas o Jim não pretendia ter de se relacionar com [o chefe do OED], queria ter seus próprios NOCs. Então começou um conflito burocrático intenso, e uma vez mais o Jim levou a melhor, por causa das suas boas relações com Tenet."

A CPD "inventava um monte de coisas malucas", disse o ex-gerente. "De vez em quando, eles trabalhavam."

Apesar de ir contra as formas padronizadas de trabalhar no Diretório de Operações da Agência, a CPD iria ter pelo menos um sucesso espetacular. Em 2003, ela conseguiu derrubar a rede do mercado negro nuclear de A.Q. Khan.

A Queda de Khan

Abdul Qadeer Khan, um metalúrgico paquistanês educado na Europa, com doutorado, foi trabalhar, na década de 70, em uma subsidiária holandesa da URENCO, um consórcio internacional que desenvolvia tecnologia avançada para programas de energia nuclear. "Quase imediatamente depois de ter começado a trabalhar [na URENCO, Khan] começou a andar pela unidade de produção de centrífugas secreta, ele mesmo adquirindo um conhecimento da tecnologia secreta", afirma Gordon Corera no seu livro *Shopping for Bombs*. Em 1974 ele já estava se oferecendo como espião nuclear ao primeiro ministro paquistanês:

> Khan começou sua vida de espião no outono de 1974... Ele enviou uma carta... ao primeiro ministro [do Paquistão] Zulfikar Ali Bhutto... na qual ele dizia que o ministro devia pensar na rota do enriquecimento para desenvolver material nuclear físsil para uma bomba, que ele, Khan, tinha o *know-how* para conseguir isso, e queria voltar [para o Paquistão] para ajudar na empreitada... Na Holanda, no fim de 1974, Khan começou a ficar cada vez mais ousado como ladrão de segredos... Por volta de 1975, Khan já tinha acesso às informações que se tornariam a base de sua carreira como... proliferador internacional. Ele roubou os projetos de quase todas as centrífugas ainda na prancheta.[36]

Por volta de 1976, Khan já havia se tornado chefe do programa de armamentos nucleares secretos do Paquistão, trabalhando em uma instalação secreta em Kahuta, assim chamada pelo Paquistão em sua homenagem. Entrementes, uma infinidade de eventos estava contribuindo para a rápida proliferação de programas nucleares secretos em vários países, e cresceu a demanda por um fornecedor de projetos para enriquecimento de urânio e tecnologia de centrífugas no mercado negro, e por alguém que servisse como intermediário para a compra dos necessários componentes e equipamentos. Depois de liderar a iniciativa do Paquistão para obter uma bomba, Khan trabalharia como o "bloco do eu sozinho da proliferação... Durante décadas ele tinha enriquecido vendendo componentes nu-

---

[36] Gordon, Corera, *Shopping for Bombs* (Nova York, Oxford University Press, 2006), pp. 8-15.

cleares de alta tecnologia para a Líbia e para a Coréia do Norte, entre outros", afirma Plame. Mas seriam necessárias décadas para a CIA entender inteiramente a extensão de suas atividades.

Embora, em 1979, Khan já estivesse sendo seguido pela CIA como alto funcionário do programa de armamentos nucleares secreto do Paquistão, o anticomunismo superou a antiproliferação no governo Reagan, diz Corera, pois os Estados Unidos e a CIA trabalhavam de perto com a liderança paquistanesa e seus serviços de espionagem e segurança para fornecerem armas secretamente para as forças *mujahideen* que lutavam contra os soviéticos no Afeganistão.

Foi apenas na "segunda metade da década de 90", afirma Corera, que "a CIA e [a agência de segurança britânica] MI6 decidiram concentrar-se agressivamente no trabalho da rede de Khan e ver o que podiam descobrir... A pequena equipe transatlântica que trabalhava em desbaratar a quadrilha de Khan concentrou sua estratégia em primeiramente identificar os membros principais daquela rede comercial e depois obter tanta inteligência quanto possível sobre suas atividades... O recrutamento à moda antiga de espiões foi o método usado para acabar com a rede de A.Q. Khan. Segundo um ex-chefe do serviço clandestino da CIA, foi preciso organizar uma 'operação paciente, que durou uma década, envolveu recrutamentos que custaram milhões e milhões de dólares, uma sutileza de bailarina, e um nível de paciência que frequentemente somos acusados de não possuir' para, primeiro, rastrear e, depois, derrubar o Khan.[37]

Isso se confirmou pelo relato do Tenet:

> ... A rede de proliferação nuclear do A.Q. Khan foi um projeto no qual nos concentramos durante todo o meu mandato de sete anos como DCI. Nossas atividades para neutralizar essa organização estavam entre os mais bem guardados segredos da Agência...

---

[37] Corera, *Shopping for Bombs* (Nova York, Oxford University Press, 2006), pp. 155-56.

No final da década de 1990, o setor da Divisão de Contraproliferação da CIA (CPD) encarregado desse trabalho era gerenciado por um funcionário de carreira da inteligência que, uma vez, me disse que, quando criança, tinha lido um livro sobre a bomba de Hiroshima e ficado horrorizado com a devastação que uma bomba nuclear podia causar...

A pequena unidade que estava tocando essa operação reconhecia que seria impossível penetrar as redes de proliferação usando táticas de obtenção de inteligência convencionais. Por uma questão de segurança, não posso descrever aqui as técnicas que usamos.

Pacientemente, nós nos colocamos em posição de entrar em contato com indivíduos e organizações que acreditávamos que faziam parte do problema geral de proliferação. Como costuma ser o caso, nossos colegas da inteligência britânica nos ajudaram e tiveram uma importância fundamental no trabalho para frustrar as atividades deste alvo.

Nós descobrimos a extensão da rede secreta de Khan, que se estendia desde o Paquistão até a Europa, o Oriente Médio e a Ásia. Conseguimos formar o quebra-cabeça que revelou a estrutura da organização, suas subsidiárias, seus cientistas, empresas de fachada, agentes, finanças e fábricas. Nossos espiões obtiveram acesso a essas informações através de uma série de operações ousadas, ao longo de muitos anos.

O que descobrimos a partir de nossas operações foi extraordinário. Confirmamos que Khan estava entregando a seus clientes coisas como centrífugas ilícitas para processamento de urânio.[38]

Entre as investigações das atividades globais de Khan, a CIA descobriu, por relatórios no final da década de 1990, que Khan tinha, entre suas viagens mundiais, feito três visitas à África, inclusive ao minúsculo e paupérrimo Níger, cujas exportações são principalmente de urânio. Conforme Corera relata:

---

[38] George Tenet e Bill Harlow, *At the Center of the Storm* (Nova York, HarperCollins, 2007), p. 283.

Os detalhes de três viagens à África entre 1998 e 2000 surgiram de forma incomum. Antes de suas atividades de proliferação serem bem conhecidas, um dos amigos de Khan, Abdul Siddiqui, contador de Londres, escreveu um relato como um blog de viagem, meio autobiográfico, e revelou detalhes exclusivos de onde Khan havia ido e quem o tinha acompanhado... A única pista que Siddiqui dá sobre combustível nuclear é uma possível referência em uma única linha: "O Níger tem jazidas de urânio imensas."

... Poderia Khan estar procurando suprimentos para a rede como parte dos seus planos para oferecer serviços completos?[39]

A CIA queria descobrir se era esse o caso. E como Plame diz no seu capítulo sobre o assunto, ela dividia uma sala com o grupo que estava procurando fazer justamente isso. "Eu dividia meu cubículo, apelidado de 'cantinho do esquilo secreto' (com tudo, até as raras e muito cobiçadas janelas), com um grupo pequeno de pessoas dedicadas a seguirem a pista da rede de proliferação nuclear A. Q. Khan e desbaratá-la." Na época, o marido de Plame, Wilson, tinha recentemente aberto sua firma de consultoria, concentrando-se em prestar serviços a clientes interessados em investir na África, sua especialidade em termos de política externa, depois de ter sido diplomata na África durante anos e, mais recentemente, como diretor de assuntos africanos no Conselho de Segurança Nacional de Clinton. Portanto, a CIA pediu a Wilson, uma vez que é quase praxe solicitar o auxílio de empresários, para dizer à agência o que poderia descobrir sobre a viagem de Khan ao Níger, e Wilson concordou em fazer isso.

A viagem de Wilson ao Níger em 1999, em nome da CIA, foi revelada, antes de tudo, pelo Comitê Seleto do Senado sobre Inteligência, em seu relatório de 2004 a respeito da inteligência pré-guerra:

Wilson "tinha viajado anteriormente ao Níger em nome da CIA [censurado]. O ex-embaixador foi escolhido para a viagem de 1999 depois que sua mulher mencionou a seus supervisores que seu ma-

---

[39] Corera, *Shopping for Bombs*, pp. 132-34. Nota da autora do posfácio.

rido estava planejando fazer uma viagem de negócios ao Níger em um futuro próximo e estaria disposto a usar seus contatos de lá [censurado]. Por que o ex-embaixador não revelou nenhuma informação sobre [censurado] durante sua visita ao Níger, a CPD não distribuiu um relatório sobre a visita".[40]

O mais provável é que esta última censura se refira a Khan. O próprio Wilson não revelou a viagem ao Níger de 1999 na descrição de sua carreira diplomática. Presumivelmente, embora ele não tenha dito isso explicitamente, omitiu isso porque a CIA lhe pediu para assinar um acordo de confidencialidade.

Mesmo depois que o Comitê de Inteligência do Senado divulgou detalhes de sua viagem de 1999 pela primeira vez, Wilson não quis falar sobre ela, e somente se referia a relatos públicos. Por esses relatos, a história dele é a seguinte: em 1999, a CIA pediu a Wilson, no contexto de outra viagem que ele ia fazer à África, que ele fizesse uma escala no Níger, para investigar uma questão relativa ao urânio.

A CIA tem uma unidade, a Divisão de Recursos Nacionais (NR), cuja missão é pedir a certos cidadãos confiáveis, que não pertençam aos quadros da agência – por exemplo, o presidente de uma empresa petrolífera, ou no caso de Wilson, um consultor que viaje frequentemente e conheça a África Ocidental – para fazer um relatório para a agência sobre algum assunto ou fazer alguma sondagem discretamente, como parte de uma viagem de negócios que eles estiverem planejando, como uma espécie de cortesia voluntária e patriótica. A Divisão NR trata desses contatos, solicitação e troca de informações. "Essa atividade já existe faz muito tempo", diz um funcionário da CIA que pediu para não ser identificado. "Se um executivo americano for visitar outro lugar ou país, e se eles quiserem falar para a Divisão de Recursos Nacionais, uma repartição que surgiu da Divisão de Contatos Nacionais da Guerra Fria."

---

[40] "Report of the Select Committee on Intelligence on the U.S. Intelligence Community's Prewar Intelligence Assessments on Iraq." *Congressional Report*, 7 de julho de 2004, p. 39. Nota da autora do posfácio.

Os relatórios públicos detalhados acima mostram que a Agência estava preocupada com as viagens de Khan ao Níger e à África Ocidental. "A preocupação geral era 'o que ele pretendia? Onde estava indo?'", diz uma fonte que sabia da investigação sobre Khan.

Porém, segundo o relatório do Comitê de Inteligência do Senado e Gordon Corera, Wilson não encontrou indícios de que a viagem de Khan ao Níger tivesse sido por causa do urânio. "Wilson andou pelas ruas empoeiradas e perguntou à comunidade relativamente pequena de Niamey se alguém tinha visto um grupo visitando o lugar", diz Corera.[41] "Wilson falou com os políticos locais, motoristas de táxi e todos que pudessem ter visto algum grupo. Mas a viagem não revelou nada anormal, e não houve relatório da CIA baseado nela." O Comitê de Inteligência do Senado disse algo ligeiramente diferente: não que a CIA não tenha feito um relatório sobre a viagem de Wilson, mas que ele não foi distribuído. "Como o ex-embaixador não descobriu nada sobre Khan" durante sua visita ao Níger, a CPD não distribuiu nenhum relatório de inteligência sobre a visita, foi o que declarou o Comitê de Inteligência do Senado.

Aliás, aparentemente existia mesmo algum tipo de contrato ou documentação sobre a viagem de Wilson de 1999 ao Níger. E continha um detalhe que, pelo jeito, chamou a atenção do Vice-Presidente Cheney.

Os documentos da CIA que foram divulgados durante o julgamento de 2007 do ex-chefe de gabinete do vice-presidente, I. Lewis "Scooter" Libby, revelaram algo impressionante.[42] Segundo Jeff Lomonaco, coeditor dos registros do julgamento Libby, *The United States X I. Lewis Libby,* "na primavera de 2003, a CIA afirma que hou-

---

[41] Corera, *Shopping for Bombs*, p. 134. Nota da autora do posfácio.

[42] Ver prova da defesa de Libby número 64, o documento divulgado /notificação da CIA ao Comitê Seleto da Câmara para Inteligência, "[censurado] Purported Iraqi Attempts do Get Uranium from Niger"(supostas tentativas do governo iraquiano de obter urânio de Níger), 3 de abril de 2003 (http://wid.ap.org/documents/libbytrial/jan24/DX64.pdf) Nota da autora do posfácio.

ve dois fluxos de relatórios sobre Níger-Iraque, e um veio de uma fonte sensível que havia viajado ao Níger no início de 2002, ou seja, Joseph Wilson". Em junho, o gabinete do vice-presidente recebeu essas informações e rapidamente identificou a fonte sensível anônima como Wilson. Mas em julho, Libby também já tinha descoberto que Wilson tinha ido ao Níger em 1999, e anotou 'Khan + Wilson' na mesma página em que tinha feito sua observação, indicando que o vice-presidente estava lhe pedindo para falar com Judith Miller do *New York Times*, por sinal, a mesma reunião na qual ele ia revelar que a esposa de Wilson trabalhava na CIA.[42]

Com efeito, as anotações de Libby, de cerca de 8 de julho de 2003, indicavam que Cheney lhe perguntou sobre uma suposta tentativa de compra de urânio no Níger por parte de A.Q. Khan.[43] O depoimento indicou que, em torno da época da pesquisa e da anotação de Libby sobre "Wilson + Khan", Libby consultou o gabinete do vice-presidente e, depois, o consultor jurídico David Addington sobre que tipo de documentação existiria se o marido de uma funcionária da CIA realizasse uma missão de sondagem para a agência, e se o presidente tinha o direito de automaticamente autorizar a divulgação de informações confidenciais. A implicação é que o vice-presidente e seu assessor podiam estar cogitando sobre o risco, em termos jurídicos, de vazar informações confidenciais incluindo tanto a identidade de Plame quanto os documentos da CIA referentes à viagem de Wilson ao Níger em 1999, para sondar as atividades de

---

[42] Ver Prova 2A do Governo do julgamento de Libby, 178aT, p. 62, "Khan + Wilson", www.usdoj.gov/usao/iln/exhibits/0207/GX2A.pdf. Nota da autora do posfácio.

[43] Ver anotações de Libby de 8 de julho de 2003, e o depoimento de Libby ao grande júri em 24 de março de 2004, Prova do Governo número 2A, p. 62, www.usdoj.gov/usao/iln/osc/exhibits/0207/GX2A.pdf, e a prova da defesa de Libby, 178A, www.gwu.edu/~nsarchiv/NSAEBB/NSAEBB215/def_ex/DX178A.pdf, e 178AT, www.gwu.edu/~nsarchiv/NSAEBB/NSAEBB/215/def_ex/DX178AT.pdf. Nota da autora do posfácio.

Khan, presumivelmente para insinuar que a esposa de Wilson tinha indicado o marido na primeira viagem, e, por extensão, revelar que ela era funcionária da CIA, e onde ela trabalhava. Em outras palavras, para sustentar a afirmação do gabinete do vice-presidente de que Wilson não era de confiança porque, como eles alegavam, ele aceitou a missão apenas porque sua esposa, Plame, o indicou para "viajar com despesas pagas pela CIA".

Parece que, embora Wilson tenha feito, pelo menos, duas viagens ao Níger, a pedido da CIA, uma em 1999 e uma em 2002, e, nas duas viagens, concluído que as suspeitas sobre a venda de urânio a pessoas inescrupulosas eram infundadas, elementos da CIA e da Casa Branca tiraram uma conclusão bem diferente: que os detalhes de, pelo menos, um dos relatórios baseados nas viagens de Wilson fornecem indícios de que o Iraque estava querendo comprar urânio do Níger. No mínimo, o gabinete do vice-presidente encontrou munição em ambos os episódios para tentar desacreditar Wilson.

MERLIN

Embora a CPD tivesse obtido êxitos, como a campanha para derrubar A.Q. Khan, também parece que ela passou por estrondosos fracassos.

Valerie diz, no seu capítulo sobre a Divisão de Contraproliferação:

"Descobri que eu prosperava em meio ao zelo patriótico e um senso de missão renovado."..."Este esforço foi enorme e exigiu uma equipe de agentes às vezes bizarros, chamados a desempenhar um papel específico, na esperança de atrair nossos informantes para mais perto do nosso objetivo."... "Aliás, era exatamente esse tipo de súbitos desvios e retrocessos que me fascinavam em operações." "Ser capaz de raciocinar com os pés no chão e reconhecer que a lei de Murphy se manifestava em toda parte era uma coisa essencial para o sucesso. Era sempre bom estar preparada, com um plano alternativo para lidar com os imprevistos, assim como aderir estritamente às práticas de segurança".... "Com uma missão assim ambiciosa e um forte apoio da gerência, os funcionários de operações da CPD rapidamente desenvolveram várias operações bastante argutas preparadas para infiltrar redes de compras e causar confusão. Devido a nosso espírito de equipe bastante acentuado, havia uma competição bem-humorada para ver quem conseguiria bolar as operações mais criativas e eficazes."

Uma ocasião na qual a missão ambiciosa da CPD, com suas abordagens criativas e seu elenco de "agentes bizarros", pode ter sido atropelada pela Lei de Murphy foi descrito pelo jornalista James Risen, no seu livro *State of War*. A operação surpreendente que Risen revelou foi chamada Operação MERLIN, e envolveu um ex-engenheiro nuclear russo posando como ex-engenheiro nuclear russo desempregado disposto a vender segredos nucleares a quem desse mais. O plano era mandar o cientista vender aos iranianos projetos de armas nucleares russas que tinham sido alteradas por cientistas nucleares americanos trabalhando nos Laboratórios Nacionais de Sandia, no Novo México, relatou Risen. A ideia do MERLIN, segundo o *State of War*, era fazer os iranianos passarem anos construindo, a partir dos projetos adulterados fornecidos pela CIA, uma arma nuclear, que não funcionaria quando fosse testada.

O problema, conforme Risen revelou, é que o cientista russo imediatamente viu que os projetos tinham problemas, mas não conseguiu que seus contatos na CIA explicassem por quê. E ele ficou preocupado, achando que a CIA estava querendo passar uma rasteira nele. Em pânico, ele terminou escrevendo uma carta para a Missão Iraniana à AIEA em Viena, dizendo que o projeto dos diagramas que ele tinha anexado tinham problemas. Em uma penada, ele não só deu cabo da operação, como potencialmente resolveu as dificuldades técnicas do Irã com partes de seu suposto programa de armamentos.

Risen diz que essa operação temerária nasceu de uma frustração. "A Divisão de Contraproliferação... veio com o MERLIN e outras operações clandestinas como formas criativas, embora nada ortodoxas, de tentar penetrar no programa de desenvolvimento nuclear de Teerã", afirma Risen.[44] "Mas nenhum desses planos funcionou."

Outras sugestões de que, durante o tempo em que Valerie esteve neste cargo, as operações da CPD tinham o Irã como alvo, surgiram durante a investigação do caso Libby. Em 1º de maio de 2005, através do correspondente da MSNBC David Shuster, que declarou que "fontes da Inteligência disseram que Valerie Wilson fez parte, três anos atrás, de uma operação que rastreou a proliferação de armas nucleares no Irã. E as fontes alegam que, quando a identidade da sra. Wilson foi revelada, a capacidade do governo de rastrear as ambições nucleares do Irã também ficou prejudicada".[45]

---

[44] Risen, *State of War*, p. 208. Nota da autora do posfácio.
[45] Hardball with Chris Matthews", NBC, 1o. de maio de 2006. Nota da autora do posfácio.

5. O CAMINHO PARA O IRAQUE
(2001-2003)

VOLTANDO À AGÊNCIA EM ABRIL DE 2001, depois de ter passado um ano em casa devido ao nascimento de seu casal de filhos gêmeos, e usando agora o nome de casada, Valerie Wilson era um dos dois agentes de operações designados para trabalhar no setor da Divisão de Proliferação dedicado ao Iraque. Segundo vários relatos publicados e o seu próprio relato, o trabalho de Wilson envolvia um alto grau de responsabilidade operacional confidencial, coordenando as operações do CPD, usando agentes NOC para recrutar estudantes universitários, cientistas e empresários iraquianos suspeitos de terem adquirido equipamentos para os programas de armas anticonvencionais do Iraque. O CPD também procurava recrutar, ocasionalmente, agentes estrangeiros entre os serviços de inteligência de Washington, que podiam ajudar a iluminar o quadro maior. Um esforço paralelo desempenhado pela Divisão de Recursos Nacionais da CIA buscou a colaboração de parentes de altos funcionários e cientistas iraquianos que haviam imigrado para os Estados Unidos, para obter dos seus parentes no Iraque informações sobre programas que se suspeitava estarem em andamento.

A tarefa de Valerie assumiu uma urgência ainda maior quando a Casa Branca de Bush determinou que a guerra contra os terroristas precisaria ser contra o governo de Saddam Hussein, depois do dia 11 de setembro de 2001, dos ataques da Al Qaeda contra o World Trade Center e o Pentágono. Inúmeros relatos publicados detalham que, pouco antes de 11 de setembro desse ano, Valerie Wilson foi promovida a Chefe de Operações do setor da Divisão de Contraproliferação que tratava do Iraque. Quando os Estados Unidos resolveram declarar guerra ao Iraque, o setor iraquiano do CPD dirigido por Wilson que tratava daquele país foi denominado Força-Tarefa Conjunta para o Iraque". Como ela afirma: Eu coordenava nossas abordagens a cientistas no mundo inteiro, programava exames com o detector de mentiras para testar a autenticidade de algumas denúncias bizarras que recebíamos, e continuamente conferenciava com nossos agentes de recrutamento e relatores, assim como com os nossos peritos residentes."

Enquanto Valerie Wilson estava ocupada supervisionando as operações para obter e confirmar informações sobre os programas de armas de destruição em massa que se suspeitava que o Iraque possuía, a CIA recebeu relatórios, em outubro de 2001 e, uma vez mais, em 2002, do serviço de inteligência militar italiano, o SISMI, de que ele tinha provas de que o Iraque havia assinado um contrato para aquisição de cinco toneladas de óxido de urânio não processado do Níger. Descobriu-se mais tarde que os relatórios italianos foram baseados em falsificações grosseiras circuladas por um ex-*carabinieri* italiano, que havia se transformado em traficante de informações com vínculos estreitos com o serviço secreto italiano.[46] Embora elementos da CIA e a Divisão de Inteligência e Pesquisa do Departamento de Estado desconfiassem daquele relatório italiano desde o início, não só porque as minas de urânio do Níger são controladas por um consórcio francês, como também porque seria impossível não ter sido detectado o procedimento para transportar cinco toneladas de urânio; além disso, o Iraque não tinha capacidade para processar o óxido de urânio no momento, e já possuía 550 toneladas de urânio em estoque sob o selo da Agência de Energia Atômica. O relatório, portanto, chamou a atenção do Gabinete do Vice-Presidente, que pediu à CIA para conferir o que eles achavam que podia ser uma prova de que o Iraque estava querendo reconstituir seu programa nuclear. Aliás, Valerie Wilson descreve o grau altamente incomum no qual o Gabinete do Vice-Presidente sondou sua Divisão profundamente para indagar sobre o relatório. Como ela mesma afirma:

---

[46] Para um relato mais abrangente dos documentos forjados sobre o Níger, veja Peter Eisner, e Knut Royce, The Italian Letter: How the Bush Administration Used a Fake Letter to Build the Case of War in Iraque (New York, Rodale Press, 2007). Nota da autora do posfácio.

Em um dia fatídico de fevereiro de 2002, uma agente jovem e muito competente entrou apressada na minha sala. Normalmente um tanto reservada e calma... parecia anormalmente nervosa e alarmada. Ela me contou, rapidamente, que "alguém do escritório do vice-presidente" tinha ligado para a sua linha verde segura. Pelo jeito, a pessoa, que era alguém da equipe, tinha lhe dito que estavam intrigados com um relatório da inteligência do governo italiano que foi enviado para o governo americano. Fiquei momentaneamente confusa, sem saber por que alguém telefonaria do escritório do vice-presidente para falar com um agente comum da CIA, tentando discutir ou encontrar uma resposta para um relatório de inteligência. Na minha experiência eu nunca tinha visto isso acontecer. Havia protocolos e procedimentos rigorosos a serem seguidos para se passarem informações como essas aos elaboradores de políticas ou para se responderem a suas perguntas. Escritórios inteiros dentro da Agência foram montados para se dedicarem exatamente a isso. Uma ligação para uma mera agente administrativa talvez fornecesse uma resposta rápida ao elaborador de políticas, no calor do momento, mas também era uma receita certa para criar um problema...

Porém, deixei rapidamente essa minha surpresa de lado, e passei a resolver o problema que tínhamos diante de nós...

Um relator de nível médio, que tinha participado do debate no corredor, entusiasticamente sugeriu: "Que tal pedirmos ao Joe para ir?" Ele conhecia o currículo do Joe e seu papel na primeira Guerra do Golfo, sua experiência extensa na África, e também sabia que, em 1999, a CIA tinha enviado Joe à África para fazer uma investigação delicada, também sobre urânio. Portanto, eu não gostei muito da ideia, mas precisávamos dar alguma resposta ao vice-presidente, que não fosse um débil e obviamente inaceitável "Infelizmente não sabemos de nada". O relator e eu saímos e fomos até a sala do chefe debater os planos de ação disponíveis. Bob, nosso chefe, nos escutou com toda a atenção e depois sugeriu que nos reuníssemos com Joe e com os agentes e funcionários pertinentes da CIA e do governo.

Como indica o relato de Valerie, Joseph Wilson entendia que esta viagem tinha sido causada pelo interesse do vice-presidente. Porém, segundo os documentos liberados durante o julgamento de Libby, Cheney alega que ele não sabia, na época, que a CIA tinha enviado alguém e nem quem havia sido enviado para investigar aquele pedido de maiores informações. Porém, segundo o Comitê Seleto do Senado sobre Inteligência, o relatório da Fase I sobre inteligência pré-guerra que Cheney recebeu no dia 14 de fevereiro de 2002 contendo informações de que a CIA estava querendo conferir as informações recebidas sobre o Níger, e estava usando fontes clandestinas para isso.[47]

Assim, depois de concordar em participar da missão *pro bono* (a CIA pagou apenas as despesas de viagem de Wilson) e conferenciar com o Departamento de Estado, Wilson viajou para o Níger no fim de fevereiro de 2002, onde se encontrou com funcionários, empresários nativos, pessoas que haviam se mudado para lá do Ocidente, e outros contatos, durante uma missão de investigação que durou oito dias.[48] Apenas algumas horas depois de sua volta, dois funcionários da CIA, incluindo o relator que tinha originalmente sugerido o nome de Joe para a missão, vieram a sua casa para conversar com ele sobre a viagem e verificar o que ele tinha descoberto. Valerie pediu comida chinesa para o grupo, depois os deixou conversando a sós. Wilson disse aos funcionários da CIA, em seu relatório, que era altamente improvável que uma transação dessas tivesse acontecido, e lhes disse, por alto, os motivos que tinha para pensar assim: as minas eram controladas por um consórcio francês, seria impossível ocultar

---

[47] O relatório do SSCI fase I menciona um documento *Senior Publish When Ready* (ou SPWR, um documento que a Agência considera um produto final) que a CIA enviou a Cheney no dia 14 de fevereiro de 2002, após receber essa incumbência do *briefer* no dia anterior. Cheney respondeu, pelo menos no início de março, perguntando se eles tinham obtido mais alguma informação, e quase certamente recebeu a resposta de que foi enviada uma fonte para investigar o assunto naquele mesmo dia. Uma atualização foi enviada para o *briefer* de Cheney, com essas informações, segundo o relatório Fase I do SSCI.

[48] Para obter um relato detalhado da viagem de Wilson ao Níger, ver sua autobiografia diplomática, *The Politics of Truth* (New York, Carroll & Graf, 2004).

a transferência e envio das quinhentas toneladas de urânio através do Saara, o consórcio francês teria de ser cúmplice da operação, e o urânio do Níger estava sob estrita vigilância. Ele também mencionou que um ex-funcionário público do Níger lhe falou de uma reunião com uma delegação do Iraque que tinha ocorrido em paralelo com uma conferência da Organização da Unidade Africana realizada na Argélia em 1999. O ex-primeiro-ministro de Níger, Mayaki, foi abordado por um empresário do Oeste Africano, Baraka, que lhe perguntou se ele estaria disposto a se reunir com o grupo iraquiano, e Mayaki disse a Wilson que se lembra de estar preocupado na época achando que o interesse da delegação iraquiana em encontrar-se com ele talvez tivesse a ver com o urânio. Mas quando a reunião aconteceu, eles nem mencionaram o assunto, portanto não houve nada, Mayaki disse isso a Wilson, e foi isso que Wilson relatou à CIA.[49]

Wilson, além disso, falou que "embora eu pessoalmente tivesse me convencido de que não havia nada que apoiasse as alegações, seja de que o Iraque havia tentado obter ou tinha conseguido obter urânio de Níger, se houvesse interesse em investigar o assunto mais a fundo, minha sugestão era simples: abordar a empresa mineradora de urânio, a COGEMA".

A CIA redigiu um relatório baseado no que Wilson havia descoberto, e distribuiu-o no dia 8 de março de 2002. Como Valerie afirma, "Há um procedimento padronizado para distribuir [tais relatórios] a todos os departamentos do governo que possuam componentes de inteligência, tais como o Departamento de Estado (INR),

---

[49] Em janeiro de 2004, Wilson revelou em seu livro *The Politics of Truth* que ele e seu contato no Níger (Mayaki) tiveram uma conversa na qual o contato disse que se lembrava de quem era o líder da delegação iraquiana. "Ele me falou que enquanto ele estava assistindo a uma cobertura de conferências de imprensa em Bagdá antes da segunda Guerra do Golfo, reconheceu o ministro das informações iraquiano, Mohammad Said Al-Sahaf, conhecido dos americanos como "Bob de Bagdá", como a pessoa com quem ele se reuniu na Argélia. Ele não sabia o nome do iraquiano na época em que mencionou a reunião, em 2002, e portanto não incluí isso no meu relatório" (p. 28).

NSA, o Pentágono e os comandos militares internacionais. Todos nós tínhamos todos os motivos para crer que o relatório final deles seria enviado ao gabinete do vice-presidente como parte do protocolo estabelecido." O ex-diretor da CIA George Tenet disse que o relatório das descobertas da CIA foi distribuído amplamente pela comunidade de inteligência e o *briefer* de Cheney aparentemente não o mencionou ao vice-presidente.[50]

Entretanto, a CIA firmemente alertou a Casa Branca contra a citação das alegações sobre o Iraque-Níger em outros pontos, e nos níveis mais altos. Em outubro de 2002, o próprio Tenet pediu ao Conselheiro de Segurança Nacional Adjunto, Stephen Hadley, e à então Consultora de Segurança Nacional Condoleezza Rice que removessem, de um discurso que seria feito por Bush em *Cincinnati,* uma referência a uma compra de urânio feita pelo Iraque no Níger, afirmando que o relatório não era confiável. Tenet prevaleceu naquele momento. Mas dois meses depois, um funcionário do Conselho de Segurança Nacional, Robert Joseph, passou por cima de Tenet e encontrou um chefe de departamento da CIA, Chefe da WINPAC, Alan Foley, que estava disposto a confirmar que o Presidente podia citar a alegação referente ao Níger no seu discurso de Estado da União de 2003. Joseph conseguiu que Foley lhe desse permissão para Bush dizer: "Também sabemos que [Saddam Hussein] recentemente comprou urânio na África". Foley só pediu que Joseph atribuísse essa acusação a um recente documento oficial britânico, e Bush acabou dizendo que o governo britânico tinha descoberto que Saddam Hussein, recentemente, havia comprado quantidades significativas de urânio da África. Foram essas as dezesseis palavras das quais a Casa Branca logo iria se arrepender.[50] Quando a agência da OTAN que vigia a atividade nuclear no mundo, a Agência Internacional de Energia Atômica (AIEA), conseguiu acessar os documentos nos quais, primeiro, os italianos, e,

---

[50] "Rice: 16 Words dispute 'enormously overblown'", CNN, 14 de julho de 2003. Nota da autora do posfácio.

depois, os britânicos e o presidente Bush basearam suas acusações, ela rapidamente percebeu que não passavam de falsificações grosseiras. Pouco depois disso, os Estados Unidos invadiram o Iraque e descobriram que lá não havia armas de destruição em massa, afinal de contas. E Joseph Wilson tinha bons motivos para crer que a Casa Branca sabia que havia interpretado mal a informação obtida, distorcendo-a para exagerar os fatos.

Valerie Wilson descreve a natureza de suas responsabilidades nessa época, em detalhes, e, em particular, o interesse para seu grupo "eram as redes de compras internacionais do Iraque".

Valerie descreveu uma operação complexa no exterior, entre as que ela supervisionou:

> Minha função era marcar uma reunião entre [uma jovem de classe média que estava fazendo um trabalho altamente técnico em um país europeu]... de forma que ela jamais suspeitasse que estava sendo observada pela CIA. ... Ela tinha lido seu trabalho publicado em um periódico acadêmico obscuro. ... Provavelmente sentindo-se meio solitária em um país estrangeiro, a nossa potencial espiã caiu de quatro por aquela lisonja ... e talvez também pela capacidade que ele tinha de debater aquela sua área de estudos enigmática com certo grau de sofisticação e competência. ... A ideia era que suas "missões" iriam se tornando cada vez mais delicadas e nós poderíamos começar a sondar o que ela sabia sobre o que seu consultor estava trabalhando.

Enquanto a unidade de Valerie concentrava-se em estudantes e empresários estrangeiros com possível conhecimento ou supostos vínculos com programas de armamentos iraquianos, outra unidade da CIA, a Divisão de Recursos Nacionais (a mesma que havia coordenado a viagem que seu marido fez em 1999) procurou a ajuda de parentes de cientistas e funcionários públicos iraquianos nos Estados Unidos para lhes pedir colaboração na tentativa de obter informações de seus parentes no Iraque.⁵¹ Uma tentativa da CIA de recrutar um indivíduo, uma médica nascida no Iraque que trabalhava na Cleveland Clinic, Sawsan Alhaddad, cujo irmão trabalhava como cientista iraquiano, foi detalhada por James Risen, em seu livro *Estado de Guerra:*

> A dra. Sawsan Alhaddad estava muito ocupada ao receber o telefonema estranho. Uma mulher de baixa estatura, pele morena, discreta, na casa dos cinquenta, Sawsan não fazia ideia de qual seria o motivo pelo qual um funcionário da CIA, que dizia estar ligando de Pittsburgh, ia querer falar com uma anestesiologista de Cleveland. Chris [o funcionário da CIA] deixou Sawsan atônita ao explicar o motivo pelo qual ele a havia procurado. O homem lhe disse que ela podia ajudar o presidente Bush a combater o terrorismo. Ela iria a Bagdá numa missão secreta para a CIA. Chris explicou que a CIA queria que Sawsan viajasse para o Iraque e se tornasse espiã. A CIA tinha identificado Saad Tawfia, o irmão de Sawsan, engenheiro elétrico que tinha estudado na Inglaterra, como figura de destaque no programa de armas nucleares clandestino de Saddam Hussein.⁵²

Depois de ir para Bagdá e falar com seu irmão em vários encontros durante várias madrugadas, com a televisão ligada e os telefones fora da tomada para evitar qualquer vigilância, Sawsan ficou pasma ao descobrir pelo irmão, Saad Tawfiq, que não havia mais nenhum programa nuclear no Iraque. "Sawsan tentou

---

⁵¹ Risen atribui a inspiração para falar com parentes de cientistas iraquianos nos Estados Unidos ao então Diretor Adjunto Associado para Obtenção de Inteligência Charlie Allen, agora Chefe de Inteligência do Departamento de Segurança Nacional. Mas outro ex-funcionário da CIA diz que o programa foi coordenado pela Divisão de Recursos Nacionais da CIA, e que Allen, um analista veterano de inteligência, estava preenchendo um buraco na obtenção de informações usando um contradomínio preestabelecido utilizado em outras eras e conflitos. "Fazemos isso em todas as guerras", diz um ex-alto funcionário da CIA. Nota da autora do prefácio.

⁵² Risen, *Estado de Guerra*, pp. 85-88. Nota da autora do posfácio.

continuar a fazer sua lista de perguntas, mas todas elas deram a Saad a impressão de serem fruto da imaginação de alguém", afirma Risen.[53] "Não temos recursos para fazer mais nada, disse ele à médica. Não temos nem peças sobressalentes suficientes para as Forças Armadas convencionais. Nem mesmo podemos derrubar um avião. Não sobrou nada."

Mas quando Sawsan conversou, em um quarto de hotel da Virgínia, com agentes da CIA que tinham vindo saber o que ela havia descoberto no Iraque, eles não acreditaram no que o irmão tinha dito a ela, segundo Risen. "Achamos que Saad está mentindo para Sawsan, disse Chris ao marido de Sawsan. Nós achamos que ele sabe muito mais do que está disposto a revelar a ela " O homem da CIA sorriu, despediu-se e saiu. O relatório da conversa com Sawsan Alhaddad foi arquivado junto com o de todos os outros demais parentes que tinham concordado em voltar a Bagdá para entrar em contato com os cientistas de armamentos iraquianos. Todos eles, cerca de 30, tinham dito a mesma coisa. Todos afirmaram à CIA que, segundo os cientistas, "o programa de desenvolvimento de armamentos nucleares, químicos e biológicos do Iraque já havia sido abandonado fazia tempo".

Funcionários da CIA "ignoraram os indícios e se recusaram até mesmo a disseminar os relatórios dos parentes de iraquianos aos altos funcionários do governo Bush que determinavam as políticas a serem adotadas pelo país", concluiu Risen.[54]

Uma dinâmica semelhante prevaleceu no relacionamento entre a Casa Branca e a comunidade de inteligência com relação à maioria dos assuntos que diziam respeito à inteligência no Iraque e as supostas armas de destruição em massa, que eram o objetivo do trabalho incansável de Valerie durante este período. Como indicam inúmeros relatos, o governo só estava inclinado a escutar a CIA quando ela

---

[53] Risen, *Estado de Guerra*, p. 103. Nota da autora do posfácio.
[54] Risen, *Estado de Guerra*, p. 105-6. Nota da autora do posfácio.

fornecia indícios que apoiassem seu desejo de invadir o Iraque. E a alta liderança da CIA, internalizando aquele ambiente altamente politizado, tendia a realçar a informação que a Casa Branca apreciava, e se cansou de tentar impedir a ênfase dada à informação de má qualidade que a Casa Branca estava insistindo em usar para vender a guerra para o público americano, tal como as denúncias da compra de urânio no Níger.[55] "Quando se falava em informações que apoiavam a invasão do Iraque, todos as queriam", afirma um ex-alto funcionário da CIA. "Quando se trata de informações que negassem os programas de armas de destruição em massa, aí ninguém queria mais ouvir falar no assunto"

"A interpretação da inteligência foi manipulada por funcionários da Casa Branca para obter as informações que eles queriam, desde o início. A CIA nunca seria capaz de produzir um relatório de inteligência que o governo aceitasse como conclusivo dizendo que o Iraque não possuía ADMs."

A Força-Tarefa Conjunta sobre o Iraque redigia relatórios detalhando as negativas que estava obtendo de cientistas iraquianos e os despachava seguindo os trâmites burocráticos da agência. Mas os agentes de operações que estavam tratando desses espiões iraquianos nunca sabiam se eles podiam crer naquelas afirmativas, de que não havia programa algum. "A teoria vigente", disse um funcionário da CIA integrante da Força-Tarefa do Iraque "era a de que estávamos lidando com uma mentalidade semelhante a que tínhamos

---

[55] Tyler Drumheller, ex-chefe das Operações Clandestinas da CIA, na Europa, e a jornalista Elaine Monaghan, coautora, descrevem outro caso assim, o do CURVEBALL, um iraquiano que havia desertado e ido para a Alemanha, e como suas falsas acusações da existência de laboratórios móveis de agentes biológicos destinados à guerra terminaram sendo citadas pelo então secretário de estado Colin Powell apesar dos alertas de Drumheller a Tenet de que CURVEBALL era um mentiroso, em seu livro *On the Brink: An Insider's Account of How the White House Compromised American Intelligence* (Nova York, Carrol e Graf, 2006). Para obter um relato detalhado sobre CURVEBALL, veja também Bob Drogin e John Goetz, "How the U.S. Fell Under Curveballs Spell's", *Los Angeles Times*, 20 de novembro de 2005.

observado nos cientistas soviéticos. Essas pessoas viviam em uma sociedade onde mentir era um modo de vida, uma forma de sobreviver. Não aceitávamos a primeira resposta quando eles nos diziam que não havia nenhuma pista ou que eles não tinham se envolvido com ADMs." Wilson e outros agentes que trabalhavam na Força-Tarefa não sabiam se estavam mesmo obtendo respostas corretas ou se não estavam fazendo o seu trabalho de maneira correta o suficiente para encontrar as ADMs do Saddam. "O fato era que se não estávamos obtendo confirmação da existência de ADMs não significava que elas não existissem", lembra este agente da CIA.[56]

Mas como relatam Corn e Isikoff, o trabalho de grupo de Valerie Wilson no CPD era obtenção de informações, não sua análise. E eram os analistas da CIA, preponderantemente, na Central de Controle de Armamentos de Não-Proliferação, a WINPAC, que repetidamente estavam interpretando as informações do Iraque da forma errada.

Valerie Wilson e os outros eram simplesmente agentes de operações. Era sua missão montar as operações, verificar se as fontes estavam só fazendo fumaça ou dizendo a verdade, e registrar os dados que fosse possível obter. Os analistas do Diretório de Inteligência, assim como os analistas da WIMPAC, deviam interpretar o significado de tudo que fosse descoberto.

Só que no caso do Níger, Curveball, e os tubos [de alumínio], os analistas da WINPAC estavam pisando na bola várias vezes seguidas, e constantemente repelindo as opiniões de outros peritos e até de seus próprios colegas da CIA. As conclusões deles eram exatamente o material de que a Casa Branca precisava, e logo usaria nos dois atos finais (e desastrosos) da sua campanha de venda da guerra: o discurso de Estado da União do presidente e uma apresentação histórica do secretário de Estado na ONU.[57]

---

[56] Isikoff e Corn, *Hubris*, p. 167.
[57] Isikoff e Corn, *Hubris*, pp. 167-68.

Os jornalistas Peter Eisner e Knut Royce, no seu livro sobre as falsificações de documentos que levaram às acusações sobre a venda do urânio no Níger, *The Italian Letter* (A Carta Italiana), chegaram a uma conclusão semelhante: a WINPAC serviu de facção secreta defendendo, dentro da CIA, as acusações mais absurdas do governo contra o Iraque. Eles concluíram que, apesar de partes da CIA estarem obtendo informações que mostravam um quadro obscuro dos programas de armas no Iraque, a WINPAC tinha outras intenções. Como Eisner e Royce relatam:

> Certo dia, no mês de dezembro de 2002, [Alan, diretor da WINPAC] chamou seus gerentes de produção ao seu gabinete. Ele tinha um recado bem claro a dar para os homens e mulheres que controlavam a produção dos analistas da central: "Se o presidente quiser começar uma guerra, nossa missão é encontrar a informação que lhe permita fazer isso." Essa diretriz não foi uma ordem para falsificar dados, mas foi uma insinuação bastante enfática de que selecionar fatos e distorcê-los não só seria uma atitude tolerada, como também poderia até mesmo ser recompensada.
>
> Depois que Foley declarou-se a favor, o quadro de bajuladores da WINPAC começou a procurar formas de justificar o plano de guerra de Bush.[58]

Há uma ironia inegável no fato do nome de Valerie Wilson ter sido revelado pela Casa Branca devido a uma discussão nos bastidores do poder a respeito de informações pré-guerra. Conforme seu relato deixa claro, Valerie não era um dos dissidentes da comunidade de inteligência que estava argumentando contra a ameaça que Saddam Hussein representava e cujas dissensões se relegaram às notas de rodapé da Estimativa Nacional de Inteligência sobre o Iraque de outubro de 2002. O trabalho de seu grupo do CPD sobre o Iraque baseava-se no

---

[58] Peter Eisner e Knut Royce, *The Italian Letter* (New York, Rodale Press, 2007), pp. 18-21.

pressuposto de que o Iraque continuava comprando suprimentos para seus possíveis programas de armamentos anticonvencionais. Como diz Valerie, "ao escrever estas páginas, em 2007, quatro anos depois da invasão do Iraque e dos indícios de manipulações de informação e mancadas da comunidade de inteligência antes da guerra, é fácil se render a uma ideia revisionista de que todos os indícios da existência dos programas de produção de ADMs contra o Iraque tenham sido inventados. Embora seja verdade que ideólogos poderosos incentivaram uma guerra para provar suas próprias teorias geopolíticas, e falhas de julgamento foram cometidas em todas as comunidades de inteligência na primavera e no verão de 2002, o Iraque, governado pelo seu cruel ditador, Saddam Hussein, era claramente uma nação fora da lei que desrespeitava tratados e normas internacionais para impor sua superioridade regional de forma inescrupulosa." E mesmo assim, embora seu grupo concordasse com os pressupostos trabalhos da Casa Branca, ela não era imune a indícios contrários nem à realidade dos fatos, nem tinha a intenção de distorcer nada para favorecer ninguém. Nem era o pressuposto da força-tarefa – fatos tais aos quais nem mesmo o funcionário do governo considerado mais cauteloso quanto a uma invasão do Iraque ficou imune. "Foi uma apresentação bastante dramática", descreve Valerie, falando sobre a apresentação do Secretário de Estado Colin Powell, em fevereiro de 2003 na ONU, "mas eu sabia que partes fundamentais dele continham erros ..."

O trabalho de Valerie estava sendo conduzido em um ambiente no qual o governo punha ênfase na informação que justificava a invasão e suprimia o que punha isso em dúvida. Mas a CIA claramente também cometeu seus erros, principalmente por não questionar os pressupostos básicos de sua abordagem: a opacidade do Iraque e seus aparentes subterfúgios talvez não fossem prova de que eles estivessem ocultando estoques de armamentos nem programas proibidos, mas a reação de um tirano desesperado para ocultar o fato de que ele não tinha armas anticonvencionais e, portanto, estava vulnerável. "Éramos prisioneiros de nossas próprias crenças", disse um perito de armamentos dos Estados Unidos a Bob Drogin, do *Los Angeles*

Times.⁵⁹ "Achávamos que o Saddam Hussein era um mestre do logro e do engodo. Depois, quando não conseguimos encontrar nada, dissemos que isso provava essa teoria, em vez de questionarmos nossos próprios pressupostos." Valerie reitera esta opinião: "À medida que o verão passava, nós começávamos a temer cada vez mais que nossos soldados fossem surpreendidos por um ataque por armas de destruição em massa ... e depois fomos ficando intrigados com o fato de não estarmos achando absolutamente nenhuma arma de destruição em massa escondida em lugar algum. Comecei a ter a sensação ruim de que Saddam tinha conseguido enganar o serviço secreto como nunca ninguém havia conseguido antes: ele fez o mundo todo crer que tinha estoques significativo de armas de destruição em massa que usaria, se ameaçado, quando na verdade não tinha nada."

Esse foi o clima no qual a CIA pediu a Joseph Wilson para fazer uma viagem ao Níger em fevereiro de 2002 com o fim de investigar a acusação de que o Iraque estaria comprando uma quantidade enorme (mais de meio milhão de quilos) de óxido de urânio no Níger. Joe Wilson investigou e descobriu que esse relatório não era plausível, e disse isso à agência. O tempo provaria que Joe Wilson estava certo. E as repercussões dessa viagem revelariam os pontos fracos da argumentação do governo a favor da guerra, e uma comunidade de inteligência condicionada a apenas dar importância às informações que justificassem a guerra, suprimindo todos os dados que fornecessem um quadro mais duvidoso.

A fúria da Casa Branca por ser publicamente denunciada, quando foram publicadas as descobertas do Embaixador Wilson, levou o governo a retaliar, revelando a identidade de Valerie Wilson como agente secreta da CIA e, assim, acabando com a sua carreira. A Casa Branca e seus representantes armaram uma campanha altamente organizada para tentar desacreditar Joe Wilson, cochichando nos ouvidos dos jornalistas: "não acredite muito" no Wilson; ele foi enviado ao Níger

---

[59] Bob Drogin, "U.S. Suspects it Received False Iraq War Tips", *Los Angeles Times*, 28 de agosto de 2003.

porque a mulher dele é agente de uma força-tarefa contra as armas de destruição em massa da CIA, e a missão ao Níger (que por sinal não tinha sido remunerada) foi algum tipo de mordomia que a mulher arranjou para ele.[60]

Não é fácil entender como uma semana sem remuneração entrevistando ex-funcionários públicos no segundo país mais pobre deste mundo poderia ser interpretado como uma mordomia, até mesmo pelo mais ávido manobrista político; e esse argumento de nepotismo pouco adiantou para neutralizar a acusação fundamental e ainda convincente de Wilson: de que a Casa Branca havia distorcido informações para poder receber o aval dos americanos para declarar guerra ao Iraque. Foi uma alegação que equipes de caçadores de armas no Iraque lideradas pela CIA não fizeram nada para desmentir, quando entregaram seus relatórios ao Congresso pouco depois, dizendo que não existiam armas de destruição em massa no Iraque.

---

[60] Ver a defesa do julgamento de Libby, prova DX846 .1, anotação de Matt Cooper da *Time*, a colegas (http://wid.ap.org/documents/Libbytrial/jan31/DX846.pdf.).

6. A REVELAÇÃO DA IDENTIDADE DE VALERIE (2003-2007)

QUANDO VALERIE WILSON teve sua identidade como agente secreta revelada, no verão de 2003, ela estava estudando uma oferta de passar de um papel mais operacional para uma função mais gerencial, dentro do Diretório de Operações da Divisão de Contraproliferação. Embora ela tivesse, inicialmente, recusado a oferta de se tornar a Chefe da Gerência de Avaliação de Pessoal do CPD, ela aceitou esse cargo no outono de 2003, exatamente quando o Departamento de Justiça estava realizando uma investigação sobre quem havia revelado sua identidade. "Assim que comecei a pegar o jeito do trabalho... o FBI me fez uma visita", diz ela.

Ao mesmo tempo, o Comitê Seleto do Senado sobre Inteligência estava realizando uma investigação sobre inteligência pré-guerra. O chefe republicano do comitê, Pat Roberts, um republicano do Kansas com vínculos estreitos com a Casa Branca e especificamente com Cheney, exigiu que a primeira parte da investigação do comitê sobre inteligência pré-guerra se concentrasse exclusivamente nos erros da comunidade de inteligência. Só depois da eleição presidencial de 2004, insistiu Roberts, o comitê iria investigar outros fatores, inclusive a influência exercida por uma divisão do Pentágono, o Escritório de Planos Especiais, o líder exilado do Iraque Ahmad Chalabi do Congresso Nacional Iraquiano e os equívocos dos elaboradores de políticas e seus pronunciamentos incorretos sobre o que seria encontrado no Iraque. Porém, Roberts arrastou propositalmente a segunda parte da investigação, que levou quase dois anos, defendendo a ideia de liberar os relatórios parcialmente, para assim reduzir o seu impacto.[61]

Como Valerie Wilson e vários colegas seus da CIA, que prestaram depoimento diante do comitê, logo descobririam, alguns de seus

---

[61] Ver Laura Rozen, "The Report They Forgot: The Fitzgerald Probe Reminds Us — Whatever Happened to Pat Roberts' Phase II Intelligence Report?" *American Prospect*, 19 de outubro de 2005, and "He's Done", *American Prospect*, dezembro de 2005.

membros republicanos consideravam-na um alvo legítimo. Atos de assassinato de caráter e de profissão, e de retaliação por concordar em prestar depoimento diante do comitê. Mais tarde, seriam reveladas intervenções frequentes do gabinete do vice-presidente permitidas por Roberts para influenciar e reduzir o alcance da investigação, de maneira a evitar que a Casa Branca e o próprio Gabinete do Vice-Presidente sofressem alguma espécie de devassa por parte do Congresso.[62] Cheney "exerceu pressão sobre o ex-presidente republicano do Comitê do Senado sobre Inteligência para retardar uma investigação sobre o uso, pelo governo Bush, de informação manipulada sobre o Iraque. Em uma entrevista, o novo presidente democrata do Comitê, [Jay] Rockefeller, disse que 'não era só boato' que Cheney... pressionou o senador Pat Roberts, Republicano do Kansas, para demorar na sondagem do uso de inteligência pré-guerra por parte do governo. 'Ele exerceu pressão nesse sentido o tempo todo', disse Rockefeller sobre a suposta interferência de Cheney. Depois ele acrescentou que sabia que o vice-presidente comparecia a reuniões regulares sobre política nas quais ele dava instruções da Casa Branca a assessores republicanos."

* * *

Depois que a identidade secreta de Valerie foi revelada, na coluna de jornal de 14 de julho de 2003, seus colegas, alguns da época em que ela frequentava o curso de Career Trainee e que só a conheciam como Val P., ficaram horrorizados e indignados. Começaram a entrar em contato uns com os outros, para tentar encontrar maneiras de oferecer seu apoio. "Nós todos sabíamos que alguém da nossa turma havia sido revelado pelo governo", diz Jim Marcinkowski. "Mas não sabíamos quais eram os nomes verdadeiros das pessoas, e, naturalmente, o dela tinha mudado."

---

[62] Ver Jonathan Landay, "Rockefeller: Cheney applied "constant" pressure to stall investigation on flawed Iraq Intelligence", *McClatchy Newspapers*, 25 de janeiro de 2007.

Marcinkowski era um antagonista improvável da Casa Branca de Bush. Como primeiro presidente dos Republicanos Universitários, da Universidade do Estado de Michigan, ele tinha recebido um prêmio de Jack Abramoff (que, mais tarde, seria lobista do Partido Republicano muito ligado à Casa Branca de Bush) por ter liderado a divisão dos Republicanos Universitários que mais cresceu no estado. Ele tinha ajudado a coordenar a campanha de Reagan nas universidades de Michigan. Marcinkowski foi agente da CIA, funcionário administrativo no FBI, recruta da Marinha, promotor público e em 2003, promotor municipal adjunto de Royal Oak, Michigan.[63] [64]Em 1992, ele tinha se candidatado a um cargo estadual como republicano, mas não conseguiu se eleger. Marcinkowski, mais tarde, fez uma doação à campanha de Bush/Cheney em um evento para levantamento de fundos encabeçado por Laura Bush.

"Gente, essa moça que eles ferraram é a nossa Val," diz Marcinkowski, lembrando-se de um e-mail enviado ao grupo deles por um colega, Larry Johnson. "Nós precisamos fazer alguma coisa, reagir." Um grupo dos colegas de turma e de trabalho dela escreveu uma carta para o editor do *Los Angeles Times*, que foi publicada em outubro de 2003. "A identificação pública, ou seja, a revelação da identidade, de um agente secreto dos serviços de inteligência, que eu saiba, nunca foi feita nos Estados Unidos como um ato político deliberado", escreveu Marcinkowski na carta publicada pelo *Times*.[65] "A revelação, aparentemente por um alto funcionário do governo, da identidade de Valerie Plame, que eu tenho motivos para crer que era uma agente secreta, é nada mais, nada menos que um ato des-

---

[63] Entrevista feita pela autora com Jim Marcinkowski e relatos divulgados ao público. Em 2006, Marcinkowski concorreu como democrata contra Mike Rogers, republicano, que era o ocupante do cargo. Nota da autora do posfácio.

[64] Embora no Brasil não existam promotores municipais, nos Estados Unidos eles existem, porque o poder judiciário também existe a nível municipal, enquanto no Brasil só há tribunais estaduais e federais. N.T.

[65] Carta fornecida por Marcinkowski à escritora deste posfácio. Nota da autora do posfácio.

prezível, pelo qual alguém deve ser responsabilizado. Este caso me abalou profundamente, principalmente porque ela foi minha colega de turma na agência e era minha amiga."

Pouco depois disso, o grupo apareceu no *Nightline* da ABC, inclusive um colega da CIA que, como Valerie, tinha antes trabalhado clandestinamente e pediu que sua voz fosse disfarçada e seu rosto fosse velado por uma tarja.

Nada na experiência passada dele como funcionário administrativo do FBI, funcionário da CIA e promotor público preparou Marcinkowski para o que ele teve de enfrentar quando foi prestar depoimento diante do Comitê de Inteligência de Pat Roberts sobre o vazamento de Plame. "Enviamos uma carta ao Comitê Seleto do Senado sobre Inteligência, dizendo que tínhamos algo a dizer a eles", narra Marcinkowski. A carta foi assinada por meia dúzia de ex-agentes da CIA, inclusive três da turma de Career Trainee de 1985 de Valerie, ele mesmo, Brent Cavan, Larry Johnson e Mike Grimaldi. "Eles não nos deram importância nenhuma." Depois disso, nada aconteceu até [o então líder da minoria no Senado] Tom Daschle entrar em contato conosco e dizer: 'Vou organizar uma audiência do comitê democrata no Senado', e perguntar se eles podem comparecer.

A audiência do Comitê de Política Democrata devia ser na sexta, 24 de outubro de 2003. Pouco depois que se marcou a data, segundo Marcinkowski, meu patrão aqui em Detroit recebeu um fax de um assessor do Comitê Seleto do Senado sobre Inteligência. O fax basicamente dizia, de um jeito um tanto acintoso, "Alguém do seu escritório está alegando ter informações." [O assessor] escreveu isso como quem diz "Quem é esse sujeitinho? Se ele quer fazer alguma declaração, pode vir à uma hora da tarde na quinta", um dia antes da audiência do comitê de política ter sido marcada, diz Marcinkowski.

Ele então me mostrou o fax enviado no dia 29 de outubro de 2003 pelo então Chefe de Gabinete republicano do Comitê do Senado sobre Inteligência, Bill Duhnke, estranhamente ao patrão de Marcinkowski. O Comitê Seleto do Senado sobre Inteligência recebeu um fax de seu escritório enviado por James Marcinkowski, escreveu Duhnke, assessor de Roberts, em sua mensagem de correio eletrônico ao patrão de Marcinkowski. "O sr. Marcinkowski alega ter 'informações importantes' que ele deseja dar ao comitê... A carta declara que 'não há muito tempo.' Portanto, eu respeitosamente solicito que o sr. Marcinkowski entre em contato comigo o mais rápido possível para debater seu comparecimento diante do Comitê." Parece óbvio que, por trás de uma fachada de convite para que Marcinkowski viesse falar com o comitê, Duhnke pretendia causar problemas a Marcinkowski, enviando o fax ao seu chefe. Mas essa tentativa não foi eficaz, diz Marcinkowski, porque seu chefe é um velho amigo de Marcinkowski, com quem ele trabalhou durante anos, e reconhecia como legítimo o desejo de seu empregado em obter justiça para sua ex-colega Valerie. "Como eu lhe disse, foi uma colega minha que eles lesaram", explicou Marcinkowski ao seu patrão. "Ele disse, Está certo. Vai lá quebrar a cara de alguém."

"Na noite seguinte, eu estava no avião para a capital do país", continua Marcinkowski. Acontece que vários outros colegas saíram da cidade, e Marcinkowski terminou enfrentando sozinho doze senadores do Comitê do Senado sobre Inteligência numa sessão informativa a portas fechadas na quinta, dia 23 de outubro de 2003.

Marcinkowski disse aos senadores que a revelação da identidade de Plame pelo próprio governo do país havia sido algo inédito. "Ela era nossa colega. Nós guardamos esse segredo durante 18 anos e fomos todos traídos por esta Casa Branca." Marcinkowski tinha preparado uma declaração para dar em uma sessão aberta diante do Comitê de Política Democrata do Senado, no dia seguinte. Eu também disse que ela era uma agente secreta com fachada, segundo eu sabia, e eles levaram isso muito a sério.

Depois de prestar depoimento, Marcinkowski respondeu a algumas perguntas. Um dos mais moderados republicanos do comitê, Chuck Hagel, veterano do Vietnã do estado de Nebraska, lhe perguntou: "Acha que esta Casa Branca pode investigar a si mesma?" Quando Marcinkowski respondeu dizendo que se o procurador da república estava tentando intimidar juízes federais, por que a Casa Branca não estaria preparada para intimidar um promotor especial, um republicano do círculo íntimo da Casa Branca, Christopher "Kit" Bond, do Missouri, interrompeu a conversa.

"Ele perdeu a compostura", disse Marcinkowski. "Eu não vou ficar sentado aqui ouvindo esse cara atacar meu bom amigo, o procurador geral Ashcroft, deste país." E aí começou um pega pra capar, disse Marcinkowski, quando a senadora democrata, do comitê, Dianne Feinstein, acusou Bond de tentar intimidar a testemunha.

Depois que Marcincowski terminou de dar seu depoimento e responder às perguntas dos senadores, ele saiu pela porta dos fundos do edifício e foi a um parque pequeno entre o edifício do Senado e a estação de trem de Union Station. Ele se sentou para pensar no que tinha acabado de acontecer e seu celular tocou. Era a assessora de Tom Daschle, que estava preparando a audiência da reunião do dia seguinte do comitê de Política Democrata. Ela me disse, "Jim, Pat Roberts acabou de declarar que seu depoimento é sigiloso, de fio a pavio. Não sei o que você está planejando dizer amanhã, mas ele declarou que este depoimento que você acabou de prestar é sigiloso."

Marcinkowski, que era advogado e promotor municipal adjunto, ficou pasmo.

"Fiquei ali sentado naquele banco de parque, meio perdido. Não sabia o que fazer. E aí percebi que foi por isso que o Comitê Seleto do Senado sobre Inteligência tinha marcado o depoimento um dia antes da audiência pública democrata do Senado. Até isso acontecer nós não tínhamos ouvido uma palavra sequer do Comitê Seleto do Senado sobre Inteligência. Eles tinham resolvido classificar o depoimento como sigiloso, era essa sua intenção", para tentar evitar que os colegas da Valerie da CIA prestassem depoimento público sobre o que tinha acontecido com ela, e declarassem por que isso era uma traição contra todos os funcionários da CIA.

Marcinkowski ligou para um advogado de Detroit, muito amigo seu, para lhe pedir conselhos sobre o que fazer, pois o que Marcinkowski tinha dito ao Comitê do Senado sobre Inteligência era exatamente o que pretendia dizer ao Comitê de Política Democrata do Senado no dia seguinte, e Roberts, com aquela declaração absurda de que o seu depoimento era sigiloso, parecia estar tentando suprimi-lo.

"Já vi tudo, Jim, disse-lhe seu amigo. Já sei o que você vai fazer. Eu vou ligar para todos os seus amigos e começar a passar o chapéu para pagar sua fiança agora mesmo", narra Marcinkowski. Eu lhe respondi: "Eu ligo pra te pedir ajuda, e você resolve me sacanear? Eu estou aqui, sozinho, sem mais ninguém, sentado num parque, com esses caras me dizendo que eu estou infringindo um monte de leis!"

Reunindo coragem, Marcinkowski ligou para a assessora de Daschle para lhe dar uma resposta. "Liga para o gabinete do Roberts e diz a ele que eu falei que ele pode ir direto pro inferno", diz Marcinkowski, ao descrever como falou com ela.

Recusando-se a se deixar intimidar (um assessor de Capitol Hill diz que Roberts não tinha poder para declarar que nada é sigiloso), Marcinkowski foi em frente, aparecendo para prestar depoimento com seu ex-colega funcionário e ex-chefe de Contraterrorismo da CIA, Vincent Cannistraro. Eles prestaram depoimento público diante dos democratas do Senado, e quando Daschle estava encerrando a sessão, Marcinkowski viu o vice-presidente democrata do Comitê do Senado sobre Inteligência, Jay Rockefeller, cochichando alguma coisa no ouvido de Daschle.

Daschle disse em seguida: "O Senador Rockefeller tem mais uma pergunta", narra Marcinkowski. Rockefeller me olhou direto nos olhos e perguntou: "Eu gostaria de fazer ao sr. Marcinkowski, que é advogado, mais uma pergunta: o senhor acha que a Casa Branca pode investigar a si mesma?"

Ao fazer essa pergunta, que tinha causado furor na audiência a portas fechadas com o Comitê do Senado sobre Inteligência, Rockefeller tinha um sorriso de mafioso estampado no rosto.

Em seguida, narra Marcinkowski, Rockefeller apertou a mão de Marcincowski e lhe perguntou, ainda sorrindo:

"O que achou do pega pra capar de ontem?"

* * *

Em janeiro de 2007, depois que os democratas assumiram o controle de ambas as casas do Congresso, Rockefeller se tornou presidente do Comitê do Senado sobre Inteligência, e Christopher Bond substituiu Roberts como vice-presidente.

Na primavera de 2007, no documento liberado "Avaliações da Inteligência Pré-Guerra sobre o Pós-Guerra no Iraque", como parte da muito esperada investigação "Fase II" – especificamente a seção sobre inteligência do Senado que Roberts tanto queria retardar. O relatório consiste, em sua maior parte, de duas avaliações do Conselho de Inteligência Nacional: pré-guerra liberadas para divulgação que se concentraram no ambiente do pós-guerra no Iraque. "A Comunidade de Inteligência, antes da guerra, previu que estabelecer um governo democrático estável no Iraque do pós-guerra seria um processo longo, difícil e possivelmente turbulento", segundo o relatório do SSCI. A comunidade de inteligência observou que a cultura política do Iraque não incentiva o liberalismo nem a democracia, faltando-lhe as estruturas básicas que sustentam diretamente o desenvolvimento de uma democracia participativa de base ampla... A Comunidade de Inteligência, antes da guerra, previu que a Al Qaeda provavelmente encontraria oportunidade de acelerar seu ritmo operacional, planejando e executando um número maior de ataques terroristas durante e após uma guerra Estados Unidos-Iraque."

Os republicanos do comitê reclamaram, dizendo que o relatório era "muito parcial"; e o vice-presidente Bond, juntamente com outros senadores, Orrin Hatch e Richard Burr, trataram de elaborar "opiniões adicionais" para voltar a atenção geral uma vez mais para os Wilsons. "Embora não diretamente relacionado ao assunto do relatório liberado hoje", escreveram eles, "vem ao caso aqui debater mais algumas informações que surgiram sobre um relatório de uma investigação anterior pré-guerra... que trata da transação envolvendo urânio entre o Iraque e o Níger... Informações adicionais... apoiam a descoberta do Comitê de que a sra. Wilson é quem originalmente sugeriu que o Embaixador Wilson examinasse o assunto da possível compra de urânio do Níger pelo Iraque..."

O trio não comentou muito os indícios existentes no relatório, de que o governo aparentemente ignorou as avaliações pré-guerra sobre as dificuldades que os Estados Unidos iriam enfrentar na tentativa de estabelecer uma democracia no Iraque.

No dia 2 de julho de 2007, o presidente Bush comutou a pena de "Scooter" Libby, para que ele não fosse preso. Libby se autoincriminou para não prestar depoimento diante do Congresso sobre seu papel, o do vice-presidente e o do presidente na autorização da revelação da identidade de Plame aos jornalistas. "Se Bush perdoasse Libby, ele e o vice-presidente Cheney renunciariam à linha de raciocínio que usaram com sucesso durante quatro anos para evitar tocar em seus próprios papéis no caso", afirmou Jeff Lomonaco.[66] "E o julgamento de Libby deixou muito claro que o presidente e o vice-presidente desempenharam papéis fundamentais e bastante preocupantes nisso tudo... Relatos publicados indicaram que Bush disse a Cheney algo do tipo 'Vamos publicar', ou 'Vamos mandar publicar isso,' referindo-se a um desmentido da acusação que Joe Wilson estava fazendo contra o governo. Isso significa que se Bush e Cheney tivessem debatido sobre o possível papel da esposa de Wilson antes da instrução ser dada, o presidente estava efetivamente autorizando seu subordinado a revelar a identidade de Plame à imprensa."

* * *

Plame renunciou formalmente do seu cargo na CIA no dia 9 de janeiro de 2006. Ela serviu à agência e ao seu país durante mais de vinte anos.

No início de 2007, quando começou o julgamento de Libby, ela e Wilson se mudaram com seus filhos para o Novo México, para retomarem suas vidas.

---

[66] Ver Lomonaco, comentário publicado na Internet, em 2 de julho de 2007, na página http://delong.typepad.com/sdj/2007/07/jeff-lomonaco-p.html. Nota da autora do posfácio.

Apêndice

Washington, Capital.

Diretoria de Revisão de Publicações   Telefone: ▇▇▇▇
▇▇▇▇▇▇▇▇   Fax: ▇▇▇▇
▇▇▇▇▇▇▇▇   E-mail: ▇▇▇▇

22 de dezembro de 2006

Para: Valerie E. Wilson
A/C Diane Plame
▇▇▇▇▇▇▇▇▇▇▇▇
▇▇▇▇▇▇▇▇▇▇

Prezada sra. Wilson:

 Como já lhe explicamos na nossa carta de 21 de novembro de 2006 e discutimos durante nossa recente reunião, as páginas de 1 a 124 de seu original, se deixadas conforme a redação atual, revelariam informações sigilosas, principalmente por causa do contexto no qual as informações são fornecidas e por causa das datas associadas a elas. Em nossa reunião recente, a senhora nos pediu para lhe fornecer as correções designando linha por linha o que fica e o que deve ser eliminado, para esta parte do original. Estamos procurando trabalhar com a senhora e lhe oferecer uma assistência construtiva na identificação de mudanças que poderiam ser feitas no seu original para que ele possa ser liberado. Porém, não é possível para nós lhe dizer quais são essas correções em uma carta que não é sigilosa.

 As primeiras 124 páginas do seu original estão repletas de declarações que podem ser públicas se tomadas separadamente, mas se tornam confidenciais quando ligadas a uma época específica, tal como um acontecimento em sua vida pessoal, ou incluídas em outro contexto que revelaria informações confidenciais. Uma descrição detalhada dessas informações, juntamente com uma explicação sobre o motivo pelo qual os contextos e datas seriam problemáticos precisaria ter caráter confidencial. Nós estamos à sua disposição para nos reunirmos com a senhora quando for possível para debatermos esse assunto pessoalmente. Porém, não podemos lhe comunicar essas informações em uma carta que não foi devidamente classificada como confidencial.

Além do mais, há mais de uma abordagem para a revisão do material das primeiras 124 páginas do seu original, para que ele possa deixar de ser sigiloso. Por exemplo, em uma das abordagens de revisão dessas partes de seu original, para torná-las publicáveis, poderiam ser separadas certas declarações e passagens pitorescas da época em que aparecem em seu original e incorporadas em outras partes do texto. Outra abordagem seria remover as referências às datas e eventos de sua vida pessoal.

Reconhecemos que essas opções talvez não sejam viáveis em alguns casos, e que a única maneira de evitar revelar informações confidenciais nesses casos seria modificar essas informações e transformá-las em ficção. A abordagem que a senhora prefere na revisão do conteúdo do seu original influenciaria significativamente as mudanças individuais que seriam necessárias para tornar o original publicável.

Aguardamos sua resposta em breve com relação à forma como prefere proceder. Queira entrar em contato conosco se tiver alguma dúvida ou se pudermos lhe prestar mais assistência.

Atenciosamente,
R.Puhl
Presidente da Diretoria de Revisão de Publicações

FRANKFURT KURNIT KLEIN & SELZ

Discagem direta: ▆▆▆▆▆
E-mail: ▆▆▆▆▆

16 de fevereiro de 2007
VIA FAX
▆▆▆▆▆

Ilma. sra. Ginger A. Wright,
Assistente do Conselheiro Geral
Gabinete do Conselheiro Geral
Agência Central de Inteligência
▆▆▆▆▆

Esta é em resposta a uma carta enviada por fax por V. Sra., datada de 9 de fevereiro de 2007 ("Carta de 9 de fevereiro da agência") (cópia anexa), em resposta a minha carta de 31 de janeiro de 2007 ("carta de 31 de janeiro"). Francamente, fiquei surpreso e, ao mesmo tempo, decepcionado ao receber correspondência oficial da agência contendo afirmações tão obviamente falsas e insensíveis – tais como as descritas abaixo – distorcendo de maneira injusta os inúmeros debates de boa-fé entre a sra. Wilson e a Diretoria de Revisão de Publicações ("PRB") durante o ano passado. Embora seja grande a expectativa da sra. Wilson no sentido de receber da agência, no dia 24 de fevereiro ou antes, a prometida lista de revisões propostas, a sra. Wilson reserva-se seus direitos e lançará mão dos recursos de que tiver à sua disposição para contestar a conduta dilatória da agência e quaisquer ações relacionadas a ela que resultem em censura imprópria ou restrição à publicação de seu original por parte da agência e/ou outras partes do Poder Executivo, inclusive, por exemplo, o Gabinete do vice-presidente, e assim possivelmente violando a constituição e as leis dos Estados Unidos.

Para começar, a carta de 9 de fevereiro da agência não fornece as informações solicitadas com relação ao reconhecimento oficial da Agência Central de Inteligência e à revelação do cargo da sra. Wilson na CIA em uma carta não confidencial datada de 10 de fevereiro de 2006, que foi publicada no *Congressional Record* no dia 16 de janeiro de 2007 ("carta publicada em 10 de fevereiro de 2006") (cópia anexa). Para responder adequadamente à carta que a sra. Wilson recebeu do sr. Tumolo no dia 19 de janeiro de 2007 ("carta de Tumolo de 19 de janeiro") (cópia anexa), estou reiterando meu pedido para que a Agência me envie, assim que seja possível, uma versão revisada e remarcada da carta de 10 de fevereiro de 2006 (com uma classificação ostensiva da carta como confidencial), que esteja de acordo, de boa-fé, com as prescrições aplicáveis da Ordem Executiva 12958, conforme as emendas ("E.O."), Parágrafo 1.6. Caso do Gabinete do Conselheiro Geral.

FRANKFURT KURNIT KLEIN & SELZ
Ilma. Sra. Ginger A. Wright
16 de fevereiro de 2007
Página 2 de 2

Se a CIA é incapaz ou não deseja fornecer uma versão corrigida da carta contendo a informação que ela acredita ser confidencial, favor fornecer-me, assim que possível, a base jurídica da agência para obter reclassificação da Carta Publicada em 10 de fevereiro de 2006, e confirmação de que todas as ações necessárias foram tomadas pela agência no sentido de obter reclassificação. A sra. Davis e eu também estamos à sua disposição para nos reunirmos com V. Sra. e o Conselheiro Geral Em Exercício da Agência, sr. Rizzo, para debater este assunto.

Para garantir um registro preciso, também devo observar que a Carta de 7 de fevereiro da agência descreve incorretamente a história real das reuniões da sra. Wilson com os funcionários da PRB para tratar do seu original. Ao contrário da afirmativa totalmente errada de que a sra. Wilson declinou reunir-se com a PRB, a verdade é justamente o contrário: a sra. Wilson encontrou-se com os funcionários da PRB *três vezes* na sede da agência, no dia 6 de novembro de 2006, 1º de dezembro de 2006 e em 13 de dezembro de 2006, e também houve inúmeras trocas de correspondência eletrônica e telefonemas entre ela e a Diretoria. Além disso, a Carta de 9 de fevereiro da Agência não explica adequadamente a demora, até agora de seis meses, na realização de uma revisão que deveria, normalmente, estar pronta trinta dias depois da data de submissão do original à PRB pela sra. Wilson, em setembro de 2006.

Finalmente, a Carta de 9 de fevereiro da agência distorceu o sentido da nossa resposta à Carta de 19 de janeiro do sr. Tumolo, enviada em 31 de janeiro. Para corrigir esse mal-entendido, novamente notifico-os do seguinte: queiram por favor estar cientes de que a sra. Wilson e seu advogado pretendem seguir à risca todas as obrigações com relação a "informações de Segurança Nacional Confidenciais", segundo a Ordem Executiva 12958, e qualquer outra lei aplicável, e, embora reservando totalmente seus direitos, e sem prejuízo nem renúncia a qualquer direito que ela possa ter, a sra. Wilson vai fornecer uma cópia da carta de 10 de fevereiro de 2006 ao sr. Tumolo.

Aguardo sua resposta com relação aos assuntos contidos nesta assim que V. Sra. puder enviá-la, e esperarei que a agência forneça à sra. Wilson uma lista de quaisquer revisões propostas para as primeiras 124 páginas de seu original até 24 de fevereiro de 2007.

Atenciosamente,
David B. Smallman

Anexos:
Cópias: Ilma. Sra. Lisa E. Davis
Ilma. Sra. Elisa Rivlin

TRIBUNAL DISTRITAL DOS ESTADOS UNIDOS
DISTRITO SUL – NOVA YORK

VALERIE PLAME WILSON;
SIMON & SCHUSTER, INC.,
Querelantes
Versus
J. MICHAEL MCCONNELL,

EM SUA CAPACIDADE
OFICIAL DE DIRETOR
DE INTELIGÊNCIA
NACIONAL;
AGÊNCIA CENTRAL DE
INTELIGÊNCIA;
GEN. MICHAEL V.
HAYDEN, EM SUA
CAPACIDADE OFICIAL
DE DIRETOR DA
AGÊNCIA CENTRAL DE
INTELIGÊNCIA,
Réus

Processo Civil Número
SOLICITAÇÃO DE AÇÃO DECLARATIVA E <u>MEDIDA CAUTELAR</u>

DECLARAÇÃO PRELIMINAR

1. Esta é uma ação declaratória movida por Valerie Plame Wilson e Simon & Schuster, Inc., editora da autobiografia a ser publicada de autoria da sra. Wilson, intitulada "*Fair Game*" (Jogo de Poder), para que o Poder Executivo não possa restringir a publicação de informações previamente não confidenciais ou que não sejam efetivamente passíveis

de serem consideradas confidenciais, documentando as datas de serviço federal da sra. Wilson publicadas em 2006 pela Agência Central de Inteligência ("CIA") em uma carta oficial, autorizada e não confidencial, agora no *Congressional Record* e disponível no mundo inteiro via site da Biblioteca do Congresso na Internet.

2. As décadas de serviço dedicadas por Valerie Wilson aos Estados Unidos terminaram prematuramente quando ela foi "identificada" como agente secreta da CIA por altos funcionários do governo que tinham o dever de proteger informações confidenciais. Depois dessa "revelação" inicial de sua identidade, pelos meios de comunicação de massa, em julho de 2003, Valerie Wilson foi destituída de toda e qualquer possibilidade de continuar trabalhando como agente secreta e sua longa carreira foi literalmente destruída. A sra. Wilson acabou pedindo demissão do seu cargo, no dia 9 de janeiro de 2006. Agora, ela procura contar a história de sua carreira de servidora pública, encerrada prematuramente por culpa do governo.

3. Bem antes de qualquer acordo de publicação ter sido celebrado, ou qualquer original ter sido escrito, a sra. Wilson teve de enfrentar as consequências de uma conclusão completamente inesperada e involuntária de sua carreira na CIA. Vendo-se de repente sem emprego, e com um futuro incerto pela frente, a sra. Wilson também descobriu que não se enquadrava nos requisitos de idade determinados pelas normas para começar a receber renda diferida (proventos) do governo.

4. A sra. Wilson procurou saber como poderia receber sua renda diferida do fundo de pensão no fim de 2005, obtendo, em resposta, uma carta de 10 de fevereiro de 2006, em que a CIA lhe confirmava, de forma oficial e sem nenhuma marca de confidencialidade, que, devido a requisitos de idade, ela só poderia receber proventos do fundo de pensão anos depois de ter renunciado ao seu cargo. A carta foi redigida pelo Chefe dos "Serviços de Aposentadoria e Seguros" num papel com cabeçalho oficial da CIA e entregue via correio normal.

5. Certos congressistas também estavam preocupados, raciocinando que, devido a vazamentos calculados pelos altos funcionários do governo nos níveis mais altos do Poder Executivo, que ocorreram independentemente da sua vontade, a sra. Wilson perderia sua carreira de agente secreta e sofreria consequências financeiras significativas. Por isso um parlamentar aproximou-se da sra. Wilson, durante o ano de 2005, para propor uma medida legislativa para que ela pudesse receber seus proventos, e preparou-se um projeto de lei.

6. Com a mudança do controle do Congresso, a Lei de Compensação de Valerie Plame Wilson, H.R. 501, finalmente foi submetida à avaliação do Congresso, em janeiro de 2007. O Congresso reproduziu no *Congressional Record* uma cópia parcialmente revisada da carta de 10 de fevereiro de 2006 enviada pela CIA a Valerie Wilson, dizendo que ela havia atingido os 20 anos de serviços necessários para receber proventos do governo. (A versão

censurada da carta de 10 de fevereiro de 2006 enviada pela CIA e publicada pelo *Congressional Record* será, doravante, chamada de "Carta de Anuidade da Agência".) Portanto, desde 16 de janeiro de 2007 as datas de serviço da sra. Wilson vêm constando do *Congressional Record*, e ficaram disponíveis no mundo inteiro via Internet, no site http://www.thomas.gov.

7. Apesar do reconhecimento oficial e público de suas décadas de serviço, na Carta de Cálculo de Proventos da Agência, e de não ter havido nenhuma tentativa, durante quase um ano, para recuperar essa carta ou sugerir que fosse tratada como confidencial, e apesar do fato de que a carta da CIA aparece no *Congressional Record* como parte de um projeto de lei pendente, sendo inquestionavelmente irrecuperável, a CIA agora pretende classificar ou reclassificar como confidenciais as datas anteriores a 2002 durante as quais a sra. Wilson prestou serviço federal. Além disso, a agência está exigindo que partes significativas do original da sra. Wilson sejam omitidas ou transformadas em "ficção", supostamente para proteger o "segredo" que são os serviços prestados pela sra. Wilson antes de 2002. Interferindo assim, dessa maneira impertinente, na publicação da Autobiografia da sra. Wilson, o que constitui violação da Quinta Emenda da Constituição, o Executivo procura evitar que o público tome conhecimento da sua má administração.

8. Uma leal ex-agente da CIA, Valerie Wilson, não está querendo carta branca para discutir todo o seu período de

serviços prestados ao governo, nem licença para revelar nenhuma informação confidencial em sua autobiografia. Pelo contrário, durante mais de dez meses, ela vem trabalhando diligentemente com a Diretoria de Revisão de Publicações da CIA ("PRB") para obedecer inteiramente a seus acordos de confidencialidade e evitar qualquer possibilidade de divulgar informações de segurança que foram a ela confiadas.

9. Só que o Executivo não pode ter as duas coisas. Em 2003, servidores públicos vazaram para a imprensa informações que identificavam Valerie Wilson como agente secreta da CIA; a ré (CIA) subsequentemente divulgou, na sua carta não confidencial de 2006, as suas exatas datas de serviço, ao fornecer informações oficiais relevantes para sua capacidade de receber proventos do governo depois de 20 anos de serviço. No entanto, agora, a CIA procura evitar que os querelantes publiquem a mesma informação que ela anteriormente confirmou em sua Carta de Cálculo de Proventos emitida pela Agência, que se encontra atualmente disponível para todo o mundo ler, via site da Biblioteca do Congresso, na Internet.

10. A classificação ou reclassificação imprópria de informações oficialmente divulgadas ao público pela mesma agência federal responsável por controlar as informações impõe uma restrição anterior que viola a Primeira Emenda. A Ré se encontra em uma posição que não resiste a um escrutínio mais profundo, por uma razão lógica, de modo que não é possível que seja amparada por lei.

Agradecimentos

ESTE LIVRO TEM O MEU NOME NA CAPA, mas inquestionavelmente foi o resultado do trabalho de muitas pessoas. Jogo de Poder não poderia ter sido publicado sem o heroico empenho dos meus advogados, David Smallman e Lisa Davis, que me orientaram e acompanharam todo o processo para a realização deste projeto, desde o contrato com a editora e a ação na justiça até a publicação do livro. Seu profissionalismo irrestrito, sua crença inabalável nos direitos e nos recursos garantidos pela nossa Constituição, e seu impecável julgamento ao manobrarem para contornar obstáculos tremendos, e às vezes assustadores, no caminho para a publicação tornaram tudo isso possível.

Na Simon & Schuster, tenho para com o meu editor, David Rosenthal, uma grande dívida de gratidão. Sem seu apoio, liderança, ideias criativas (e às vezes malucas) e seu consolo ocasional, eu não poderia ter continuado, quando este livro parecia estar muito longe de se tornar realidade. Minha revisora, Ruth Fecych, leu pacientemente cada linha, palavra por palavra, muitas vezes. Sua força de vontade, olhos de águia e lápis ativo fizeram deste um livro muito melhor do que ele teria sido. Também devo agradecimentos aos gerentes da Simon & Schuster, Jack Romanos e Carolyn Reidy, por sua decisão corajosa de permitir que a editora se tornasse uma coquerelante na minha ação contra a CIA. Victoria Meyer e Tracey Guest, do departamento de publicidade da Simon & Schuster, merecem medalhas especiais por conduzirem este projeto e suas necessidades bastante específicas, pelo corredor polonês da imprensa, com profissionalismo e elegância.

Minha agente literária, Elyse Cheney, foi chamada a fazer muito mais por uma cliente do que normalmente se espera. Passei a ter plena confiança em sua intuição aguçada, sua orientação e, certamente, na sua amizade. Melanie Sloan, intrépida líder do "Cidadãos pela Responsabilidade e Pela Ética em Washington", serviu de tábua de ressonância de confiança para as muitas questões jurídicas que surgiram ligadas ao livro; e a suas colegas, Anne Weissman, por seu acúmen jurídico e trabalho árduo, e Naomi Seligman, também devo agradecimentos de coração por toda a sua assistência. Joe Cotchett e Frank Pitre são defensores intrépidos, prontos a lutar pelo que pensam que é justo e correto. Erwin Chemerinsky, um superastro da Primeira Emenda, foi, também, um participante infalivelmente atencioso neste projeto, dedicando-me grande parte do seu tempo. Chuck e Justyn Winner estiveram ao nosso lado quase desde o início desta saga, oferecendo-nos seu tempo, conhecimentos e amizade. Tivemos muita sorte de tê-los na nossa equipe. Don Epstein, da *Greater Talent Network*, aguardou pacientemente e compreendeu os muitos desafios que surgiram no nosso caminho.

Em uma época difícil, é essencial ter amigos. É ainda melhor quando esses amigos são mais inteligentes que nós, e podem servir de mentores, dando-nos sábios conselhos. Melody Miller e Bill Wilson valem seu peso em ouro e são o tipo de amigos com quem se pode rir e até chorar. Ellen e Gerry Sigal nunca vacilaram, passando por bons e maus momentos conosco, sempre prontos a nos oferecerem solidariedade, bons conselhos, uma bebida, e talvez, o mais importante, uma risada a respeito dos podres da vida. Jackie e Sidney Blumenthal ofereceram a Joe e a mim sua amizade nos momentos mais difíceis pelos quais passamos, e são nossos heróis em muitos aspectos, por sua coragem pessoal e política. Nancy e Marty Edelman nos ajudaram a navegar por mares desconhecidos, e Joe e eu somos gratos e nos tornamos melhores por termos conhecido ambos Trudy e Jay Inslee foram verdadeiros amigos e nos apoiaram durante todo o tempo. Janet e Jerry Zucker acreditaram na verdade desde o início, e nos deram oportunidades inesperadas que nos abriram novas portas. David e Victoria Tillotson são os vizinhos mais generosos e bondosos que poderíamos ter, desde seus convites para nadar em um dia de calor, até os dias em que tomaram conta dos nossos filhos nas horas de aperto. Muito obrigada a todos.

Enquanto eu escrevia este livro, confiei bastante em ex-colegas da CIA para me darem apoio moral e suas opiniões, e sou-lhes profundamente grata. Tenha sido para verificar fatos, nomes, formação, experiência ou para rir de todos os absurdos, eu sinceramente lhes agradeço por tudo que fizeram e pelo serviço que prestaram a nosso país: Larry Johnson, Jim Marcincowski, Tyler Drumheller, Bob Baer, Melissa Mahle, Michael Grimaldi e Brent Cavan. Àqueles que arriscaram seus nomes e reputações em cartas abertas ao Congresso sobre as implicações do vazamento do meu nome: Vince Cannistraro, Ray Close, Mel Goodman, Patrick Lang, David Mac-Michael, John McCavitt, Ray McGovern, Marc Sageman, James Smith, William Wagner, todos vocês têm o meu mais profundo respeito e gratidão. Há outros que continuam a servir ao seu país com orgulho e lealdade, e aos quais eu obviamente não posso agradecer usando seu verdadeiro nome, mas que foram de tremendo auxílio.

Minhas amigas desde o tempo de faculdade são como irmãs para mim. Sem sua amizade inabalável, sua aceitação e sua capacidade de me fazer rir, eu teria perdido a cabeça em vários momentos durante os últimos anos. Os nomes delas são: Janet Angstadt, Duffy Asher, Leigh Cassidy, Jane Cibel, Sheri Clark, Marty Compton, Tulu Gumustekin, Sue Mazza, Molly Mullally, Maria Pelucio, Tillie Ranich, Sue Seiff, Kathy Tone e Ruth Weissel. Obrigada, do fundo do coração; vocês são o que me sustenta. Sua presença na minha vida vale bem mais do que um tesouro. Minha amiga Jane Honikman, que ajudou a compilar a parte deste livro, é uma fonte constante de sabedoria e tranquilidade. Um agradecimento sincero a Wendy Hookman e a Susan Stone, também, presidente do PSI.

Dividir as alegrias e tristezas da vida é o destino de uma família. Eu fui abençoada com pais que me deram tudo que eu precisava para sobreviver e passar por toda esta experiência, terminando por transformar-me em uma pessoa melhor. Ao meu pai, Samuel Plame, com quem sempre posso contar para ser uma rocha de tranquilidade nos momentos de crise, e minha mãe, Diane McClintock Plame, que sempre me deu seu amor constante e incondicional, desejo a todos nós muita paz e prosperidade no futuro. Meu respeito, gratidão e amor ao meu irmão mais velho, Robert Plame, e a sua esposa,

Christie. Foi uma honra contribuir para dar uma boa formação aos excelentes filhos de Joe, Joe V e Sabrina, e também sinto profundo prazer ao ver os jovens fantásticos que eles se tornaram. Espero passar com vocês muitos momentos felizes em família no futuro.

Aos sete anos, Samantha e Trevor não têm muita noção do assunto deste livro. E não havia como ser de outro jeito. Quando eles crescerem, vão ter muito tempo para entender o que estava em jogo durante sua infância. Talvez, então, eles perdoem sua mãe pelas muitas horas que ela passou ao telefone ou ao computador, pedindo-lhes para fazerem silêncio, quando eles só queriam que ela brincasse com eles ou respondesse a uma pergunta importante. Rezo para que eles entendam por que seus pais viajavam tanto e não eram muito pacientes com suas reivindicações. Eles são realmente a luz da minha vida; são dois dos motivos pelos quais Joe e eu lutamos pela verdade e pelo que pensávamos que era correto.

E, finalmente, preciso agradecer ao Joe, por quem me apaixonei perdidamente, à primeira vista. A você dedicarei sempre todo o meu respeito e amor. Até aqui nossa jornada tem sido repleta de emoções, e continuará sendo, pois não passa um só dia em que eu não me sinta abençoada por tê-lo ao meu lado. Obrigada por sua coragem, sua paixão e seu profundo amor.

Agradecimentos da Autora do Posfácio
(Laura Rozen)

Eu gostaria de agradecer a muitas pessoas que contribuíram com opiniões, informações, lembranças e conselhos para o posfácio deste livro. Agradeço particularmente a Ruth Fecych, da Simon& Schuster, e a David Rosenthal, que me proporcionou esta oportunidade, apesar do prazo extremamente curto para entrega do trabalho, e ao advogado Henry Lanman, que revisou o contrato; a Jeff Frank, do *New Yorker*, por suas recomendações e por seu profundo conhecimento especial sobre assuntos relevantes à vida e a carreira da Valerie; a Daniel Tompkins, Brady Kiesling, Diane Plame, Janet Angstadt, Joe Wilson, Larry Johnson, Brent Cavan, Jim Marcinkowski, Melissa Mahle, Janine Brookner, Bob Baer, e outros, que não citarei. Colegas e amigos generosamente se ofereceram como tábua de ressonância em diversos momentos, principalmente: Jeff Lomonaco, Jason Vest, Richard Byrne, Karen Buerkle, Sharon Fisher, Rachel Rubin, Rachel Vile, Shana Burg, Serif Turgut, Nora Ahmetaj, Dan Trantham, Dave Wagner, Ken Silverstein, Aram Roston, Mark Hosenball, Yossi Melman, Dan Schulman, Bruce Falconer, Jonathan Stein, Stephanie Mancimer, Nick Baumann, Jeet Heer, Bara Vaida, John Judis e Knut Royce. Os revisores Monika Bauerlein, Clara Jeffery, David Corn, Elizabeth Gettelman e a equipe da *Mother James*, Mike Tomasky, Sam Rosenfeld, Tara McKelvey, Rachel Morris, Paul Glastris, Joe Conason, Esther Kaplan, Pat Pexton e Doyle McManus apoiaram meu trabalho. Sou particularmente grata aos meus pais, Jay e Sandra Rozen, à minha irmã, Natalie Rosenberg, ao seu marido, Steve Rosenberg e a sua família, a meu sogro e a minha sogra e a meus parentes por afinidade, Beverley e Larry Evans, Steve Evans e Liz Albert e Lena Gladstone e Jane Bonner. Mais especialmente, agradeço carinhosamente a Mike e Zoe.

Sobre:

Laura Rozen é repórter de segurança nacional em Washington. Suas matérias são constantemente publicadas nos periódicos *Mother Jones*, *National Journal* e *Washington Monthly*. Ela também vem redigindo matérias para o *Boston Globe,* o *Los Angeles Times* além do *The Washington Post,* e durante seis anos trabalhou como correspondente internacional enviando notícias da Rússia, dos Bálcãs e da Turquia. Ela tem mestrado pela *Kennedy Government College, de Harvard*. Mora em Washington, capital dos E.U.A., com seu marido e sua filha.

Conheça outros títulos da editora em:
www.pensamento-cultrix.com.br